存在・感情・政治

―スピノザへの政治心理学的接近―

河村　厚

関西大学出版部

【本書は関西大学研究成果出版補助金規程による刊行】

目　次

凡　　例 xi

序 xv

第 I 部　コナトゥスと救済

救済の存在論的基底

第 1 章　コナトゥスから救済へ 3
　　——スピノザにおける救済の根底的基礎としてのコナトゥスについて——

　　Ⅰ　コナトゥスの存在論的基底　3
　　Ⅱ　コナトゥスと活動力能の関係　9
　　Ⅲ　コナトゥスの諸位相　11
　　Ⅳ　コナトゥスの度合いと機能　15
　　　Ⅳ-1　コナトゥスの度合い　15
　　　Ⅳ-2　コナトゥスの倫理的機能と社会的機能　18

第 2 章　保存と増大 21
　　——『エチカ』におけるコナトゥスの自己発展性とその必然性について——

　　Ⅰ　「水平の因果性」の真相　21
　　Ⅱ　「自己保存のコナトゥス」の論証過程における「横滑り」（飛躍）の問題　23
　　Ⅲ　神の力からのコナトゥスの論証，人間のコナトゥス　26
　　Ⅳ　「コナトゥスの自己発展性とその必然性」　28
　　Ⅴ　「コナトゥスの必然的自己発展性の原理」の倫理学，社会哲学への適用　36

コナトゥスと倫理

第3章　スピノザにおけるコナトゥスと倫理 …………………… 39

序　*39*

　Ⅰ　存在論的位相におけるコナトゥス　*40*

　　Ⅰ-1　有限様態としての人間の存在　*40*

　　Ⅰ-2　有限様態としての人間の存在根拠としてのコナトゥス　*42*

　Ⅱ　倫理的位相におけるコナトゥス　*44*

　　Ⅱ-1　比較から生じる相関概念に過ぎない「善（bonum）」と「悪（malum）」　*44*

　　Ⅱ-2　感情という位相における「善・悪」とコナトゥス　*45*

　　Ⅱ-3　コナトゥスの倫理的機能　*47*

　　Ⅱ-4　「感情の模倣 imitatio affectuum」による疑似的「利他的行為」　*48*

　　Ⅱ-5　利他的行為の可能性　*51*

救済の政治的位相

第4章　スピノザ社会哲学における国家成立の問題 …………… 57
　　　　　──『エチカ』と『政治論』の連続と不連続──

序　*57*

　Ⅰ　スピノザ社会哲学の根本姿勢　*59*
　　　──『エチカ』第3部序文から『政治論』第1章へ──

　　Ⅰ-1　『エチカ』第3部序文におけるスピノザの感情研究に対する態度表明　*59*

　　Ⅰ-2　『政治論』第1章におけるスピノザの政治的現実主義(リアリズム)の態度表明　*60*

　　Ⅰ-3　『エチカ』から『政治論』への現実主義(リアリズム)の徹底化　*62*
　　　　　──シュトラウスの解釈──

　Ⅱ　「自然主義的」現実主義(リアリズム)の基盤としてのコナトゥスと自然権　*64*

　　Ⅱ-1　人間が「自然の一部」であることの根拠としてのコナトゥス

- Ⅱ-2 コナトゥスによる「自然権」の定義 *65*
- Ⅱ-3 国家形成の存在論的原動力としての「コナトゥスの自己発展性とその必然性」 *67*
- Ⅲ 『エチカ』と『政治論』における国家成立のプロセス *69*
  - Ⅲ-1 『エチカ』における国家成立のプロセス(1)「理性から国家へと至る道」 *69*
  - Ⅲ-2 『エチカ』における国家成立のプロセス(2)「(受動)感情から国家へと至る道」 *70*
  - Ⅲ-3 『エチカ』第4部定理37備考2における国家の性質 *72*
  - Ⅲ-4 『政治論』における国家成立のプロセス *74*
  - Ⅲ-5 「あたかも」の共同態としての国家 *76*
- Ⅳ 二つの国家モデルと国家の現実的存在様態 *79*
  - Ⅳ-1 『エチカ』における「賢者の国家」の開放性 *79*
  - Ⅳ-2 自然権＝コナトゥスの「度合い」に応じた「共同性」の多様な実現 *81*
- Ⅴ スピノザ社会哲学における感情・理性・システム *83*
  - Ⅴ-1 『政治論』における感情と理性の関係 *83*
  - Ⅴ-2 『政治論』における国家の安定と政治システムの重要性 *85*
- 結論 *87*

第4章補論　国家の形而上学的地位について　*89*

- Ⅰ 国家は「個体」か？――Barbone説の検討―― *89*
- Ⅱ 複合物体の構成と共同体（国家）の構成 *96*
  - Ⅱ-1 自然物としての国家 *96*
  - Ⅱ-2 複合物体（corpus compositum）の構成 *97*
  - Ⅱ-3 複合物体の構成とアナロジカルに捉えられた共同体の構成 *100*

第5章　力能と排除 …………………………………………… 103
　　　——『政治論』における女性と奴隷をめぐる問題について——

　序　103
　Ⅰ　自然権の存在論的基底——コナトゥスによる自然権の定義——　104
　Ⅱ　「支配-隷従関係」の力能理論　105
　　Ⅱ-1　「自己の権利の下にあること」と「他者の権利の下にあること」　105
　　Ⅱ-2　「支配-隷従関係」の四つのカテゴリーと「力」,「感情」,「権利」の関係について　106
　　Ⅱ-3　「支配-隷従関係」の解消（逆転）可能性　108
　Ⅲ　政治からの女性と奴隷の排除の根拠　109
　　Ⅲ-1　政治からの奴隷と女性の排除の共通の理由（「他者の権利の下にある」ため）　109
　　Ⅲ-2　力能（コナトゥス）についての三つの事実と「奴隷と女性の隷属状態」　109
　　　a　各個物・個人間における力能（コナトゥス）のアプリオリな大きさの相違と支配-隷従関係　110
　　　b　各個物・個人における力能（コナトゥス）のアポステリオリな増減可能性と支配-隷従関係　110
　　　c　自己の力能（コナトゥス）から分離されている状態と支配-隷従関係　112
　　Ⅲ-3　政治からの女性の排除の二つの理由　115
　　Ⅲ-4　政治からの奴隷と女性の排除を正当化してしまう論理的・制度論的背景　118
　　　Ⅲ-4-(1)　排除の論理的背景（国家のコナトゥスを至上の命題としたこと）　118
　　　Ⅲ-4-(2)　排除を許容する制度論的背景（民主制の定義自身に含まれる落とし穴）　119
　結論　スピノザ政治哲学の限界と可能性　119

(1)　ラディカルな政治的リアリズムの必然的帰結としての形而上学の歪曲　*119*
　　(2)　開かれた政治への最後の可能性　*120*

コナトゥスの彼方へ

第6章　コナトゥスの彼方へ……………………………………… *123*
　　　　――レヴィナスのスピノザ批判に対して／のために――

序　*123*

Ⅰ　レヴィナスのコナトゥス批判　*123*

　Ⅰ-1　レヴィナス倫理学におけるコナトゥス批判の重要性　*124*

　Ⅰ-2　コナトゥスから戦争へ　*126*
　　　　――レヴィナスのコナトゥス批判における「疚しさの欠如」について――

　Ⅰ-3　レヴィナスにおける「倫理」の内容と「事実性」をめぐる問題　*135*

　Ⅰ-4　社会契約における「コナトゥス審問」？　*140*
　　　　――スピノザ政治哲学に「コナトゥス」の自己審問はあるか――

Ⅱ　スピノザ哲学からのレヴィナスへの応答　*144*
　　　――スピノザ哲学における「自己」と「他者」について――

　Ⅱ-1　垂直の因果性における「自己」　*146*

　Ⅱ-2　水平の因果性における「自己」　*147*

　Ⅱ-3　「限りにおける神」と「自己」　*148*

Ⅲ　レヴィナスとスピノザの接近と相違　*151*
　　　――「傷つきやすさ」と「感情の模倣」――

　Ⅲ-1　レヴィナスの「可傷性＝傷つきやすさ vulnéabilité」　*151*

　Ⅲ-2　レヴィナスの「身代り」と政治的「代理主義 substitutionalism」　*156*

　Ⅲ-3　レヴィナスにおける「責任＝応答可能性」の問題　*160*

　Ⅲ-4　スピノザの「感情の模倣 affectuum imitatio」　*168*

Ⅳ　受動の中で実現される倫理と受動を超えて実現される倫理　*177*

結論　*186*

第6章補論
 Ⅰ 現代の現代のコナトゥス批判とコナトゥスの思想史　*187*
 Ⅱ スピノザ哲学研究における他者論と利他主義研究の問題　*190*
 Ⅲ 田辺元の「コナトゥスの彼方へ」　*193*

安定性と救済
第7章　スピノザにおける三つの救済について ……………………… *197*
——安定性と均衡の実現という観点から——

 序　*197*
 Ⅰ 『神学政治論』（1670年）における安定性と均衡の実現としての「宗教的救済」　*198*
 Ⅱ スピノザ社会哲学における「政治的救済」　*201*
  Ⅱ-1 『神学政治論』における安定性と均衡の実現としての「政治的救済」　*201*
  Ⅱ-2 『政治論』（1677年）における安定性と均衡の実現としての「政治的救済」　*204*
 Ⅲ 『エチカ』（1675年）における安定性と均衡の実現としての「哲学的救済」　*207*
  Ⅲ-1 救済のプログラムとしての『エチカ』　*207*
  Ⅲ-2 受動的人間の「不安定性」の原因としての「移行」とその克服としての「救済」　*209*
 Ⅳ 安定性と均衡のレベルと基準　*214*

第Ⅱ部　感情と倫理，感情と政治

第8章　感情から社会へ……………………………………… 219
　　　　──『エチカ』における感情と社会について──

　序　*219*
　Ⅰ　『エチカ』における感情　*220*
　　Ⅰ-1　感情という位相において現れた〈限りにおけるコナトゥス〉
　　　　　220
　　Ⅰ-2　「心身並行論」と感情　*224*
　　Ⅰ-3　「完全性 perfectio」と感情　*226*
　Ⅱ　諸位相における受動と能動　*230*
　　Ⅱ-1　「受動 passio」と「能動 actio」の定義　*230*
　　Ⅱ-2　認識という位相における受動と能動　*232*
　　　　　──想像知から理性そして直観知へ──
　　Ⅱ-3　感情という位相における受動と能動　*233*
　　　　　──受動感情と能動感情──
　　Ⅱ-4　倫理という位相における受動と能動　*234*
　　　　　──利己的態度から利他的態度へ──
　　Ⅱ-5　社会という位相における受動と能動　*235*
　　　　　──対立から一致へ──
　Ⅲ　感情から社会へ　*238*
　　Ⅲ-1　受動（感情）から能動（感情）への移行　*238*
　　　　　──感情の治療法としての認識──
　　Ⅲ-2　コナトゥスの社会的機能　*241*
　　　　　──社会（共同態）の形成へ──
　結論　*245*

第9章　存在論的，社会哲学的位相における"communicatio"の役割 …………… 247

- Ⅰ-1　ユダヤ教団からの「破門 excommunicatio」と「コミュニケーション」の問題　247
- Ⅰ-2　「コムニカチオ communicatio」の探求としてのスピノザ哲学　247
- Ⅱ　『知性改善論』(1662年)における「コミュニケーション」の問題　250
- Ⅲ-1　『エチカ』(1675年)の物体論と人間論における「コミュニケーション」の問題　252
- Ⅲ-2　『エチカ』(1675年)の社会哲学における「コミュニケーション」の問題　255
- Ⅲ-3　複合物体としての「社会体」(国家)における「コミュニケーション」の問題　257

第10章　模倣と利他 ……………………………………………………………… 261
──スピノザ『エチカ』に利他的行為は存在するのか──

- 序　261
- Ⅰ　予備的考察　264
  - Ⅰ-1　利他的行為の6類型　265
  - Ⅰ-2　「コナトゥスの自己発展性とその必然性＝エゴイズムの原理」　266
  - Ⅰ-3　「感情の模倣 affectuum imitatio」の基本形　271
- Ⅱ　「受動感情に隷属して生きる人間」における利他的行為の可能性　272
  - Ⅱ-1　「喜び」の「感情の模倣」から生まれる「利他的行為」　272
  - Ⅱ-2　「憐憫」(「悲しみ」の「感情の模倣」)からの他者援助　274
  - Ⅱ-3　「名誉欲」からの他者援助　275
- Ⅲ　「理性の導きに従って生きる人間」における利他的行為の可能性

　　　　　277
　　Ⅲ-1　「感情の模倣」の克服と〈安定的〉な利他的行為へ　277
　　Ⅲ-2　『エチカ』第4部定理37の第1証明の問題点　282
　　Ⅲ-3　『エチカ』第4部定理37の第2証明の問題点　283
　Ⅳ　『エチカ』に「利他的行為」は存在するか　291
　　Ⅳ-1　「自己にとっての真の利益」　291
　　Ⅳ-2　「利他的行為」の主体と対象者　293
　　　　　──他者教育と〈師〉の不在の問題──
　　Ⅳ-3　エゴイズムの質的転化　298
　結論　303

第10章補論　「決定論」,「感情の模倣」そして「赦し」　305

第11章　相克と均衡　309
　　　　──スピノザ政治哲学における国家の自然権と〈安定〉について──
　序　309
　Ⅰ　〈限りにおけるコナトゥス〉としての自然権　310
　　Ⅰ-1　自然権とコナトゥス　311
　　Ⅰ-2　〈限りにおけるコナトゥス conatus quatenus〉としての自然権　315
　Ⅱ　国家の自然権へ　317
　　Ⅱ-1　国家形成のプロセス　317
　　Ⅱ-2　国家の自然権と臣民の自然権の相克と均衡　325
　　Ⅱ-3　恐怖による支配から自由愛と希望による制御へ　334
　結論──政治的救済・コナトゥス・安定性──　336

第1附論　ディープエコロジーのスピノザ受容　337
　　　　──A. ネスの場合──
　序　337

Ⅰ　ディープエコロジーとは何か——ネスの定義—— *338*
　Ⅱ　ネスのディープエコロジーにおけるスピノザ哲学の影響 *340*
　　Ⅱ-1　スピノザの有機論的自然観からネスの「ゲシュタルト的思考」への影響 *340*
　　Ⅱ-2　スピノザの「自然権」理論とネスの「生命圏平等主義」 *344*
　　Ⅱ-3　「生命圏平等主義」と「人間中心主義」との緊張関係 *345*
　Ⅲ　ネスのコナトゥス解釈——「自己実現」と「一体化」—— *350*
　Ⅳ　「おのずからの経験」と「おのずからの一体化」 *358*
　結論 *362*

第2附論　認識と道徳——コールバーグとスピノザを手がかりに……*365*

　序 *365*
　Ⅰ　コールバーグの道徳性発達の理論 *366*
　　Ⅰ-1　コールバーグ理論の発展と変遷 *366*
　　Ⅰ-2　心理学的理論の概観 *367*
　　Ⅰ-3　道徳理論と自然的構造 *368*
　　Ⅰ-4　第6段階における分化と統合 *369*
　　Ⅰ-5　第6段階における普遍化可能性と可逆性 *370*
　Ⅱ　認識的発達と道徳的・社会的発達の関係と「模倣」 *372*
　　Ⅱ-1　認識と発達 *372*
　　Ⅱ-2　認識的発達と道徳的・社会的発達の関係 *374*
　　Ⅱ-3　利他的行為と社会化の契機としての「模倣」 *376*
　結論 *379*
　〔資料1〕 *380*
　〔資料2〕 *381*

あとがき *383*
文献表 *390*
索引 *399*

〈凡例〉

1．スピノザのテクストはゲープハルト版全集（*Spinoza Opera*, im Auftrag der Heidelberger Akademie der Wissenschaften hrsg. von Carl Gebhardt, C. Winter, 1925）を用い，引用に際しての略号は慣例に従った。略例を以下に示す。

- 『神・人間及び人間の幸福に関する短論文』= Korte Verhandeling van God, de Mensch en deszelfs Welstand = KV
  例（KV/I/5）=『短論文』第1部第5章
- 『デカルトの哲学原理』= Renati Des Cartes Principiorum Philosophiae Pars I. et II. = PPC
  例（PPC/II/P6）=『デカルトの哲学原理』第2部定理6（略号は『エチカ』に同じ）
- 『形而上学的思想』= Cogitata Metaphysica = CM
  例（CM/I/6）=『形而上学的思想』第1部第6章
- 『知性改善論』= Tractatus de Intellectus Emendatione = TIE
  例（TIE/P15）=『知性改善論』=ゲープハルトのラテン語版の15頁
- 『エチカ』= Ethica = E
  例（E/IV/50S）=『エチカ』第4部定理50の備考

  『エチカ』における略号は以下の通り

Ｄｅｆ＝定義	Ｐｏ＝公準
Ａｘ＝公理	Ｅｘ＝説明
Ｐ＝定理	Ａｄ＝感情の規定
Ｌｅｍ＝補助定理	Ａｇｄ＝感情の一般的規定
Ｃ＝系	Ｐｒａｅ＝序文
Ｓ＝備考	Ｄ＝証明
Ａｐ＝付録	

- 『神学政治論』= Tractatus Theologico-Politicus = TTP
  例（TTP/XX/240）=『神学政治論』第20章ゲープハルトのラテン語版の240頁
- 『政治論』= Tractatus Politicus = TP
  例（TP/IV/2）=『政治論』第4章第2節
- 『スピノザ往復書簡集』= Epistolae = EP
  例（EP/50）=『スピノザ往復書簡集』第50書簡

2．本書文中の下線（傍線）による強調，〔　〕による挿入は全て，著者河村による．

3．外国語文献の引用・参照の指示については以下の例に倣う（※）．
　例（Yovel：1989 vol.1, 158〔邦訳 494-495〕）= Yovel, Y., 1989, *Spinoza and Other Heretics*（vol.1）, Princeton University Press, p. 158（『スピノザ異端の系譜』，小岸昭・E. ヨリッセン・細見和之訳，人文書院，1998 年，p. 494-495）
※ただし第 6 章では同一著者の複数著作からの引用が多数あるため，スピノザの研究書と邦訳がない著作以外は，便宜上，邦訳タイトルの後に（本書巻末にある文献表の）原書の頁数を記入している．また，年代よりも書名を明示したほうが適切と判断した場合には，この引用・参照の指示の仕方に従わなかった箇所もある．

序

　本書は，そのメインタイトル「存在・感情・政治」が示す通り，バルーフ・スピノザ（Baruch De Spinoza, 1632-1677）の思想を，コナトゥスを中心に「存在」論的に，「感情の模倣」を中心に「感情」理論的に，そしてこの二つの理論から得られた知見を用いて「政治」学的に考察した論考である。

　サブタイトルの中の「政治心理学的接近」は説明を要するであろう。現代の政治心理学（Political Psychology）は，ラズウェル（H. D. Lasswell, 1902-1978）によって20世紀前半に創始された政治学の新しい一分野だと考えられている。このラズウェルが，フロイト（Sigmund Freud, 1856-1839）の精神分析学を政治の分析に初めて本格的に取れ入れた記念碑的作品が『精神病理学と政治学』（Psychopathology and Politics, 1930）であった。

　確かに現代政治心理学はラズウェルのこの著作から始まったと言える。しかし例えば，政治心理学とは「人間の政治行動を認知，情報，価値，信念，パーソナリティなどの心理的要因から解説する科学」（『政治学事典』弘文堂，2004年）であるという定義や，「人間の政治的行為および人間に影響を与え，また逆に影響されることもある心理的要因と環境を研究するもの」（フェルドマン：2006, 4），「政治的過程と心理学的過程の双方向的な相互作用の研究」（Deutsch & Kinnvall：2002, 17）という定義などに鑑みても，ラズウェルの遥か以前から「政治心理学」は存在したとも言えよう。それは，西欧の学問の伝統で言えば，古代ギリシアのプラトンの「魂の3分割説」とそれに基づく国家理論にまで「政治心理学」の伝統は遡れるということを意味している。

　このように政治心理学を捉えるなら，西洋の思想史の中で，スピノザこそ，まさに政治心理学的な思想家であったと言えよう。その理由は，スピノザが自らの厳密な感情理論に基づいた倫理学や政治学を展開しているというだけではない。現代の政治心理学にとって重要な研究対象領域である，「社会化」，「感情の模倣（情動感染）」，「利他主義」などの重要な問題にスピノザがその厳密な方法を持って挑んでいるからである。

スピノザの『政治論』はまさに"affectus"（感情）という言葉から始まる書物である。そしてスピノザは自らの政治学を開始するに際しての態度表明をこう述べている。

「私は人間の諸行動を笑わず，歎かず，呪詛もせず，ただ理解しよう（humanas actiones non ridere, non lugere, neque detestari, sed intelligere）と心がけた。そこで私は，人間的諸感情，たとえば愛・憎・怒・嫉妬・名誉心・同情心およびその他の心のさまざまの激情を人間の本性の過誤としてではなく，かえって人間の本性に属する諸性質として観じた。あたかも熱・寒・嵐・雷その他こうした種類のものが大気の本性に属するように。」（TP/I/4）

人間の感情というものを徹底して冷静に客観的に理解することからのみ政治学は開始されるのである。スピノザによると，「国家の諸原因とその自然的な諸基礎」は「理性の教説の中に」求められるべきではない。それは，「人間共通の本性あるいは状態」に，つまりは，コナトゥス（自然権，欲望）とそれを基準にして変化する諸感情から導き出されるべきである（TP/I/7）。

このように，理想の中にではなく，あるがままの人間の自然＝本性としての感情から出発して，哲学や政治学を展開したスピノザの「現実主義」に重きを置いて解釈するというのが本書の特徴であろう。スピノザ独特の現実主義にこそスピノザの倫理学や政治学を理解する鍵があると考えたのである。よって本書はスピノザを，喜び，解放，革命，マルチチュード（多数者＝民衆）の哲学として評価するという1960年代以降の一つの潮流から外れたものになっていると言えるかもしれない。

本書にはきちんとした「序文」はないが，第1章と第7章がその役割を果たしていると言える。本書は利他的行為や社会化（国家の形成）など同じテーマを，Ⅰ部とⅡ部で反復しているという側面もある。2周目の方が，より感情理論に重きを置いた（政治心理学的）な考察になっているはずである。

途中，紆余曲折あり，本書は全体の構成も何度か変更され，当初入る予定であった二，三の章を収めることができなかった。「政治心理学的」という

よりは，感情理論に重点を置いてスピノザの哲学と政治学を解釈したにすぎないと言えばそれまでかもしれない。書かれなかった幾つかの章については今後の課題として引き受けさせて頂きたい。

第Ⅰ部　コナトゥスと救済

救済の存在論的基底

第1章　コナトゥスから救済へ
　　──スピノザにおける救済の根底的基礎としての
　　　　コナトゥスについて──

　スピノザ哲学が究極に目指すのは救済（salus）である。私は，彼の主要三著作つまり『エチカ』（1675年），『政治論』（1677年）そして『神学政治論』（1670年）が目指した救済をそれぞれ「哲学的救済」，「政治的救済」，「宗教的救済」と規定し，コナトゥス＝自然権をこれら三つの救済の根底を一貫して流れる通奏低音として捉える。本章では，このコナトゥス[1]の存在論的基底を照らし出すと共に，コナトゥスこそが，人間も含めた有限様態が「絶対に無限なる実有」としての神（実体）と繋がっている根拠であることを示し，次に，様々な位相において現れた〈限りにおけるコナトゥス conatus quatenus〉は上昇し得る（大きくなる）ことを確認する。というのも，コナトゥスはあくまで神から「与えられた本質」であるから，有限様態としての人間においては，小さくはなっても大きくはならないし，人間にはコナトゥスを大きくすることなど不可能であるとするならば，救済の生じる可能性は局限されてしまうからである。そこで本章では，コナトゥスを救済が生じる場として捉えることで，スピノザにおける救済の最初の基礎を提示したい。

Ⅰ　コナトゥスの存在論的基底

　『エチカ』でコナトゥス（conatus）という概念が最初に登場するのは[2]，第

1　古代から現代までのコナトゥスの思想史については本書第6章補論Ⅰを参照。
2　『エチカ』以外のスピノザの著作における「コナトゥス」について執筆年代順に概観する。
　①『短論文』（1661年）第1部第5章で，万物におけるコナトゥス（自己保存の努力）を「神の摂理」として考えている。
　②『知性改善論』（1662年頃）ではコナトゥスについての具体的な記述は見られない。
　③『デカルトの哲学原理』（1663年）第2部定理12～15と第3部定義3において，デカルト

3部の感情理論に入ってからである。そこで，ここではまず，この第3部でのスピノザの有名なコナトゥスの定理を示して，それを分析してみる。

(1) 「各々のものは，それ自身においてある限り，自己の存在に固執しようと努力する (Unaquaeque res, quantum in se est, in suo esse perseverare conatur)。」(E/III/6)
(2) 「なぜなら，個物は，それによって神の属性がある一定の仕方で表現される (exprimuntur) 様態である（第1部定理25系により），言い換えると，それは（第1部定理34により）神が存在しまた活動するその神の力能を，ある一定の仕方で表現するもの (res) である。」(E/III/6D)
(3) 「各々のものが，それによって (quo) 自己の存在に固執しようと努力するコナトゥスはそのもの自身の現実的本質 (actualis essentia) にほかならない。」(E/III/7)

　スピノザはコナトゥスを，人間も含めた万物（様態）が自己の存在に固執しようとする努力（傾動）として規定している[3]。このコナトゥスには〈自

（『哲学原理』第2部第36-40節，第3部第56節）における，運動の第1原因としての神，神の連続的創造説，神による運動量の保存，第1の自然法則（慣性の法則），第2の自然法則（直線運動），第3の自然法則（衝突の法則），運動へのコナトゥス (conatus ad motum) 等を考察している。デカルトのこれらの概念の考察が，後に『エチカ』のコナトゥス理論に結実してゆくことになる。
④『形而上学的思想』(1663年) 第1部第6章では，善悪の相対性の根拠としてのコナトゥス（自己保存の努力）が述べられている。つまり，一切の関係から離れた形而上学的善を求める人は，事物そのものと事物のコナトゥスを区別するといった誤りを犯しているのだ。第2部第6章では，コナトゥス（自己の存在に固執しようとする力 vis）を「生命」(vita) と考えている。そしてスピノザはこの「生命」を存在する全ての物に認めている。
⑤『神学政治論』(1670年) 第16章では，自然権が自己保存のコナトゥスによって定義されている。
⑥『政治論』(1677年) 第2章第2節で，自然権が自己保存のコナトゥスによって定義されている。そこでは「同じ〔自己保存のコナトゥスの〕教説がより徹底的に基礎づけられている」(Robinson：1928, 208)。
3　本章でのこのようなコナトゥス規定は，『エチカ』第1部の存在論を受けて論証される第3部での規定であるが，本書第9章Ⅲ−1では，『エチカ』第2部の物体論（そこではコナトゥスという言葉は出てはこないが）を踏まえての，「自己保存のコナトゥスとは，まずもって，

己保存，万物に共通の本質，神の無限の力の表現〉といった性質が付与されている。通常，コナトゥスはこの第3部定理6と7から登場するとされる。しかし，コナトゥスがスピノザの感情理論，政治理論，倫理学説の出発点だとしても，その出発点は『エチカ』の先行する二つの部の成果そのものであるから，更に第1部まで遡って，コナトゥスの存在論的基底を探り当てたい。まず，上述の(1)〜(3)における「各々のもの」つまり有限様態[4]としての個物は，そもそもどのようなものとして定義されているかを考察する。

(4) 「様態（modus）とは，実体の変状（affectio）つまり他のもののうちに在り，他のものによって考えられるものと理解する。」(E/I/Def5)

この(4)における「他のもの」とは当然，実体（substantia）である（E/I/15・D）。個物としての（有限）様態は，実体のようには，それ自身で存在することも考えられることもできない。それは，存在する（し始める）ために既に他のもの（＝実体＝神＝絶対に無限なる実有）(E/I/Def6, 11・S) の存在を前提にしているのだ。そして，上述の(2)に示したように，〈個物は，神の属性（attributum）を一定の仕方で表現する様態（E/I/25C）である〉。ここで，属

自らの構成諸部分間の或る一定の割合での運動の相互伝達を維持し，運動と静止の割合を一定に保存することによって形相（forma）を変化させることなく自己のその本性を保持しようとする根源的傾向（努力）」であるというコナトゥス規定も行っている（本書第4章補論Ⅱ-2も参照）。

[4] スピノザは様態（modus）を，無限様態と有限様態に分けて，前者を更に，直接無限様態と間接無限様態とに分けている（E/I/21, 22, 23, EP/64/278）。直接無限様態とは，神の属性（attributum）の絶対的本性から直接的に生じる無限様態であり，それは，思惟（cogitatio）としての属性においては，「絶対に無限な知性」であり，延長（extensio）としての属性においては，「運動と静止」(motus & quies) である。間接無限様態とは，神の属性が様態的変状（modificatio）に様態化したもの（直接無限様態）から生じる無限様態であり，それは，延長としての属性においては，「全宇宙の姿」（facies totius Universi）であるがスピノザは，思惟としての属性における間接無限様態を示していない。これを「神の観念」（全宇宙の観念）とする説（例えば竹内：1992, 198）や「存在する様態の観念としての個々の観念がそのもとに決定される，観念上の構成関係（rapports idées）」（Deleuze：1981, 120〔邦訳183〕）とする説などがあるが，それを否定してそのような間接無限様態の不在を強調する説（例えば，河井：1994, 70）がある。なお，有限様態とは，現実に存在する個物（人間も含む）である。

性とは「知性が実体についてその本質を構成していると知覚するもの」(E/I/D4) であるから，これは〈存在する全てのものは神の本質を一定の仕方で表現する様態である〉と読み換えられる (E/I/36D)。更に，神においては，その存在と本質と力能は同一であるから (E/I/20,34)，〈存在する全てのもの（様態）は，神の本質＝存在＝力能を一定の仕方で表現する〉ということになる。これは，コナトゥスが有限様態としての個物のうちで，分離された——というより失われた——存在と本質の統一を回復させるということである。

　そしてこれこそが，上述(2)にコナトゥスの根拠（証明）として挙げられた，個物による「神が存在し，活動するその力能の」表現ということの意味なのだ。スピノザによると自己原因 (causa sui) である実体（神）のみが，その本質が存在を含むもの，つまり，存在するとしか考えられないものである (E/I/D1,7D,11)。これに対して有限様態としての個物の本質は存在を含まない (E/I/24)。では，このような個物はいかにして存在可能なのか。それはただ，神の無限なる力をコナトゥスによって表現することによってのみである。万物が自己保存の努力としてのコナトゥスを有することの証明（上述(2)）に，万物が神の力能を「表現する」ことが挙げられていることがこれを端的に示している。

　この「表現する exprimere」という概念は，コナトゥスを考える上で決定的に重要である。人間を含めた有限様態は自己の現実的本質であるコナトゥスによって神の力能を表現する限りにおいて (E/IV/4D)[5]，神の力能（＝存在＝本質）を享受して，初めて現実的に存在し，何かを為したり，為そうと努力したり (agit, vel agere conatur) つまり活動することができるのだ (E/III/7D)。これは，このような「表現」を行わない限り，有限様態は「たとえ存在していても，我々がそれを存在しないものとして考えることができ」，その様態の過去や未来の存在も確証できない (E/I/24C, EP/12) ということなのだ。これがコナトゥスが有限様態の現実的本質つまり（神から）

5　Deleuze：1968, 12. スピノザでは「説明すること」は「表現すること」の一側面である。

「与えられた本質 essentia data」である（E/III/7D）ということの意味である。

有限様態としての各個物が存在し始め，存在に固執する原因はあくまで神である（E/I/24C）。各個物は「他の個物から一定の仕方で存在するように決定されているとはいえ」（E/II/45S, cf.I/28），その「他の個物」でさえ，実は有限な様態的変状に様態化した〈限りにおける神 Deus quatenus〉[6]であること（E/I/28D）を（直観知によって）見抜けば（E/V/24,25D,36S），「各個物がそれによって存在に固執する力はやはり神の本性の永遠なる必然性から生じる」（E/II/45S）ということは一目瞭然なのだ。

このように，「表現する」ことによって，有限様態としての個物は，「絶対に無限なる実有」としての神（実体）と繋がっているのだが，この「繋がり」は，初めから二つに分かれている無限なものと有限なものを，個物のコナトゥスが媒介になって，神の本質を表現することにより結合させて生まれるのではない。実は，無限なもの（実体）と有限なもの（様態）は初めから繋がっているのだ[7]。というのも，スピノザの神は超越神ではないからだ。

---

 6 「限りにおける神（Deus quatenus）」は，『エチカ』第1部定理28の証明や第2部定義1や定理9の証明そして，第5部定理36とその証明等に典型的に見い出される。例えば，最後の例では 'Deus, quatenus per Mentem humana explicari potest'（人間精神によって説明されうる限りにおける神）とある。本章注5及び第6章Ⅱ－3と補論Ⅲを参照。

 7 有限様態である人間が，「絶対に無限なる実有（ens）」（E/I/Def6），「永遠無限な実有」（E/II/Prae）であるところの神（＝実体＝自然）と始源的に繋がっていることの根拠，つまり人間に（最低限度の）救済が保証されていることの根拠は，スピノザにおいては，ここに見ているコナトゥスと，「無限様態 modus infinitus」および「限りにおける神 Deus quatenus」の三つのうちにあろう。ここでは，この「繋がり」の根拠としての，Ⅰ「無限様態」とⅡ「限りにおける神」のそれぞれの役割（機能）についての諸家の見解を考察する。

 〔Ⅰ〕ここで言う「繋がり」とは，本来，二つに分離されて存在している無限な実体と有限な諸様態とを「無限様態」や「限りにおける神」が媒介者となって結合させて生まれるようなものでは決してない。スピノザにおいては，それらは，初めから，無媒介的に，連続的に，分かち難く結び付いているのである。マシュレの表現を借りるなら「無限様態は，この統一性が，結ばれている場のようなものである」（Macherey：1979；1990^2, 181）のだ。「無限様態」を，有限と無限を調停する媒介項と見なすならば，実体の様態化は，実体から，属性，直接無限様態，間接無限様態，そして有限様態へといった諸存在の階層構造（une hiérarchie des êtres）を降りて行くといった，「実体の降格過程」になってしまうのである（Macherey 1979；1990^2, 182. 竹内：1992, 197-198）。

 これに対し，河井は，「無限様態」の役割を，一応「無限と有限の媒介」としながらも，この「媒介」を「有限者における《無限なるもの》の内在と，その発現」に等置し，更にそれを

スピノザの神は万物の超越的原因ではなく内在的原因（causa immanens）であり，様態としての万物は全て神のうちにあり，神なしには存在することも考えられることもできない。神は，神自身のうちに存在する全てのものの原因なのだ（E/I/15·18, EP/73）。私が先に「本質と存在の統一の回復」という表現で意味したのはまさにこのことである。

「個物の存在への固執（conatus）における機能の発現として，神の能力の発現である」とすることによって，スピノザ固有の内在神論に矛盾することのない解釈を提示しつつも，独自の「デグラデーション」という概念装置によって「属性は実体を，無限様態は属性を，有限様態は無限様態を，それぞれに表現し，実体に結びつく。この産出の過程のそれぞれの段階に《無限なるもの》は内在化し，デグラデーションを遂げつつ無限に多様化する」といった新たな解釈を提出している（河井：1994, 69, 77）。

また田辺元は，「無限様態」を弁証法的に解釈している。「無限様態が一方に於て属性の無限から直接乃至間接に由来するものでありながら属性と対立せしめられ（Eth. I, 23），他方に於てそれの総和と考えられる有限本質と対立せしめられるということは，それが，弁証法的性格を有することを意味するのでなければならぬ。」（田辺：1932, 107）

〔II〕「限りにおける神」に対して独特の解釈を行ったのが田辺元である。「Deus quatenus は一方 Deus であるから普遍であると同時に，他方 quatenus なるに由って個体に限定せられたものである。それは，普遍にして個体なる所謂具体的普遍の原理でなければならぬ」（田辺：1932, 101）。「限りにおける神」をこのように解釈する田辺は，その独特の弁証法的解釈へ進む。「所謂 Deus quatenus なる概念は，ただ弁証法的にのみ理解せられる概念である。その quatenus としての限定に身体性を必要とし，之を媒介として思惟が Deus たることを自覚するのであるから，延長と思惟とは弁証法的統一に於て実体を成立せしめ，絶対否定としての神の欠く能はざる二つの必然契機となる。」（田辺：1932, 124）

また，田辺元の大きな影響の下に，壮大な「限りにおける神」論を展開した石沢要は，やはり「限りにおける神」を力動的，弁証法的に解釈し，この「限りにおける神」の力動的解釈（著者の言う「第三の積極的肯定の立場」）が，スピノザの体系を硬直的なものから力動的なものへと発展させ，究極的には人間の自力解脱を可能にすると言っているが（石沢：1977, 94-95），そこにおいて実際に大きな役割を担っているのは，——石沢自身も認めるように——コナトゥスであるのだ（石沢：1977, 151, 171-172）。しかし石沢は，このコナトゥスと「限りにおける神」の関係を明確にしていないように思われる。

最後に，河井は「限りにおける神」（河井：1994, 32），「無限様態」（同書, 77）そして「コナトゥス」（同書, 48, 55, 161, 251）の三者に「無限なるもの（神）の内在」という共通の機能を見出している。河井によると，スピノザは，完全性の概念を，無限性の概念から解釈することによって，それを「有限個物に内在する《無限なるもの》の指標」として活用し，更にそれを，『エチカ』の感情論において重要な「完全性への移行」や「活動能力（コナトゥス）の増減」といった概念にまで高めることによって，個物における，「限りにおける神」の発現状態を示そうとした，と解釈している（河井：1994, 74-75）。ここから，河井は，「コナトゥスの積層的構造」を完全性（実在性）のデグラデーションとして考えることによって人間の「救済」の可能性が保証される，といった独自の「救済」論を展開している（河井：1994, 197）。

そして，彼独特のこの汎神論的内在神論によって初めて，有限なもの（様態）が，無限なもの（実体）を表現することと有限様態としての各個物が，コナトゥスによって無限なる神（実体）と繋がっているということが可能になる。ここに，有限様態としての人間と無限なるものとしての神との「繋がり」も現れるわけであるが[8]，この「神あるいは自然 Deus seu Natura」(E/IV/Prae) と人間とが繋がっていることを，スピノザは別の表現で「人間は自然の一部 pars naturae である[9]」と言っている。しかも，ここで言う人間とは全ての人間のことである。つまり「人間は賢者であろうが無知なる者であろうが，自然の一部であるのだ」(TP/II/5)。ただ，民衆や「無知なる者」は，人間を自然の中で，中心的特権的存在と考えて，自分達に（共通の自然の法則や必然性から独立した）「自由意志」があると考えているのだ[10]。だがこのように全ての人間が自然の一部であることによって，「無知なる者」にも救済が準備されていることになる。

II　コナトゥスと活動力能の関係

通常，活動力能 (potentia agendi) は大きくなるとか小さくなるとか言われるが，「コナトゥスが大きくなる」とは言われない。しかしすでにコナトゥスを規定した第３部定理７の証明に「各々のものが，それによって，自己の存在に固執しようと努力する力能あるいはコナトゥス」と述べられ (E/III/54D, 57D, cf. III/28D, IV/8D)，それを論拠にして第３部定理37証明で，

8　この「繋がり」を現実的に証明し，この繋がりの「度合い gradus, degré」を表示しているのがコナトゥスであろう。ドゥルーズは，様態の本質は「力能の度合い degré de puissance」であり，それがコナトゥスであると言っている (Deleuze：1981, 135-138〔邦訳 186-190〕)。
9　(E/IV/2, 4, 57S, Ap6・7・32), (TP/II/5・8), (TTP/III/46, IV/58, XVI/191)
10　(E/I/32, Ap, II/35S, 48, 49S, III/2・S, IV/Prae), (TP/II/6, 7), (TTP/IV/68), (EP/58)
　　ゲルーは，スピノザにおける自由と必然性の問題を論じながら，スピノザにおいては，自由と必然性は両立しており，全ては，必然的であることによって自由であり，神の中にありつつ，神の必然性において必然的であり，神の自由において自由であるから，有限様態としての人間の「救済 salus」は，自己の位置づけ方次第である，と言っている。有限様態としての人間は，神のうちに，神によってしか存在しえないのであり，自己が，神から独立しており，まさに自己によって自由に行動していると信じている時，それこそが隷属と狂気の極限なのである (Gueroult：1968, 346)。

活動力能をコナトゥスと言い換えたり，第3部定理55系の証明で「人間の活動力能あるいはコナトゥス」と言われるなど，スピノザは，コナトゥスと力能ないし活動力能を同一視しているかに見える。そして至る所で，力能や活動力能の増減については明言し，問題にもしているから，仮に〈コナトゥス＝力能ないし活動力能〉であるならば，「コナトゥスが大きくなる」ということも当然考えられることになる。

だが果たして，コナトゥスと力能あるいは活動力能は厳密に等しいものなのか[11]。これは非常に繊細な問題だが，少なくとも第4部定理4の証明に見られるコナトゥスと力能の関係からは，厳密な意味でのコナトゥスと力能ないし活動力能の同一性は存在しないことが分かる[12]。ではこのように，厳密には同一ではあり得ないコナトゥスと力能ないし活動力能が並列に並べて用いられたり，前者が後者で言い換えられたり，代用されたりすること[13]には矛盾はないのか。ここでは，スピノザがコナトゥスと力能あるいは活動力能をあまり厳密に区別せずに，ある程度の互換性を持たせて使用していると考えるよりはむしろ，スピノザにおけるコナトゥスは，以下で見るような様々な位相の中で，現実的な力としての活動力能として，他の個物や他者との複雑な関係の中で現実的に発揮されると考えるべきであろう。そしてコナトゥスそのものは，神から「与えられた本質」としての個人の「現実的本質」であるから，個物認識である「直観知」によらなければ，具体的には捉えることはできず，次にⅢで示す様な現実生活の様々な位相において，様々な形での活動力能として現れた<u>〈限りにおけるコナトゥス conatus quatenus〉</u>とし

---

11 (E/Ⅲ/Prae,37D,57D,Ⅳ/8D) 力能と活動力能は同一視されていると考える。

12 「……人間の現実的本質によって説明され得る限りにおける神あるいは自然の力能そのものである（第3部定理7より）。ゆえに，人間の力能は，それが人間自身の現実的本質によって説明される限り……」(E/Ⅳ/4D) 人間はあくまで，自己の現実的本質（コナトゥス）によって，神（自然）なり自己なりの力能を説明（表現）し展開させるのであり，ここからは厳密な意味でのコナトゥスと力能（活動力能）の同一性も互換性も存在しないと結論できる。

13 コナトゥスという言葉を完全に省いて，「それによって，自己の存在を保持する力能」(E/Ⅳ/4D,cf.Ⅳ/5D) と述べられ，さらには「それによって，存在に固執する力 (vis)」(E/Ⅱ/45S,Ⅳ/3,cf.Ⅳ/26D) とさえ述べられている。さらには「法律および自己保存の力 (potestas sese conservandi) によって確立されたこの社会を国家と呼ぶ」(E/Ⅳ/37S2) とも言われる。

てのみ，初めてその大きさや強さを現実的具体的に捉えることが可能になるようなものだと考えられるからだ。絶対に無限なる神（＝自然）から授かったものとしてのコナトゥスは，有限様態のうちでは，神の永遠で無限な力のそのような痕跡としてしか姿を現さないのである。

Ⅲ　コナトゥスの諸位相

次に，スピノザ哲学で論じられている以下の様々な位相（①〜⑥）において現れた〈限りにおけるコナトゥス conatus quatenus〉を考察することによって，各々の位相において「コナトゥスが大きくなる」という事態が在り得ることを示す。

①神（自然）の無限なる力能は，人間においては，その現実的本質であるコナトゥスによって，様態的次元で再構成（表現・展開）される時に，初めて我々自身の現実の実効的な力や力能つまり活動力能となる（E/Ⅳ/4D,26D）。よってこの再構成の行われ方次第で，その人間の持つ力能や活動力能の大きさや性質もその都度変化してくる。様々な他者との「出会い＝遭遇 occursus」の中で（E/Ⅱ/29S），神の永遠で無限なる力能を出来る限り損なわないような再構成が行われた時，その人間は，自身にとっての最大限（最高度）の活動力能を発揮することになるのだ。このように，活動力能はコナトゥスが現実的・「持続」的生へ反映されたものであり，各人の力能や活動力能として現実化された〈限りにおけるコナトゥス〉には当然，増減が考えられる[14]。

②コナトゥスは人間の「感情」という位相においては，欲望として現れるが[15]，この欲望には増減が認められるから（E/Ⅲ/37・D,57D），欲望として人間の感情に現れた〈限りにおけるコナトゥス〉にも当然，増減が考えられる。スピノザによると喜び，悲しみ，欲望が基礎的三感情であるが，喜びとは，

---

[14] ドゥルーズも「あれこれの感情によって規定されている限りにおけるコナトゥス（conatus en tant que）の諸変化は我々の活動力能の力学的変化なのである」というような表現をしている（Deleuze：1968, 211）。

[15] （E/Ⅲ/9S,58D,Ad1EX,Ⅳ/18D,21D,59D,Ap1）

人間の「自己保存のコナトゥス」，「活動力能」，欲望を増大・促進させ[16]，人間を「より大きな完全性へと移行」させる受動（感情）であり，悲しみとは「自己保存のコナトゥス」，「活動力能」，欲望を減少・阻害させ，人間を「より小さな完全性へと移行」させる受動（感情）である[17]。ここで留意すべきは，彼が，活動力能を完全性との関連で捉え直して，活動力能（コナトゥス）の増減を「より大きなあるいはより小さな完全性への移行」と対応させて考えた時（E/III/11・S, Ad3Ex, IV/Prae, 59D），それが基礎的三感情の定義ともあいまって，コナトゥス，活動力能，完全性そして「人間の感情」の間に，極めて倫理的な色彩を帯びた統一的な説明の登場をもたらしたことである（E/IV/Prae）。

③人間におけるコナトゥスは，単に自己の存在を最低限，維持・保存するに留まらず，自己のコナトゥス（活動力能，欲望）を増大・促進させるものつまり喜びをもたらすものを，その大きさに応じた（比例した）コナトゥスによって可能な限り維持し増大させようと努め（conatur），自己のコナトゥスを減少・阻害させるもの，つまり悲しみをもたらすものを，その大きさに応じたコナトゥスによって可能な限り除去しようと努める（E/III/12, 13, 28, 37D）。感情という位相において新たに生じるこのような〈メタ・コナトゥス〉は，他者に対する愛や憎しみについても全く同様に適用される（E/III/37D, 43D, 25, 26）。この〈メタ・コナトゥス〉が増減するのは示した通りだ。

④人間の「認識」という位相においてコナトゥスは重要な役割を担って現れる。スピノザによると，精神の力能は唯，（十全な）認識によってのみ定義され，精神の活動力能とは認識能力のことである（E/III/59D, V/Prae）。

そして，受動感情はそれを明瞭判然に認識すれば，直ちに受動感情ではなくなり，精神は万物を必然的なものとして認識する限り，感情に対してより大きな力能を持ち，感情から働きを受けること（pati）もより少なくなるの

---

[16] （E/III/57D）「自己保存のコナトゥス」が増大することを明記した唯一の箇所。スピノザは「自己保存のコナトゥス」というかたちでは，その減少をも明記している（E/III/37D）。

[17] （E/III/11S, 37・D, 57D, cf.III/55CD, Ad2・3）

だ（E/V/3,6）。スピノザによると，認識のみが感情を（絶対的ではないまでも）抑えることのできる治療法である（E/V/Prae）。このように我々は（十全に）「認識する限りにおいてのみ働きをなす（agimus）」（E/IV/24D）ことができ，受動［感情］（passio）への隷属を脱して能動［感情］（actio）へと移行できる。

　この「認識すること」をスピノザは〈精神のコナトゥス〉として位置付けた。「理性的に思惟する限りにおける精神が，それによって自己の存在を保存しようと努力するこの精神のコナトゥスは認識することに他ならない」（E/IV/26D）。だから，精神の受動を生み出す想像知（imaginatio）から精神の能動を生み出す理性的認識（ratio）へ（E/II/40S2,41・D,III/1,3），そして「神への知的愛」によって至福を成就する直観知（scientia intuitiva）へと [18] 認識能力が向上して行く過程は，〈精神のコナトゥス（活動力能）〉が大きくなる過程として考えられる。

　そして悲しみによって，精神の認識能力（活動力能）は減少・阻害されるから（E/III/59D），その時，〈精神のコナトゥス〉も減少するのである。こうして，認識能力として現れた〈限りにおけるコナトゥス〉は増減するということが確認された。ただ留意すべきは，②で見たように，スピノザは活動力能とコナトゥスの増大を「より大きな完全性への移行」と同義に考えているから，この受動から能動へと向かう認識能力（精神のコナトゥス）の向上も，精神の「より大きな完全性への移行」として捉えられる（E/III/Agd,IV/59D）ということだ。認識能力がこのように理解される時，認識というものは，少数の賢者のみが厳しい知的修業を通じて到達したり，あるいは，いきなり神秘的な直観で到達できるような精神の営みではなく，広がりと重（多）層性と柔軟性を併せ持ち，なおかつ「より完全な認識へ」と向かって行く移行（transitio）という運動性を持ったものになったのではなかろうか。

　想像知，理性そして直観知といった固定的に厳密に区分された三つの認識のヒエラルヒーが在るのではなく，喜びや欲望といった我々のコナトゥスを

---

[18] （E/IV/Ap4,V/32C,36S,cf.II/49S）

増大し高めてくれる感情に導かれつつその一層の拡大を目論み，より低い受動の場からより高い受動の場へと，そして更により高い能動へと移行して行くというこの認識の運動性を一貫して支えて，その底流となっているのが〈精神のコナトゥス〉であるのだ (E/III/P9)[19]。

⑤「倫理」という位相において，コナトゥスは中心的な位置にあり，重要な機能を発揮する。スピノザは善を，我々の「人間本性の典型 humanae naturae exemplar」にますます接近して行く手段になり得るものと解するが，この「人間本性の典型への接近」を「より小さな完全性からより大きな完全性への移行」と「活動力能の増大」と同義に考えている (E/IV/Prae)。

ここから善は，我々に有益であるもの，つまり喜びの原因となり，自己保存に役立ち，活動力能（コナトゥス）を増大・促進させるものであり，悪はその逆のものであると規定される (E/IV/Def1,2,P8D,P29D)。そして，いかなる徳も「自己保存のコナトゥス」以前には考えられず，このコナトゥスこそが徳の第一かつ唯一の基礎であり (E/IV/22・D・C)，人間は「自己の利益を追求することに，言い換えれば，自己の存在を保持することにより多く努力し (conatur)，且つより多くそれを為し得るに従って，それだけより大きな徳を備えている」(E/IV/20) のだ。

このように，コナトゥスに照らし出されてのみ倫理は生じ得る。そして，善や悪や徳といった倫理の位相において，この倫理の中心的基軸（基準）として現れた〈限りにおけるコナトゥス〉にも増減が認められるのだ。

⑥「社会（関係）」という位相において，コナトゥスは自然権 (jus naturae) として現れる。スピノザによると，自然権は「万物がそれに従って生じる自

---

[19] ハリスによると，究極的にはコナトゥスは神自身の力であり，精神が想像知と混乱した観念から，理性もしくは直観知という形式をとる十全な知へと前進していくのは，このコナトゥスによってである。それゆえ身体の観念としての人間の精神は，身体のあらゆる変状を意識の内に含み，そして身体とその他の世界との関係を内に含んでいる。したがって人間精神は受動（感情）や混乱した観念においても，すべてを内に含んでいるのだ。こうして，人間精神のコナトゥスは能動（感情）へと向かっており，神への知的愛においてそれ自身が完全性となることへ向けて，精神が発展するように駆り立てるのである (Harris：1973,240)。本書においてはこのようなコナトゥスの自己発展的性格を「コナトゥスの自己発展性とその必然性」として考察することになる（本書第2章参照）。

然の諸法則あるいは諸規則そのもの，即ち自然の力能そのもの」であり，それゆえに「各個物の自然権は，その物の力能が及ぶ所まで及ぶ」（TP/II/4）のだ。ここから分かるようにスピノザは自然権を人間だけでなく万物に認めている。

したがってスピノザは，自然物の一つである国家（TP/IV/4）にも自然権を認めることになる（TP/III/2）。そして自然権と自然の力能を等置し，権利と力を同一視してそこから，力関係によって権利関係を規定した。よって，個人間であれ，臣民と国家の間であれ，国家間であれ，相手に対して持つことができる力の増減が，そのまま相手に対する権利の増減となる。だから「各々の国民あるいは臣民は，国家そのものが彼らより強力であればあるだけ，それだけ少なく権利を持つ」（TP/III/2, cf.II/16）のだ。このように，個人（臣民）のであれ，国家のであれ，自然権は力の増減に応じて大きくなったり小さくなったりする。だがここで彼は自然権を〈自己保存のコナトゥス〉によって定義するから（TP/II/5, cf.TP/III/18, E/IV/37S1, Def8, 20D），社会という位相において自然権として現れた〈限りにおけるコナトゥス〉にも増減が認められることになる（TP/II/13）。

以上で，様々な位相（①〜⑥）において現れた〈限りにおけるコナトゥス〉は「大きくなりうる」ということが示された。

IV　コナトゥスの度合いと機能

IV－1　コナトゥスの度合い

各個体間，各個人間にはコナトゥスの差異（度合いの相違）が在るのだろうか。在るとすればその意義とは何なのか。スピノザは，なぜ神は全ての人を理性の導きによってのみ行動するように創造しなかったのかという問いに「神には完全性（perfectio）の最高の度合いから最低の度合い（gradus）に至るまでの全てのものを創造する素材（materia）が欠けていなかったからだ」（E/I/Ap）と答える。更にスピノザは，「全ての個体は度合い（gradus）の差こそあれ精神を有して（霊化されて）いる（animata sunt）」とし，そこから一つの精神が他方に対して優秀性を持つという事態が生じると述べているが

(E/II/13S)、彼は「より大きなあるいはより小さな完全性への移行」と「活動力能の増減」を同義に考えているから (E/III/Ad3Ex, IV/Prae)、これは各人、各個体間に活動力能として現れた〈限りにおけるコナトゥス〉の度合いの相違のことであると理解できる。

　確かに自然（神）の無限なる力と活動力能は至る所、常に同一である (E/III/Prae)。しかし各人の現実的本質であるコナトゥスは同一ではない (E/III/57・D) から、コナトゥスを通して現実化された活動力能にも当然、各人によって差異が現れる。だから、自然の力が至る所、同一であることと各人の活動力能として現れた〈限りにおけるコナトゥス〉に差異が在ることは矛盾しない。全てのものが「同等」だと言われるのは、外部の原因によって滅ぼされない限りは、それが存在し始めたのと同一の力をもって常に存在に固執することができるという条件、つまりコナトゥスが神から「与えられた本質」として万物に内在しているという条件の平等に過ぎない (E/III/8・D, IV/Prae)。

　このように各人、各個体間の〈限りにおけるコナトゥス〉に差異が在るのが事実だとしても、それらを比較して「それ自体で考えれば」或る度合いにおいては完全なものの中に「欠如 privatio」を見出して、それを不完全なものと呼び、完全であると想定するものとの間に価値のヒエラルヒーを適用することは批判されねばならないのだ。

　スピノザは完全や不完全や欠如は比較によって生じる思惟の様態であり想像力の産物に過ぎないとして、自然の中に完全や不完全といった差異を持ち込むことを戒める。しかし、神の摂理（決定）を認識するまでに〈精神のコナトゥス〉が上昇していない多くの無知なる者、民衆にも倫理的な生活と救済は保証されねばならない[20]。そこで彼は、一度却下した完全・不完全、そしてそれらと同じく比較から生じる相関概念に過ぎない善・悪をそのまま――

---

[20] ラクロワによれば、スピノザの「善悪の彼方への倫理は、よいとわるいの区別を不可能にはしない。というのも、結局、万人が救われるわけではないからだ。つまり救済への道があり、それはよいものであり、そして破滅への道があり、それは悪いものなのである」。こうして第4部序文では、善悪が人間本性の典型との関係で語られることになるのである (Lacroix: 1970, 78)。

それらの相対性を極めてうまく生かしつつ——彼の倫理学の中に導入した（E/IV/Prae,EP/19,21）。

　本章Ⅲ－⑤で見たように「人間本性の典型」が比較によってしか考えられない完全性との対応関係で捉えられた時，それは厳格で絶対的な固定化された基準や要請ではなく，緩やかで柔軟で重層的な一応の目安という新たな意味を持つようになった。それは完全な人間か不完全な人間かの二者択一的なものではなく，様々な状況に置かれて生きている現実のどの人間にとっても到達（移行）可能な「より大きな完全性」なのだ。だが，それは我々がいくらそこへ到達したと思っても，常に相対化されて彼方へと自己を現すようなものでもある。そして，それでいながらたとえほんの僅かで他人の目には見えない程の移行であっても，それが「より小さな完全性からより大きな完全性への移行」でさえあれば，やはり，より大きな完全性と人間本性の典型への移行・接近となるのだ。

　しかし，我々は自己に与えられた現実的本質（コナトゥス）の或る一定の度合いの範囲の中でのみ，より大きな完全性へと移行できるのであり[21]，この度合いの範囲を越えて移行すること——例えば動物が人間に変化する場合のように——つまり「他の本質ないし形相に変化する」ことはあり得ない（E/I/8S2,IV/20S）。度合いといっても，それは各々のあくまで（現実的）本質の度合いであるからだ。逆に言えば，この度合いの範囲の中で自己の活動力能が増大すれば，それがより大きな完全性と人間本性の典型への移行・接近になる（E/IV/Prae）。自己のコナトゥスの度合いの範囲を越えた他者と比較して自分を卑下することも，倫理的目標を高く掲げ過ぎて挫折することもない[22]。「より小さな悪は実は善である」（E/IV/65D）ように，以前の自分より

---

21 「この人生において，我々は特に，幼児期の身体を，その本性〔＝本質〕の許す限り（quantum ejus natura patitur）またその本性に役立つ限り，他の〔より有能な〕身体に変化させるように努力する」（E/V/39S）。これに関してドゥルーズはこう述べている。「こうした私たちの構成関係（rapports）〔＝形相を成り立たせる運動と静止の ratio〕はどれも，それそのものが一定の変化の幅（une certaine latitude）を享有しており，幼年期から年をとって死ぬまでの間は相当に変化する」（Deleuze：1981, 49〔邦訳 55〕）。

22 「であるとべきであるとの間にはいかなる距離もないのであるから，賢者は，何か理想的な（イデアール）ものと自己を比較して自己を評価するために，自分自身から自己を引き離したりはしない。つ

少しでも「より大きな完全性へ移行」していれば，それに満足できるのだ（E/III/57S,IV/Ap32）。だが，精神が完全性そのものを所有する至福はその遥か彼方に在るのだ（E/V/33S,36S,42D・S）。

IV－2　コナトゥスの倫理的機能と社会的機能

　エゴイスティックに自己保存と自己の利益のみを考え，他者を顧慮せず相互に敵対している人間は〈精神のコナトゥス〉による受動から能動への移行を成し遂げていない人間である（E/IV/32・33・34）。〈精神のコナトゥス〉である認識能力が，受動しか生まない想像知を脱して理性による認識にまで向上している者は，能動的に生きており理性の導きに従って生きることが可能なのだ。この〈理性の導きに従って生きる人間〉たちは本性上常に必然的に一致する。彼等は自分のために求める善を他人のためにも求める。彼等は自由な人間であり，最も深い友情で結ばれ，愛によってお互いに親切にし感謝し合う。そして憎しみや怒りには愛や寛仁で報いる（E/IV/35,37,46,66S,71・D）。人間は現実的本質としてのコナトゥス（欲望）が相違するゆえに互いに対立するのも事実だが，憎しみ合いや敵対を越えて他者との間に絆を結ぶ可能性も与えられている。この可能性を保証してくれるものこそが，コナトゥスとその上昇なのだ。このようにコナトゥスには利他的側面もあり〈コナトゥスの倫理的機能〉と呼ぶべきものが備わっている[23]。

　そして〈理性の導きに従って生きる人間〉は孤独よりも国家の共同の決定（法律）に従ってより自由に生きることを欲する（E/IV/73・D）。〈理性の命令としてのコナトゥス〉（E/IV/18S～37S1）が要求するのは，他者との協同そして究極的には国家の形成なのだ。実は注意深く見ると「各々のものが単独であるいは他のものと共にあることをなし，あるいはなそうと努力する力能ないしコナトゥス，言い換えれば，各々のものが自己の存在に固執しようと努

　　まり，自惚れにせよ自劣感（humilité）にせよ，それを感じるような者は，対立的であると同時に相補的な二つの態度を示しており，自己から自己を引き離すということにおいて同様に非難されるべきものである」（Lacroix : 1970, 76）。
[23]　コナトゥスに基礎づけられた『エチカ』の倫理における「利他的行為」の可能性については，本書第3章と第10章を参照。

める力能ないしコナトゥス」(E/III/7D)というようにコナトゥスには定義から既に他者との協同が内包されているのだ。これらは〈コナトゥスの社会的機能〉とでも呼ぶべきものだ。だから，コナトゥスは自己の存在への我執であり，利己主義的，個人主義的で倫理的には諸悪の根源だからその彼方へと越えて行くべきものであると批判する者は，コナトゥスの真骨頂を見ていない[24]。コナトゥスこそが，有限様態である人間が無限なる神と繋がっていることの証しであり，有限なるもののうちに絶対に無限なる神の痕跡を見出す唯一の手がかりであるのだ。またコナトゥスは他者との係わり，協同，協調がまさに倫理として要請される場であり，むしろコナトゥスによって，人間の存在の中心性や特権性は否定され，自己はその存在の始源から無傷の統一性など持っていないことが示されるのだ。有限なるものは，他者（有限であれ無限であれ）なしには存在し始め，存在を持続し，そして救済に辿り着くことはできない。このコナトゥスと，それが活動力能として現れた〈限りにおけるコナトゥス〉の上昇にこそ，有限様態としての人間の現存と救済の根拠が在るのである。

---

[24] cf. Levinas, E., *Dieu, la Mort et le Temps*, Grasset, 1993, pp. 31, 38-39. なお，レヴィナスのスピノザ（特にそのコナトゥス論）批判については，本書第6章において詳しく分析している。

第2章　保存と増大
── 『エチカ』におけるコナトゥスの自己発展性と
　　その必然性について ──

序

　本章の目的は，スピノザの主著『エチカ』（1675年）における，コナトゥス（conatus）概念を概観し，コナトゥスの持つ「必然的自己発展性」という特性を確認することである。

　コナトゥス概念の『エチカ』での初出は第3部定理6である。しかし，この定理6の直前の二つの定理から，つまり有限様態の自己破壊の不可能性のみから，定理6の「自己保存のコナトゥス」を論証しようとしたら，もう一つの大切な軸となる論証を失ってしまうことになる。つまり，人間も含めた万物に神の力が浸透していることの証としてのコナトゥスという側面が見失われてしまう。

　そこで本章は，有限様態の自己破壊の不可能性からの論証にも注意しつつ，やはりコナトゥスは神の無限な力に由来するというもう一つの論証の重要性を再確認し，そのことによって，後者の論証の中から，コナトゥスの持つ「必然的自己発展性」という特性を見出すということを目的とする。またこの「コナトゥスの必然的自己発展性」こそが『エチカ』の倫理学説や社会哲学を考える上で極めて重要な役割を持っているということも最後に示したい。

Ⅰ　「水平の因果性」の真相

　「あらゆる個物，すなわち有限で，定まった存在を有するものはどれも，同様に有限で，定まった存在を有する他の原因から存在するようにまたは作用するように決定されるのでなくては，存在することはできないし，作用をするように決定されることもできない」（E/I/28）というスピノザの言明からは，個物つまり有限様態が自己の存在に固執する必然的傾向性としての

「自己保存のコナトゥス」[1]は，他の有限様態との関係からしか論証できないかのように思われる。

しかしスピノザは他方で，「或る作用をするように決定されたものは，神から必然的にそう決定されたのである。そして神から決定されないものは自己自身を作用するように決定することができない」(E/I/26) とも，「神はものが存在し始める原因であるばかりでなく，ものが存在することに固執する原因でもある」(E/I/24C) とも言う。ここからは，「自己保存のコナトゥス」は，神を原因として説明することによってしか論証できないかのように思われる。この二つの因果性の間に存在しているように見える矛盾を，スピノザは「限りにおける神 Deus quatenus」という独特の概念によって解決している（本書第6章II-1，II-2，II-3を参照）。それによると，先の「有限な個物を存在や作用に決定する他の有限な個物」とは，実は「定まった存在を有する有限な様態的変状によって様態化した<u>限りにおける神</u>」(E/I/28D) であるから，「各個物は他の個物から一定の仕方で存在するように決定されているとはいえ，各個物がそれによって存在することに固執する力（vis）は，やはり神の本性の永遠なる必然性から生じる」(E/II/45S) ということになる。

ここから判明するのは，「自己保存のコナトゥス」は，有限様態同士の因果関係（水平の因果性）のみでは論証できるようなものではなく，その論証には必ず神の存在を用いなければならないということである。しかし，リンも指摘するように近年の多くの研究者たちは，「自己保存のコナトゥス」定理 (E/III/6) の証明における神の存在の重要さを忘却し，それはただ「自己破壊の不可能性」（第3部定理4と定理5）のみから論証できる定理であると誤解している (Lin : 2004, 21-22)。そこで次に，そのような解釈の代表であるベネットの説を検討する。

---

[1] 『エチカ』では，「自己保存のコナトゥス conatus sese conservandi」という表現自体は第4部定理22（類似の表現は第4部定理18備考及び定理4証明）になって初めて現れるが，本章では第3部定理6と7の「自己の存在に固執しようとする努力（傾向性）」も「自己保存のコナトゥス」として論じることにする。

II 「自己保存のコナトゥス」の論証過程における「横滑り」（飛躍）の問題

　ベネットは，第3部定理6の「自己保存のコナトゥス」原理が先行定理より導出される論証過程の不十分さを，定理6証明の後半を分析することによって明らかにしている。ベネットによると，この証明後半の中の定理4への言及は余計なものであり，真の論証は定理5のみから行われている。そこで定理6の論証過程を以下に順に示して検討する（Bennett：1984, 240-242）。

i 「いかなるものも，外部の原因によってでなくては，破壊されえない」
(第3部定理4)

ii 「(a) ものは一方が他方を破壊しうる (*potest destruere*) 限りにおいて相反する (*contrariae*) 本性を有する。言い換えれば (b) そうしたものは同じ主体の中に在ることはできない」
(第3部定理5)

iii 「いかなるものも，その存在を除去しうるもの全てに対抗する (*opponitur*)」
(第3部定理6証明の中で用いられている定理5の変形バージョン)

iv 「各々のものは，それ自身においてある限り，自己の存在に固執しようと努力する」
(第3部定理6)

v 「各々のものには可能な限り自己の活動力能を増大させようと努力する必然的傾向性がある」
(本章のコナトゥスの必然的自己発展性テーゼ)

vi 「なぜなら，個物はそれによって神の属性が或る一定の仕方で表現される (*exprimuntur*) 様態である（第1部定理25系により）。言い換えると（第1部定理34により），それによって神が存在し，また活動するその神の力能を，或る一定の仕方で表現するものである。そのうえいかなるものも自らが破壊されうるような或るものを，あるいは自分の存在を除去するような或るものを，自らの中に有していない（この部の定理4により）。むしろ各々のものは自分の存在を除去しうる (*potest tollere*) もの全てに対抗する（前定理により）。したがって各々のものは，できるだけ，またそれ自身においてある限り，自己の存在に固執しようと努力する」
(第3部定理6証明)

ベネットは，iii と iv は同じ事態を意味しているから，ii(a)から，iii と iv が同時に導出されるという論証構造になっていると考えている[2]。この論証過程の中で彼が問題視するのは，ii(a)から iii(iv)への進行には或る横滑りが潜んでいるということだ。つまり，たんなる本性上の「相反する contrarius」という性質が，いつのまにか「対抗する opponi」という全く別の意味へと「横滑り」してしまっているのだ。しかしスピノザは，定理5から定理6への進行において，ii(b)を自ら拡大解釈して作った（実際は定理6証明では不使用の）「定理5の強められたバージョン」を念頭においていたので，この横滑り（飛躍）を自覚しなかったとベネットは考える。

　ベネットは，ii(b)を「全くもって曖昧な節」と断罪し，「同じ主体の中に在ることができない」のは，「相反する本性」の性質 x と y なのか，それとも「相反する本性」の事物 x と y なのかと疑問を呈した上で，この両方が解釈可能であるとしている。ここで問題が生じる。つまり，ii(b)を「相反する本性」を持つ二つの性質 x, y についての言及であると解釈すると（α），「同一主体の中に在ること」とは，性質 x, y 各々が「たった一つの事物によって（例）示されること」を意味することになるが，ii(b)を「相反する本性」の事物 x, y そのものへの言及であると解釈すると（β），「同一主体の中に在ること」に対する意味——例えば，x と y はたった一匹の動物の諸器官のような「より大きな或る事物の諸部分である」というような——を新た

2　アリソンによると，この iii から iv への移行にこそ「不正な横滑り」があるとする批判的解釈が見逃しているのは，『エチカ』における個物はあくまで「活動」の中で捉えられているという事実である。つまり「個物が活動している限り，それを破壊しそうなもの全てに対するこのような対抗 (opposition) は，現実＝活動的抵抗 (actual resistance) として表現される」し，「個物にとっては，自らを破壊しそうなもの全てに抵抗するように活動することは，自己維持（保存）的に活動することなのである」(Allison: 1987, 133-134)。またアリソンは，iv と v の間に一見存在するかに思える矛盾（飛躍）も，活動能力を，有機体が自らの環境の中で，他の諸物体＝身体との相互作用を通して，自己の存在（その内部での運動と静止の特有の比・割合）を維持する力つまり生命力として捉えるならば，自己の存在に固執しようとする有機体の努力（コナトゥス）は，その完全性，活動能力，存在力，生命力のレベルを増大させようとする努力（コナトゥス）と全く同じものであることが判明するので，実際は「矛盾」（飛躍）ではないとする。しかしそれだけでは，「コナトゥスの必然的自己発展性テーゼ」への存在論的な説明としては不充分ではなかろうか (Allison: 1987, 135-136, 本章注7)。

に考案しなければならなくなるのだ。ベネットによると，定理5の証明過程を見れば，ii(b)は，ただ「一つの事物は複数の本性を（例）示しえない（持ちえない）」ということを意味しているにすぎないという解釈が強力な根拠を持つ。これに対して，（β）の解釈をとれば，「xがyを破壊しうる」という事実からは，「xとyはそれらより大きな事物Zの二つの部分ではありえない」ということが結論されない。この場合，Zは外部からの援助なしに自らの一部を破壊しうることになるが，このことは定理4には反しない。なぜなら，自らの一部を破壊することは，自分自身を破壊することではないからだ。定理5の証明はこのように説得力のない論証の表明としても読解できてしまうのだ。ベネットによると，定理6証明(vi)における定理5(ii)の用いられ方は，スピノザ自身によるii(b)の読解はこのようなものであったというわずかな疑念を残したままにする。

　こうして，ベネットの言う「定理5の強められたバージョン」とは，「xとyが共に個体（有機体のような何か）であり，かつyがxを破壊しうる場合，それらのいずれよりもずっと大きな個体でなければ，このxとyは共にそのただひとつの個体の部分ではありえない」というようなものである。ここでは相対的なサイズの規定が必要になる。つまり，宇宙はスピノザ的な意味での個体であるが，定理5(ii)は，xがyを破壊しうる場合は，xとyは同じ宇宙の中に共存できないということを意味しないであろう。ではより小さなサイズで考えるとどうか。例えば，yが人物xを破壊しうるような人物であったとしても，xとyは同じ国家に属することができるであろう。これに対してスピノザは反論するかもしれない。そのようなxとyが同じ村や家族に属することは，それらが外部の援助なしに自らを破壊しうるという（村や家族といった）個体にとってはありえない状況を生み出してしまうと。そして，このような「定理5の強められたバージョン」から，スピノザは，「yがxを破壊しうる場合は，xとyは常に相互に或る距離を保っていなければならない。それは，もし両者が接近しすぎると，両者はたった一つの個体の内部で結びついてしまい，そのことにより，その個体が自己破壊可能な状態に陥るという危険を冒してしまうことになるからだ」という合理的な推

論をしたのだろうと、ベネットは解釈する。そして、ここからスピノザは、xに求められるのは、yとの安全な距離を保つということであると推論し、更にそこから、定理6証明においては、「先制攻撃はしないまでも、yを寄せ付けないようにしつつ、xはyからの脅威を減じるようなものは何であれ常に行うだろう」という考え方へと滑り落ちて（ii(a)からiiiへの「横滑り」）しまったのであると（Bennett : 1984, 240-242）。

III　神の力からのコナトゥスの論証、人間のコナトゥス

上述のように、ベネットは定理6証明の後半を「紛れもなく誤った論証」と批判するのであるが、いずれにせよ、彼のような解釈からは神の存在が抜け落ちてしまっている。そして、「自己保存のコナトゥス」定理（E/III/6）を「自己破壊の不可能性」（第3部定理4及び定理5）のみから証明しようとすることには初めから無理がある。リンによると、「自己破壊の不可能性」は確かに「自己保存のコナトゥス」定理の証明（E/III/6D）の後半で一定の役割を果たしている。しかし、「有限な個物は神の力能を表現する」という前提からなされる証明前半部分の方がより説得的な論証であり、これによって補われなければ、「自己破壊の不可能性」のみでは決して十分な論証にはならない。というよりむしろ、定理6証明前半部分による論証の方が、スピノザにとっては究極的にはより重要であり、コナトゥス原理はこの前提（論証）からの自然で当然な結論なのである（Lin : 2004, 21-22）。本章はリンのこの主張に全面的に賛成する。ただし、コナトゥスが「持続」の中で、実効的な自己保存力（活動力能）として現実化されるには、他の有限様態からの働きかけ（限定）が不可欠であることも忘れてはならないであろう（本章IV）。以上を踏まえた上で本章では、「自己保存のコナトゥス」を神の力能との関係から論証する。

『エチカ』におけるコナトゥスは、有限様態としての万物に備わっている「自己保存の傾向（努力）」である（E/III/6・D, 7・D）。その本質に存在が含まれない有限様態としての個物は、自己の「本質」――それは「現実的本質 essentia actualis」であると同時に、神から「与えられた本質 essentia data」

である――としてのコナトゥスによって「神＝自然」の無限なる力能を「表現する exprimere」あるいは「説明＝展開する explicare」限りにおいてのみ[3]，神の力能（＝本質＝存在）を享受して初めて現実的に存在し活動することができる（E/I/24, 25C, 36D, III/6D, IV/4D）。このことは，つまり，有限様態の存在と活動の究極的な原因と根拠が「神＝自然」の無限なる力能に求められているということである（E/I/24C, II/45S）。

ここで，有限様態としての人間は「自然の一部 naturae pars」であるから[4]，他の自然の個物と同じく「共通な自然の諸法則」に従い，その感情も全く「同様の自然の必然性と力から」生じる。実はこの「自然の必然性と力」を「表現・展開する」ものこそが人間のコナトゥスである。このように「自然の一部」としての人間にもコナトゥスが当然の帰結として認められることになるのだが（E/III/Ad1Ex, IV/18D），スピノザは，人間が例外なく「自然の一部」であること（E/IV/4）の証明を，人間のコナトゥスによって「説明＝展開」されることによって有限化・現実化された「神＝自然」の力能が元の「神＝自然」の無限なる力能の一部分であるという事実から証明している。

> 「人間が自己の存在を保存する力能（potentia）は――中略――人間の現実的本質〔コナトゥス〕によって説明＝展開されうる（explicari potest）限りにおける神あるいは自然の力能そのものである（第1部定理24系，第3部定理7より）。したがって人間の力能は，それ自身の現実的本質〔コナトゥス〕によって説明＝展開される限りにおいて，神あるいは自然の無限なる力能の一部である。」（E/IV/4D）

---

[3] ドゥルーズによると，「説明すること（expliquer）は展開すること（dévlopper）である。包含することは，内包することである。この二つの語は決して対立的ではない。それらは，表現（expression）の単に，二つの側面を示しているだけなのだ。一方で，表現（expression）は説明（explication）である。つまり，自己を表現する（s'exprime）ものの展開（développement）である。」（Deleuze：1968, 12）

[4] （E/IV/2, 4, 57S, Ap6・7・32, TP/II/5・8, TTP/III/32, IV/44, XVI/191）

こうして，人間本性をありのままに見る態度，つまり人間の（意志の）力を特権化し，人間を自然の法則に超越する存在として，「国家の内なる国家 imperium in imperio」とみなすような見方を徹底的に拒絶し，人間をあくまで「自然の一部 pars naturae」とみなすスピノザの態度は，「自己保存のコナトゥス」という万人共通の自然本性（E/III/9, 58D, Allison：1987, 134）への洞察に支えられていることが判明する[5]。

以上に考察したのは，存在論的位相におけるコナトゥス，つまり「自己保存のコナトゥス」であるが，このコナトゥスは，人間にあっては，現実生活におけるさまざまな位相において，「活動力能 potentia agendi」という現実的な力能として現れるようになる。活動力能という現実的な力として現れた〈限りにおけるコナトゥス conatus quatenus〉は，例えば認識という位相においては「認識能力」であり（E/III/37D, 59D, IV/26D），感情という位相においては「欲望」であり（E/III/9S, 58D, Ad1Ex, IV/18D），社会（政治）という位相においては「自然権」である（E/IV/37S1, TP/II/5）。ここで重要なのは，このような活動力能として現れた〈限りにおけるコナトゥス〉にはその「増減可能性」が認められ[6]（E/III/37D, 43D, 57D, 本書第1章II・III），人間にとっては，自己のこの活動力能を可能な限り増大させようとする恒常的な傾向性がその本性の必然性であるという事実である。

IV 「コナトゥスの自己発展性とその必然性」

自己の存在を全力の限りを尽くして維持・保存しようとする人間の努力(コナトゥス)は根源的欲望にして，人間の本質であった。しかし，以下に引用する『エチカ』第3部感情理論の二つの定理を，それが導出される証明の筋を遡りなが

---

[5] 「私はこれら一切を人間の本性（それがどのように考えられようと）の必然性から，すなわち万人に普遍的な自己保存のコナトゥス（conatus sese conservandi）から証明したということである。そしてこのコナトゥスは無知なる者であろうが賢者であろうが全ての人間に内在する。」（TP/III/18）

[6] ただ，ここで留意すべきは，各様態（各人）のコナトゥスそのものには，増減はありえないということである。よって次節（IV）で考察するような「コナトゥスの必然的自己発展性」とは，コナトゥスそのものの量的拡大を意味しはしないのである。

ら考察すれば，単に感情理論的な含意を有したものであるに留まらない存在論的にも極めて重要なコナトゥスについての或る事実が浮かび上がってくる。

「我々は，喜びに寄与すると我々が想像（表象）する全てのものを<u>促進＝実現しようと努力する</u>（*conamur promovere*）。反対に，それに矛盾しあるいは悲しみに寄与すると我々が想像（表象）する全てのものを遠ざけあるいは破壊しようと努力する。」(E/III/28)

「悲しみは人間の活動力能を減少させあるいは阻害する―中略―人間が自己の存在に固執しようと努力するコナトゥスを減少させあるいは阻害するのである。したがって悲しみは（この部の定理5により）このコナトゥスに<u>相反するもの</u>である。そして悲しみによって触発されている人間が<u>努力する</u>（*conatur*）ことの全ては，悲しみを除去することに向けられる。―中略―それゆえ悲しみがより大きいに従って，人間はそれだけ大きな活動力能をもって悲しみを除去しようと<u>努力する</u>であろう。―中略―喜びは人間の活動力能を増大しあるいは促進するから，喜びによって触発されている人間は喜びを保存することを何よりも欲し，しかも喜びがより大きいに従って，それだけ大きな欲望〔コナトゥス〕をもってそれを欲する。」(E/III/37D)

今ここに示した二つの定理は――最初の定理中の「想像（表象）する」という言葉からも分かるように――（少なくともその瞬間には）「受動感情に隷属している人間」の特性について述べたものである（E/III/57S）。この第3部定理28からは，受動的人間には，単に自己の存在を維持・保存する傾向性だけではなく，自己に「喜び」をもたらすようなものを可能な限り獲得しようと努力し，「悲しみ」をもたらすようなものを可能な限り破壊しようと努力する傾向性があると，スピノザは考えているということが明らかになる。定理28では，受動的人間のこのような傾向性は，「精神は身体の活動力能を増大しあるいは促進するものを可能な限り想像（表象）しようと<u>努力し</u>（*conatur*）」，「身体の活動力能を減少しあるいは阻害するものを想像（表象）

する場合，そうしたものの存在を排除する事物を可能な限り想像しようと努力する」(E/III/12, 13) という定理まで遡ってそれを根拠に証明されている[7]。ここには，「喜び」は人間（精神と身体）の活動力能（自己の存在に固執しようとするコナトゥス）を増大・促進し，「悲しみ」は逆にそれを減少・阻害させるような感情であるという，「喜び」，「悲しみ」，活動力能（コナトゥス）の三者の関係についてのスピノザの考え方（E/III/37D, 57D）を補って考えなければならないであろう。つまり，人間が喜びをもたらすものを促進・実現しようと努力するのは，「喜び」が自己の活動力能（コナトゥス）を増大・促進させる感情であるからであり，悲しみをもたらすものを遠ざけあるいは破壊しようと努力するのは，「悲しみ」が自己の活動力能（コナトゥス）を減少・阻害させるような感情であるからなのだ。けれどもここから更に，では人間が活動力能（コナトゥス）を増大・促進させるものを求め，活動力能を減少しあるいは阻害するものを回避し破壊しようと努力するのはなぜかが問われなければならない (E/III/12, 13, 37D)。それをスピノザは，この第3部定理12の証明後半において，「精神が我々の身体の活動力能を増大しあるいは促進するものを想像（表象）する間は，身体はその活動力能を増大しあるいは促進するような仕方で触発される（この部の要請1を見よ）。したがってまた（この部の定理11により）その間は，精神の思惟能力は増大しあるいは促進される。それゆえに（この部の定理6または9により）精神はそうしたものを可能な限り想像（表象）しようと努力する」というように，定理6つまり「各々のものは，それ自身においてある限り，自己の存在に固執しようと努力する」(E/III/6) という「自己保存のコナトゥス」定理とそれを精神に適用させた定理9にまで遡らせて証明している。

しかし，この単に「自己の存在に固執しようと努力する in suo esse perseverare conatur」傾向性から，「活動力能として現れた〈限りにおける

---

[7] ここには或る種の「飛躍」がある。つまり定理12, 13では単に「想像（表象）しようと努力する」であったのが，定理28では「促進（実現）あるいは破壊しようと努力する」に発展しているのだ。しかし，これらの定理の証明にはいずれも「心身平行論」が強く効いており，「飛躍」はみせかけにすぎない（木島：2003, 108-112）。

コナトゥス〉」の減少をもたらすようなものに可能な限り抵抗し、その増大を可能な限り求めようとする傾向性が証明されているのはなぜだろうか（Allison：1987, 135）[8]。ここでは二つの点が重要である。その第1点は、「各々のものがそれによって単独であるいは他のものと共に（cum aliis）或ることを行い、あるいは行おうと努力する（agere conatur）力能ないしコナトゥス、言い換えれば（この部の定理6により）、各々のものがそれによって自己の存在に固執しようと努力する力能ないしコナトゥスは、そのもの自身の与えられた本質あるいは現実的本質にほかならない」（E/III/7D）と述べられているように、スピノザが言う「自己の存在への固執」とは、ただ自己の存在や状態を最低限度に維持・保存するというものではなく、「活動すること agere」しかも「自己以外のものと協働して活動すること」までをも本来的に含意するような概念であるということである（Allison：1987, 133-134）。

　第2点は、その本質には存在することが含まれない有限様態としての個物が（E/I/24）、この「自己の存在へ固執しようと努力する傾向性」を持つのはなぜかという問題を考える中で明らかになる。この問題に対する証明は——本章IIとIIIで見たように——人間も含めた有限なる個物は、外部の諸原因を考慮せず「それ自体で見られる限り」、自らを滅ぼすようなものを自己の内には一切有せず（E/III/4・D, 5）、神から「与えられた本質」としてのコナトゥスによって、神が存在し活動しているその永遠で無限なる力能を「表現する」ことで存在し活動している様態であるということを根拠にしてなされていた（E/III/6D, 7D, cf. I/21, IV/4D）。この一連の論証過程から帰結されるのは、有限様態を「自己の存在に固執しようとさせる駆動力としてのコナトゥス」は、「限定された（finitum）時間ではなく無限定な（indefinitum）

---

[8] アリソンによると、人間も含めた有限様態は全て「ただ自らの存在の現実的＝活動的レベル（actual level）を保存するだけのために、自己の力能を増大させようと絶え間なく努力しなければならない」という問題については、スピノザは、ホッブズの『リヴァイアサン』第1部第11章の、人間が力を求めることを止めないのは「彼（人間）が現在持っているよく生きるための力と手段を確保しうるためには、それ以上〔の力〕を獲得することが不可欠だからである」という思想から影響を受けている（Allison：1987, 136, 235, n. 13）。しかし、アリソンのこの説明は存在論的な基礎づけが余りにも乏しい（本章注2）。

時間を含んでおり」(E/III/8)，各有限様態は外部の原因によって妨害されることがなければ，現に有しているのと「同一の力能 eadem potentia」を持って常に存在し続け (E/III/8D, IV/Prae)，外部の原因によって妨害されれば，その妨害の原因となるものに可能な限り「対抗・抵抗する opponi」ということである (E/III/6D)。

そして，神から「与えられた本質」であるがゆえに，「そ̇れ̇自̇体̇で̇見̇れ̇ば̇」絶対的な自己肯定でしかありえなかったこのコナトゥスによって表現・展開されることによってのみ，神の永遠で無限なる力能は有限様態自身の現実的な自己保存力（活動力能）となるのであるから (E/IV/4D)，コナトゥスによってなされ，コナトゥスそのものがその証しとなっている「有限様態の内への神の無限なる力能の浸透」には，「そ̇れ̇自̇体̇で̇見̇れ̇ば̇」限界はありえない。つまり，神の無限なる力能の浸透に，当の有限様態自身によって或る限界を設定するということは，上に見たコナトゥス（＝与えられた本質）そのものの「絶対的自己肯定性」という性質上，不可能なのである。

しかし，「自己保存のコナトゥス」のこの無制約の「絶対的自己肯定性」は，あくまで外部の諸原因を考慮せず「そ̇れ̇自̇体̇で̇見̇ら̇れ̇る̇限̇り̇」という条件の中でのみ有効であることを忘れてはならない。現実には，有限様態（としての人間）は，有限様態同士の相互作用のただ中においては (E/V/37S)，外部の諸原因（自己以外の有限者）から二重の意味での「限定」を受けて存在しているのである。その第1の限定とは，有限様態は他の有限様態から「存在と作用へと決定（限定）される determinari」ことによって初めて現実に存在することができる[9]という肯定的「限定」である (E/I/28)。第2の限定とは，有限様態が自己の存在へ固執する力は，それを無限に凌駕する外部の原因の力によって「境界確定（限定）される definiri」から，有限様態（としての人間）の（自己の存在に固執する）力は，常に外部の原因によって破壊される可能性に晒されているという否定的「限定」[10]である (E/IV/Ax, 2-6)。

9　もちろん，個物がこのいわゆる「水平の因果性」の中で，他の個物から存在と作用へと「決定（限定）」されているということは，「垂直の因果性」において「限りにおける神」から存在と作用へ「決定」されているということと同一事態である (E/I/26-29, 本章I)。

このような二重の「限定」によって，コナトゥスそのものの「無制約性」に制限が加えられ，そのことによって初めて，コナトゥスは「持続」の中での自己の存在への固執の努力・傾向として[11]「現実化」[12]されるのである（E/III/8D, IV/Prae）。

このうちの2番目の，否定的「限定」が与えられれば，それに可能な限り「対抗・抵抗する opponi」というコナトゥスの必然的傾向性を人間の場合で説明したのが，本章冒頭に提示した第3部定理37証明の前半である。この証明前半では，まず人間のコナトゥスがそのコナトゥス（活動力能）自身を減少・阻害するもの（悲しみ）の除去に向かうのはなぜかということが論証されていなければならないはずだが，スピノザは，第3部定理5（「ものは一方が他方を破壊しうる限りにおいて<u>相反する</u>本性を有する。言い換えればそうしたものは同じ主体の中に在ることはできない」）を挙げて，コナトゥスに「<u>相反する contrarius</u>」という悲しみの性格を示しているに過ぎない。しかし，この論

---

10 ただし，この外部からの否定的「限定」に対する，各々の存在の「対抗・抵抗」を，「否定の否定」と捉えて，むしろこの外部からの否定に対する対抗（否定）によって初めて，コナトゥスは時間（持続）の中で現実化されるとするヴァルターのような解釈もある。本章注14を参照。

11 ドゥルーズはこう言っている。「〔力能の度合いとしての〕様態が存在へと移行するのは，無限に多くの外延的諸部分が，その様態の本質あるいは力能の度合いに対応する一定の構成関係（rapport）のもとに入るように，外部から決定されるからである。その時，そしてその時初めて，この本質それ自身も，コナトゥスあるいは衝動として（E/III/7）規定されることになる。これは，存在に固執する，つまりその構成関係のもとにこれに帰属している諸部分を保持し更新して，存在し続けようとする傾向を持つのである」（Deleuze：1981, 135〔邦訳186〕）。これは彼のいうコナトゥスの第一規定である。本章注15を参照。

12 ここに「各々のものが，それによって自己の存在に固執しようと努力するコナトゥスはそのもの自身の現実的本質（actualis essentia）にほかならない」（E/III/7）と言われる場合の「actualis（現実的）」の意味を見て取ることもできよう（本章注14参照）。しかし先に引用したこの定理の証明（E/III/7D）を見れば一目瞭然のように，この"actualis"は，「行う・活動する agere」能力というコナトゥスの側面を表現してもいるという意味でも「actualis（活動的）」であるのだ。そもそもコナトゥスが「与えられた，あるいは現実的＝活動的本質 data, sive actualis essentia」（E/III/7D）であると言われる場合の，神から「与えられた data」という事態は，個物の側から捉えるならば──この証明が参照を促す第1部定理36のその証明からも明らかなように──有限な個物が神の「存在し活動する」能力＝本質を「表現する」ことによって，神のその能力を有限のレベルにおいて享受しているという事態である。ここで，神においては，存在することと活動することは同じくその本質であるから（「神の活動的本質 Dei actuosa essentia」）（E/I/34D, II/3S），「与えられた本質」は「活動的本質」でもあるのだ。

証を完全なものにしようと思えば，スピノザは更に，第3部定理6証明の中の「（前定理により）いかなるものも，その存在を除去しうるもの全てに対抗する（opponitur）」という「第3部定理5を語りなおしたテーゼ」を論拠として持ち出すべきであったろう[13]。そうすることで初めて，そのコナトゥス（活動力能）自身を減少・阻害させ，その者を破壊しうるようなもの，つまり自らに「相反するもの」に，人間のコナトゥスは可能な限り抵抗・対抗し，それを必然的に除去しようとするという事実[14]と，その阻害要因（悲しみ）の大きさに比例して，それに抵抗・対抗するコナトゥス（活動力能）の大きさも増大するという，両者の間にある緊張関係と「弁証法的」ダイナミズム[15]が明らかにもなるのだ。

---

[13] 第3部定理6証明中の，この「相反する」から「対抗する」への横滑りについてはすでに本章IIで述べた。

[14] 確かに『エチカ』ではいかなるものも「その存在を除去しうるもの全てに対抗する（opponitur）」（E/III/6D）という，「自己」に対する「他者」あるいは「外界」からの脅威とそれへの反発という緊張関係の事実が，「自己保存のコナトゥス」の証明には示されている。ここではヴァルターの弁証法的なコナトゥス解釈を紹介する。ヴァルターは，コナトゥスを否定の否定として，また差異における同一性として見ている。ヴァルターによると，「〔各々の〕ものは，外的な作用によってそのものを除去しようとする企てに，その本質＝存在（Wesen）の実在性によって抵抗する。存在を脅かしている外的な原因からの作用を断固として否定することによって初めて，本質＝存在は，時間的に存在する個体のうちで，自己保存の努力あるいは固執の努力，つまりコナトゥスとなる。—中略—現実的本質あるいは与えられた本質（vgl. EIII, 7, dem;146, 29）という概念において，存在を否定する作用の否定として具体的に与えられた本質（Wesenheit）がコナトゥスである。それゆえ，コナトゥスという概念のうちには，本質＝存在と存在する個体との差異と同時にそれらの同一性がある。—中略—存在している個体は，確かに存在しているものとしてのその個体とその個体の本質＝存在との差異であると同時にそれら両方の同一性へ向けての努力である」（Walther：1971, 102-103）。

しかし，ヴァルターのようにコナトゥスの「否定の否定」という側面のみを強調した弁証法的な解釈をとると，「自己の存在に固執する努力としてのコナトゥス」の定理の証明（E/III/6D）のうちの半分を全く見落としてしまうことにならないだろうか。つまり，本章III及び本節（IV）でも示したように，有限様態の存在と活動の究極的な原因と根拠が「神＝自然」の無限なる能力に求められているというコナトゥスの「直接的肯定性」の側面を看過してしまうことにならないだろうか（E/I/24C, II/45S）。

[15] ドゥルーズによるコナトゥスの第三の規定。神から「与えられた本質」としてのコナトゥスそのものは増減も変化もしない。しかし各個物，各人の「現実的本質」であるコナトゥスが，他者との関係の中で現実に発揮されたものとしての「活動力能」は増減し，「より小さなあるいはより大きな完全性への移行」は存在する。ドゥルーズは，コナトゥスに三つの規定を設けることでこのような複雑な事態を丁寧に説明する（Deleuze：1981, 135-143〔邦訳 187-192〕）。

第 2 章　保存と増大

　しかし，コナトゥス（活動力能）に対する阻害因子へのそのようなダイナミックな「抵抗・対抗」も，コナトゥス（活動力能）に対する促進因子へのコナトゥス自身のポジティブな獲得反応も（E/III/12, 13, 37D），このコナトゥス自身の「絶対的自己肯定性」という性質から生じている。ここで重要なのは，このコナトゥスの「絶対的自己肯定性」という性質が，神の永遠で無限な力能にその起源を持ったということである。私は先に，「有限様態の内への神の無限なる力能の浸透」という表現[16]によってこの事態を表した。

　「第一の規定」（力学的定義メカニック）：自己の存在への固執・維持・保存の傾向（E/IV/39）。「第二の規定」（力動的定義ディナミック）：触発に対する「適応能力＝適応度（aptitude）」を維持し最大限に発揮しようとする傾向（E/IV/38）。「第三の規定」（弁証法的定義ディアレクティック）：喜びをもたらすものを実現して活動力能を増大させようとし，悲しみをもたらすものを遠ざけ破壊しようとする努力（E/III/28）。

16　Schrijvers はコナトゥスの本質的特徴の 1 つとしてその「拡張性 expansivity」を挙げ，それを「圧縮されたバネ」の比喩で表現している。彼の解釈は本章との共通点も多いので，以下に簡単に紹介する。Schrijvers によると，個物はその本質に存在が含まれないというテーゼは（E/I/24C），本質だけでは存在の十全な原因にはならないということを意味しているに過ぎない。個物はその存在の根拠を「外的原因」と「内的原因」の協力に負っている。例えば画上に円を描くには，道具や身体だけでなく円の本質についての観念が必要なように。内的原因は個物の本性＝本質を，永遠のこのかたそれがそうであるかのように規定（限定）するから，個物は，それ自体で見られる限り，否定性（可滅性）を含まず，むしろその「永遠の本質」によって「現実化」を求めている。ここから，現実性に固執する力としてのコナトゥスの究極の正当化が生まれる。しかしこのことは，「永遠の本質」が「現実化」へ向けて努力するということを意味しない。コナトゥスは「永遠の本質」のレベルでは正当化されないのだ。神の永遠なる存在力を表現するものである個物は，「現実に」存在し始める限りにおいてのみ，まさにその瞬間に，保存を切望するようになり，自己の存在に固執するコナトゥスとして現れるのである。コナトゥスが「現実的本質」である所以は，個物の永遠なる存在力は，現実においては，自己を破壊しうるような他の個物との終わりなき闘争に対応しているからである。つまり，個物の現実存在の内的な保証人としてのコナトゥスは，外部からも規定（限定）されるということだ。現実化のための必要条件を本質によっては満たせないので，個物は外的な力の諸条件へと開かれたままであるように内的に強制されている。その中には，自己を破壊しうるような強大な力もあることになる。しかし，定義上，個物に課せられる限界内で，個物の永遠なる力能は「存在の絶対的肯定」として自らを発揮する。この「存在の無条件（無制約）の内的肯定」は，現実には，外部から完全に規定（限定）されてもいるのだが，この事態を「圧縮されたバネ」のイメージによって視覚化できよう。この「圧縮されたバネ」は内部から拡張していく力を持つが，その場合の拡張の実効的な範囲は——それがポジティブなものであれネガティブなものであれ——外的な諸要因に依存しているのである。こうして，個物が，そうするように内的に規定（限定）されたことに，好ましい外的条件の下で成功した瞬間は，自己保存の成就が同時に拡張的な運動にもなっているというような瞬間であることが分かる。「より多く more」への欲望，つまり存在力の最大化への欲望は（E/III/28, IV/38），ガリレオの慣性原理に基づいて

この表現が意味するのは，人間も含めた有限様態のコナトゥス（活動力能）の淵源が神の永遠で無限な力能にある以上（E/I/24C, II/45S, IV/4D），有限様態（人間）の側に何らかの「阻害要因」（拒み）がない限りは，この「神の無限なる力能の浸透」は止むこと（限界）を知らないはずであり，その限りにおいて，有限様態（人間）の側での神の力能の「表現」が最高度に行われ続け，それによって有限様態（人間）の活動力能として現れた〈限りにおけるコナトゥス〉も最高度まで上昇・増大し続ける[17]であろうということである（cf. Schrijvers：1999, 69, 76-77）。しかし実際は，人間の場合は特に，さまざまな促進因子や阻害因子との「偶然的出会い＝遭遇」に晒されて存在し，生きる中で（E/II/29S），この「浸透＝表現」の達成に制限が課せられてしまう。この制限は各人によって異なるし，また同一人物でもそのつど異なる。これが，活動力能として現れた〈限りにおけるコナトゥス〉の各人における度合いの相違とアポステリオリな増減可能性として現れてくるのである。

　こうして「自己保存のコナトゥス」定理（E/III/6）から，自己の「活動力能として現れた〈限りにおけるコナトゥス〉」を可能な限り増大させようとする，コナトゥスそのものが有する必然的傾向性が導き出されることになる。そしてこれが有限様態としての人間に適用されたものが，以下に私が「コナトゥスの必然的自己発展性＝エゴイズムの原理」と呼ぶものである。

V 「コナトゥスの必然的自己発展性の原理」の倫理学，社会哲学への適用

　第4部に入ってからスピノザは，この「コナトゥスの必然的自己発展性＝エゴイズムの原理」から直接に，「各人はその善あるいは悪と判断するものを<u>自己の本性〔コナトゥス〕の法則に従って必然的に欲求し</u>あるいは忌避す

　完全に説明できるのである（Schrijvers：1999, 66-69）。
17　第3部定理5において，一方による他方の「破壊」可能性として語られた「相反する contrarius」という性質は，後続箇所では「活動力能（自己保存のコナトゥス）の減少・阻害」をもたらすものとして語りなおされている（E/III/37D）。このことが意味するのは，活動力能を減少・阻害させるようなものは，決して各々のもの（有限様態）それ自身の内には存在しえないということである（E/IV/30D, cf. III/4, 5）。

る」(E/IV/19) という定理を導き出しているが，そこから更に，「真に徳に従って働きをなす (agere) とは，我々においては，理性の導きに従って働きをなし，生き，自己の存在を保存すること（この三つは同じことを意味する），しかもそれを自己に固有の利益を求めるという根本原則から行うことにほかならない」(E/IV/24) とも言っている。ここに言う「自己に固有の利益を求める根本原則」は，別の箇所では「各人は自己の利益を求めるようになっているというこの原理」(E/IV/18S) とも表現されているが，これらは「コナトゥスの必然的自己発展性＝エゴイズムの原理」が，「理性の導きに従って生きる人間」の場合にもそっくりそのまま持ち越されていることを示すものである[18]。この原理が「受動感情に隷属する人間」のみならず「理性の導きに従って生きる人間」にも妥当するのは，コナトゥスが，理性によって導かれるか（能動），感情に従属しているか（受動）にかかわらず，言い換えれば「賢者」であるか「無知なる者」であるかにかかわらず万人に普遍的に内在する人間の「自然本性＝本質」である[19]からだ (E/III/9, 58D, TTP/XVI/189-190, TP/II/5・8, III/18, Allison：1987, 134)。

　以上から，『エチカ』では，受動感情に隷属していようが，理性の導きに従って生きていようが，各々の人間は，単に自己の存在を最低限に維持・保

---

[18] ただし理性人にとっての「自己利益」とは受動人のそれとは質的に異なるものであり，そこからは「利他的行為」や「社会形成」の可能性が生まれるようなものであるとスピノザは考えているようである (E/IV/35C1, 37・S1, 71D, Ap4)。これについては，本書第4章III-1と第10章IV-1を参照。

[19] しかし，自己認識との関係で見た自己保存（のコナトゥス）は，受動的人間と理性的人間では大きく異なる。ヘンリッヒによれば，自己意識と自己保存の統一というストア派の基本モチーフこそが，西欧の近代哲学の基本構造を規定した。ストア派によると，「自己熟知 (Vertrautheit mit sich) によって初めて人間の自己保存の可能性は生まれ，自己保存を行う限りにおいてのみ人間は自己を熟知している」(Henrich：1982, 114)。このように自己意識と自己保存という二つの「反省的＝再帰的 reflexiv」関係は相互的連関のうちにある相互依存関係なのである (ibid. S. 120-123)。果たして，これはスピノザの「自己保存のコナトゥス」にも当てはまるだろうか。スピノザ自身は，「受動感情に隷属する無知なる者」は自己自身を知らないままに自己保存を行っているが，「理性的人間」は自己自身を十分に知った上で自己保存を行っていると考えている (E/IV/56D)。後者の自己認識には，「共通概念」による，自己と自己以外のものに「共通なもの」，つまり自己にとって有益なものの認識も含まれる。ただし自己の「個別的本質」を真に認識するには「直観知」を待たなければならないであろう (E/IV/Def1, 30, 31, V/24, 25D, 36S)。

存しようとする傾向性だけではなく，自己にとっての「善 bonum」，つまり自己に「有益で utilis」あり，「喜び」をもたらし，自己の「活動力能として現れた限りにおけるコナトゥス」（欲望）を増大させてくれるものを (E/III/12, 13, 28, 37D, 39S, IV/D1・2, 8D, 18D, 19, 29D)，可能な限り獲得しようと努力する傾向性を有していると考えられていることが判明した。

　また，自然権をコナトゥスによって規定している『政治論』にもこの「コナトゥスの必然的自己発展性＝エゴイズムの原理」は適用される。というよりむしろこの原理は，『政治論』における国家形成に存在論的説明を与えてくれるようなものなのである。こうして「コナトゥスの必然的自己発展性の原理」は，『エチカ』の倫理学説における諸問題を考察する際にも（本書第6章，第10章），スピノザ社会哲学における「社会化」の問題を考察する際にも（本書第4章，第11章），極めて重要な，或る意味でそれらの支柱となるような原理なのである。

コナトゥスと倫理

「彼らは，スピノザの哲学のうちには本来善悪の差別がないと言うが，一体この本来とはどういう意味か聞きたい。——中略——スピノザ主義において実体だけを眼中におくならば，もちろん実体のうちには善悪の区別はない。それはしかし，実体の立場においては，有限なものおよび世界一般と同じく（第48節の註釈を見よ），悪は全く存在しないからである。しかし，もし人が，この体系において更に人間や人間と実体との関係があらわれ，そこでのみ善と区別された悪がその場所を持ちうる立場を眼中におくとすれば，人は，スピノザが『エチカ』のうちで悪や，感情や，人間の屈従や人間の自由について述べている部分をよく読んでからでなければ，この体系の道徳的帰結について語る資格はないのである。スピノザをよく読みさえすれば，人は，神への純なる愛を原理とするスピノザの道徳が高い純粋を持っていること，そしてこうした純粋な道徳がその体系の帰結であることをもちろん疑わないであろう。」

ヘーゲル『エンチクロペディー』第2版への序文

第3章　スピノザにおけるコナトゥスと倫理

序

　本章の目的は，スピノザの主著『エチカ』における「倫理」の問題を，「コナトゥス conatus」という概念を基軸に据えて考察することによって，コナトゥスに基礎づけられている『エチカ』の「倫理」の生成と構造を明らかにすると同時に，『エチカ』第3部の感情理論に出てくる「感情の模倣 imitatio affectuum」という現象に注目することによって『エチカ』における利他的行為の可能性を解明することである。

　コナトゥスは通常，人間も含めた「有限様態 modus finitus」が自己の存在に固執しようとする努力，つまり「自己保存の努力 conatus sese conservandi」として，存在論的に捉えられる。確かに，その本質が存在を含まない（有限）様態としての個物や人間は，その現実的本質としてのコナトゥスによって，「絶対に無限なる実有」としての神（実体）の力能（＝本質＝存在）を表現することによって初めて存在しうるという『エチカ』の存在論において，コナトゥスは極めて重要な役割を担っている（本書第1章）。

しかし，コナトゥスは，実はこのような存在論的な位相においてのみならず，感情，認識，倫理，社会といった様々な位相においても極めて中心的な役割や機能を持っていた（本書第1章IIIを参照）。本章ではこれらの位相の中でも，特に倫理という位相に注目して，『エチカ』におけるスピノザの倫理学説の形成にコナトゥスがどのように貢献し，そして，どのように彼の倫理学説を独特のものにしていったかということを考究する。ただし，『エチカ』においてコナトゥスは，まずは存在論的な位相において現れ，このコナトゥスの存在論的な基礎の上に，様々な位相において現れた〈限りにおけるコナトゥス〉が説明・展開されていくので，本章では，初めに存在論的位相における人間のコナトゥスを概観した上で，倫理という位相において現れた〈限りにおけるコナトゥス〉の役割や機能を考察していく。

I 存在論的位相におけるコナトゥス

I－1 有限様態としての人間の存在

たとえ『エチカ』が，「在るものは全て神のうちに在る，そして神なしには何物も在りえずまた考えられない」（E/I/15）という汎神論の立場を取っているにしても，倫理的行為の担い手は，有限様態としての人間であり，この有限様態としての人間相互の間に生じる倫理的差異が，絶対に無限な唯一の実体である神（E/I/D6, 14・C1）の中に解消されてしまうということはありえない。確かにスピノザは，人間を「神の中に在りかつ神なしには在ることも考えられることもできないあるものである。言い換えれば（第1部定理25の系より），神の本性をある一定の仕方で表現する変状あるいは様態である」（E/II/10SCD）と，一見，消極的なものとして規定してはいる。しかし，有限様態としての人間や他の生物や個物，あるいはそれらが形作る様々なもの

は，それらの本質であるコナトゥスによってその存在に対して積極的な意義と力動性を与えられており，その限りにおいて人間は，倫理的あるいは社会的諸行為とその世界において主役でありうるのである。だが，このことを論証するには『エチカ』第1部の存在論をもう少し詳しく見ていく必要があろう。

　上述のように，スピノザによると，人間は精神と身体から成る「様態 modus」である（E/II/13C）。ではこの様態とは，そもそもどのようなものとして定義されているのだろうか。

> 「様態とは，実体の変状（affectiones），つまり他のもののうちに在り，他のものによって考えられるものと理解する。」（E/I/Def5）

　ここで，この「他のもの」はもちろん「実体 substantia」を指している（E/I/15D）から，この定義から，様態はそれ自身では存在することも考えられることもできず，存在するためには，実体の存在を必要とするということが理解できる。これに対して，実体は「それ自身のうちに在りかつそれ自身によって考えられるもの」（E/I/Def3）であり，存在するために他のものを一切，前提としない。そしてこの実体こそが「絶対に無限なる実有 ens absolute infinitum」としての神（Deus）であるのだ（E/I/Def6, 11S）。上述の，人間は「神なしには在ることも考えられることもできない」というのは，こういう意味であったのである。このようにして，様態である人間は様態の性質を全て受け継ぐことになる。スピノザによると，この様態はその本質が存在を含まず（E/I/24），「たとえ存在していても，我々がそれを存在しないものとして考えることができる」（EP/12）ようなものであるから，人間も当然，その「本質が必然的存在を含まない」（E/II/Ax1），つまり必然的には存在することができない存在であるということになる。それでは，このようにその本質が存在を含まない有限な様態そして人間は，いかにして存在することができるのだろうか。それには，「無限なる実体（神）」と「有限なる様態（人間）」とを繋ぐものとしてのコナトゥス（conatus）が必要となる。では，こ

のコナトゥスとはいかなるものであろうか。

I－2　有限様態としての人間の存在根拠としてのコナトゥス

『エチカ』においてコナトゥスは，以下の(1)〜(3)のように規定されている。

(1)「各々のものは，それ自身においてある限り，自己の存在に固執しようと努力する（perseverare conatur）。」(E/III/6)

(2)「なぜなら，個物はそれによって神の属性がある一定の仕方で表現される（exprimuntur）様態である（第1部定理25系により），言い換えると（第1部定理34により），それによって神が存在し，また活動するその神の力能を，ある一定の仕方で表現するもの（res）である。」(E/III/6D)

(3)「各々のものが，それによって（quo）自己の存在に固執しようと努力するコナトゥスはそのもの自身の現実的本質（actualis essentia）にほかならない。」(E/III/7)

このようにコナトゥスは，「各々のもの unaquaeque res」が自己の存在に固執しようとする努力として規定され，〈自己保存，万物に共通の本質，神の力能の表現〉といった性質が付与されている。この自己保存の主体としての「各々のもの」とは，(1)と(2)の関係から明白なように，様態としての「個物 res singulares」，つまり「有限であり，定まった存在を有しているもののこと」(E/II/D7) である。よって，ここから有限様態としての人間もその「現実的本質」として，「自己の存在に固執しようとする努力」を持つということが帰結されるわけである。しかし，人間はその本質が存在を含まなかったから，ここに矛盾は生じないのだろうか。確かに，この有限様態としての人間の本質は存在を含まなかったが，I－1でも見たように，人間とは「神の本性をある一定の仕方で表現する」(E/II/10SCD) 様態であった。ここでスピノザによると，神においては，その「本性ないし本質（natura, seu essentia）」[1] と存在（existentia）と力能（potentia）は同一であり (E/I/20, 34)，自己原因（causa sui）である実体としての神のみが，その本質が存在を含むもの，

第 3 章　スピノザにおけるコナトゥスと倫理　43

つまり存在するとしか考えられないものである（E/I/Def1, 7D, 1）から、人間は、神（実体）の「本質＝存在＝力能」を表現する様態であり、この「表現すること exprimere」によって初めて、それ自身は本質が存在を含まない様態としての人間も存在することが可能になるということになる。人間も含めた万物が「自己保存の努力」としてのコナトゥスを有することの証明に、万物が神の存在し活動する力能を「表現すること」がその根拠として挙げられている（上述(2)）のは、このような理由からなのである。そしてこの「表現すること」は、以下に見るようにまさにコナトゥスによって行われるのである。

　確かに、有限様態としての個物あるいは人間は、その本質が存在を含まないから、「各個物がそれによって存在に固執する力（vis）は、やはり神の本性の永遠なる必然性から生じる」（II/45S）[2] ことに違いはない。しかし、スピノザによると、個物あるいは人間のこのような自己保存の力は、「無限なる限りにおける神あるいは自然の力能そのもの」ではなくて、人間の「現実的本質」であるコナトゥス（E/III/7）によって説明・展開され（explicari）うる限りにおける「神あるいは自然の力能そのもの ipsa Dei, sive Naturae potentia」なのである（E/IV/4D）。ここで初めて、コナトゥスと神の力能との関係が具体的に確認されるわけであるが、ドゥルーズも指摘する通りスピノザにおいては、「説明すること expliquer」と「展開すること développer」は、「表現 expression」の一方の側面に過ぎないから[3]、この関係は簡潔に、「人間の自己保存の力（能）は、自己の現実的本質としてのコナトゥスによって表現された限りにおける神の力能である」と示すことができよう。人間を含めた有限様態は自己の現実的本質であるコナトゥスによって神の力能を表現する限りにおいて、神の力能（＝存在＝本質）を自己の内に享受して、初め

---

1 （E/I/Def1, 7D, III/56D, 57D, IV/Def8）『エチカ』では本質（essentia）と本性（natura）は同一視されている。

2 Gueroult：1974, 422. ゲルーはこの「存在に固執する力」こそが後にコナトゥスとして第 3 部に登場するものであることを強調し、この第 2 部定理 45 備考が第 3 部でのコナトゥス導出に大きな役割を果たしていることを認めている。

3 Deleuze：1968, 12.

て現実的に存在し始め，自己の存在に固執することができるようになるのである。

　その本質が存在を含まず，それ自体では必然的に存在することはない有限様態が，「それ（コナトゥス）によって」自己の存在に固執するよう努力するようになると言われる時（上述(3), E/III/7），それは，コナトゥスこそが「無限なる実体（神）」と「有限なる様態（人間）」とを繋ぎ，人間を含めた有限様態の存在の根拠になっているということを意味しているのである（本章第1章）。こうして人間はⅠ-1で見たようなその存在の一見，消極的な規定にもかかわらず，実際はコナトゥスによってその積極的な意義と力動性を獲得しているのである。だが，そのような特性が最も良く発揮されるのは，認識，感情，倫理，社会といった現実生活の諸位相においてである。そこで次は，本章の主題である倫理という位相において現れた〈限りにおけるコナトゥス〉とはどのようなものなのかを，言い換えれば，『エチカ』の倫理学説においてコナトゥスは倫理というものにいかに関わっているのかを考察する。

Ⅱ　倫理的位相におけるコナトゥス

Ⅱ-1　比較から生じる相関概念に過ぎない「善 bonum」と「悪 malum」

　既に『エチカ』第1部の付録において，善・悪，秩序・混乱，美・醜などの概念は，「想像知 imaginatio」の産物である目的論（目的因）から生じる偏見に過ぎないとして，「善・悪」の概念に対して痛烈な認識論的批判を加えていたスピノザは，第4部序文において，「完全」および「不完全」という概念は，同じ種あるいは類に属する個体を，「想像知」に基づいて形成した「一般的観念 ideae universales」に照らし合わせるという形で「比較」した結果，作り出される思惟の様態に過ぎないとして，自然の中に「完全」や「不完全」といった考え方を持ち込むことを批判している（cf. EP/19, 21）。そして，「善 bonum」と「悪 malum」についてもこう言っている。

　「善と悪に関して言えば，それらもまた，事物がそれ自体で考察される限り，そ

の中に何ら積極的なものを示さない思惟の様態つまり、我々が事物を相互に比較することによって形成する概念に他ならない。」(E/IV/Prae)

このように、まずスピノザは「善」と「悪」を、「完全」や「不完全」と同様に、自然のうちには存在せず、比較によって生じる相対的な概念に過ぎないものであるとしている (cf. E/IV/65C)。また別の所では、(全ての人が同意する) 善・悪、正義・不正義、罪などは自然状態においては存在せず国家において初めて存在するとも言っており (E/IV/37S2, TP/II/18, 19, 23, IV/1)、更には、自由な人間は善や悪についてどのような概念も形成しないとさえ言っている (E/IV/68)。このように見ると、スピノザは、善や悪には何ら積極的な意義を認めていないようである。しかし、スピノザが善・悪の概念を消極的なものとして完全に却下もしくは放棄してしまったかといえば決してそうではない。では彼は、善・悪をどのように定義したのであろうか。

Ⅱ−2　感情という位相における「善・悪」とコナトゥス

スピノザは、『エチカ』第3部の感情理論において、コナトゥスと意志、衝動、欲望との関係について論じつつこう述べている。

> 「我々はあるものを善と判断するがゆえにそのものへ努力し、意志し、衝動を感じ、欲望するのではなく、逆にあるものへ努力し (conamur)、意志し (volumus)、衝動を感じ (appetimus)、欲望する (cupimus) がゆえにそれを善と判断するのである。」(E/III/9S)

ここから分かるように、スピノザは、「善」を自己に外的な、もしくは超越的あるいはイデアールな、その達成へ向けて我々が努力すべき目標のようなものとしては考えてはいない。この直前の個所で自己保存のコナトゥスは、それが精神 (mens) にのみ関係する時は「意志 voluntas」と呼ばれ、精神と身体 (corpus) に同時に関係する時には「衝動 appetitus」と呼ばれ、この衝動が意識されたものが「欲望 cupiditas」であると説明されているから、こ

こからは結局，善の判定基準は本章Ⅰ-2で確認した人間の現実的本質であり，その存在の根拠としてのコナトゥスであるということが理解できる。善の判定基準は，むしろ自己に内在的なものとして提示されているのである。

だが，善の判定基準としてコナトゥス（欲望）が登場したことによって，「善・悪」と「喜び・悲しみ」の感情との関係も顕在化することになる。今，「我々は，我々の欲望するものを善と呼ぶ」という事実が確認されたわけであるが，では，この「我々が欲望するもの」，つまり我々がその実現に向けて「努力する」ものとは一体何なのだろうか。『エチカ』の感情理論に忠実に従うと，それは「自己保存のコナトゥス」，「活動力能」，「欲望」を増大・促進させ，人間を「より大きな完全性へと移行」させる感情（E/Ⅲ/11S, 37・D, 57D, Ad2·3）である「喜び（laetitia）」とその「喜び」に寄与するものである。そしてこれとは逆に，我々がその存在を遠ざけあるいは破壊しようと「努力する」ものは，「喜び」とは全く逆の作用をもたらす感情としての「悲しみ（tristitia）」と「悲しみ」に寄与するものである（E/Ⅲ/12, 28, 37D）。ここから，スピノザは，「善」を「あらゆる種類の喜びならびに喜びに寄与する全てのもの」と規定し，「悪」を「あらゆる種類の悲しみ，また特に願望を妨げるもの」と規定している（E/Ⅲ/39S）。ただ，ここで留意しなければならないのは，「喜び」，「悲しみ」，「欲望」といういわゆる基礎的三感情と「善・悪」の関係について言えば，確かに喜びは直接的に善であり，悲しみは直接的に悪ではあるが，快感（titillatio）のように過度になることによって活動力能（＝コナトゥス＝欲望）を減少・阻害することのある喜びは，その限りにおいては悪でありうるし（E/Ⅳ/41, 43, 59D），欲望も能動的な欲望は常に善であるが，受動的な欲望は善でも悪でもありうるということである（E/Ⅳ/63C, Ap3）。

このように，『エチカ』においては，「感情 affectus」には「受動（感情）passio」と「能動（感情）actio」の二つがあることを忘れてはならない。そしてコナトゥスがそうであるように，受動と能動は，感情という位相においてばかりではなく認識，倫理，社会といった諸位相の中で極めて重要な意味を持ってくる。『エチカ』全体がある意味で各位相における「受動から能動

への移行」のプログラムを提示していると言っても過言ではない。認識という位相において，受動でしかない「想像知」から能動である「理性」そして「直観知」へと移行すること（E/II/40S2, 41D, III/Def1・2, P1・3）は，感情という位相における受動感情から能動感情への移行に対応しており，更にこれらの移行が，以下に述べるような，倫理という位相における利己的態度（名誉欲）から利他的態度（道義心）への移行と，社会という位相における相互対立から相互一致への移行と対応関係にあるのである。

II－3　コナトゥスの倫理的機能

II－2で見たような『エチカ』第3部の感情理論における「善・悪」の定義を踏まえた上で，スピノザは同書第4部において，最終的には「善」を，我々の「人間本性の典型 exemplar humanae naturae」にますます接近して行く手段になりうるものと解しているが，彼はこの「人間本性の典型への接近」を「より小さな完全性からより大きな完全性への移行」と「活動力能の増大」と同義に考えている（E/IV/Prae）。ここから「善」は，我々に有益である（esse utile）もの，つまり，喜びの原因となり，自己保存に役立ち，活動力能（コナトゥス）を増大・促進させるものであり，「悪」とはその逆のものであると規定される（E/IV/Def1・2, 8D, 29D）。

スピノザは，「徳 virtus」については，いかなる「徳」も「自己保存のコナトゥス」以前には考えられず，このコナトゥスこそが「徳」の第一かつ唯一の基礎であり（E/IV/22・C），人間は「自己の利益を追求することに，言い換えれば自己の存在を保存することにより多く努力し，かつより多くそれをなしうるに従って，それだけより大きな徳を備えている」（E/IV/20）としている。

このようにコナトゥスに照らし出されてのみ「倫理」は生じうる。コナトゥスは，倫理という位相において中心的基軸（基準）として機能しているのである。超越的な善悪が否定され，「完全性」と共に相対化されてしまっても，倫理の基準としての自己のコナトゥスは残っている。完全性が「異なる度合い」へと相対化されて，さらに「より小さな」完全性と「より大き

な」完全性の間の「移行 transitio」という「運動」でしか示されなくなった時，善悪や徳といった倫理的概念は，コナトゥスを基準にして新たな意味を獲得することになったのだ。

だが『エチカ』の倫理はこのようにコナトゥスによって基礎づけられたことによって，更なる拡がりを持つことになる。スピノザは，理性的な段階の「精神のコナトゥス」は「認識すること intelligere」に他ならず (E/IV/26D)，そのような精神にとっては，認識に役立つもののみが「有益である」から，「真に認識に役立つもののみ」が善であるとし，そこから「最高善 summum bonum」を「神の認識」のうちに認めた (E/IV/27・28)。この最高善としての神の認識は，一方では，〈理性（徳）に従って生きる人間たち〉の全員に共通であり，その全員が等しく享受できるものであることによって，利他的行為を可能にする基盤となり (E/IV/36・D・S, 37D)，他方では，第5部における「神に対する愛 Amor erga Deum」(E/V/20D) へと通じて救済と至福の準備となっているのである。

また，スピノザは上述のように「自己保存のコナトゥス」を「徳の第一の基礎」としたが，この場合の「自己保存」は，確かに自己の利益を求めるという原理に基づいての自己保存ではあるが (E/IV/18S, 25・D)，実は，この場合の「自己保存」は，「完全に徳に従って働きをなすこと」と「理性の導きに従って働きをなし，生きること」と同じ意味なのだ (E/IV/24)。だから，真の意味での「徳の第一の基礎」とは，理性の導きに従って自己の存在を保存することなのである。そして，ここにこそ本章II−5で考察するような利他的行為と共同性への可能性を有した〈理性の導きに従って生きる人間〉という『エチカ』第4部が最終的に目指す人間像が浮き彫りになってくるのである。

II−4　「感情の模倣 imitatio affectuum」による疑似的「利他的行為」

上述のような「自己保存のコナトゥス」によって基礎づけられた『エチカ』の倫理は，たんなる利己主義的な倫理に過ぎないというような誤解と批判に晒されてきた。しかし本当にそこには，利他的な契機は存在しえないの

だろうか。ここでは，まずは「感情の模倣」という現象を考察することで『エチカ』における利他的行為の可能性を探ってみる[4]。

『エチカ』において，「感情の模倣」の最も基本的な形は以下の(1)のように示される。

(1)「我々と似たもの（res nobis similis）でかつそれに対して我々が何の感情も抱いていないものがある感情に触発されるのを我々が想像する（表象する imaginamur）なら，我々はそのことだけによって，類似した感情に触発される。」(E/III/27)

この「感情の模倣」の基本形は，あくまで他者の感情を「模倣する imitari」という「模倣」に関して言うならば，いわば「受け身的な」行為である。しかし，人間の感情についての以下の事実が示された時，(1)と(2)を根拠（証明）として「感情の模倣」は新たな展開(3)を見せ始めるのである。

(2)「我々は，喜びに寄与すると我々が想像する全てのものを実現しようと努力する（conamur）。反対に，それに矛盾しあるいは悲しみをもたらすと我々が想像する全てのものを遠ざけあるいは破壊しようと努力する。」(E/III/28)
(3)「我々は，人々が喜びをもって眺めると我々が想像する全てのことをなそうと努力するであろう。また反対に，我々は，人々が嫌悪すると我々が想像することをなすのを嫌悪するであろう。」(E/III/29)

この(3)の前半に示されているのはある種の「利他的行為」には違いない。それは，ある他者にとっての「喜びの原因となるもの」，つまり善(E/III/39S)をその他者になすという行為であるからだ。しかし実は，この行為は「疑似的利他的行為」（自己充足型の利他的行為）に過ぎないのである。その理由は，この利他的行為が(1)の「感情の模倣」に基づいて行われるから

---

[4] 「感情の模倣」に注目して，『エチカ』における利他的行為の可能性を考察するより詳しい試みは本書第10章で行われる。

である。まず(3)における他者の喜びとは、「その他者の喜びそのもの」ではなくて、我々の側から一方的に勝手に「この人はこの行為をしてあげたならきっと喜ぶであろう」と「想像」して捏造した喜びなのである。だから実際は、その他者にとっては、その行為は有難迷惑であるかもしれないのだ。しかし(1)の「感情の模倣」の基本形では、こちらによって模倣される相手の感情は、相手の実際の感情そのものではなくて、あくまでこちらから想像した感情でしかなかったのだ。だから(1)に根拠を持つ(3)において、我々が、その他者に喜びをもたらすであろうと想像する行為を行っている時に、我々は自分自身が捏造したに過ぎないその他者の喜びを、「想像の中で」まず相手に「模倣させている」のである。

そしてこの「模倣させる」ことの目的は、その相手に「模倣されたと我々が想像する喜び」を見て――「感情の模倣」によって――この私が喜びをうるということである。上述(2)で示したように、我々人間は、自己にとって喜びをもたらしそうなものであれば何であっても全て実現しようとするから、その中には「感情の模倣」を介して得られるような喜びも当然含まれるのである。

ただここで注意しておきたいのは、(1)の「感情の模倣」の基本形では見られなかったが、(3)の疑似的利他的行為においては、相手の感情を「模倣する」前に――想像の中でではあるが――相手に自己の感情を「模倣させる」という作業が行われているということである。これは、相手に実際は自己のものである感情を予め模倣させておいて、その「模倣させた」感情を再び「模倣する」という「自己回帰的模倣」とでも言うべきものである。ウォルフソンは、この(3)に見られるような利他的な感情は、「感情の模倣」の一形態と見なされなければならないと言う。というのも、「他人を喜ばせようとする我々の努力は、我々の側では、我々自身の喜びの感情を他人に模倣させるという努力に過ぎないからだ。こうして、この利他的な感情は我々に反作用して、我々のうちにその模倣を生むのである」[5]。このように、たとえ疑似

---

5 Wolfson : 1934, 1983, 216-217.

的な利他的行為であっても，それを行った者は，自らが思うその「善行」の原因として，自分自身をも喜びをもって観想するようになるのである（E/III/30）。

たとえばケーキを好物とする者がいたとする。自分だけがケーキを食べる喜びに満足するのが第1段階（利己的態度）だとすると，他者もケーキを喜ぶだろうと，他者の喜び——実際は自己の喜びに過ぎない——を想像的に媒介させた上で，この他者にケーキを与えるのが第2段階である。そして最後に，この他者の喜び——実際にその他者が喜ぶかどうかはひとまずは関係ない。あくまでもこの他者の喜びは想像的に媒介されたものなのだ——を見て（その喜びを模倣して）自ら喜び，またこの行為の原因としての自分自身に再帰的に還帰して喜ぶというのが第3段階（疑似的利他的行為の完成）である。

これは結局，純粋に他者の喜びをそれ自体として喜ぶのではなくて，他者の喜びの原因となっている自己を喜ぶという，一種の利己主義のバリエーションとは言えないだろうか。他者の喜びという想像的媒介は結局，他者の喜びそのものではありえないのである。では，およそ利他的行為と言われているものは「感情の模倣」を媒介にした利己主義のバリエーションに過ぎないと言い切れるのだろうか。逆に言えば「感情の模倣」を介在させないような利他的行為は『エチカ』に示されているのだろうか。

II-5 利他的行為の可能性

相互に対立して敵対的に生きているのは，「受動感情」に隷属したままの人間である（E/IV/32・33・34）。しかし「精神のコナトゥス」である認識能力が，受動しか生まない「想像知」を脱して「理性」による認識にまで向上している者は，能動的にあるいは理性の導きに従って生きることが可能である。この〈理性の導きに従って生きる人間〉は，人間本性にとって善（つまり有益）であること，言い換えれば「各々の人間の本性と一致することを必然的になす」（E/IV/Def2, 31・C）から，本性上，常に必然的に相互に一致・適合する（convenire）（E/IV/35）。そして〈理性の導きに従って生きる人間〉は相互に一致するので，人間にとっては最も有益（善）である（E/IV/35C1・2）。

ここで，各人は善（有益）と判断するものを自己の本性の法則に従って欲求するから（E/IV/19），我々は他の人間が自己にとって有益（善）となるように，つまり彼らが「理性の導きに従って生きる」ように努め，彼らを教育するのである（E/IV/Ap9）。

また人間は，「自分のために求めかつ愛する善を他人もまた愛するのを見るとしたら一層強くそれを愛するであろう（E/III/31 より）」という「感情の模倣」から生まれる心の傾向性から，自己以外の人々もその善を愛するように努める（E/III/28, 31C より）。だが，ここで，〈理性の導き（徳）に従って生きる人間〉にとっての最高の善は，全ての人に共通で，全ての人が等しく楽しむことができること（神の認識）であるから（E/IV/36），彼らは全ての人がそれを楽しむように努めることになる。このようにして<u>〈理性の導き（徳）に従って生きる人間〉は，自分のために求める善を他人のためにも求めるのである</u>（E/IV/37・D）。彼らは自由な人間であり，最も深い友情で結ばれ，愛によってお互いに親切にし感謝し合い，憎しみや怒りには愛や「寛仁 generositas」で報いる（E/IV/46, 66S, 71・D）。憎しみの感情は悪であり，憎しみは憎しみ返しによって増大することを理解しているから，彼らは自己ばかりでなく他人も憎しみの感情に悩まされないように努め（E/IV/37 より），愛で応えることでその憎しみを消滅させるのである。

この「寛仁」とは，「勇気 animositas」（理性の命令に従って自己の存在を保存しようと努力する欲望）と並ぶ「精神の強さ」の一つで，「単に理性の命令に従って自己以外の人々を（reliquos homines）援助しかつこれと交わりを結ぼうと努力する欲望」であり，自己の利益のみならず「他人の利益をも（alterius etiam utile）意図する行為」である（E/III/59S）。

この「寛仁」はさらに「礼譲 modestia」と「温和 clementia」に分けられる。このうち「礼譲」とは「人々の気に入ることをなし，気に入らぬことを控える欲望」である（E/III/Ad43）。この「礼譲」は，それが（受動）感情から生じる場合は「名誉欲 ambitio」となり（E/IV/Ap25, V/4S），他の人々に無理やり愛や憎しみ等の自己の感情を「模倣させる」ことで，他の人々が自己の意向通りに生きるように欲求するが，全ての人が等しくそれを欲するから

(E/III/31C·S），この名誉欲からは憎しみ合いや不和が生じる[6]（E/IV/37S1, Ap25）。

しかし，「礼譲」は，理性によって決定される時には「道義心 pietas」となる。道義心とは「理性の導きに従って生きることから生じる善行をなそうとする欲望」(E/IV/37S1)，つまり他の人々が自分と共に最高善（神の認識）を享受できるように，彼らを助言や実践で教育し助けようとする欲望であり，友好を生み出し国家の基礎となる（E/IV/37S1, Ap25）。

ここで留意したいのは，「自分の意向通りに他人が生きることを欲するという」同じ欲望から，受動（感情）で不和を招く利己的な「名誉欲」と，能動（感情）であり友好を生んで国家の基礎となる利他的な「道義心」の二つの倫理的には全く性質の異なる欲望が生じる可能性があるということである。これは，Ⅱ－2で見たような現実生活の諸位相における「受動から能動への移行」に対応させて理解するのが適切である。つまり，倫理の位相における「名誉欲から道義心への移行」は，感情の位相における「受動的欲望から能動的欲望への移行」，社会の位相における「不和から一致・共同への移行」，そして認識の位相における「想像知から理性への移行」と対応しているのである。そもそも「名誉欲」の基礎となっている（E/III/29S)，疑似的利他的行為（Ⅱ－4）には，人間の認識能力のうちで最も低い段階にあり，受動でしかありえない「想像知」が介在していた。「感情の模倣」は認識論的には「想像知」に支えられているのだ。だから，我々が認識論的に「受動から能動への移行」を達成して，〈理性の導きに従って生きる人間〉となることができた時には，我々は「感情の模倣」を克服して「理性」による認識の本質としての「共通なもの」の認識を成就できているのであり，このことは，倫理という位相においては，我々が「自己と他者に共通の善，共通の利益」を理解し，そこから真の意味での利他的行為の可能性と共同体形成の基礎が生まれるということを意味しているのである。

本章Ⅱ－3で確認したように，『エチカ』における倫理の基礎となる「自

6　本書第4章注6および第10章注19を参照。

己保存（のコナトゥス）」は，自己の利益を追求するという原理に基づいてのものであった（E/IV/24）。しかし，このことは，『エチカ』の倫理がたんに利己主義的な倫理に過ぎないということを決して意味しない。「徳に従う各々の人は，自己のために求める善を自己以外の人々のために（*reliquis hominibus*）も欲するであろう」（E/IV/37）というスピノザの言葉が，何よりも強くこのことを物語っていた。実際は，自己の利益は他者の利益と不可分であり，他者の利益を完全に無視した自己の利益の追求によっては，安定した，あるいはより完全な自己保存へは至らないということを理解できるまでに認識能力が向上した者（理性の導きに従って生きる人間）は，このⅡ－5に入って確認してきたように自己の利益を追求しつつも利他的に行動するのである[7]。ただ，「利他的行為」という言葉が，自己の利益を完全に無視し，他者の利益のためだけに行為するというような自己犠牲的な行為をのみ示すとしたら，スピノザの考えた倫理には，そのような意味での「利他的行為」は含まれなかったであろう。スピノザが『エチカ』において考えた倫理とは，そのような現実には実現が極めて困難な，ある意味で理想主義的な「利他主義」でも，他者の利益を全く顧みないような，これまた非現実的な「利己主義」でもなかった。敢えて言うならば，それはあくまで「利己主義」と「利他主義」という二つの倫理的傾向を張りつめた緊張関係のもとに置き，ぎりぎりの所でなんとか矛盾なくバランスを取らせようする究極の努力によって描かれた，現実に生き活動する人間たちの社会における，極めて「現実主義的」（リアリスティック）な倫理であったのである。そして，まさにこの意味においてのみ「利他的行為」もその可能性を維持できているのである。

　しかしスピノザは，〈徳（理性）に従う人間は自己のために求める善を他の人々のためにも求める〉という，徳（理性）に従う人間に特有の利他的態度の証明の一つで，そのような利他的行為の根拠として，「感情の模倣」によって展開される受動的欲望である名誉欲を挙げている（E/IV/37D）。そし

---

[7] たとえばビドニーは，スピノザは「根本的な利己主義を仁愛的な利他主義と結合させている」とし，スピノザ倫理学を「一種の功利主義的な利他主義」とも「仁愛的な利己主義」とも言っている（Bidney：1962, 331）。

て，上に挙げた「道義心」を身につけた者であっても，助ける相手の「愛を獲得しようと努め」はする（E/IV/Ap25）とも言っている。受動から能動への移行を成し遂げた人間であっても感情の模倣を「完全に」克服するのは無理なのだろうか。「ほとんど征服できない（vix superari potest）」（E/III/Ad44Ex）とまでスピノザに言わしめた「名誉欲」は，利他的な行為にもその背後に陰のようにつきまとうというのだろうか。この重要な問題については本書第10章で更に詳しく考察したい。

　本章では『エチカ』における倫理とコナトゥスとの関係をコナトゥスの存在論的基底まで遡って考察し，コナトゥスこそが人間の存在と倫理の根拠となっていることを解明した。また「感情の模倣」による疑似的利他的行為の分析と，それを克服して〈理性の導きに従って生きる人間〉による利他的な行為の可能性をも併せて考察した。

救済の政治的位相

第4章　スピノザ社会哲学における国家成立の問題
　　——『エチカ』と『政治論』の連続と不連続——

序

　古代以来，人は，理想的な社会や国家の在り方について思索し続けてきた。しかし，理想的な社会や国家を描くという作業は，それらの哲学的基礎への洞察と分かちがたく結びついている。そして，人間が織り成す「共同」や「政治」，「社会」や「国家」についての考究は，哲学にとって不可避の課題であり続けている。根源的な思惟は，「共同体」と「国家」についての考察と，その基礎・出発点としての人間論（あるいはその基底にある「存在」への問い）を宿命的に出会わせる。そしてそのような思惟の典型を我々は17世紀オランダの思想家バルーフ・スピノザの社会哲学に見出すことができるのである。

　周知のとおり，スピノザの主著『エチカ』は，第1部の存在論から出発し，この存在論を常に理論的基礎としながら，第2部の認識理論，第3部の感情理論へと進んでいく。そしてそこまでで達成された理論的成果——その中でも特に，人間の「自己保存の傾向・努力 conatus sese conservandi」についての考察，3種類の「認識能力」とそれらが人間にもたらす各々の状況についての考察，人間の「（受動）感情」が生み出す様々な情念のドラマについての考察——を慎重に踏まえた上で，いよいよ第4部において「倫理」の構造と「共同体」（国家）の生成が論じられ，続く第5部において，スピノザ哲学の究極目標である「救済」に到達して『エチカ』は終了する。

　このように確固とした理論的基盤の上に打ち立てられた社会哲学を『エチカ』において既に提示しているにもかかわらず，そしてまた『エチカ』の執筆（執筆期間1661年頃-1675年）を中断してまで偽名で世に問うた『神学政治

論』(執筆期間1665-1670年)において先駆的なリベラルデモクラシーの構想を既に提示していたにもかかわらず[1]、スピノザが『エチカ』の完成後、すぐに『政治論』の執筆に取りかかり、彼の死(1677年)によってその執筆が中断され、未完のままに終わるまで、哲学者としての自らの最後の情熱をその『政治論』の中に、そこにおいて国家の基礎と成立、国家のシステム的な安定性を理論化することの中に注ぎ込んだのはなぜだったのだろうか。

この問いは、一方で1675年から1677年という『政治論』執筆時期のオランダの社会−政治的背景に、また一方では、スピノザ哲学の純粋に内的−理論的な圏域に向けて問い返されなければならないであろう。本章では後者の方向に絞って、つまり『エチカ』の社会哲学から『政治論』のそれへの「移・行」あるいは両者の理論的「差異」の中に、その問いへの答えを求めるという試みを行ってみたい。

本書が第一章で試みたように、「コナトゥス conatus」という概念を基軸に据えて、スピノザ哲学——その中でも特に『エチカ』と『政治論』——を捉え直すという作業を通じて、それらの作品の間の徹底した「首尾一貫性」を主張し、「コナトゥス」こそが存在論から始まり認識理論、感情理論を経て、倫理学説、社会理論、救済理論へと横断していくスピノザ哲学の通奏低音であるということを強調する解釈は或る意味説得的なものであるし、魅力的でもある。そのような解釈と「自己保存の傾向・努力」という概念装置からスピノザ哲学全体を再構成するという方法についてはその有効性を確信しているが、この「コナトゥス」を通しての『エチカ』と『政治論』の理論的「一貫性」の論証にあまりにも大きな重点を置きすぎると、両作品の間の微

---

[1] 『神学政治論』は、「議会派(共和派)−レモンストラント派」のヤン・デ・ウィット(1953年ホラント州法律顧問就任)の政策とその背景にある自由主義的な思想を、「オラニエ派(総督派)−カルヴァン派」の猛攻から守り正当化するという目的で、庇護者であり朋友であったヤン・デ・ウィットの思想的援護射撃として書かれたものである。スピノザが自らの主著『エチカ』の執筆を中断してまで『神学政治論』を書かなければならなかったは、「当時のオランダのカルヴァン派の神学者、僧侶たちの偏見、また自分自身に下された無神論という非難を除去するためと、言論・思想の自由を確立するためであった。カルヴァン派はたんに宗教界において支配的であったばかりでなく、政治的な出来事に干渉し、また前述のように言論・思想の自由をおびやかして、彼の目にあまったからである」(工藤:1980, 74-75)。

妙ではあるが重要な「差異」や「理論的移動」を軽視あるいは見逃すという危険を冒してしまうだろう。そこで本章では、できるだけ慎重に『エチカ』と『政治論』という二作品間の理論的「差異」の存在と、その「差異」が生まれざるをえなかった必然性というものを、両作品の中でも特に国家共同体の成立という問題に照準を合わせて考察したい。

I スピノザ社会哲学の根本姿勢
―― 『エチカ』第3部序文から『政治論』第1章へ――

本章は、まず『エチカ』において、スピノザが感情に関する諸問題を扱う際にとっている研究の根本姿勢を『エチカ』第3部の序文を用いて考察し、次に『政治論』第1章において表明される政治学研究に際してのスピノザの根本姿勢を、彼の感情理論への姿勢と比較しつつ考察することによって、既にその「始まり」（根本的研究姿勢）において、スピノザの社会哲学が、『エチカ』の感情理論に多くを負っているということを明らかにする。

I-1 『エチカ』第3部序文におけるスピノザの感情研究に対する態度表明

『エチカ』全体が示しているのは、つまるところ、人間が「受動（感情）」を脱して「能動（感情）」あるいは「理性」に従って生きるようになり、その先に究極的には「救済 salus」へと至るためのプログラムであったと言えるであろう。そして『エチカ』でこのような「感情」についての叙述が具体的に開始される第3部の序文で、スピノザは感情理論を始めるに当っての自らの態度を表明している。

彼によると、これまで人間の感情について論じてきた人々は、人間の「感情」を他の自然の現象から区別して、自然の中の人間を「国家の内なる国家 *imperium in imperio*」のごとくに考えている（cf. TP/II/6）。彼らは、人間を自然の秩序から独立したものであると考え、人間は自己以外の何物からも決定されずに、自己の行動に対する絶対的な力を所有していると考えているのだ。彼らは、人間の感情（本性）を泣いたり、嘲笑したり、侮蔑したり、

呪ったりするのが常である（cf. TP/I/1, 4）。しかし，人間の感情は他の自然の個物と同じく，「共通な自然の諸法則 communes naturae leges」に従い，全く「同様の自然の必然性と力から ex eadem naturae necessitate, & virtute」生じるのである。人間は，誰一人として例外なく「自然の一部 naturae pars」[2]であるのだ。それゆえスピノザは，人間の「感情」の問題や，人間の行動や衝動を，神や精神（『エチカ』第1・2部）と同様に，線や面あるいは物体を研究するのと同じく幾何学的方法で考察するのだと宣言する。

> 「そこで私は感情の本性と力，並びに感情に対する精神の力能を，私がここまで神および精神について論じたのと同一の方法で論じ，人間の行動と衝動を線，面および物体（立体）を研究する場合と同様にして考察するであろう。」(E/III/Prae)

決して目的論的な先入観や道徳観を混入させることなく，人間本性のあるがままの状態を，確実で疑いえない方法でもって研究するというこの自然主義的態度は，次に見るようにスピノザの政治哲学にもそっくりそのまま受け継がれることになる。

I−2 『政治論』第1章におけるスピノザの政治的現実主義(リアリズム)の態度表明

『エチカ』第3部序文で表明されたスピノザの感情考察の態度は，『政治論』第1章に再び姿を現す。そこでは，極めて現実主義的(リアリスティック)な立場から理想主義やユートピア思想が批判されている。スピノザは経験と実践・実用を重要視し，この点に鑑みると，哲学者たちよりも政治家たちの方がはるかに上出来の国家論を書いてきたとしている（TP/I/1, 2）。スピノザのこのような考え方に，マキアヴェリの大きな影響があるのは否めない。実際，『政治論』（TP/V/7, X/1）では，「明敏なるマキアヴェリ」について論じられ高い評価が与えられている[3]。

---

2 （E/IV/2, 4, 57S, Ap6・7・32, TP/II/5・8, TTP/III/32, IV/44, XVI/191）
3 フロイデンタールの資料によれば（Freudenthal : 1899, 161f.），スピノザの書架にはマキア

こうしてスピノザは，『政治論』を，人間本性のあるがままの状態から出発させることを企てることになる。その際，『エチカ』第3部序文で既に主張されたように，余計な先入観を予め排除するために，人間の行動を数学に際するのと同様の態度で探求するということが再び高らかに宣言される。「私は，人間の行動を，嘲笑せず，嘆かず，呪いもせず，しかし理解しようと注意深く心がけた」(TP/I/4)。スピノザは，「理想」の中でなく，「現実」の中に生きているあるがままの人間を虚心坦懐に「理解」しようとしている。

　『政治論』は，最初の第1章から『エチカ』の感情理論に基づいて政治学への構想を展開させている。人間は必然的に「(受動)感情」に従属するから，争いに陥る。しかし，このような人間の「(受動)感情」に対しては，宗教的な隣人愛の信念は無力であり，理性も絶対的な力を持ちはしない。『エチカ』の最後の言葉（「全て高貴なるものは稀にして困難でもある」）は，更に徹底化された現実主義から政治の局面へ向けて捉え直され，それを踏まえた上で『政治論』の出発点ではこう語られる (TP/I/5, cf. E/IV/4C, 32-34, V/42S)。「国家の原因や自然的基礎は，理性の教訓から取り出されるべきでなく人間の共通の本性あるいは状態から (ex hominum communi natura, seu conditione) 導き出されるべき」(TP/I/7) であり，国家の安定・永続のためには，政務に従事する人が，「理性に導かれようが，感情に導かれようが，背信的であったり悪事を行ったりする気になることができないように，国事 (res publicae) が整備されるべきである」(TP/I/6) と。このように『政治論』のスピノザは，『エチカ』にもまして更に現実主義(リアリズム)へと傾いてゆく。『エチカ』において，徹底的に人間の感情の事実について，また精神や理性が感情に対してどれほどの力を持つかについて考え抜いたスピノザの視線(レンズ)は益々研ぎ澄まされ，容赦なく政治の現実へと投げ返される。

ヴェリの著作が残されており，他に残っていたモーア，グロティウス，ホッブズらの著作と共に彼の政治哲学に影響を与えていることは確実である。

Ⅰ-3 『エチカ』から『政治論』への現実主義(リアリズム)の徹底化
——シュトラウスの解釈——

　ここまで，『エチカ』第3部序文に表明されているスピノザの感情理論への態度と『政治論』第1章に表明されている政治学（国家理論）への態度とを比較しつつ見てきたのであるが，これに関して，レオ・シュトラウスは興味深い考察を行っている。シュトラウスは，『聖書学の基礎としてのスピノザの宗教批判』（1930年）において，『政治論』の根本的な意図はその極めて重要な第1章に示されていると言っている（Strauss：1930, 217f.）。シュトラウスによると，『政治論』のこの第1章は，全く異なる起源を持つ二つのモデルを，つまり『エチカ』第3部序文とマキアヴェリの『君主論』第15章とを基礎にしている。シュトラウスは，これら二つのモデルと『政治論』第1章とを比較することで，スピノザの政治論の独特の調子(トーン)を認識することが可能になるとして，その比較を行い，それぞれの共通点と相違点を指摘している（Strauss：1930, 218-222）。シュトラウスによる『政治論』第1章における現実主義(リアリズム)とマキアヴェリの現実主義(リアリズム)とのその比較の検討は別の機会に譲るとして，ここでは彼による『エチカ』第3部序文と『政治論』第1章との比較に限定して見てみる。

　シュトラウスは，まず『エチカ』第3部序文と『政治論』第1章との比較によって，スピノザが（後者を書くに当って）前者を，政治的な主題を顧慮して修正したということが明らかになると言っている。「『エチカ』第3部序文の主題は，今や，政治理論への導入として貢献するのである」（Strauss：1930, 218）。こうしてシュトラウスは，『エチカ』第3部序文と『政治論』第1章との双方には同じ主題が同じ用語で提起されているとして，両者の共通点を二つ挙げている（Strauss：1930, 218-219）（以下1, 2）。

1. 人間の諸感情は，恣意的な咎や悪徳——感情はそのようなものとしては決して存在しえない——などといったものではなく，普遍的な自然の諸法則に必然的に従っているものである。
2. それゆえに，人間の諸感情は忌み嫌ったり嘆いたりされるべきではなくただ理

解されるべきである。

　シュトラウスが指摘する共通点は，先に行った両者の考察とも一致して一目瞭然の事実として承認されるであろう。だが，彼はすかさず両者の相違点をも指摘している（以下1，2）。

1. 『エチカ』第3部序文は，自然の法則・秩序から独立した人間の絶対的な力（「自由意志」）を確信する者やストア派やデカルトを敵対視してはいるが，ストア派とデカルトに関しては，彼らの業績には尊敬の念を払っている。
2. 『政治論』第1章は，そのような哲学者それ自身への敵対的な調子をより先鋭化・徹底化しているが，彼等が非難されるのは，「自由意志」を主張するからでなく，現実的であることに対する不完全な意識しか持たないからである。

　シュトラウスが指摘する相違点は，先述の『政治論』第1章のスピノザは，経験と実践を重んじるようになり，より現実主義的(リアリスティック)になっており，哲学者よりも政治家の方を評価しているということに対応している[4]。実際シュトラウスは，哲学者たちに対するスピノザのこのような批判は哲学者の立場からなされたものではなく，政治家たちのそれに身を重ねることによってなされたものであるとしている。スピノザは，あたかも自分が哲学者であることを恥じ，哲学者としての立場を放棄しつつ，逆に彼が高く評価する政治家の視線から哲学者たちを批判しているのである（Strauss：1930, 218-219）。そしてその政治家とは，明敏で狡猾でずるがしこい，人間の邪悪さを先回りすることに長けた，極めて現実主義的(リアリスティック)な人々であったのである。『政治論』におけるこの現実主義(リアリズム)の徹底化。しかし，シュトラウスは，スピノザがユートピアと戦ったのは，政治的関心においてというよりむしろ哲学的関心においてであり，究極的には，スピノザにとっては政治的現実主義(リアリズム)は全く問題でなく，

---

[4] 「スピノザは彼の先行者のように（政治的）実践に対するユートピアの危険性もしくは有害性について語らず，ただユートピアの滑稽さを見て，そこに哲学の不名誉をみたのだ」（Strauss：1930, 220-221.）。

彼の究極的な前提の内に確立された非政治的現実主義（リアリズム）の先鋭化の方が問題であったと言う。スピノザには，非政治的動機からなされる現実的なるものへの肯定を，後から追加された政治への関心に基づいて先鋭化させることが問題であったに過ぎないのである（Strauss：1930, 220-221）。スピノザの現実主義（リアリズム）の特徴は，非政治的・哲学的なものであった。そしてそれこそが，スピノザの現実主義（リアリズム）が，あるがままの人間の本性，つまり『エチカ』第3部序文から『政治論』第1章へと受け継がれてゆく人間の感情の真実への直視と分かちがたく結びついたものであることの明確な証拠になっているのだ。「真剣で，非ユートピア的な国家の基礎付けは，不愉快ではあるが，語り捨てられたり，夢に溺れて忘れ去られるべきでない根本事実としての事実上の感情の支配から出発しなければならない」（Strauss：1930, 221）のである。

以上，本章Ⅰでは『エチカ』と『政治論』における両者の大きな重なり合いと微妙ではあるが重要な「差異」が確認された。つまり，『エチカ』第3部序文におけるスピノザの感情理論に対する態度と『政治論』第1章における政治学（国家理論）に対する態度との比較によって，後者が前者から大きな影響を受け，「人間本性」，「感情」に対する問題関心と態度をそのまま受け継いでいるということ，つまりスピノザの政治哲学が既にその始まり（根本姿勢）から『エチカ』の感情理論の圧倒的な影響下にあり，普遍的な人間本性としての「感情」の事実こそがスピノザ政治哲学の基礎となっていることが論証されたと同時に，『エチカ』から『政治論』に至る現実主義（リアリズム）の先鋭化が論証されたのである。

Ⅱ 「自然主義的」現実主義（リアリズム）の基盤としてのコナトゥスと自然権

本章Ⅰでは，スピノザの「自然主義的」な現実主義（リアリズム）は，『エチカ』の感情理論においても『政治論』の社会哲学においても，あるがままの人間の本性あるいは状態から探求を始めるように強いるということが示された。では，この「あるがままの人間の本性あるいは状態」や「事実上の感情の支配」（ibid. S. 221）とはいったい何を意味しているのだろうか。

それは「自己保存のコナトゥス」という万人共通の自然本性であり，この

コナトゥスが感情という位相において姿をとることになる「欲望」の支配のことである。

Ⅱ－1　人間が「自然の一部」であることの根拠としてのコナトゥス

既に本書第2章Ⅲで見たことの繰り返しになるが,「自然の一部 naturae pars」にすぎない有限様態としての人間のその感情は,「共通な自然の諸法則」に従い, 全く「同様の自然の必然性と力から」生じる。そしてこの「自然の必然性と力」を「表現・展開する」ものこそが人間のコナトゥスであった。このように「自然の一部」としての人間にもコナトゥスが当然の帰結として認められることになるのだが, スピノザは, 人間が例外なく「自然の一部」であることの証明を, 人間のコナトゥスによって「説明＝展開」されることによって有限化・現実化された「神＝自然」の力能 (potentia) が, もとの「神＝自然」の無限なる力能の一部分であるという事実から証明していた。

こうして, 人間本性をありのままに見る態度, つまり人間の (意志の) 力を特権化し, 人間を自然の法則に超越する存在として,「国家の内なる国家」とみなすような見方を徹底的に拒絶し, 人間をあくまで「自然の一部」とみなす態度は,「自己保存のコナトゥス」という万人共通の自然本性 (E/Ⅲ/9, 58D, Allison：1987, 134) への洞察に支えられていたのだった。

Ⅱ－2　コナトゥスによる「自然権」の定義

『政治論』においてスピノザは, 人間の「自然権 jus naturae」を「それによって人間が活動へと決定され, それによって自己を保存するよう努力しているあらゆる衝動によって定義」(TP/Ⅱ/5, cf. TTP/ⅩⅥ/190) している。ここで「衝動 appetitus」とは意識化される前の「欲望 cupiditas」に他ならず (E/Ⅲ/9S, Ad1Ex),「欲望」とは人間の本質にして「自己を保存し活動しようとするコナトゥス」のことであるから (E/Ⅳ/18D, 21D, 59D), 自然権はコナトゥスによって定義されているわけである。

しかし, 実はスピノザは『エチカ』において既に「各自の権利は各自の徳 (virtus) ないし力能 (potentia) によって定義される」(E/Ⅳ/37S1) と述べて,

「権利」を「力能」(コナトゥス) によって定義していた (E/IV/Def8, 20D)。スピノザは，続く『政治論』においても「自然権」とは「万物がそれに従って生じる自然の諸法則あるいは諸規則 (naturae leges, seu regulae) そのもの，すなわち自然の力能 (naturae potentia) そのもの」のことであると述べている (TP/II/4, cf. TTP/XVI/189)。

ここではまず『エチカ』第3部序文における現実主義(リアリズム)の表明にも，「共通な自然の諸法則」や「自然の必然性と力」といった言葉で，人間感情の自然秩序への内属が語られていたことを思い出す必要がある (本章 I-1)。そして「自然権」が「自然の力能そのもの」であるということが意味しているのは，人間も含めた各々の自然物は，その自然権によって——コナトゥスの場合と同様に——神=自然の永遠なる力能を「説明=展開する explicare」ことによってのみ，現実に存在し作用することが可能となるということである (TP/II/2, 3, 5, cf. E/IV/4D)。また「自然権」が「自然の諸法則あるいは諸規則そのもの」であるということが意味しているのは，自然物も人間も同じ自然法則に従っているということ，更には，人間はたとえその知性の高度な完成をもってしても，自然から超越した立場や自然の外部に立つことなど不可能であるということである。つまり，「人間は，賢者であろうが無知なる者であろうが自然の一部」(TP/II/5) であり，どのような「欲望」——それが理性から生じる能動的な欲望であれ，その他の原因から生じる受動的あるいは盲目的欲望であれ——に導かれていようが，全く変わりなく，自己の「本質」そのものとしてのその欲望として現れた限りにおけるコナトゥス[5]に従って存在し活動するように規定されているということである (TP/II/8, III/18, cf. E/III/9, 58D, TTP/XVI/189)。このように自然権を定義する「欲望」に質的差異を認めることが許されないのは，どのような「欲望」であっても「同様に自然の働きであり，それによって人間が自己の存在に固執しよう

---

[5] 「私はこれら一切を人間の本性 (それがどのように考えられようと) の必然性から，すなわち万人に普遍的な自己保存のコナトゥス (conatus sese conservandi) から証明したということである。そしてこのコナトゥスは無知なる者であろうが賢者であろうが全ての人間に内在する。」(TP/III/18)

努力する自然の力を説明＝展開する (explicant)」ところのものであるからだ (TP/II/5)。そして，これこそが「事実上の感情の支配」としての「欲望の支配」ということの意味である。以上本章では，『エチカ』と『政治論』の「現実主義(リアリズム)」の根拠としての「コナトゥス」と「自然権」が確認された。

II-3　国家形成の存在論的原動力としての「コナトゥスの自己発展性とその必然性」

本書において確認してきたように，自己の存在を全力の限りを尽くして維持し，保存しようとする人間の努力（コナトゥス）は根源的欲望にして，人間の本質である。しかし，外部の世界と没交渉で誰とも協力関係を結ばず単独でいれば，自己の存在を維持し保存することは不可能である（E/IV/18S, 35S, Ap27-28)。「誰も，孤立していたら，自己を衛り，生活必需品を入手することが可能なだけの力を持たない」(TP/VI/1) のである。ここに，人間が自己の存在を保存し生きていくために，国家共同体の形成が必要とされるのである。

スピノザ社会哲学における国家形成や「支配－隷従関係」の発生を，恐怖と希望といった「共通感情」や「感情の模倣」を用いて感情理論的に説明しようとする試みは，或る意味で一般的なものであるし（Matheron：1986, 108-110)，本書でも一部展開している（本書第5章II，第11章61-62)。しかし，そのような試みは，コナトゥス（自然権）の或る存在論的性格によって補われなければならないであろう[6]。つまり，各人の力能の相互対立によって自

---

[6] 例えば，「感情の模倣」の原初的形態（E/III/27）から生まれる「名誉欲」(E/III/31S) に，権力や「支配－隷従関係」の発生原因を求める場合でも，そこにおいては，「感情の模倣」の原初的形態から「名誉欲」が生まれる原因としての「コナトゥスの自己発展性とその必然性＝エゴイズムの原理」(E/III/28) が大きな役割を演じていることを忘れてはならない。この原理なしでは人間の「利他的行為」(E/IV/37) や本書が以下に見るような「社会化」も決して説明できない（本章第10章注19も参照）。

ネグリは，本書が第10章II-1で，「喜びの感情の模倣から生まれる利他的行為」として分析することになる，「我々は人々が喜びをもって眺めると我々の表象するすべてのことをなそうと努めるであろう。また反対に我々は人々が嫌悪すると我々の表象することをなすのを嫌悪するであろう」という定理（E/III/29）と，そこから生まれる「名誉欲」と「鄭重」の中に「感情の社会化 la socialisation des affects」を看取し，同時にそれをコナトゥスの「個人間・人

然権の相殺が生まれる自然状態を (TP/II/14, 15)，自己の自然権の安定的維持と増大とを求めて脱出・克服し，国家を形成しようと「欲し求める」(TP/VI/1) のは何故か，そしてそこには必然性があるのかということについての存在論的説明を与える必要があるのではなかろうか。例えばヴァルターは，「人間を包括的な力の展開へ向けて努力させているのと同じ動機が，人間の社会化をも基礎付けている。その動機とは自己保存である」(Walther: 1971, 112) というように，人間においては，自己の活動力能（コナトゥス）を増大させようとする傾向と，「社会化」への傾向が「自己保存のコナトゥス」のうちで重なり合って存在していると言っている。そして，本書第2章で確認した「コナトゥスの自己発展性とその必然性」原理こそが，このような「コナトゥスの社会的機能」を，存在論的に保証しているのである。

『エチカ』の「コナトゥスの自己発展性とその必然性」原理では，受動感情に隷属していようが，理性の導きに従って生きていようが，各々の人間は，たんに自己の存在を最低限に維持・保存しようとする傾向性だけではなく，自己にとっての「善 bonum」，つまり自己に「有益で utilis」あり，「喜び」をもたらし，自己の「活動力能として現れた限りにおけるコナトゥス」（欲望）を増大させてくれるものを (E/III/12, 13, 28, 37D, 39S, IV/Def1・2, 8D, 18D, 19, 29D)，可能な限り獲得しようと努力する傾向性を有しているとされた。そして，上述のように，自然権をコナトゥスによって規定している『政治論』にもこの「コナトゥスの自己発展性とその必然性＝エゴイズムの原理」は適用されるのである。というよりむしろ，この原理は，『政治論』における国家形成に存在論的説明を与えてくれるようなものなのである。

間間のダイナミズムへの拡大」として捉えている。ネグリは「感情の模倣」という言葉こそ用いていないが，そこから我々の愛や憎しみが「社会化の最初のレベル」に転移するとしている。「拡張的でもあり，動的でもある」新たな領域への移行（構成的過程）をもたらす「感情の複合的力学」の根底に，ネグリはコナトゥスの力を見ているようだ (Negri: 1982, 242-245〔邦訳 344-347〕)。なおスピノザから大きな理論的影響を受けたネグリのマルチチュードの政治学については河村：2008a と本書第11章注19を参照。

Ⅲ 『エチカ』と『政治論』における国家成立のプロセス

Ⅲ-1 『エチカ』における国家成立のプロセス
(1)「理性から国家へと至る道」

　明確に分類して提示されてはいないが、『エチカ』には国家成立への二つの道が存在していると考えられる。「理性から国家へと至る道」と「(受動)感情から国家へと至る道」の二つである。そこにおいてそれぞれ形成されるのが、「自由で自発的な共同体としての国家」と「強制による国家」である。ここではまず「理性から国家へと至る道」を見てみる。

　『エチカ』では第4部に入って、「自発的」共同性と「利他的行為」の可能性を有した「理性の導き（命令）に従って生きる人間 homo, qui ex ductu (dictamine) rationis vivit」(E/Ⅳ/50・C) が登場する。この「理性の導き（命令）に従って生きる人間」たちがいかにして国家共同体を形成するのかを、「理性の諸命令 rationis dictamina」(E/Ⅳ/18S-37S1) を通して考察する。

　スピノザは、「理性の命令」そのものとしての自己保存のコナトゥスについて語っている (E/Ⅳ/18S)。スピノザによると、理性は「自然本性 natura」に反するいかなることも要求しない。理性が要求するのは、各人が自己自身を愛し、自己自身の真の利益を求め、人間をより大きな完全性へと真に導いてくれるもの全てを欲することであるが、これらの諸要求は結局、「各人が自己自身においてある限り、自己の存在を保存しようと努力すること」を意味している。しかし、身体と精神の両面から見て、単独での自己保存は現実には不可能であるから (E/Ⅱ/13Post1・4, Ⅳ/18S, 45C2S, Ap27)、各人は——「コナトゥスの自己発展性とその必然性＝エゴイズムの原理」(E/Ⅲ/12, 13, 28, 37D, Ⅳ/18D, 19) に従って——自らの外部に存在する「有益な utilis」ものを求めるのであるが、その中でも最も有益で価値のあるものが、自らの本性と全く「一致する convenire」もの、つまり「理性的人間」なのである (E/Ⅳ/29, 30, 31・C, 35)。このようにして「理性の命令」が究極的に要請してくるのは、他者との共同（共同体の形成）とそれによる「より安定的」な自己保存の達成である。「我々の利益を求める理性は、人間たちと友好関係を

結ぶように教示する」(E/IV/37S1) のである。

このように「理性の命令」は，各人の自己保存達成のために「他者との共同」を要求してくるわけであるが，そこで形成される「共同体」は，はたして「国家」と呼べるような存在なのであろうか。それは「理性に導かれて生きる人間」同士の仲間内の自助集団やサークル(グループ)というような「国家」以前の共同関係を表しているに過ぎないのであろうか。これについて，例えばマトゥロンは，『エチカ』における「理性の導きに従って生きる人間」は，「国家などなくとも自発的に互いに和合して生きるだろう」というように解釈[7]している (Matheron：1991a〔邦訳：1992, 10/1993, 9〕)。しかし「人間は自然本性上，国家状態を欲求し，人間が国家状態を完全に解消してしまうということは決して起こりえない」(TP/VI/1) という『政治論』の言明はここでも有効であり，スピノザは，たとえ「理性に導かれて生きる人間」(賢者) であっても「国家」の外に生きることができるとは考えていないのではないか。これは，スピノザ自身が「理性に導かれる人間は，自己自身にのみ服従する孤独においてよりも，共同の決定に従って生きる国家 (civitas) においていっそう自由である」(E/IV/73) とか「理性に導かれる人間は，より自由に生きるために，国家の共通の法律を遵守することを欲する」(E/IV/73D) と述べていることからも明らかであろう。『エチカ』において，「理性の命令」から形成される「理性に導かれて生きる人間」たちの形成する共同体とは，「自由で自発的な共同体」としての「国家」であるのだ。

Ⅲ-2　『エチカ』における国家成立のプロセス
(2)「(受動) 感情から国家へと至る道」

『エチカ』には，現実主義(リアリズム)によって，上述の「理性の命令による国家共同体の形成」とは別の国家形成の道が用意されている。それは「(受動)

---

[7] マトゥロンは別の作品では，各人がただ理性のみに導かれて，全体と一致して一切の外的権威に従うことなく自発的に働きをなすような「全ての強制から解放された賢者の共同体 (une communauté de sages)」を，可能な限り最も民主的な国家の彼方に理想的モデルとしてスピノザは設定したと考えている (Matheron：1986, 207)。

感情から出発して国家へと至る道」である。そもそもスピノザによれば，人間は常に必然的に（受動）感情に隷属しており（E/IV/4C），その限りにおいて相互に対立して生きている（E/IV/32-34）。人間が「理性の導きに従って生きる」ということは現実には稀である（E/IV/35S, 37S2, 58S, Ap13）。しかし，「相互に対立的でありうる *possunt invicem esse contrarii*」（E/IV/34）という「受動感情に隷属する人間たち」の本質的傾向性は，この人々が現実に国家を形成しないということを意味しない。「全ての人間が，野蛮人であるか文明人であるかを問わず，至る所で交際を結び何らかの国家状態を形成している」（TP/I/7）という『政治論』の言明はここでも有効である。では，そのような「（受動）感情の導きに従って生きる人間たち」（E/IV/66S）が，それでも最低限の自己保存を達成すべく或る種の「共同性」を実現せざるをえない時，どのようにして国家共同体は形成されるのだろうか。またそこで形成されるのはどのような共同体であろうか。

本質的には，相互に敵対的で，「妬み深く，相互に不快の種になっている」ような「受動的人間」であっても，「孤立した生活を送ることはほとんど不可能である」。そのうえ，「共同社会[8]からは損害よりもはるかに多くの利益が生じる」という事情を考慮した後に，「受動的人間」が相互扶助や共同防衛から得られる利益を断念するということはありえない（E/IV/35S, cf. TP/VI/1）。むしろ「受動的人間」は，「コナトゥスの自己発展性とその必然性＝エゴイズムの原理」に従って，それらの利益を手にするべく国家共同体を形成するだろう。以上のような意味でこそ「人間は社会的動物（animal sociale）である」とスピノザは考えている（E/IV/35S, TP/II/15）。

そして，受動的人間のこのような国家形成に大きく貢献するのが，「恐怖」，「希望」，「謙虚」，「後悔」，「阿諛」，「恥辱」，「恭順」といった次善の社会的感情である（E/IV/Ap16, 21, 23）。それらはどれも理性的人間にとっては不要であると批判される受動感情である。しかし，このような受動感情ですら，もともと相互に対立的な受動的人間にとっては，社会的結合の機能を果たす

---

[8] 「国家 civitas」と「社会 societas」及び「共同社会 communis societas」という用語は『エチカ』においては本質的な相違を持って使用されてはいない（E/IV/37S2, 40）。

とスピノザは考えている（E/IV/54S, 58S, Ap16, 21, 23, cf. V/41S）。また「憐憫」や「名誉欲」といった「感情の模倣」から生じる受動感情や，「感情の模倣」によって拡がった（圧政者への）「復讐心」という受動感情もまた社会的結合の機能を果たす可能性を有している[9]とスピノザは考えてもいる（E/III/27S, 31S, 40C2S, TP/III/9, Matheron：1991a〔邦訳：1993, 8〕）。

しかし，受動的人間がこのような社会的結合への可能性を有していたとしても，それだけでは，本来的に相互対立的な受動的人間たちが，現実に国家を形成しそれを維持していくことは不可能である。各人が自己の自然権を「譲渡する cedere」ことで相互に安全を保証し合って社会を形成し，この「社会 societas」自身の刑罰の威嚇に対する各人の「恐怖」によって，各臣民が自然状態（相互敵対状態）へ回帰するのが阻止されるというシステムが確立された時，初めて「法律と自己保存の権力（potestas sese conservandi）によって確立された社会」としての「強制による国家」が生まれ維持されるのである（E/IV/37S2, cf. 35S, 54S）。

III－3　『エチカ』第4部定理37備考2における国家の性質

『エチカ』では，「理性的人間」が有する，利他的行為や社会化（共同体形成）の基礎となる特性について述べた定理であっても，それら各々の備考においては，「しかし，人間が理性の導き（命令）に従って生きるということは稀であるから……」というような補足をつけて，定理そのものが述べたこととは逆に「受動的人間」の特性について語りだして困惑させられる箇所がある（E/IV/35S, 37S2, 54S）。定理と備考のこのような矛盾が意味するのは，理性的人間でも，現実には「完全に」安定的な精神状態を獲得しているわけではなく，やはり受動感情に陥ることがあるということを顧慮して（cf. Alquié：1981, 342-346, Schrijvers：1999, 77-78），備考によって「現実主義的」な

---

[9] 本章注6，第10章注29と37及び第2附論の注2を参照。なお，理性と哲学のレベルにまで到達しえない多くの民衆にとっては，「迷信」によって継続的不和に陥るよりは，完全には理性の領域と合致するとは言えないとしても，「宗教」ですら共存と平和に向けた機能を有しておりいるという，レオ・シュトラウスの「宗教の社会的機能」も併せて考えるべきであろう（Strauss：1930, 240-246）。

補足がなされたということであろうか（本書第10章Ⅲ-3）。例えばハンプシャーの以下のような考えはそのような解釈と軌を一にしているだろう。つまり、「賢者は、理想的には、このような世俗的な聖者たち（secular saints）の共同体、つまり『精神の自由を原因として生まれるとされる愛』（E/IV/Ap19）によって共に結ばれた、我欲に囚われない哲学者－科学者たちの共同体を要求する。しかし、〔現実には〕人間の状態は常に不完全であるから、彼は、完全に賢明な人間には不必要な法と懲罰のシステムの妥協を受入れ維持しなければならないのである。賢者でも一個の人間でしかなく、それゆえただ相対的に賢明であるに過ぎず、（当然）完全でも万能でもないのだ」（Hampshire：1951, 127. 傍点は河村）。ここでハンプシャーは、明らかに第4部定理37備考2の法と刑罰の威嚇による国家形成を念頭に置きつつ、それを現実の「理性的人間」（賢者）たちの国家共同体の形成として解釈している。このような立場に立てば、上に述べた定理と備考の矛盾の問題は、その両方が共に「理性的人間」についての記述であると統一的に解釈することで解決されたことになる。ただしこの場合、受動的人間の国家形成という問題は宙に浮いてしまうことになる。

これに対して、「理性的人間」は国家なしにも自発的に和合して生きるとするマトゥロンは、政治を理性によって基礎づけることはできないと考える。政治の根拠は——『政治論』第1章と全く同様に——『エチカ』第4部でも、受動感情によってしか基礎づけられない。実際、第4部定理37は「理性的人間」の特性について述べているのに、その備考2で国家形成について語られる際に参照される諸定理はどれも「受動的人間」の特性について述べられた先行定理である（Matheron：1991a〔邦訳：1993, 8-9〕）。マトゥロンは、ハンプシャーとは逆に、定理37備考2は「受動的人間」たちの国家共同体の形成を論じたものであると解釈しているようだ。マトゥロンは、この定理37備考2の役割を、その前後の諸定理を含めた第4部の大きな流れの中で考え、それは「理性の自己展開」の外的条件を整えるための政治的基盤作りであったとしている。そして、この政治的基盤作りのためには理性の要請をいったん忘れる必要があったと解釈している（Matheron：1991a〔邦訳：1993,

6-7])。

　本章は，第4部定理37は，そもそも理性的人間の利他的行為について述べており，その第一証明が「理性」からの証明，第2証明が「受動感情」からの証明となっているから，これとパラレルに第一備考を「理性的人間たちが自発的に作る自由な国家」，第2備考を「受動感情に隷属する人間たちの強制国家」として考える。国家形成に二つの道を認める本章のこの立場は，理性からの国家の基礎付けが存在するのを認める点で，マトゥロンとは異なるし，受動的人間たちの国家形成の説明を回避してしまうことになるハンプシャーとも異なることになる。しかし，現実の国家の複雑で多様な存在様態を考えるに（本章Ⅳ），たとえ「理念型」のようなものではあっても，どちらか一方ではなく，受動感情からと理性からの両方の国家形成への道をモデルとして持つことが，『エチカ』執筆の段階では社会哲学的「現実主義」として考えられていたのではなかろうか。

Ⅲ-4　『政治論』における国家成立のプロセス

　本章Ⅰでも確認したように，あるがままの人間本性の事実としての感情から，つまり「自己保存のコナトゥス」（欲望）から，その「国家理論」を出発している『政治論』は（TP/Ⅱ/5），理性による虚構としての「社会契約」から国家を形成する方法を斥けることになる。

　スピノザが，理性からではなく「共通感情」から国家が形成されることを説明して，「多数者＝群集（multitudo）が，自然本性的に一致してあたかも一つの精神によって導かれることを欲する（velle）のは理性の導きからではなく，何らかの共通の感情からである」（TP/Ⅵ/1）と述べる時，この「共通感情」とは，具体的には「相互扶助や共同防衛から得られる利益への共通の希望」，「共通の損害に対する復讐の希望」，「共通の損害や敵への恐怖」，「孤立に対する共通の恐怖」などを意味していた（TP/Ⅲ/9, Ⅵ/1, cf. E/Ⅳ/35S）。

　しかし，各人がこのような「共通の希望」と「共通の恐怖」を有しているという事実から，「人間は自然本性上，国家状態を欲求する（statum civilem homines natura appetere）」（TP/Ⅵ/1）という普遍的なテーゼが帰結されると

スピノザが言う時，これは，損害の回避とより大きな利益の獲得という共通の目的が，各人を国家形成へと導く条件になるということを意味していると同時に，「多数者＝群集」としての各人が，「（欲望として現れた限りにおける）コナトゥスの自己発展性とその必然性＝エゴイズムの原理」に基づいて自己利益を欲し求めることが，そのまま国家の形成を内的に可能にしているということを示している。

相互に敵対して生きている「自然状態」では「無きに等しい」ものと化している各人の自然権は，国家共同体の中においてのみ実効的なものとなり，安定的に維持される（TP/II/14, 15, cf. EP/50）。同じ本性を有した二個体の相互結合によって，それぞれが単独の場合よりも二倍の力を有した一個体が形成されるように（E/IV/18S），人間も一人の時よりも二人の時の方が，そして力を合わせる人数が多くなるほどそれだけ多くの権利を共に有するようになるという自然の法則（TP/II/13）に「コナトゥスの自己発展性とその必然性＝エゴイズムの原理」が必然的に適用される結果として，国家共同体は形成されるのだ。

このようにして，『政治論』においては，国家は法的行為の結果としてではなく，「多数者＝群集」の感情と力能から「自然＝必然的に」構成される。『政治論』は，理性によって導かれるか（能動），感情に従属しているか（受動）にかかわらず，言い換えれば「賢者」であるか「無知なる者」であるかにかかわらず，万人に普遍的に内在するこの人間本性＝本質から自然権を基礎付け（TP/II/5・8, III/18, E/III/9, 58D, TTP/XVI/189-190），そこから「共通感情」と自然権＝欲望として現れた限りにおける「コナトゥスの自己発展性とその必然性」によって国家の成立を説明しているのである（E/III/12, 28, 37D, TP/II/13, VI/1）。

このように，『エチカ』には，二つの国家への道，つまり「理性の命令」から生まれる「理性の導きに従って生きる自由な人間たち」による「自由で自発的な共同体としての国家」（E/IV/66S, 71D, 73・D）と「受動感情の導きに従って生きる人間たち」による「強制による国家」（E/IV/37S2, cf. 35S, 54S）の二つの国家成立のプロセスが存在しているということ，そして『政治論』

は，国家成立のプロセスの出発点ということに限定すれば後者の「感情から国家への道」を受け継いでいるということが確認された (cf. TP/VI/1, E/IV/35S)。しかし，そのようにして形成される国家とは形而上学的にはいかなるものであるだろうか（補論へ）。

Ⅲ-5　「あたかも」の共同態としての国家

　スピノザの国家理論は『エチカ』の形而上学（個体理論）をそのまま適用できるようなものではない（補論Ⅱ-3）。『エチカ』の形而上学は，あくまで「アナロジカル」にしかスピノザ社会哲学には適用できない。このことの意味を「あたかもの国家」を通して考察する[10]。

　先にⅢ-1において考察した『エチカ』における「理性の導きに従って生きる人間」が「理性の命令」によって形成する「自由で自発的な共同体としての国家」について，スピノザは，人間の自己保存のために望みうる最も価値あることは，「全ての人間が全ての点で一致することで，全ての人間の精神と身体が〔一緒になって〕<u>あたかも（quasi）</u>一つの精神と一つの身体を構成するようになり，そして全ての人間が共にできる限り自己の存在を保存しようと努力し，全ての人間が共に全ての人間に共通の有益なるものを自らに求めること」(E/IV/18S) であると述べていた。「理性の導き（命令）に従って生きる人間」は，この「あたかも（quasi）一つの精神と一つの身体」から成る「共同体」であるような「国家 civitas」を自発的に形成し，その中で「国家の共同の決定」（国家の共同の法律）に従って生きることを自ら「欲する cupere」ような人間であったのだ (E/IV/73)。

　この「あたかも」という言葉（『政治論』では"veluti"が用いられる）で形容される共同体としての国家という考え方は，表現を少し変えて『政治論』の中に幾度となく登場することになる (TP/II/16·21, III/2·5·7, IV/1, VI/1, VIII/6·19)。ただし『エチカ』においては，「理性の命令」の内容として語られるこの「あたかもの」共同体が，『政治論』においては，「多数者＝群衆（multitu-

---

[10]　スピノザにおける，この「あたかも」の国家について，上野：1995から教えられること大であった。

第4章　スピノザ社会哲学における国家成立の問題　77

do）が自然本性的に一致してあたかも一つの精神によって導かれることを欲する（naturaliter convenire, & una veluti mente duci velle）のは，理性の導きから（ex rationis ductu）ではなく，何らかの共通の感情から（ex communi aliquo affectu）である」（TP/VI/1）というように，人間の「共通の感情」から形成されるものとして語られている[11]。これは，共同体（国家）形成の基礎・原因を「理性」ではなく，あるがままの現実の人間の自然本性としての「（受動）感情」に求めるという『政治論』の現実主義(リアリズム)の根本姿勢の現れである（TP/I/7）。

　しかし，スピノザ社会哲学（ここでは『神学政治論』は除く）における国家は，（どれも）「あたかもの国家」であるということが言えるためには，『エチカ』の「感情から国家へと至る道」（本章Ⅲ−2）において成立した受動的人間たちの「強制による国家」も「あたかもの国家」であることが示されなくてはならない。だが，「強制による国家」について述べられた『エチカ』の該当箇所には，どこにも「あたかも quasi」という表現は見当たらない（E/IV/37S2, cf. 35S, 54S）。これは「強制による国家」は「あたかもの国家」ではないということを意味しているのだろうか。けれども表現の欠如が直ちに対象の本質についての最終的な判断を導きはしない。であるならこの「あたかも」の真意とは何かが問われねばならないであろう。

　それは，各人の「権利もしくは自然権」を力能（として現れた限りにおけるコナトゥス）によって定義するスピノザにおいては，各自の自然権は国家においても無くなりはせず，そのことによって国家状態の本質が，各人が「国家の権利の下にあり Civitatis juris esse」ながらも同時に「自己の権利の下にある sui juris esse」という一見パラドキシカルな事態として捉えられているということである（TP/III/8）。この意味で，国家が，「多数者＝群衆」の心身を一つの統一体として「完全に」所有し導くということも，全ての人間

11　ただし『政治論』では，多数者＝群衆の側で，「あたかも」一つの精神によって導かれることを「欲する」のは「共通の感情から」だとしても，国家の側で，そのような「あたかもの導き」つまり「精神の合一 animorum unio」を現実化するには，「理性の指図 rationis praescriptum」から設計されたシステム（諸法律）が不可欠とされている（TP/II/21, III/7）。

が全ての点で「完全に」一致して，それらの精神・身体が「完全に」一つの精神・身体を構成することも原理的に不可能なのである（Barbone：2002, 106, 本章補論のⅠ）。つまり，各人の権利（自然権）が国家成立後も「そっくりそのまま」各人のもとに保持されているということが，国家の「あたかも」性の根拠になっている。このような考えは『エチカ』以前の第50書簡において既に見られるし，『政治論』にも見られる（TP/II/15, III/3）。これに対して『エチカ』第4部の社会哲学においては，国家成立後の各人の権利（自然権）の残存についての明確な記述はないものの，そこでは「権利」が人間の「本質」である「力能＝コナトゥス」によって定義されているから（E/IV/D8, 20D, 37S1），理性的人間たちの国家の場合も，受動的人間たちの国家の場合も，自然権が国家成立後に各人のもとから消失するということはありえない。よって，受動的人間たちの「強制による国家」形成プロセスの説明の際に，各人が自己の自然権を「譲渡する cedere」ことが必要な手続きとして語られ（E/IV/37S2），或る種の「社会契約」のようなものがそこに示唆されているかに見えても，それはたんなる説明的原理に過ぎず，各人の自然権は実質的には国家成立後も存続すると考えた方が妥当である。

　以上からスピノザは，『エチカ』，『政治論』いずれにおいても国家を「あたかもの」国家として考えていることが論証された。この「あたかも」という性質に注目すれば，スピノザ社会哲学における国家は，複合「物体」の一種というよりもあたかもの「共同態」として捉えた方がより適切であろう。ゲルーは『エチカ』第2部の複合物体論を注釈する中で，『政治論』第2章第16節・第3章第2節と上述の『エチカ』第4部定理18を引用しつつ，「市民社会はより高次の個体の一つとみなされるべきであるように思われるだろう。——中略——我々は『あたかも』に注意する。それゆえそれはたんなるアナロジーなのだ。しかも，そこで問題なのは事実ではなく，理性の命令なのだ。にもかかわらず後者はものの自然本性に含まれる必要＝必然性を表現している」（Gueroult：1974, 170）と述べて，国家共同体をより高次の個体（複合物体）そのままに解釈することを戒めている。注意深く見ると，「全てが一緒になって一物体あるいは一個体を構成している」（E/II/13Ax2Def）

という複合物体構成論を受ける形で,「全ての人間が全ての点で一致することで, 全ての人間の精神と身体が〔一緒になって〕あたかも一つの精神と一つの身体を構成する」(E/IV/18S) という共同態構成論が提示されているということは確かである (本書第9章Ⅲ-3)。しかし後者への移行に際して挿入された「あたかも」の意味は大きいものである。ただ, ゲルーもここで指摘しているように, 国家状態を欲するのは, 各人の「自然本性」としてのコナトゥス (の自己発展性とその必然性) によってであったから, その限りにおいては, 国家の統一は「あたかも」であるにもかかわらず「現実的」であるとも言えよう。そして本章は, むしろ国家のこの「あたかも」性をポジティブに捉えようと思うのだが,「あたかもの共同態としての国家」の「あたかも」の具体的な政治哲学的意義についてはⅤ-2で論じることにする。

Ⅳ 二つの国家モデルと国家の現実的存在様態

Ⅲでは, 『エチカ』のうちに理性的人間 (賢者) たちの「自由で自発的な共同体としての国家」と受動的人間 (無知なる者) たちの「強制による国家」を認めたが, それは国家成立の複雑なプロセスをより明確に理解するために, あくまで便宜上, 二つに分類されたに過ぎない。それらは, いわば「理念型」のようなものなのである。そのことの真意と, 現実の国家においては, (受動) 感情と理性, 強制と自由という要素はいかにして内包されているかという問題が本章では考察される。

Ⅳ-1 『エチカ』における「賢者の国家」の開放性

スピノザによると,「感情ないし意見 (opinio) のみに導かれる人間」は,「欲しようと欲しまいと自己のなすところを全く無知でやっている」がゆえに「奴隷 servus」と呼ばれ,「理性によって導かれる人間」は,「自己以外の何人にも従わず, 人生において最も重大であると認識する事柄, そしてそのため自己の最も欲する事柄のみをなす」がゆえに「自由人 homo liber」と呼ばれる (E/IV/66S)。ここからはまず,「自由な人間」とは理性のみに導かれる「能動的な人間」のことであり,「奴隷」とは受動感情に隷属した「受

動的な人間」であることが分かる（E/II/35・S, 40S2, 41・D, III/1, 3, cf. TTP/XVI/194）。この「自由な人間」と「奴隷」はそれぞれ「賢者 sapiens」と「無知なる者 ignarus」とも呼び換えられる（E/IV/45S, 70・D, V/42S）。

『エチカ』はそのクライマックスにおいて，自らが示してきた「救済 salus」への道の峻険さを語りだす時，その「救済」への道を，「無知なる者」には厳しく閉ざされており，「賢者」のみに開かれた道として示しているかのようである（E/V/42S）。スピノザが，「賢者」（自由な人間）と「無知なる者」（奴隷）との間に大きな深淵を認めているのは確かである（Strauss: 1930, 222-223, 236）。スピノザは，「自由な人間」だけが，相互に最も有益であり，かつ最も固い友情の絆によって相互に結ばれ，愛によって相互に親切をなそうと努力し，お互いに対して最も多く感謝し合うと言う一方で（E/IV/71・D），「無知なる者」たちの間に生きる「自由な人間」は，「無知なる者」たちによって繰り広げられる「感情の模倣」の循環に引きずり込まれないようにするために，「無知なる者」たちからの親切を回避するように努力するはずだとさえ言っている（E/IV/70・D）。

ここからは，「賢者（自由な人間）たちの国家共同体」とは，知的エリートのみによって構成され，「無知なる者」を厳しく排除する，排他的な「閉じた」共同体であるかのように見えてくる。だが果たしてそうなのであろうか。しかし，実際は，スピノザの言う「無知なる者」は，永遠に「救済」への道を閉ざされ，生きている限り「無知なる者」であり続けるしかないような存在ではない。『エチカ』においては活動力能として現れた「限りにおけるコナトゥス」の「自己発展性とその必然性」と「或る範囲内で」の「アポステリオリな増大可能性」が保証されている以上（E/III/37D, 43D, 57D），「無知なる者」が受動の状態を脱して「賢者」となる可能性が存在し[12]，その道筋(プロセス)を描くことこそが『エチカ』全体の主眼であったと言っても過言ではあるまい

---

[12] ただし『神学政治論』ではこうも言われる。「実際，全ての人間が理性の諸規則と諸法則に従って作用するように自然本性上決定されているわけではない。むしろ反対に，全ての人間は全く無知の状態で生まれるのであり，彼らが真の生活方法を知ることができるようになり，有徳の状態をかち得るまでには，たとえ彼らがうまく教育された場合でも生涯の大部分が経過するのである」（TTP/XVI/190）。

(E/IV/54S, V/10S)。だから，「無知なる者」であっても，いつの日か「賢者たちの国家共同体」の成員(メンバー)になるという可能性を有しているのだ。その時々に（たまたま）「無知なる者」という認識論的な「状態」にある者が（本書第5章Ⅲ－2(c)参照），「賢者たちの国家共同体」に加わることができないというだけなのである。これを「賢者」の側から捉え直すならば，「賢者（理性的人間）」が，「無知なる者（受動的人間）」に対して理性化の教育を行ったり（E/IV/37D, Ap9），「無知なる者」を愛と寛仁によって服従させるという可能性が存在し（E/IV/46·S），その限りにおいて「賢者たちの国家共同体」は常に「無知なる者」たちに開かれているということになろう（Matheron, 1969, 610, Misrahi：1997, 416）。

　だが，ここで注意したいのは，以上はあくまで「理念型」として便宜上二つに分類された国家モデルに即してなされた議論であるということだ。現実には，一つの国家の中に「賢者の国家」と「無知なる者の国家」の二つが共に同時に存在することはありえないし，「賢者の国家」の「開放性」が，外国としての「無知なる者の国家」から移民を受入れるというようなことを意味しないということは明らかであろう。

Ⅳ－2　自然権＝コナトゥスの「度合い」に応じた「共同性」の多様な実現

　現実の人間の生の在り方は，受動か能動か，対立（敵対）か一致（共同）かという二つの存在の仕方に還元できるようなものではない。より低い受動からより高い受動へ，そして今度は更に能動へ，というように向上していく各人それぞれの段階(ステージ)に対応した「様々な度合い」の共同性への可能性が存在している。そもそも，国家を構成する各人の活動力能として現れた〈限りにおけるコナトゥス conatus quatenus〉には，「アプリオリな度合いの相違」が存在していると同時に（E/I/Ap, II/13S, TP/II/18），自然権などの様々な現実的な活動力能として現れた〈限りにおけるコナトゥス〉には「或る一定の範囲内」での「アポステリオリな増減可能性」も存在していた（E/III/37D, 43D, 57D, IV/Prae, TP/II/13, 16, III/2, Ⅸ/14，本書第1章Ⅱ，Ⅲ，Ⅳ-1）。ここで，スピノザは，国家を「自然物」として捉え，国家にも「多数者＝群集の力能

によって決定される」自然権（コナトゥス）を認めていたから（TP/III/2, IV/4），国家の自然権（コナトゥス）の変移（アポステリオリな増減）が，その国家の「共同性」の実現度合いの変移として反映してくるのである。よって，一つの共同体（国家）は，現実の歴史の時間経過の中で，内的・外的な諸原因によって，その「自然権として現れた限りにおけるコナトゥスの度合い」が各瞬間ごとに変化しており（cf. E/IV/Ax, 3, Ap32），その都度の共同体（国家）自身の「自然権（コナトゥス）の度合い」に応じた「共同性」をその瞬間ごとに実現している（TP/III/2）。だから，どのような状態にある国家であっても何らかの程度の「共同性」は実現しているのである。そこには，極めて低い「共同性」あるいは消極的，強制的な「共同性」しか実現できていない「無知なる者の国家」から，最高度の，積極的，自発的な「共同性」を実現している「賢者の国家」までが含まれよう。

　本章III-1, 2とIV-1で，私は，『エチカ』には「理性の導きに従って生きる人間」つまり「自由な人間」の生きる「自由で自発的な共同体としての国家」（賢者の国家）と「受動感情に隷属している人間」の生きる「強制による国家」（無知なる者の国家）の二つが描かれていると述べた。それは，アランが，『エチカ』の中に「奴隷の国家 la cité des esclaves」と「自由な人間の国家 la cité des homme libres」を対比させているのと同様な解釈である（Alain: 1986, 101）。けれども，このことは，『エチカ』の中に互いに全く相容れない二つのタイプの国家モデルが「並存」しているということを意味してはいない。これは『エチカ』全体が提示している「受動から能動へ」，「感情への隷属から理性による自由な生へ」の移行あるいは転換のプログラムの流れの中に，「強制による国家」から「自由で自発的な共同体としての国家」への移行が重なるようにして存在しているという意味なのである（ibid., 101）。

　しかしこの「移行」は必ずしも現実化されるとは限らないし，逆方向への移行の可能性も存在している。スピノザ自身は明言してはいないが，現実の国家共同体は，受動的要素と理性的要素の複雑な混成によってその時点での「共同性」を実現しており，国家内のそれらの要素の「構成比」も刻々と変化しているということだ。つまり，或る国家の成員全員が「理性の導き」に

従って生きている「賢者（理性的人間）」であるとか，逆に国家の成員全員が「無知なる者（受動的人間）」であるという事態は，現実には考えられないのである。どの国家共同体も実際は，相互対立（不安定）という受動的要素と相互一致（安定）という理性的要素の相反する傾向をその中に共に内包していることになる。受動か能動かの二者択一的なカテゴリーに分類されることなく，様々な度合いの「共同性」をそれぞれの国家共同体はその内部にその時々に実現しているということである。

V　スピノザ社会哲学における感情・理性・システム

V－1　『政治論』における感情と理性の関係

マイネッケは，スピノザを批判してこう言っている。スピノザは，「感情」という万人に共通の自然本性を『政治論』の国家理論の基礎として定めて，そこから現実主義的な国家理論を開始したのに，次第に「国家は理性に基づき『理性の命令 rationis dictamen』に従う時，最も強力となり最も多く自己の権利の下にある」（TP/III/7, IV/4, V/1）として，理性の支配する国家を最善の国家の「典型（モデル）」として探求し始めるという（TP/II/21, III/6, V/5, VIII/7），古い自然法的な伝統の中に落ち込んでしまっていると[13]（Meinecke：1924, 262）。

しかし，『政治論』においては「感情を出発点」としつつも途中から「理性の優位」が主張され始めるというマイネッケのこのような批判は，二つの点で誤りであると言える。

その第1の点は，本章で既に確認したように，「多数者＝群集の力能」から構成される国家の自然権（コナトゥス）の大きさの相違が，共同性の度合いへと反映するから，現実には，この「共同性の」度合いの相違に応じた様々な国家の在り方——恐怖によってしか統治できない荒野に等しいような

---

[13] ヤスパースも『政治論』における感情と理性の二律背反(アンチノミー)を指摘する（Jaspers：1957, 835）。南原一博氏は，スピノザの自然権の両義性(アンビヴァレンス)（欲望・力と理性の双方によって規定される）が，「自由な国家」（民主制国家）にも二律背反(アンチノミー)を生み出し，それを「力による強制国家」としても現出させると指摘する（南原：2000, 171）。

国家（TP/V/2, 4, 6）から理性的な平和国家に至るまで——が存在している。その中でも理性に導かれる者の数が圧倒的多数を占めるような国家がより安定しており，より強力であることは確かであろう。しかし，それはあくまで「事実」問題であって，スピノザは全ての国家がそうなるべきという「当為」の問題として語っているわけではないのである。全ての人間は，そして全ての国家は，「限りにおけるコナトゥス（自然権）の自己発展性と必然性」によって，「より能動的（理性的）に」なるように向上していく「内的」必然性を有しており，その向上・発展に対する「外的」阻害因子を或る一定以上の範囲で抑えることが可能な「条件」のうちにあるなら，その向上・発展は現実化されるという「事実」を確認した上で，この条件の整備が問題にされたのである（本章Ⅲ-1）。

第2の点は，『政治論』で重要であったのは，マイネッケの言う「理性の優位」ではなく，共通感情と理性を共働させて国家の生命たる「法 jura」——それは「理性の指図 rationis praescriptum」によって建てられる——を安定的に維持することで，支配者と被支配者の全員が，感情に導かれて（強制的に）であろうが理性に導かれて（自発的に）であろうが，結果的に，「理性の指図」に従って「公共の福祉 communis salus」が要求することをなさざるをえないような国家のシステム，法に対する理性と共通感情の両方の支持を引き出していけるような政治システムを構想することであったということだ（TP/I/6, II/21, VI/3, VII/2, X/9）。

このように『政治論』では，理性の役割が『エチカ』の社会哲学とは大きく異なっている。『エチカ』において，「理性に導かれて生きる人間」の「自由で自発的な国家」の成立を述べた箇所で，スピノザは，「理性に導かれて生きる人間」は「自由に生きようと努力する限りにおいて，共同の生活及び共同の利益を考慮し（この部の定理37により），従ってまた（この部の定理37 備考2で示したように）国家の共同の決定に従って生きることを欲する」(E/IV/73D) と言っている。ここで注目すべきは，「この部の定理37 備考2で示したように」という挿入である。というのもこの「第4定理37 備考2」とは，「受動感情に隷属する人間」の「強制的な国家」の成立を論じた箇所

にほかならないからである。国家の共同の決定あるいは法律に臣民が「刑罰の威嚇」によってしか従わないような「強制的な国家」の成立モデルがここに引き合いに出されることに矛盾は生じないのであろうか。しかしこの「矛盾」は、「我々は受動である感情によって決定される全ての活動へ、その感情なしにも理性によって決定されることができる」(E/IV/59) という考え方によって解決される。「国家の共同の決定あるいは法律の遵守」という同じ行為であっても、受動から能動への移行を成し遂げ「理性に導かれて生きる人間」は「自発的に」、「内面から」それを欲するのである。彼らは「受動感情に隷属し感情の模倣のただ中にある人間」でさえ有する「非社交的社会性 socialité sauvage」を [14]脱して、外的強制によらずとも共同するという積極的な（より高次のレベルでの）社会性を有しているのである (E/IV/37S1, cf. Macherey：1997, 222, Matheron：1991a〔邦訳：1993, 8〕)。そしてそれが可能なのは、とりもなおさず「理性」という認識能力によってであり、この意味で『エチカ』における「自由で自発的な国家」の成立において「理性」は大きな役割を担わされている。それは、各人の「共同」へのモチヴェーションをも支配する純粋に「内面的」なものであるといえよう。しかし、上に見たように『政治論』での「理性」の役割は——安定した政治システムの構築において大変重要なものではあるが——感情に導かれていようが理性に導かれていようが、統治者も被治者も、自発的にであろうが強制的にであろうが「結果的」に、「理性の指図」に従えば十分であるという、いわば「外面的」で制度的なものであったのである。

V-2 『政治論』における国家の安定と政治システムの重要性

　国家の自然権＝力能は、社会契約という虚構の結果としてではなく、「多数者＝群衆 multitudo」の現実的力能の総体によってその都度構成されていた。『政治論』においては、支配の「正当性」つまり「支配に対する同意」は、社会契約のように最初の一度きりの同意によって獲得され、その同意を

---

[14] 本章注6と注9、第10章注29と37及び第2附論の注2を参照。

理由に「不可逆的な仕方で臣民に服従を強いる」ものではなく，その都度その瞬間ごとに更新され続けているようなものである。であるから，主権者が自己の支配権を保持しようと望むなら，その都度その都度，合意を獲得し続けねばならない（Matheron：1991b〔邦訳：1995, 190, 194〕）。逆に，「服従」とは共同の決定に従ってなされなければならないことを実行しようとする臣民の「恒常的意志 constans voluntas」（TP/II/19, 20, V/3, 4）の現れであるというスピノザの言葉はこの意味に理解されなければならない。

　人間の「現実的あるいは与えられた本質」であるコナトゥスによって規定された自然権が決して誰にも譲渡されえず，国家成立後も「そっくりそのまま」各人のもとに留まり（TP/II/15, III/3, EP/50），この臣民全体の自然権とそれから構成される国家の自然権との「相克」における微妙な力関係の変動の中で，臣民に対する支配が転覆される可能性が常に保持され続けるということが意味するのは，臣民（多数者）がその瞬間ごとにリコール権を最高権力（政府）に対して有しているということである。国家の自然権は臣民（多数者）の各々から「譲渡」された自然権の全てを結合させて一つの「実在的で固定的な」自然権となしたものではない。これが『エチカ』から『政治論』へと受け継がれた「あたかも一つの精神によって導かれる多数者＝群衆の共同態としての国家」（E/IV/18S, TP/III/2）の真意である。その瞬間ごとのリコールの可能性を孕みつつも，瞬間ごとの「合意」（再認）によって国家の存在は「繰り延べられ」続けているのである（cf. TP/III/9）。そのような「あたかもの」国家において必然的に生じてしまう「不安定さ」を，いかに制度的・システム的に制御するかを考察することが『政治論』の目指したところであったのだ。

　国家は外からあるいは内から「名指されて」出来上がるようなものではない。それは，あくまで，統治者となるであろう者をも含めた「多数者の力能 multitudinis potentia」がその瞬間ごとにその「正当性」を内的に作りあげているという意味での「自然物」なのである（補論II－1）。であるからマイネッケのように，『政治論』における「国家理性」を「絶対的で不可変的な立法者」とするのは誤りなのである（Meinecke：1924, 262）。『政治論』にお

いては，「多数者の力能」が形作る国家の自然権つまりコナトゥスの「安定的維持」こそが政治の最重要課題であり，受動感情から理性までを無差別に制御できる「現実主義的な(リアリスティック)」システムの構築こそがその政治哲学の中心にあるのである。

結論

　本章は『エチカ』と『政治論』という二つの作品における，国家共同体の成立に関する理論的「差異」が生まれた必然性という問題を解決すべく出発した。その「差異」とは，まずは本章Ⅰより，現実主義(リアリズム)の徹底化，先鋭化というものであった。そしてこの徹底化，先鋭化こそが，『エチカ』と『政治論』の間に，国家共同体の成立プロセスとその存続という問題自身についての大きな理論的差異をもたらしていた。
　まず，『政治論』における現実主義(リアリズム)の先鋭化は，『エチカ』第4部における「国家へと至る二つの道」のうちの，「理性による国家形成」を理想主義的あるいはユートピア的なものとして斥け，『エチカ』に見られた国家形成への二つの道を一つに収束することをスピノザに強いたのである。しかし『政治論』は，ただたんに「受動感情からの強制による国家の形成」を現実主義(リアリズム)の立場から引き継いだのではなかった。確かに，『政治論』は，国家形成の出発点に関しては，「(共通)感情」から国家が構成されていく過程を説明している。そして『政治論』では国家形成の出発点や基礎を探求することが重要であったのも事実である。けれども『政治論』においては，「理性」はその役割が完全に却下されているどころか，むしろ独特の重要な機能を担わされるようになっているのである。『政治論』における現実主義(リアリズム)の徹底化は，スピノザに，国家の目的をその「安全・存続 salus」(TP/I/6)に絞込ませ，更にそれを達成するための政治システムの整備と構想に彼の社会哲学の理論的重心を移動させた。そしてこれこそが，『エチカ』には欠落していた，もしくは不十分でしかなかった視点であり，「政治システム」の安定性というこの視点を自らの社会哲学に組み入れなければいけないという理論的必要性に駆られて，スピノザは自らの国家理論を書き直したのである。「無知なる者

の国家」と「賢者の国家」という区別は，受動感情でさえもそこを通過してしまえば，結果的には「理性」と同じ役割を「政治」の中で果たしてしまうような強力で巧妙なシステムの回路のうちで意味を失ってしまうのである。

補論　国家の形而上学的地位について

I　国家は「個体」か?——Barbone 説の検討——

　Barbone の「スピノザにとっては何が個体とみなされるか」(2002 年) という論文は，社会哲学的にも極めて示唆に富む論文である。この補論 I では，以下にその「個体」についての議論を吟味することによって，国家の形而上学的地位についての考察を深めたい。

　Barbone によると，この問題についてはマトゥロンらの「自然主義的解釈」(主流) とマックシャーらの反対解釈 (反主流) がある。前者は，国家は精神とコナトゥスを持つ力学的な意味における「個体」であると主張する。後者は，国家が活動や作用を行うものであり国民の生命への強大な影響力を持つことは否定しないが，国家に個体の地位を認めず，国家を「あたかもの個体 quasi-individuals」と考える (Barbone : 2002, 89)。

　彼によると，「個体 individuum」という言葉は，『エチカ』，『政治論』，『神学政治論』，『書簡集』いずれにおいても全く同じ意味で用いられている。特に二つの政治的著作の「個体」について述べられた箇所を分析すると，人間も個体として考えられていること，「個体」とは，その自然本性 (natura) そのものによって決定された一定の法則に従って存在し作用するようなものであり，その権利は (存在と作用に対して) その個体が有する力能 (potentia) の及ぶ所まで及ぶということが分かる (Barbone : 2002, 94-95)。

　各々の個体の自然本性が，その個体の存在と作用の仕方を決定しているわけだから，何かが X であるためには，X として存在し作用しなければならない。その個体としての存在と作用が変化してしまえば，その個体はその個体であるのを止める。しかしスピノザにおいては，作用と存在はほとんどいつもペアで用いられ，同じ意味を有しているから，「個体 X は何を行うか」と「個体 X は何であるか」は同一のことである。要するに，各々の個体の

存在はその個体の作用にほかならない。ここで，個体の権利はその自然本性と対応しており，作用とは自然本性から生じる結果であるから，作用が個体の自然権の基礎であると言える（TP/II/3）。それゆえに，自然権は，それなしでは個体がその特定の個体ではなくなってしまうような本質的で必然的な特性として，個体に属する（Barbone：2002, 95-97）。

　ここから Barbone は，マトゥロンの『スピノザにおける個体と共同体』（1969年）の個体論を参照する。それによると，各々の個体は固有の自然本性を有し，この自然本性によって規定される仕方で作用する。この特定の自然本性は個体の本質と呼ばれる。各々の個体のこのような固有（特定）の自然本性＝本質を発生論的に定義する唯一のパターン（ratio）が存在するのだが，このパターンは，「青写真」つまり個体を形作るために必要な諸部分をアレンジするための「建設ガイド」のようなものとして考えることができる。この「青写真」は具体的には，その個体を構成している諸部分全ての「運動と静止」を統一・支配する包括的な「比・割合 ratio」を意味している（E/II/13Lem1-7）。つまり，個体のアイデンティティーは，このような唯一固有の「比・割合 ratio」に要約されうるのである。この「青写真」は，「質料的要素 material element」と共に個体を個体たらしめている「形相的要素 formal element」である（Matheron：1969, 38）。個体は，この「形相的要素」によってその個体としての統一と独自性を維持することが可能になる。個体とは，統一を行う或る定式（形相的要素）に従って表現された，諸部分（質料的要素）から成る全体性にほかならない。この二つの要素の区別によって，たんなる「事物の集合体」（寄せ集め）と「個体」を区別することが可能になる。個体とは，統一を行う原理（形相的要素）を持ち，それによって自己の存在（その諸部分ではない）を保存し，自己をそのままの状態に維持しようと努力している。つまり，「青写真」としてのこの「形相的要素」は，個体の諸作用の起源であるのだ（Barbone：2002, 97-99）。

　ここでスピノザにおいては，自然権の場合と同様に，コナトゥスは個体の本質であり，個体の持つ作用（活動）の力能と同一視されるから，各々の個体の性格を定義するのは，その個体として存在し活動する力能であるところ

の，その個体に固有のコナトゥスである。逆に言えば，或る定められた存在と作用を持つように決定する力，つまり統一し現実化（活動化）する力としての自身のコナトゥスを持つようなもののみが「個体」なのである。石の山が「個体」でないのは，それにとって本質的なもの，その石の山をそのものたらしめている「形相的要素」として機能するような内的なもの（統一する力としてのコナトゥス）がそこにはないからである。では，魚の群れはどうか。魚達が群れを作るのは，「個体」としてのグループ自身のためなどではなく個々の魚の本性による。群れに参加することで，各々の魚は生き残りのチャンスを最大化し，よりよく存在し作用するようになるだろうが，グループとしての群れがそうなるわけではない。魚の群れは「包括的なコナトゥス」を持たないたんなる「集合体」（寄せ集め）に過ぎない（ibid., p. 99-100）。

Barboneによれば，以上のような個体とは何かについてのスピノザの説明を踏まえると，「もし多数の個体〈あるいは個物〉が，全て同時に一結果の原因であるかのように，一つの活動において協働するならば，その限りにおいて，私はそれら全てを一つの個物（res singuralis）とみなす」（E/II/Def7）というスピノザの言明は，大きな岩を全員一緒になって押し動かそうとしている労働者達のようなたんなる「事物の集まり」（寄せ集め）について述べたものであることになる。同じくアメフトチームのような人間の集団も個体ではなくたんなる「個物」とみなされる。それらには，上に見たような固有のコナトゥス（形相的要素）がないからである（Barbone : 2002, 100-101）。

では「全く同じ本性の二つの個体が相互に結合されるなら，それらは，〔単独の個体よりも〕二倍の力能を有する一個体を構成する」（E/IV/18S）というスピノザの言明はどうか。しかし，果たして二つの個体が「同じ本性」を持ちうるであろうか。先に見たように，個体は，そのコナトゥスによって，つまりこの特定の個体として存在し作用する傾向性（本性）によって定義される。そのような本性は一個体につき一つ以上は存在しえないから，どんなに相互に似ていても，その本性が同一であるような二つの個体なんて存在しえないことになる。この言明は前提自体が不可能なのである。スピノザはそれに続けて，「全ての人間が全ての点で一致することで，全ての人間の精神

と身体が〔一緒になって〕あたかも (quasi) 一つの精神と一つの身体を構成する (componant) ようになり，そして全ての人間が共にできる限り自己の存在を保存しようと努力し，全ての人間が共に全ての人間に共通の有益なるものを自らに求める」(E/IV/18S) と語っている。ここでは"quasi"が"componant"という接続法と一緒に用いられていることからも，「個々人 (individuals) が同一であれば（これは実際には不可能であった)，彼らは共に結合して『あたかもの個体 quasi-individual』であるような何かを形成することができるであろう」という反事実的条件文が示されているに過ぎない。よって，この箇所をマトゥロンなどのように，似ている限りの個体としての人間達が結合して社会のような「より高次の個体」を形成すると解釈してはいけない (Barbone : 2002, 100-101, 106)。

　実際には，現実に共に結合して「より高次の個体」を形成するのは，むしろ「異なる本性を有する諸個体」であるとスピノザは考えていた (E/II/13Lem7S)。そしてこの場合も，「異なる本性を有する人間たち」が「より高次の個体」としての国家や社会を形成すると考えてはならない。一個体である人格が破壊されるなら，それを構成していた全ての諸部分（諸個体）もまた存続できなくなるが，国家や社会が破壊されても，それを構成する全ての市民（諸個体）が生存できなくなるとは考えられない。ここに言われる「より高次の個体」は，国家や他の人間集団ではなく，むしろ人間（有機体としての)，生態系，惑星，太陽系といったラインで考えた方が適切である (Barbone : 2002, 106-107)。

　以上のような『エチカ』の個体論の他に，Barbone は，『神学政治論』と『政治論』の中で，国家の形而上学的性格について述べられた箇所を数多く列挙して詳細な分析を加えている。その結論は，国家は，個体であることの条件としての（「あたかもの」ではなく現実の）「精神」を持たないし，個体が或る特定の個体として存在し作用することの内的原動力としての「力能」（権力でなく)，つまりそれ自身に固有のコナトゥスも持たないから，個体ではない，というものである (Barbone : 2002, 102-106)。

　「国家は個体か否か」という問題に対する Barbone の最終結論はこうであ

る。スピノザは，国家を，その中に生きる諸個体（諸個人）を含んだ「非個体 nonindividual」と考えている。「個体」はそれを含む（「あたかも」ではなく）本物のより高次の個体の力能によって強制される。例えば，重力の法則を破れるものなど何もない。これに対して，制限速度を超えることで法を犯すのが可能なように，国家の表面的なコントロール（権力）はずっと少ない強制力しかもたないのである（ibid., p. 109）。

　以上のようなBarboneの個体論は，『政治論』や『エチカ』第4部の社会哲学を『エチカ』の形而上学から安易に基礎づけようとする試みに対して重要な警告を発し，『エチカ』と『政治論』の「非連続」的な面に細心の注意を向けなければならないことを教えてくれる。この点，本章のように，活動力能（自然権）として現れた〈限りにおけるコナトゥス〉の安定的維持・増大を通奏低音として『エチカ』と『政治論』の首尾一貫した解釈を試みようとする者には極めて有益な警告として傾聴に値する意見である。

　しかしこの論文の結論に至って，国家が「個体」ではないという最終テーゼが，国家に対する個人＝個体（individual）の優先権を導き出すと主張し，「個人＝個体主義的で利己主義的 individualistic and egoistic」であるスピノザ哲学にとっては，国家はあくまで「個々人＝諸個体 individuals」の利益のために存在するのであってその逆ではないと強調する時，そこには国家に必要以上の権力と権利を認めたくはないBarboneの強力にリバータリアンな立場が垣間見える（Barbone : 2002, 109）。そのような立場が解釈にも反映してか，この論文には所々承服しかねる所もある。それは例えば，「個体」と「個物」の違いを明確に提示することなしに，第2部定義7に基づいて「たんなる事物の集まり」（国家も含まれる）を「個物」として捉え，それに固有の「包括的コナトゥス」を認めないという解釈である（ibid., p. 100-101）。確かに，石の山のような「たんなる事物の集まり」に「包括的な固有のコナトゥス」を認めないというのは理解できるが，スピノザはもともと「個物」そのものにはコナトゥスを認めているのだから（E/I/25C, II/D7, III/6D），「個体」，「個物」，「たんなる事物の集まり」の対応関係を明確にしなければ，Barboneの主張，つまり国家は「たんなる事物の集まり」（個物）であるか

ら固有のコナトゥスを持たない，よって個体ではないという主張は説得力を欠くものとなるであろうし，一個の石——これは『エチカ』に即して言えば「個物」に違いない——は，それを或る定められた作用と存在へと決定するそれ自身の固有のコナトゥスを有しているから「個体」であるという主張との整合性も確保できないであろう（Barbone : 2002, 100）。

　Barbone は，国家は「権力 potestas」は持っているが，それを或る定められた存在と作用へと決定する「力能 potentia」（固有のコナトゥス）は持たないから個体ではない，と主張する。しかしスピノザ自身が，「自然物 res naturalis」は「それによって存在し作用する力能」すなわち「自然権」を有しているとしつつ（TP/II/3），国家を「自然物」と考えているのだから（TP/IV/4），国家も他の自然物と同じく「力能」（固有のコナトゥス）と「自然権」を有している（よって Barbone 流の個体である）ことになる。ここからまた，「国家すなわち最高権力に属する権利は，<u>あたかも一つの精神によって導かれるところの多数者＝群衆の力能（multitudinis potentia, quae una veluti mente ducitur）</u>によって決定される自然権そのものにほかならない」（TP/III/2）というスピノザの言葉は，国家の個体性を否定するのに最も手ごわいものであると告白しつつ，ここで言われる「力能」をあくまで「多数者＝群衆」のものでしかないとしてしまう Barbone の解釈も間違っていることになる。

　このようにして『政治論』においては，国家にも固有の力能と自然権が認められる一方，各人の「自然権」（コナトゥス）は国家においても消失しないから（TP/II/15, EP/50），国家を構成する「多数者＝群衆 multitudo」のうちの一人一人も自然権（コナトゥス）を有しているということになる。ここから国家の自然権と臣民の自然権の間に力と力の相克が生まれる。そして，国家がその本来の目的である「安全と平和」を実現させうるには，この臣民の力（自然権）と国家の力（自然権）との激しいせめぎあい（相克）に対して，いかにしてバランス（均衡）をもたらすことが可能かという「政治システムの安定性」の解明が『政治論』の究極的な目的であった。『政治論』の主題は，国家がいかなる社会状況にあり，いかなる統治形態を取ろうが，その国

家が安定的に存在して市民に安全が保障されるにはどうしたらよいかという「国家の自己保存のコナトゥス（自然権）」をめぐるものであったのだ（本書第11章，序文，結論）。しかし，国家にコナトゥス（自然権）を認めない Barbone 説は，『政治論』のこの最重要課題を見逃してしまうことにもなりかねない。

　また，「法（則）lex」とは「あらゆる自然物に共通の規則（communes regulae），特に理性の規則」にも関係するものであるとするスピノザは，自然物である国家も，他の自然物と同じく「法（則）」，つまり「それがなくては国家が国家として存在しない諸法則あるいは諸規則」に拘束されると考え，自然の普遍的法則たる「自己保存のコナトゥス」に反してしまう時に，すなわち自己の破滅の原因となることを行ってしまった時に，国家は「法（則）」に対して「罪を犯す peccare」という事態が起こっていると考えていた（TP/IV/4）。これは，『エチカ』第3部において，人間が「自然の一部」に過ぎないことを説明して，人間の感情は他の自然物と同じく，「共通な自然の諸法則 communes naturae leges」に従い，全く「同様の自然の必然性と力から」生じる，と述べられていたことが，自然物である国家にも例外を許さず妥当するということを意味していよう。つまり，国家は「たんなる事物の集まり」（個物）であるから固有のコナトゥス（自然権）を持たないとする Barbone の解釈は，『エチカ』から『政治論』へと継承されたあの徹底した「自然主義的現実主義（リアリズム）」とも抵触してしまうのである（本章Ⅰ，Ⅱ）。

　最後に，国家の形而上学的地位を石の山や魚の群れと全く同一視する Barbone は，国家の独自性を捨象してしまっている（Barbone : 2002, 106）。本章が本論Ⅴ－2や補論Ⅱ－1で述べるように，確かに現実の国家は，刻一刻とその構成要素を更新し続け，自らの「正当性」に対する承認をその瞬間ごとに獲得し続けることによってのみ初めて「延命」しうるような存在だとしても，国家は長い歴史の中でその独自の伝統や固有の文化が形成され，それが各々の国民（構成要素としての個体）の精神を規定するという側面もあるはずだ。そのような文化やエートスこそが――敢えて Barbone 流に言えば――国家をその特定の国家たらしめている「唯一固有の比・割合 ratio」で

あり固有の包括的コナトゥスなのではなかろうか。

II　複合物体の構成と共同体（国家）の構成

　以上のように Barbone の「国家＝非個体説」を批判するからといって，本書は，国家を完全に他の自然物と同じような存在としては考えない。例えば『エチカ』から『政治論』までを貫通するコナトゥス理論に基づく徹底的な「自然主義的 現実主義(リアリズム)」は，『エチカ』第 2 部の複合物体論（E/II/13Lem3Ax2Def）を共同体理論にも適用したいという誘惑に我々を駆り立てるが，以下に見るように，現実には，複合物体の構成についての理論を「そのまま」国家共同体形成の理論に適用することは不可能ではなかろうか。

II－1　自然物としての国家

　国家を「自然物」と見なし，国家＝最高権力の自然権は「多数者＝群衆」の力能（自然本性としてのコナトゥス）によって定義されるとするスピノザは（TP/III/2, IV/4），自然主義的な国家観を抱いているように思われる。認識論的に正しく把握すれば，その生成において，「多数者＝群衆 multitudo」の力能のぶつかり合いの中から形作られ，瞬間ごとの「多数者＝群衆」の合意によってその存在が繰り延べられ続けるような「自然の事物」としての「国家」（断層的存在としての国家）を，その自然主義的＝力学的ダイナミズムを忘れ去って，あたかもアプリオリに与えられ，「多数者＝群衆」の側の働きかけからは無縁に「途切れること」なく存在し続けているかのような「断層なき国家」として捉えようとする時に，我々は時間における変化を詳しく見ずに，実際は構成諸部分の流動的集合体に過ぎない国家を，部分なしのいきなりの全体として把握してしまう。しかし国家を複合物体とアナロジカルに考えるならば，国家の自己「同一性」は，それを構成している諸部分間の「運動と静止の割合が一定に保たれること」が「偶々」継続している場合に，それを外部から巨視的に観察して，或る国家にその名を与え，呼び続けていることによってしか保証されていないのではないか。スピノザの複合物体論からすれば，「のっぺらぼうの国家」は存在しない。その「のっぺらぼう」

の時間的空間的延長の中に，細かい無数の「亀裂と断層」を，同一性の中に無数の「差異と変化」を，その瞬間ごとの各人のリコール権行使の撤回の反復を発見できるような微視的視線から見れば，人間身体が常に破壊と再生を繰り返しているように，国家もその都度「多数者＝群衆」の力能（自然本性としてのコナトゥス）によって創り上げられている自然主義的な「作品」（コルプス）なのである。

　自然物としての国家のこのような構成と存続を見極めないで，国家を「一般概念」として捉えてはならない。スピノザの「一般概念」批判（E/II/40S1）――「民族」や「階級」も「一般的名称」とされる（E/III/46）――は「国家」にも適用されよう。『神学政治論』の「自然は確かに諸民族（nationes）をつくらずに，ただ個々の人間＝個体（individua）をつくるのである」（TTP/XVII/217, cf. TP/V/2）という言葉はこの意味に解せないだろうか（cf. Barbone：2002, 95）。スピノザは「人間は，自然物（res naturalis）についても人工物についてと同様に一般観念を形成し，これをいわばそれらのものの典型（exemplar）とみなし――中略――これで見ると，人間が自然物を完全だとか不完全だとか呼び慣れているのは，ものの真の認識に基づくよりも偏見に基づいていることが分かる」（E/IV/Prae）と述べている。スピノザは，国家の本質に関しての「一般概念」を形成することを禁じるであろうし，自然物である国家について「一般観念」を形成してそれを「典型」とみなし，そこからの距離によってこのあるいはかの国家の「完全性」を外部から測ることは自然の中に目的（論）を持ち込むことになるとして批判するであろう（cf. EP/50）。

II－2　複合物体（corpus compositum）の構成

　「同じもしくは異なった大きさのいくつかの物体が，それら以外の諸物体から圧力を受けて（*a reliquis ita coercentur*），相互に接合するように（*ut invicem incumbant*）されている時，あるいは同じもしくは異なった速度で運動させられる場合でも，自己の運動を或る一定の割合で相互に伝達するようにされている時は，我々はそれらの物体が相互に合一している（*invicem unita sunt*）と言い，ま

た全てが一緒になって一物体あるいは一個体を構成している（*componere*）と言う。そしてこの物体あるいは個体は，構成諸物体のこうした合一によって他の諸物体と区別される」　　　　　　　　　　　　　　　　　　　　（E/II/13Ax2Def）

　まず形而上学的に見てみよう。この定義には，「外部からの圧力によって」という条件を共有した上で，複合物体の構成には相互に「接合」させられる場合(a)か，「運動」させられる場合(b)かの二つの場合があると述べられているかに見える。そう考えるなら，「自己の運動を或る一定の割合で相互に伝達する」という条件(c)は(b)にのみ妥当しそうである。しかし，ボイルへの批判で有名な第6書簡における，硝酸カリウム（粒子は静止）と硝酸（粒子は活発に運動）の相違についての説明，硝酸カリウムの再生についての，「外圧」による硝酸の粒子の運動停止と凝固からの説明，牛乳から攪拌によってバターが生まれるプロセスについての，「外圧」によるバターの粒子の運動停止が「相互の接合 invicem incumbere」を結果することからの説明，これらの説明に，この「或る一定の割合による運動の相互伝達」(c)が「相互間の運動と静止の比・割合（ratio）の保存」(c´)として語り直されていること（E/II/13Lem5, IV/39D）を考え合わせると，(c)は(a)(b)両方に妥当するということが判明する。

　この定義（E/II/13Ax2Def）のすぐ後の公理3でスピノザは，(a)をその「接合」のされ方（の程度）によって「硬い」複合物体と「軟らかい」複合物体に分けて説明し，「接合」によっては構成されない「流動的」複合物体と明確に区別しているが，この区別は，スピノザが第6書簡においてボイルを批判して，その本来の姿においての自然を説明する諸概念は，「流動性」や「個体性」等——それらはたんに人間の感覚に基づいて自然を説明する概念に過ぎない——ではなく「運動と静止およびそれらの諸法則」であると述べる時，たんなる「程度」問題であり便宜上の区別であることが判明する。要するにこの定義は，「外圧によって」いくつかの物体を包括的に統制する「運動と静止の比・割合 ratio」が生まれるならば，新たな複合物体が構成されるということを統一的に説明している[15]。そしてこの「比・割合」が維持

されれば，複合物体はその形相を変化させることなしにその本性を維持するのである (E/II/13Lem4-7, IV/39D)。

このように，「それら以外の諸物体から圧力を受けて」（初めて）複合物体は生まれると考えられている。この「外圧による」限定は，本章Ⅲ－1 で見た「外部の諸原因（自己以外の有限者）からの二重の意味での限定」を意味している。そこでは，このような二重の「限定」によってこそ，コナトゥスそのものの「無制約性」に制限が加えられ，そのことによって初めてコナトゥスは「持続」の中での自己の存在への固執の努力・傾向として「現実化」されることが示されていた。このことの意味を今度はこの複合物体の構成についての定義に即して捉え直す。簡潔に言えば，上述の二重の「限定」が或る複数の物体に同時にかかった時，この「外部圧力によって」，その諸物体を包括的に統制する新たな「運動と静止の比・割合」が生まれ (E/II/13Lem3)，この唯一固有の「比・割合 ratio」がそれら諸物体を新たな一つの複合物体として合一・構成せしめると同時に，自己以外のものとの間に新たな「境界（限定）」を作り出すということだ。しかしこのように考えると，この定義 (E/II/13Ax2Def) には矛盾が存在するように思える。つまり，「合一」によって初めて生み出されるはずの「他の諸物体」との「差異」が，予めこの「合一」自身を成立させるための条件となっているのである。最初に「或る諸物体」と「それら以外の諸物体」とを分かつ基準あるいは原理とは一体何であ

---

15 ゲルーは，この定義（E/II/13Ax2Def）には，複合物体の構成についての，「硬い複合物体」(a´1) を一つ，「軟らかい複合物体」(a´2) と「流動的複合物体」(b´) を一つとする異なった二つの場合が示されており，「個体の構成諸部分間の運動と静止の不変の比 (ratio) の原理」(c´) は，a´2 と b´ のみに妥当し，a´1 には適用されないだろうと，まずは想定する。しかしゲルーは公理3が示している a´1, a´2, b´ の間の差異は構成諸部分の接合面積の大きさの「程度 degré」の差異に過ぎないと指摘する。またゲルーは，第6書簡からは，「硬い」，「軟らかい」あるいは「流動的」と我々が呼んでいるものは，構成諸部分相互の運動の速度の「程度」に基づいており，この速度の「程度」が，構成諸部分の大きさ，接合面積の大きさ，位置の相互変化の難易（遅速）と対応関係にあることを指摘する。ここからゲルーは最終的には，a´1, a´2, b´ を選ばず全ての複合物体は——構成諸部分の大きさによってその速度は異なるが，全くのゼロであることはない運動速度で——相互に運動している諸物体から構成されるということ，全物質は「異なる度合いにおいて」流動的でもあり硬くもあるということ，「硬い」，「軟らかい」，「流動的」といった全ての複合物体は例外なくその数的「同一性」を c´ の原理によって保証されていると，結論している (Gueroult : 1974, 166-168)。

ろうか。実際はこの「或る多数の諸物体」と「それら以外の諸物体」との差異は,「合一」成立後にレトロスペクティブに見て初めて存在しているような差異であり, 或る意味で「合一」が「差異」に先行しているとも言えそうである。あるいはその瞬間瞬間に生み出される「合一」と共に「差異」も与えられると, 個体（複合物体）が生まれる瞬間にそれと共に「外部」も生まれると考えるべきであろうか。これはコナトゥス論と個体論の根幹に関わる問題であるが詳しくは別稿に委ねたい。

II−3　複合物体の構成とアナロジカルに捉えられた共同体の構成

　では,『エチカ』の複合物体の構成についてのこの定義 (E/II/13Ax2Def) を敢えて「アナロジカル」に共同体（国家）の構成の説明に適用したらどうなるだろうか。この定義中の「それら以外の諸物体から圧力を受けて（a reliquis ita coercentur）」に見られる動詞"coercere"は,「同じ柵内に閉じ込める。一緒にしている。包む。含む。制限する。おさえる。罰する。」等の意味があり,「相互に接合するように（ut invicem incumbant）されている」に見られる動詞"incumbere"には「あるものに横たわる。寄り掛かる。ある方向へ向く。ある物に傾く。心を向ける。圧迫する。強制的に行う。」という意味が元々はある。これらの意味を考え合わせてこの定義を共同体構成理論として読み替えるとこうなろう。

　　「或る多数の諸個人が, それら以外の諸個人から圧力を受けて（同じ柵内に閉じ込められて・包囲されて・制限されて a reliquis ita coercentur）, 相互に接合するように（寄り掛かるように・心を向けるように ut invicem incumbant）されている時, また運動させられている場合でも, 自己の運動を或る一定の比・割合で（certa quadum ratione）相互に伝達するように（ut invicem communicent）されている時は, それらの諸個人は互いに合一し, 一緒になって一個体（共同体）を構成している。そして構成諸個人のこの合一によって他の諸個人（集団）と区別される。」

これは共同体（国家）の形成理論としては何を意味しているだろうか。第一に，新たに構成される共同体の中での「或る一定の比・割合での運動の相互伝達」とは，本補論のIの最後にも述べた共同体（国家）をその特定の共同体たらしめている「唯一固有の比・割合 ratio」が，共同体の中で相互にそしてまた全的に共有されることであり，この「唯一固有の比・割合」を保存するのがその共同体（国家）の包括的コナトゥスなのではなかろうか。第二に，共同体（国家）の形成は常に「外的圧力」をその原因として持つということである。これは，「外敵からもたらされる脅威」つまり外敵に対する「共通の恐怖」が原因となった場合にのみ共同体（国家）は形成されるというようなことを意味している（外圧から生み出される防衛国家）。確かに，外的脅威が圧力となって，或る人々（多数者）に集団的「求心性」を物理的に生み出させることによって初めて，その「求心性」が「外部との境界線」を顕現させ，それが或る一定の時間続いた場合に，共同体は形成されたことになるであろう。しかし，それでは受動感情に隷属する人間たちが作る「強制国家」の成立は説明できても（本章IV-2），理性的人間たちの「自発的，内発的な共同性の創出」（本章IV-1）は説明できない[16]。つまり，『エチカ』の個体理論，複合物体の構成理論を共同体（国家）の構成理論として「そのまま」使うことには無理があるということだ。これこそが『エチカ』の形而上学と『エチカ』や『政治論』の社会哲学との「非連続」の一つの現れであろう。

---

[16] ただし本書第9章で私は，「或る一定の比・割合で相互に伝達されるべき運動」を二つに区別して，「外的圧力」がきっかけとなった場合でも「理性的共同性」が成立する可能性があることを示唆した（第9章III-3）。また形而上学的観点を「そのまま」適用すれば，「外部からの働きかけ（限定）」がなければ，「自他の境界」も「コナトゥスの現実化」も実現されないわけであるから，（受動的か理性的かを問わず）共同体の成立には外圧が必要となる。

第5章　力能と排除
——『政治論』における女性と奴隷をめぐる問題について——

序

　スピノザの政治哲学からは，女性や奴隷が排除されている。彼の最後の著作である『政治論』では，君主国家と貴族国家においては，犯罪によって公権を喪失した者，唖者，狂人などが政治に参加する権利を奪われており，民主国家においてさえ，女性や奴隷（そして子供及び未成年者）には参政権は与えられていない。我々は，世界史において女性に参政権が与えられるのは，20世紀になってしばらくしてからであるという事実を知っている。そしてカントやヘーゲルに至っても，女性の参政権は積極的には承認されていないということも知っている。では，スピノザが女性や奴隷を政治の場から排除したのは厳密な哲学的根拠からではなく，17世紀という時代にあって逃れることのできなかった一般的な偏見からであったのだろうか。

　しかし，『エチカ』を存在論から始め，認識論，感情理論，倫理学説，そして哲学的救済論に至るまでを徹底した論理的一貫性で駆け抜け，この『エチカ』で達成されたことの基礎の上に，『エチカ』への絶えざるレファレンスの反復の成果として書き上げられた『政治論』における政治からの女性や奴隷の排除を，ただ時代状況に色濃く制限されて17世紀当時の限界内に留まっているに過ぎないと言って簡単に片付けることはできないのではないか。だから多くの研究者たちが腫れものに触るのを避けるかのように，その傍らを通り過ぎて行った「政治からの女性と奴隷の排除」の問題，『政治論』第11章第3節と第4節を，この徹底した論理的・体系的一貫性を見せる『エチカ』の著者に敬意を表して，彼の存在論と感情理論に立ち帰って，彼の政治哲学の形而上学的基礎からもう一度捉え直すという試みは決して無益なことではないであろう。

I　自然権の存在論的基底——コナトゥスによる自然権の定義——

　スピノザは「自然権 jus naturae」を「万物がそれに従って生じる自然の諸法則あるいは諸規則そのもの，即ち自然の力能そのもの」であると定義し，そこから各個物・各人の自然権は，その力能（potentia）が及ぶ所まで及ぶとしている（TP/II/4）。このように自然権を力能によって規定すること（この考え方自体は『エチカ』第4部定理37備考1で既に提出されている）は，力（能）の大小が自然権の大小として反映してくるということを意味する。そして，ここからは力（能）が小さい者の自然権は，その力（能）の小ささに応じて小さいという考え方も出てくる。自然権は，人間ばかりでなく万物に例外なく与えられてはいるが，その大きさは決して等しいものではないのだ。スピノザはこのような自然権を「自己保存のコナトゥス conatus sese conservandi」によって定義している（TP/II/5, E/IV/Def8, 20D, 37S1）。このコナトゥスは存在論的には，神から「与えられた本質 essentia data」として有限様態（modus finitus）としての万物に備わっている自己保存の傾向である（E/III/6・D, 7D）。

　スピノザによると自己原因（causa sui）である神（実体）のみが，その本質が存在を含むもの，つまり存在するとしか考えられないものである（E/I/Def1, 7D, 11）。これに対して有限様態としての個物の本質は存在を含まない（E/I/24）。このような個物はただ，自己の「現実的本質」してのコナトゥスによって神の無限なる力能を表現する（exprimere）[1]限りにおいてのみ（E/IV/4D），神の力能（＝存在＝本質）を享受して初めて現実的に存在し，活動することができるのである（E/III/7D）。この意味で，人間も含めた有限様態の存在と活動の究極的な原因は神の力能であり，これは『エチカ』第1部の「神は，ものが存在し始める原因であるばかりでなく，ものが存在に固執

---

[1]　（TP/II/5）では，欲望（コナトゥス）が，それによって人間が自己の存在に固執するよう努力する自然の力を「説明＝展開する explicare」となっているが，ドゥルーズも指摘するようにスピノザにおいては「説明すること expliquer」と「展開すること developper」は「表現 expression」の一側面にすぎない（Deleuze：1968, 12）。

する原因でもある」(E/I/24) という命題にまで遡れる。そしてこの命題が，ロビンソンの指摘しているように (Robinson：1928, 208)，『政治論』において自然権が存在論的に定義されていく過程 (TP/II/2-5) において，決定的な役割を果たしたことは一目瞭然である。こうして最終的には，人間の自然権は「それによって活動へと決定されかつ自己保存を努力させられるあらゆる衝動（＝コナトゥス）[2]」によって定義されることになる。スピノザは『政治論』第2章第5節から第8節までを使って（実に九回も），人間が他の個体と同様に「それ自身においてある限り，自己の存在を保存しようと努力する」(TP/II/7) ことを強調しているし，第3章第18節では，自分はこの『政治論』を，万人に普遍的に内在する「自己保存のコナトゥス」という人間本性の必然性から証明したのであり，このことだけは忘れないで読んで欲しいと読者に注意を促している。

　このように見てくると，『政治論』において「自己保存のコナトゥス」とそれによって規定される自然権がいかに重要な位置にあったかが分かる。各人の自然権（コナトゥス）がよりよく，より安定的に維持・保存されるための，臣民と国家それぞれの自然権（コナトゥス）の最良の在り方を描くことが『政治論』の究極的な目的であったのである。

II　「支配-隷従関係」の力能理論

II－1　「自己の権利の下にあること」と「他者の権利の下にあること」

　スピノザの政治哲学，特に『政治論』において，「自己の権利の下にあること sui juris esse」と「他者の権利の下にあること alterius juris esse」という人間の二つの社会的な存在の仕方の分類は極めて重要なものであり，「二人の人間の間の関係」においてのみならず，「各人と国家との関係」，更には「国家と国家との関係」においても適用される汎通的原理として『政治論』全体の底流をなしている。スピノザの説明によると，我々は「他者の権力

---

[2] コナトゥスが精神にのみ関係するときは「意志 voluntas」と呼ばれ，精神と身体に同時に関係するときは「衝動 appetitus」と呼ばれる。そして意識化された「衝動」が「欲望 cupiditas」である (E/III/9S)。

(potestas) の下にある」限り，「他者の権利の下にある」のであり，このような他者からの暴力を自己の考えに従って排除し，復讐することができる限りにおいて，そして自己の意向に従って生きることができる限りにおいて「自己の権利の下にある」のである (TP/II/9)。ここで留意すべきは，本章Ⅰで確認した「力による権利の規定」が，ここでもそっくりそのまま引き継がれて，権利関係が力関係によって説明されているということである。

Ⅱ-2 「支配-隷従関係」の四つのカテゴリーと「力」，「感情」，「権利」の関係について

ではこの「他者の権利の下にある」とは，あるいは「他者を自己の権利の下に置く」とは，具体的にはどのような状況を意味しているのだろうか。スピノザは，我々が「他者を自己の権利（権力）の下に置く」のは以下の四つの場合であると言っている (TP/II/10)。

(1) 相手の身体を縛っておく場合。
(2) 相手から武器や自衛・逃走の手段を奪い取った場合。
(3) 相手を「恐怖 metus」の感情によって自己の意に服従させた場合。
(4) 相手を「希望 spes」の感情（恩恵）によって自己の意に服従させた場合。

スピノザによると(1)と(2)の場合は，我々は相手の身体のみを自己の権利（権力）に従属させるのであるが，(3)と(4)の場合は，相手の身体と精神の両方を自己の権利（権力）に従属させることができるのである。よって前二者よりも後二者のほうが，「より完全な支配」であると言えよう。ただここで気を付けておきたいのは，これまで力（権力）の問題として語られてきた権利関係が，(3)と(4)の「より完全な支配形態」に至っては，「恐怖」や「希望」という「感情」の問題として語られ始めているということである。「感情」と「力（権力）」とはいかなる関係にあるのだろうか。

スピノザは「希望」を「不安定な喜び inconstans Laetitia」として，「恐怖」を「不安定な悲しみ inconstans Tristitia」として定義している (E/III/18S2, Ad12・13)。『エチカ』においては，「喜び」，「悲しみ」，「欲望（コナトゥス）」という基礎的三感情の関係は，「喜び」が人間の「欲望（＝コナ

トゥス＝活動力能)」を増大させる感情として,「悲しみ」が「欲望 (＝コナトゥス＝活動力能)」を減少させる感情として描かれていたから (E/III/37D, 57D),「不安定な喜び」である「希望」は,コナトゥス (＝活動力能＝力能) を増大させる積極的な感情ではないかと考えそうになる。しかしスピノザによると,「希望」には人間の認識能力のうちで最も低いレベルのものである「想像知 imaginatio」が介在しており,「希望」を抱く者は,希望の対象を排除するようなものを〈想像〉して,その限りにおいて「悲しみ」を抱き,「恐怖」を抱く者もこれとは逆の道を辿るから,実は「恐怖なき希望も希望なき恐怖もない」(E/III/50S, Ad13Ex) のである。こうして結局,「恐怖」も「希望」も「悲しみ」を伴うことなしには在りえないから,それ自体では「善」(＝喜びの原因となり,コナトゥス (活動力能) を増大させるもの) ではありえない (E/IV/Def1・2, 8D, 29D, 47D)。このように「恐怖」と「希望」は倫理的に批判されるばかりでなく,本質的に「想像知」が介在してくるこれら二感情からは「迷信」が生じるとして (E/III/50S, TTP/Prae),認識論的な批判も向けられている。「恐怖」と「希望」は認識の欠乏,精神の無能力を示すものであり,そこからの脱却が求められるのだ (E/IV/47S)[3]。以上がスピノザの「恐怖」と「希望」の感情の批判の内容であるが,この批判の中核にあるのは,この二感情が「悲しみ」の感情を必然的に伴うということである。「悲しみ」が直接的に「悪」であるのは,それが我々のコナトゥス (活動力能) を減少させるからである (E/IV/41・D)。よって「恐怖」と「希望」の両感情も,我々のコナトゥス (活動力能) を減少させる限りにおいて批判されていたのだ。ここでは,「恐怖」と「希望」の感情が我々のコナトゥス (＝活動力能＝力能) を減少させるという事実に注目したい。上述のように,スピノザは,力関係が権利関係を規定していると考えている。それは,先の(1)～(4)のいずれの場合であれ,我々は「相手を自己の権力の下に置く」限りにおいてのみ,その相手を「自己の権利の下に置く」ことができるということ

---

[3] しかし現実には,人間は理性の命令に従って生きることが稀であるから,「希望」と「恐怖」も害よりは利益をもたらすとしてスピノザは,「民衆はおそれを知らぬ時,恐るべきものである」と述べている (E/IV/54S)。

であった。そして「より完全な支配形態」であった(3)と(4)を本節で考察した感情理論によって捉え直すならば，我々は，他者を我々自身の「力」に〈恐怖あるいは希望を感じ〉させることによって，その他者の「力（コナトゥス）」を減じさせることで，その他者を「自己の権利の下に置く」ことができるということになる。だから，当の相手から「恐怖」あるいは「希望」の感情が引き出せなくなった時点で，相手は再び「自己の権利の下に」戻ってしまい，この「支配-隷従関係」は終焉してしまうのである（TP/II/10）。逆に言えば，「支配-隷従関係」を継続させるためには，自己の「力」によって相手の「恐怖」あるいは「希望」を不断に再生産し続けなければならないのである。

II-3 「支配-隷従関係」の解消（逆転）可能性

　このような権利と力の同一視と，そこに生まれる「力」，「感情」，「権利」の関係こそがスピノザ政治哲学の決定的な特徴を生み出している（cf. McShea：1968, 59）。それは力関係が権利関係を逆転させるような状況を可能にしているということである。(1)ある個人は他の個人の力に「恐怖」や「希望」を持つ限りにおいて，当の「他者の権利の下にあり」，(2)臣民は国家の力に「恐怖」や「希望」を持つ限りにおいて，当の「国家の権利の下にあり」，(3)国家は同盟国の力に「恐怖」（又は利得の「希望」）を持つ限りにおいて，当の「他の国家の権利の下にある」のである（TP/II/9・10, III/8・12）。けれどもこの他者（それが人であれ国家であれ）の「力」への「恐怖」なり「希望」なりが無くなるや否や，つまり力関係が変化（逆転）するや否や，その各々はもはや「他者の権利の下にあること」を止め「自己の権利の下に戻る」のだ。ただし，この「支配-隷従関係」の解消（逆転）可能性には「力能のアポステリオリな増大可能性」（本章III-2b）が大きな前提となっている。

第 5 章　力能と排除　109

Ⅲ　政治からの女性と奴隷の排除の根拠

Ⅲ－1　政治からの奴隷と女性の排除の共通の理由（「他者の権利の下にある」ため）

　スピノザは『政治論』第 11 章第 1 節において，民主国家の定義を「全ての者」に参政権が与えられる国家であるとしながらも（TP/Ⅱ/17），この「全ての者」に「国民である親を持つ者あるいは国土内に生まれついた者」，「国家のために功績のあった者」等の制限を加えている。この制限は同第 3 節では次の三つに集約されて示されている。それは①国法にのみ従う者。②自己の権利の下にある者。③正しく生活している者である。この三つの条件を全て満たした者であれば，「全ての人に例外なしに」参政権が与えられるというのである。これは，参政権の規定であると同時に，政治の場からの「排除」の厳格な規定でもあった。つまり，①国法にのみ従う者という条件は，「外国人」を除外するためであり，②自己の権利の下にある者という条件は，「婦人（女性）mulier」と「奴隷 servus」，及び「子供」と「未成年者」を排除するためである。というのも，これらの人々はそれぞれ，「夫（男性）vir」や「主人」及び「両親」や「後見人」といった「他者の権利の下にある」からである。そして，③正しく生活している者という条件は犯罪による公権喪失者を除外するためであった。このようにして『政治論』最終章の厳格な参政権規定によれば，政治の場から「婦人（女性）」と「奴隷」が排除されるのは，彼女―彼らが「自己の権利の下にある」のではなく男性や主人といった「他者の権利の下にある」という共通の理由からであった。

Ⅲ－2　力能（コナトゥス）についての三つの事実と「奴隷と女性の隷属状態」

　本節では「奴隷と女性の隷属状態」を存在論的，力能論的に考察するために，まず力能（コナトゥス）についての二つの事実を確認する。

a　各個物・個人間における力能（コナトゥス）のアプリオリな大きさの相違と支配-隷従関係

　有限様態である各個体間，各個人間のコナトゥスにアプリオリな「大きさの相違（度合いの相違）」はあるのだろうか。神は，神の力能を様々の度合い（gradus）において表現しているあらゆるものを，つまり完全性の最低から最高に至る全ての度合いのものを創造したのだとスピノザは言っているが（E/I/Ap），これは，各個物・各個人間のアプリオリな力能（コナトゥス）の大きさの相違の存在を意味している。コナトゥスは万物に「例外なく」――という意味では平等に――その「現実的本質 essentia actualis」として与えられており，このコナトゥスそのものには大小や増減はないが，各個物・各個人がその現実生活において活動力能として展開する〈限りにおけるコナトゥス conatus quatenus〉にはそれぞれアプリオリな変動の範囲が存在している（E/II/13S, IV/Prae, cf. Deleuze : 1981, 49, 135-143）。だから各個物・各個人にとっては，そのアプリオリな変動範囲の中でしか自己の活動力能は増減されえないことになる。

　では，この「力能（コナトゥス）のアプリオリな大きさの相違」は「支配-隷従」の正当化とどのような関係を持つであろうか。たとえばアリストテレスは『政治学』において，男性は「自然によって（φύσει）」優れており，女性は「自然によって」劣っているから，男性は支配するもので，女性は支配されるものであると言っている（1254b13）。アリストテレスは奴隷についても，「法によっての（κατὰ νόμον）奴隷」（1255a5）と「自然によっての奴隷」（1254a15）を分けながらも，後者については，「自然によって」劣っているから，支配を受けることが当然であり，善いことでもあると言っている。女性や奴隷は「自然によって」劣るということを根拠として，階層的なコスモロジーの中で，ある低い場所へと押し込められているのである。

b　各個物・個人における力能（コナトゥス）のアポステリオリな増減可能性と支配-隷従関係

　ただし，諸位相において現れた〈限りにおけるコナトゥス〉としての力能

第 5 章　力能と排除　111

に「アプリオリな大きさの相違」が在ることが事実であるとしても，この力能の大きさは，各個体間，各個人間において，その存在の持続の最初から最後まで変わらないという訳ではない。『エチカ』を丹念に読めば，この諸位相において現れた〈限りにおけるコナトゥス〉にはその「アポステリオリな増減」が確認できる。たとえば，感情という位相にいて「欲望」として現れた〈限りにおけるコナトゥス〉は，「喜び」によって増大させられ，「悲しみ」によって減少する（E/III/37D, 57D）。また上述のように社会という位相において各人や国家の「自然権」として現れた〈限りにおけるコナトゥス〉は，相手との力をめぐる相克の中で増減した。では，このような「力能（コナトゥス）のアポステリオリな増減可能性」は「支配-隷従関係」においていかなる意味を持つであろうか。それは，本章 II-3 で確認したように，相手の力に対する「恐怖」や「希望」がなくなるや否や「支配-隷従関係」は解消されたから，身体の力能にしろ精神の認識能力にしろ——それらはアポステリオリに増大可能なのだから——向上させることで我々は，我々の支配者（我々を「自己の権利の下に」置いている者）の力に，もはや「恐怖」を感じなくなったり，その支配者の力に服することと引き替えに得られることを「希望」していた物の実際の価値を見破ったり，あるいは自分自身の力能の向上によって，自分の支配者が与えてくれるよりも，容易にそれを手に入れることが可能になった時には，我々はその「支配者の権利の下にあること」を解消して，「自己の権利の下に」戻ることが出来るということである。更には，増大した自己の力能を盾にして，今まで自分を支配してきた者を今度は「自己の権利の下に」置いて支配し始めるという，ヘーゲルにおける「主と奴の逆転」のような現象も起こりうる可能性があるのだ。

　このように「力能（コナトゥス）のアポステリオリな増減可能性」[4]があって初めて，「支配-隷従関係」の解消や逆転が可能になってくるのである。これは本章に入って見てきた「奴隷や女性の政治からの排除」という問題にお

4　力能のアポステリオリな増大可能性があるといっても，それは無制限の増大の可能性を意味しない。自己に与えられた「現実的本質（コナトゥス）のある一定の度合いの範囲の中でのみ」，力能の増減は起こりうるのだ（cf. 本書第 1 章 IV-1）。

いても極めて重要な契機になる。それは，奴隷や女性も自己の力能（コナトゥス）をアポステリオリに増大させることで，主人や男性に対する不利な関係を解消（逆転）させることが可能になるかもしれないからである。しかし，その可能性の有無を問題にする議論が暗黙の内に前提にしているのは，奴隷と女性が——その小ささがアプリオリなものであれアポステリオリなものであれ——とにかく現時点では力能（コナトゥス）が小さい者であるという考え方ではなかろうか。確かに，上述の力能（コナトゥス）についての二つの事実aとbの枠内で奴隷と女性の問題を捉えようとすれば，そのような考え方が必然的に出てこよう。だが果たして奴隷と女性の問題はaとbの二つから構成される理論の枠内で捉えることができるのだろうか。本章Ⅱ-2では，自己の力に「恐怖」や「希望」を感じさせることで，相手の「力（コナトゥス）」を減少させ，それによって「支配-隷従関係」が始まると述べたが，より厳密に言えば，相手の「力」を単に減少させただけでは，その相手を支配することにはならないのである。一時的に相手の「力」を減少させたとしても，その相手は己の力をアポステリオリに増大させることによって，逆に「恐怖」を植えつけようと襲いかかってくるかもしれない。だから完全に相手を支配するためには，相手の「恐怖」や「希望」を継続的に引き出していけるような「制度（システム）」を作った上で，相手の「力」をある一定のレベルで固定して，そのアポステリオリな増大可能性を封じ込めなければならないのである。逆に言えば女性や奴隷は自己の力のこのアポステリオリな増大可能性を封じ込められた人々なのではなかろうか。

c 自己の力能（コナトゥス）から分離されている状態と支配-隷従関係

アーレントは『全体主義の起源』の中で，平等を所与の事実とみなす考え方を批判しつつ，奴隷制についてこう語っている。「奴隷制の根本的な罪は，奴隷が自由を失ったこと（これは他の事情の下でも起こりうる）にあるのではなく，自由を求める闘争が不可能となるようなシステムが作られたこと，つまり人々が自由の喪失を自然から与えられた事実として理解し，あたかも人間は，自由人か奴隷かのいずれかとして生まれてくるかのように思い込んでし

まうような制度が作られたことである。人権宣言においてやはり自由が『生まれながらの権利』と宣言されたことは、この理論の最後の名残であるに過ぎない」(Arendt : 1951, 615)。アーレントは、ここで、自由や平等が、「自然」の問題として語られること全般に異議を申し立てている。つまり、平等にしろ不平等にしろ、我々が「自然に」あるいは「生まれながらに」そうであると考えていることは、実は、単に制度によってそうであるかのように思い込まされているに過ぎないのだという批判である。我々が思っている「自然＝本性」などというものは、最初から「人工のもの」であるかもしれないのだ。

　アーレントは『人間の条件』の中では、古代ギリシアを範にとりながら、私的生活だけを送る人間（明らかに女性がこれに当たろう）や奴隷は、人間の能力（capacity）のうちで最も高く、最も人間的な能力（言論と政治的活動の能力）を奪われて（deprived）いる人々であり、公的領域に入ることを許されていなかった人々であると言っている（Arendt : 1958, 38.)。「奴隷が卓越性(アレテー)を失ったのは、奴隷は卓越性を示すことのできる公的領域に入ることを許されなかったからである」(ibid., p. 49, n. 40.)。ここで重要なのは、アーレントが、私的生活だけを送る人間（女性）に対しても奴隷に対しても、彼女-彼らの能力が—それがアプリオリにかアポステリオリにかはもちろん問うことなしに—「低いとか、低くなっているとか」を一切問題にしないで、それがただ「奪われている」とだけ語っているということである。これは上述の奴隷制論と合わせて考えると、奴隷の隷属状態を、アプリオリとかアポステリオリとかいう概念も、力能の大小とか増減とかいう言葉も用いずに鋭く説明している点で大変示唆的である。ここで留意すべきは、「能力を奪われている」という言葉が、何らその「奪われている」者の「本来的な」能力の在り方とは無関係に—というよりもそのような「本来的な」能力の在り方などという考え方を完全に無効にした上で—ただ「奪われている」という一つの「状態」を意味しているということである。だが、このアーレントの考え方を、あくまで力能論という観点から捉えるならばどのようになるだろうか。

　ドゥルーズはこう言っている。「弱者、奴隷とは絶対的に見られたその力

がより小さい者のことではない。弱者とはその力がどのようなものであれ，<u>自分の活動力能から分離されたままであり</u>，隷属状態あるいは無力のままでいる者のことである」(Deleuze：1968, 249)。「自己の活動力能から分離されたままである（rester séparé）」[5]とはどういう事態であろうか（ドゥルーズは同じ事態を「自己のなしうることから分離されたままである」とも表現している）。そういった事態において，我々の活動力能は「働かなくなり，固定化され」るとドゥルーズが説明する時，それは，我々は「減少していく活動力能」を（アポステリオリに）増大させることができなくなってしまっているということを意味しているのではなかろうか (ibid., p. 211, 249.)。アーレントとは「能力の減少」を問題にするか否かの違いはあるものの，両者に共通なのは，弱者や奴隷を（アリストテレスとは違って）アプリオリに能力が小さいものだとは考えず—またそのようなアプリオリな能力の見方を拒絶しつつ—それがどの程度の能力であれ，自己の能力を十全に使用することから，何らかの偶然によって遠ざけられてしまった人々—そのために「奪われた」あるいは「減少した」自己の能力を回復することができないままでいる人々と考えたことである。

　このようにアーレントとドゥルーズを参考にしつつ，奴隷と女性を「自己の活動力能から分離されたまま」の「状態」にある人々として考えてみたい。その際生じる問題は，アプリオリな力能（コナトゥス）の大きさの相違を認めた上で，そのアポステリオリな増減を問題にしてきたaとbの議論との整合性である。これについては以下のように考えたい。つまり，アプリオリな力能の大きさがどのようなものであれ，bで見たようなアポステリオリな力能の増大によって「支配-隷従関係」を解消し，自らの隷属状態を脱することができないでいる，つまり「自己の活動力能（自己のなしうること）」から分離されている「状態」[6]に（現時点では）置かれているのが女性であり奴隷

5　ドゥルーズは，「譲渡＝疎外」を意味する"aliéné"ではなく，単に"séparé"と言う。これは我々の現実的本質であるコナトゥス（力能＝自然権）は，決して他者に「譲渡する」ことなどできないということを踏まえた上での表現である（cf. Matheron：1986, 114）。

6　このような「自己の活動力能（自己がなしうること）から分離されている」状態が，「支配-隷従関係」において際だった形で理解できるのは，本章Ⅱ-2の四つのカテゴリーのうちの

であるのだと。だから女性や奴隷の現時点での力能を評価・測定しようとすることは本当は無意味なことなのである[7]。

Ⅲ-3 政治からの女性の排除の二つの理由

特に女性（femina）については『政治論』は第11章第4節で、主に二つの理由からこの「排除」を正当化している。その第1は女性の側の原因で、第2は男性の側の原因である。

第1の女性の側の原因については、経験に鑑み、そして世界中の地域を見るに、両性が同等に支配している民族あるいは女性が支配する民族はない。——例外として語られる伝説のアマゾンは、反ユートピアの徹底したリアリズムを掲げる『政治論』においては、女性が支配することの非現実性を強調するための挿入であり、この点ホッブズが、同じアマゾンの例を挙げながらも、親権はアマゾンのような契約が介在しない場合には、実は第一義的には母親の側にあるとして、（自然状態での）親権における母親の優位を主張しているのとは対照的である（LV/Chap. XX, p. 187）——この事実から、スピノザは、女性は「本性上 ex natura」、力能（精神の強さと知能）において男性に劣るから、「本性上」、男性と同等の権利を持たず、必然的に男性より下位に立たなければならないということ、男性と同等の資格で支配に参加することはできないということを導き出している。この「本性上 ex natura」といった場合にス

第1番目、つまり自己の身体が物理的に拘束されることによって生じた「支配-隷従関係」である。この場合、アーレントやドゥルーズが、奴隷や弱者について語ったことがそっくりそのまま当てはまるのではなかろうか。つまり、被支配者は身体を物理的に拘束されることによって、「自己のなしうること」から完全に遠ざけらる。この被支配者の力能は「働かなくなり、固定化され」てしまう。そして拘束が長期化すれば、この被支配者の力能は低下の一途をたどるだろう。しかし「自己の活動力能から分離されている」ため、自己の力能の低下を食い止めたり、それを（アポステリオリに）回復させる（増大させる）ことすらできないのである。

[7] ドゥルーズはあるニーチェ論の中で、ニーチェにおける奴隷と弱者の力能論を、我々がスピノザの場合に見たのとほとんど同じ言葉で説明しつつ、「力の測定とその判定は、絶対的な量には全く依存することはなく、相対的な実現の程度に依存する。闘争の結果や成功を基準に用いて力や弱さを判断することはできない」（Deleuze：1962, 69）と言っている。何らかの条件に左右されて、闘争に負け、失敗を喫して現在はたまたま隷属状態にある人——奴隷など——は決して力能が小さい者ではなく——自己の活動力能から分離されている者なのである。

ピノザは，「本性＝自然 natura」を決して疑うことなく，先に見たアリストテレス的伝統をそのまま踏襲している。ザックのように，スピノザにおいてはこの排除は何らかの道徳原理によって正当化されたものではなく，事実確認の結果に過ぎないと言ったとしても（Zac : 1979, 142），スピノザは，歴史的に見て，そして当時の世界を見て，そこで実際に例外なく支配的である事実としての女性の政治的劣勢を，そのまま「当為」の問題として論じるという一種の「自然主義的誤謬」を犯してしまっている。その結果，女性はその力を二度にわたって盗まれることになる。つまり，「本性上」弱いという定義づけによって不当にその力は（想像の中で）貶められ，更にそれが根拠となって，今度は現実に男性の権利の下に置かれなければならなくなることによって，その力は二重に「奪われて」しまっているのである。

　第 2 の男性の側の原因については，まず，男性は女性を官能的感情のみから（ex solo libidinis affectu）愛し，男性による女性の「知能と賢さ ingenium & sapientia」の評価は美的観点[8]からのみなされるということをスピノザは指摘する（cf. E/V/10S）。スピノザは『エチカ』においては，男女間の愛や結婚における「外観＝容姿からの ex forma」生殖欲をあれほど戒めていたのに（E/IV/Ap19, 20），『政治論』では過激なまでのリアリズムが，今度は〈男性蔑視〉——というよりも俗衆（vulgus）へのほとんど絶望的な理解の態度からくる人間存在そのものへの冷めた視線——を生んでしまって，男性の側のこのような傾向性を前提とした上で議論が進められている。

　スピノザは，男性の「愛する女性への嫉妬」も政治の場においては，平和と統治を脅かす原因になると考えている。「感情の模倣 imitatio affectuum」を介して繰り広げられる愛，憎しみ，嫉妬という人間の情念のドラマを『エチカ』第 3 部において徹底的に考察していたスピノザが（E/III/27-49），政治の場における人間の「感情」の安定と動揺を極めて敏感に捉えようとしていたのは間違いない。しかしスピノザは，『政治論』最終節においては，この問題について詳しくは語っていない。この点についてマトゥロンは以下の

8　そしてスピノザは美というもののきわめて主観的な性質を常に指摘していた（E/I/Ap, EP/54）。

第5章　力能と排除　117

ようなメカニズムが作動することになると指摘している。つまり，上述のように女性を官能的・美的観点からしか愛したり評価したりできない男性に混じって女性が議会に席を占めるようになると，彼女たちの中で最も美しい者が男性の全ての票を獲得し，更にこの男性の妻たち——彼女たちは「夫の権利の下にある」ため，夫の意向通りに投票せざるをえないから——の票をも獲得することになる。しかし，この最も美しい女性自身も実は，彼女の「夫の権利の下にある」のだから，最終的には，「n 人の（男性）崇拝者を抱える女性」の夫は，2（n + 1）票を我が物にすることになるというメカニズムである。マトゥロンは，「政治からの奴隷の排除」についても，それは，彼らが「ふさわしくないから」とか「本性上 par nature」，「他人（主人）より無能だから」ではなく，彼らが主人に隷従しているため，自分自身の独立した意見を表明できないという「状況」を考慮するなら，彼らの「声＝票 voix」を数えることは，結局，彼らの主人の「声＝票」を何度も数えることになってしまうからであると言う。このように「他者の権利の下にある」ため自分自身の「声＝票」を自由に発することのできないでいる女性や奴隷が政治の場に参加すればするほど，実際には，我々は「虚偽の声＝票」をそれだけ多く数えてしまうという最もアンチデモクラティックな事態が生じてしまうというのである（Matheron：1969, 442, 1986：197-199, 205）。

　男性の側の「感情」による原因が政治を混乱させるのはこの「選挙」においてばかりではない。一人の女性をめぐる複数の男性のセクシャルな情念は，排他的であるばかりか，妬みと憎しみ（嫉妬）を伴い，この憎しみ合いは闘争へと至るのだ（E/III/32, 35・S, 38, 39, 40, 43）。スピノザは，政治の場がこのようなセクシャルな闘争の場と化すことだけは，なんとしても避けたかったのである。マトゥロンは，結局は女性の自然＝本性上のハンディキャップも，権力闘争に限って言えば，彼女らは不利であるというだけの完全に相対的なものに過ぎないと言う。スピノザは，特別に女性を蔑視していたわけではなく，ただ上述のような男性の間のセクシャルな闘争の激しさに不安を抱き，そのような敵対関係が統治を不可能にするまでに発展するのを恐れたのである（Matheron：1986, 205-206., cf. Balibar：1985, 86.）。

このように政治からの女性の排除は—マックシャーの解釈（McShea：1968, 128）に反して—たんに女性の側に帰せられる原因のみから正当化されたのではなく，男性の側に帰せられる原因をも併せて初めて正当化されているということ，しかもその際，告発されているのは女性の側の無力（imbecillitas）であると同時に男性側の無力（受動感情への隷属）でもあるということに注意しなければならない。確かにスピノザは，力能（精神の強さと知能）において，女性は「自然＝本性上」男性に劣るとしてはいるが，それでも『エチカ』が究極的に目指した「精神の自由」の獲得への道は両性に共に開かれていたということは決して忘れてはいけないことである（E/IV/Ap20, Matheron：1986, 220）。

Ⅲ－4　政治からの奴隷と女性の排除を正当化してしまう論理的・制度論的背景

Ⅲ－4－(1)　排除の論理的背景（国家のコナトゥスを至上の命題としたこと）

　スピノザは『政治論』においては，国家の徳は安全にのみあり，国家の目的は生活の平和と安全にあるとしている（TP/I/6, V/2）。国家の自然権（コナトゥス）と臣民の自然権（コナトゥス）との激しい相克の中で，いかにしたら国家が自己の自然権を十全に発揮して，国家の目的である安全と平和を臣民に保障し確保して，臣民の自然権の安定的維持・促進に貢献できるかということが政治の課題であったのだ（本書第11章参照）。だからこの国家の自然権（コナトゥス）を脅かすものにスピノザは過剰なまでに敏感になった。バリバールが「大衆の-大衆への恐怖 la crainte des massas」の換喩として語る「女性の-女性への恐怖 la crainte des femmes」（Balibar：1985, 86, n. 1）がそこにあったのも事実であろう。政治の場から女性が排除された理由の一つがこのことであったのは先に見た通りである（TP/XI/4）。しかし，ホルクハイマー／アドルノは，この自己保存（のコナトゥス）の生き延びるか滅亡するかという究極的な選択からは，二つの矛盾する命題のうちで一方だけが正しくてもう一方は誤りでしかありえないという論理的法則の排他性が生じると指摘している（Adorno/Horkheimer：1947, 46-47）。スピノザは，国家の自然権

（コナトゥス）を至上の命題としたことで，政治における他の様々な要素のうちのいくつかを見逃してしまったとは言えないだろうか。

Ⅲ－4－(2) 排除を許容する制度論的背景（民主制の定義自身に含まれる落とし穴）

貴族国家と民主国家の本質的な定義は，貴族国家が，国事に携わる者が最高会議によって最良者として選挙で「選ばれる」国家であるのに対し，民主国家は，それが「たまたま幸運によって forte fortuna」得られた権利あるいは生得的権利によって決定される国家である（TP/Ⅱ/17, Ⅶ/1·14, Ⅺ/1·2）ということである。よって必ずしも民主国家のほうが貴族国家よりも統治権を把握する者の数が多いとは限らないということになる。ただここで注意すべきは，民主国家における参政権が「たまたま幸運によって」得られた権利もしくは生得的権利によって決定されるということである。つまり，たとえば女性に生まれるか男性に生まれるかなどは（様態的次元では）偶然的なものであり，本人には決定不可能で，ただ「運命」に身を委ねるしかない事柄である。そして民主制の定義自身に既に参政権のこのような規定が含まれているわけであるから，政治から排除された人々は，それを自らの「運命」として甘受するしかないという帰結がそこから生じてしまっているのである。

結論　スピノザ政治哲学の限界と可能性

(1) ラディカルな政治的リアリズムの必然的帰結としての形而上学の歪曲

スピノザは『エチカ』において，我々が偏見（想像知）によって形成する「一般概念 notio universalis」は，対象の持つ些細な差異（多様性）を捨象して，その一致点のみを想像（表象）し，それに一つの名前を与えることで生まれると言っている。この「一般概念」の第1の例としてスピノザが挙げるのが「人間 homo」である（E/Ⅱ/40S1）。また（「一般名称」という形ではあるが）「階級 classis」や「民族 natio」さえもそこに含まれる（E/Ⅲ/46）。この「一般概念」には「女性」や「男性」も当然入るはずである。

スピノザは（そして私は），個々の女性や男性が実際は持つかもしれない些

細な差異や多様性を無理やり捨象して,「女性」や「男性」一般の表象像 (imago) を形成した上で,それらの力能や権利について論じてきた。しかし,そもそもこの「一般概念」は人間の認識能力のうちで最も低い段階の「想像知(表象知)」によって生み出されるものであり,この「一般概念」に基づいて展開されていくような「代理＝表象的思考 representative thinking」は,スピノザ自身によって批判され,乗り越えられるべきとされていた思考態度ではなかったのだろうか。更に,この「一般概念(観念)」に照らし合わせたり,相互に比較することによって,「それ自体で考えれば」ある度合いにおいては完全であるものの中に,「欠如 privatio」を見出して,それを「不完全なもの」と呼び,完全であると想定するものとの間に価値のヒエラルヒーを適用するという思考態度をスピノザは,徹底的に批判していたが (E/IV/Prae, EP/19, 21),この批判も,『政治論』において女性と男性を論ずる際には活かされてはいない。

　このように『エチカ』で築き挙げた形而上学的前提が『政治論』においては完全には活きてこなかったのは,『エチカ』第3部序文から『政治論』第1章へとより先鋭化していったスピノザの反ユートピアの現実主義(リアリズム)が (Strauss：1930, 218)[9],常に受動感情に隷属し,「想像知」によって「一般概念」を形成したり,「比較」による思考しかできないような現実の「大衆」の視点を『政治論』に持ち込み,それを強調することを余儀なくしてしまった結果ではなかろうか。先鋭化された現実主義(リアリズム)がスピノザ自身の形而上学に跳ね返り,それを歪曲したのである。

(2) 開かれた政治への最後の可能性

　女性が「男性の権力の下にある」のが「自然＝本性による ex natura」のでなく,ただ「法制による ex instituto」のであるならば,女性の政治参加を拒む理由は何もないとスピノザが言う時,そこには「自然＝本性 natura」

---

[9] ただシュトラウスは,スピノザがユートピアと戦ったのは,政治的関心においてというよりもむしろ哲学的関心においてであり,スピノザにとっては政治的現実主義(リアリズム)は全く問題ではなかったとさえ言っている (Strauss：1930, 220-221)。

と「制度 institutum」というものの対立がはっきりと見て取れる。しかしスピノザ自身が，人間的力能――それは心の強さ（animi fortitudo）と知能（ingenium）にこそ存するのであるが――において女性は「自然＝本性によって」男性に劣るということを，経験に照らして，世界中の地域と民族に例外のないことを必死に検証する[10]という形で証明しようとする時，彼の言う「自然＝本性」は，もはや「慣習 institutum」[11]と見分けがつかなくなってしまってはいないだろうか（TP/XI/4）[12]。我々は，本章Ⅲ－2－cにおいてアーレントの奴隷制論から，我々が「自然＝本性」であると思い込んでいるものが，実は「制度」によって作り出された人工のものである可能性があることに十分注意すべきであるということを学んだが[13]，マックシャーが，書かれざる第11章第5節には奴隷の参政権が論じられるはずであったと予想して，奴隷が政治から排除されるのは，彼らが「自然＝本性によって by nature」劣っているからではなく，彼ら（の意思）が主人の強い影響の下に従属しているからである（McShea : 1968, 128）と語っているように，スピノザは奴隷に関しては，その隷属は単に「制度による」ものに過ぎないと考えていたことは間違いない。ならば，スピノザの過激な政治的現実主義(リアリズム)が，何らかの形で冷却期間を経て，その間に自己の形而上学的基礎と現実の政治との関係を改めて冷静に見直す機会があったなら，その時はスピノザも，この「自然＝本性」と「制度（慣習）」の相互浸食に留意しつつ，「政治からの女性の排

---

10 正確には「女性が自然本性上（ex natura）男性と同等であり（aequales esse）」，この人間的力能において「等しく有能である（aeque pollere）」ことの無根拠性をスピノザは経験的に検証しようとしている。

11 ちなみに"ex instituo"は，ワーナムの英訳では"by convention"，アップューンの仏訳では"par institution"，ゲープハルトの独訳では"durch Gesetzesbestimmung"となっている。

12 ネグリは，女性に関するスピノザの参政規定は「自家撞着」に陥っていると言う。つまり「〔スピノザは〕例を挙げながら，女性の参政権からの除外をその自然＝本性から正当化しようと試みることになるわけである。要するに，スピノザが参政規定の細目の基礎と考えているのは，ここでは，いかなる人工的法規によっても抑えようのない自然的プロセスであり，その意味ではスピノザの参政規定は自然の仮面のようなものであり，いわゆる法規的規制ではなかったことが認められるのである」（Negri : 1985, 167〔邦訳148〕）。

13 これは現代のフェミニズムの理論における「本質主義」と「構築主義」をめぐる議論を参照しつつさらに深めていくべきテーマであろう。なおフェミニズムの諸潮流の整理と現代のフェミニズムが直面している「試練」については，河村：2008bを参照。

除」についても異なった答えを提出していたかもしれない。

　最後に，女性と奴隷は政治という位相における「救済されざる者」であったのだろうか。参政権が与えられていないという意味においてはそうであろう。しかしスピノザは国家（最高権力）の自然権を「多数者＝群集の力能 mulutitudinis potentia」によって決定されるものとしていた（TP/III/2）。この「多数者＝群集の力能」には当然，女性や奴隷の力能も含まれよう[14]。スピノザが『政治論』で目指したのは，本書が後で見るように（第7章や第11章），政治的な「安全 salus」としての「救済」の追求であった。それは国家の中での各人の自然権として現れた〈限りにおけるコナトゥス〉の安定的な維持と促進を意味している。女性や奴隷に参政権が与えられなかったのも，国家——もちろんそこには奴隷や女性も生活している——のそのような安定性や「安全 salus」を揺るがす状況の一つの誘因になる可能性を考慮してのことであった。「政治的救済」をそのように捉え直すとき，国家の中で生きている限りそれらの者にも「政治的救済」は保証されていたと言えるであろう。

14　cf. 河村：2008b, 101-102

コナトゥスの彼方へ

第6章　コナトゥスの彼方へ
——レヴィナスのスピノザ批判に対して／のために——

序

　本章は，現代文明と現代社会が抱える様々な問題の多くがそこに根源的に起因すると考えられる「自己保存のコナトゥス」という西欧思想の一つの伝統とそれへの反発を（「補論Ⅰ」），スピノザとレヴィナスという二人の思想家の思想を検討することによって考察しようとするものであるが，この二人の思想家を比較することで，両者の接近と相違を明らかにし，「他者」や「利他的行為」といった問題をも（「補論Ⅱ」）考究しようと思う。スピノザについては，『エチカ』を中心に，レヴィナスについては，『存在するとは別の仕方で，あるいは存在することの彼方へ』（1974年）〔以下『存在するとは別の仕方で』と略記する〕以降の作品を中心に検討していきたい。

Ⅰ　レヴィナスのコナトゥス批判

　「ユダヤ教の最初の啓示は，他ならぬコナトゥス（*conatus*）の異論の余地なき権利，因果関係以外の存在理由なしに存在に固執することへの権利を審問するものではないでしょうか。この部屋には何人もの優れたスピノザ研究者がいらっしゃいます。コナトゥスを問いただすことが彼らの目にどれほど許しがたいことと映るかは分かっているつもりです。自然に反した問い，自然の自然性そのものに反した問いなのですから！ですが，存在に分析的に，動物的に内属した，存在し続けようとする固執，正当な根拠を欠いたこの自然な要請，生命空間（espace vital)[1]のこの要請，それが正義なのでしょうか。——中略——そうではなく，正義

---

[1]　「生命空間 espace vital」は，ナチスが侵略の根拠として唱えた"Lebensraum"の訳語である。レヴィナスはマルカとの対談においては，ナチスの悲劇の原因を，この「死活にかかわる空間

は人間の顔，隣人の顔の先行的な啓示，他の人間に対する責任を含意しているのです。」(『聖句の彼方』77-78〔邦訳104-105〕)

Ⅰ－1　レヴィナス倫理学におけるコナトゥス批判の重要性

　レイ (Jean-François Rey) は，レヴィナスにとっては少なくとも二人のスピノザがいたと言っている (Rey: 1993, 234)。しかし，「スピノザの裏切りが存在する」という意見に全面的に与することを宣言するレヴィナスにとって，その「裏切り」は，まずもって「ユダヤ教」に対するスピノザの裏切りであったとしても (『スピノザの事例＝罪 (cas)』1955年)，そしてこれから問題にする古代ギリシア以来の「自己保存（のコナトゥス）」という存在論的伝統に対する態度とユダヤ教の宗教的伝統に対する態度が，レヴィナスの中では密接不可分なものであったとしても，レヴィナスのあるいはスピノザのユダヤ教解釈とタルムード理解についてここで論じる力量も紙幅も私にはない。Ndayizigiye のように「レヴィナスが，スピノザから採り上げたのは，自己の存在を肯定し，それを増大させようとする努力 (effort) という考えのみであった」(Ndayizigiye: 1997, 182) と言うのは言い過ぎであるとしても，私は以下に見るように，或る意味でレヴィナスの倫理学はコナトゥスの存在論を批判することに集約されると考えるので，レヴィナスにとってのもう一人のスピノザを，つまりコナトゥスの倫理学者としてのスピノザを取り上げ，レヴィナスの批判の妥当性を検討したい。

　レヴィナスのコナトゥス批判は，彼の多くの著作の至る所に散見されるが，いずれも断片的なものであり，スピノザ自身の具体的なテキストあるいは定理を詳細に分析するといった形で行われているわけではない[2]。しかしこの

---

espace vital」を求めることを当然視したこと，更にはそこへと人間を駆り立てる「自己の存在に固執しようとするコナトゥス」を何の疑念も抱かずに肯定したことに求めている（本章Ⅰ－2参照）。

[2]　ただし，私の知る限りではレヴィナスは，その『固有名』(1976年) において，『エチカ』第3部定理6，「各々のものは，それ自身においてある限り，自己の存在に固執しようと努力する」をそのまま完全な形で引用した上で，実存は「この実存にとって，この実存そのものへとかかわりゆくことが問題であるような仕方で実存する」というハイデガーによる実存の定式をこれに並べて掲げ，この両者のうちに「エゴイズム」の存在論を見出している（『固有名』

ことは，レヴィナス倫理学にとって，コナトゥス批判が数あるモチーフの中の一つに過ぎないとか，周辺的な問題に過ぎなかったということを意味するのではない。レヴィナスは，最初期の論文と言ってもいい『逃走について』(1935/1936) において既に，「西欧哲学は進歩したが，存在を完全に乗り越えるところまでには至っていない」(『逃走について』124〔邦訳 174〕) と，西欧哲学を支配する存在主義の超克を示唆していた。そして二つの主著を見ると，まずスピノザの名がたった一度しか登場しない『存在するとは別の仕方で』(1974 年) 全体の基本モチーフは，一言で言えば「コナトゥス批判」，「コナトゥスの彼方へ」であったとしか考えられない。これとは逆に，全体性へと「分離」(差異) を解消してしまうスピノザ哲学に対して何度も名指しで――或る意味でヘーゲルのスピノザ批判を髣髴とさせる――批判が浴びせられた『全体性と無限』(1961 年) では，コナトゥス批判は主題的にはなされていないものの，その結論部分において，「全体性の永続化とは異なる次元において，実存することは意味(サンス)を有する。実存することは存在の彼方へ赴くことができる。スピノザ主義の伝統とは逆に，この死の超克は思考の普遍性においてではなく，多元論的関係において，他者への存在の善良さにおいて，正義において生起する」(336-337〔邦訳 463〕) というように，かすかではあるが「存在の彼方へ」が示唆された時，そこでは確かにスピノザの「(自己保存の) コナトゥスの彼方へ」(『固有名』98〔邦訳 132〕) と向かってゆくことが，スピノザの「自己保存のコナトゥス」に攻撃の照準が合わせられることが宣言されたのであった。実際，そのドイツ語版序文においてレヴィナスは，『全体性と無限』は「存在の存在しようとする努力 (*conatus essendi* de l'être) を審問しようとする」考察であったとさえ述べているのである (『我々のあいだで』249〔邦訳 313〕)。そして，これらの代表的二著作だけではなく，以下で取り上げるように，レヴィナスの他の様々な著作においても (スピノザの) コナトゥス批判は重要なモメントとなっており，その極めつけにレヴィナス自身が，スピノザ的な「自己の存在への固執」(コナトゥス) に癒着した「存

82〔邦訳 109〕)。

在論に別れを告げることに私の全努力は傾けられるのです」（『諸国民の時に』209〔邦訳295〕）と告白する時，「自己保存のコナトゥス」に基礎付けられたスピノザ倫理学のその根底を覆すことだけをレヴィナス倫理学は目指していたのだという主張（合田：1996b, 303, Ndayizigiye：1997, 39）が真実味を帯びてくる。にもかかわらず，レヴィナスとスピノザの比較研究は少ないようである[3]。次節ではそのうちの一つであるレイの論考（Rey, J. -F., "Lévinas et Spinoza", 1993）を参照しつつ，レヴィナスのコナトゥス批判を政治哲学的に考察する。

Ⅰ-２　コナトゥスから戦争へ──レヴィナスのコナトゥス批判における「疚しさの欠如」について──

『聖句の彼方』（1982年）の，本章の冒頭に掲げた（スピノザの）コナトゥスの存在論に対するあの激烈な糾弾の直前の箇所で，レヴィナスはタルムードのある箇所を解釈しながら，自己の存在に固執するという動物的エネルギー，つまりコナトゥスが社会，闘争，敗北と勝利の秘密を握っており，「論理学それ自体の厳密さも，推論する能力や『正しい方向を向いた諸観念』全てが持つ力」もこの動物的エネルギーとしてのコナトゥスに由来しているということを確認しつつも，「このコナトゥスはどんな正当化にも，どんな糾弾（＝告発 accusation）にも無関心」で，「問いを欠いている sans question」と批判している（『聖句の彼方』77〔邦訳103〕）。つまり，自己の存在を保存すること，自己の存在に固執することが至上の命題として，何の疑念もなく無条件に受け入れられ肯定されているということである。

レイは，『聖句の彼方』のこのコナトゥス批判を『神学政治論』第16章の自然権としての「自己保存のコナトゥス」について述べられている「各々のものは，それ自身においてある限り，自己の状態に固執しようと努力する（conetur）こと」，しかも，それは他のものを顧慮することなくただ自己をのみ顧慮して[4]そうであるということが自然の最高の法則である」

---

[3] 日本では合田正人氏が独自の興味深い研究を積極的に展開されている。
[4] これとは全く逆にレヴィナスは，「『自我』の個体化ないし超個体化の本質は──私にとっ

(TTP/XVI/189)という個所を引きあいに出すことによってスピノザ政治哲学への批判として読み，その根本にあるコナトゥスの「問いを欠いた」性格，他者に対し無関心で，他者からの糾弾＝告発を受け付けない傲慢な性格を問題にしている（Rey：1993, 232）。

　コナトゥスのこの唯我独尊的性質，「自我の帝国主義」は，他者に無関心であるが，それは他者からの「糾弾＝告発 accusation」に無関心であるということをも意味しているのである。各人の自己の状態に固執しようとするコナトゥス（努力）は，自然権として，自然の最高の法則として与えられているわけであるから，他者にはそれを「問題化」したり，裁いたりする資格などないというのである（『聖句の彼方』83〔邦訳112〕）。

　レヴィナスにとって，この「自己保存のコナトゥス」の独善的な傲慢さを打ち砕くもの，〈私〉のコナトゥスに制限を加えることのできる唯一のもの，それは，他人のための善，「存在の彼方」にある善である。スピノザのように存在と善を同一視する立場には，戦争の危険が潜んでいる。「コナトゥスのエゴイズム」が意味するのは，自分が存在するということに懸念（in-quiétude）を抱かずに存在できるという権利を優先させるということであり，それが徳と同一視されるのだが，このように理解されたエゴイズムに囚われた人間は，そこから一挙に我欲に囚われて生きることに「疚しさ」を感じなくなるのである。このようにして善と同一視された生命力（コナトゥス）は，「全体性」の哲学が最後に行き着くところの「戦争」において極まるのである[5]（Rey：1993, 233）。レヴィナスは，戦争は「疚しさの欠如」から生まれ，「疚しさの欠如」によって恒久化されると考えている（『存在するとは別の仕方で』271-272〔邦訳394〕）。「自己保存（のコナトゥス）」にまつわる「疚しさの欠如」が戦争に通じている。レイはそれを，「コナトゥスは，自己の存在に

　　ては，──〔私は〕存在するもの全てに対して存在するということ，それも私が存在するもの全てを顧慮しつつ（*par égard* pour）存在するがゆえにのみそうであるということにある。そしてこれこそが存在が贖われるということである」（『存在するとは別の仕方で』187-188〔邦訳274-275〕）と言っている。

[5] 『歴史の不測』ではレヴィナスは，ハイデガーにおいても「存在への努力 effort d'être」が「個人や国家や階級の間での闘争」を生み出すとしている（『歴史の不測』209〔邦訳195〕）。

固執しようとする努力の快活な無邪気さ＝罪のなさ (innocence) のうちに自らの正当化を見出すアンチヒューマニズムの (戦争?) 装置の一部分であり，その (戦争?) 機械の一エレメントである」(Rey：1993, 231) と表現している。しかし，レヴィナスにとってはこの「疚しさ」こそが——スピノザとニーチェによる「良心の疚しさ schlechtes Gewissen」解釈[6]を逆手にとって——「倫理」の可能性への鍵を握っている。「人間の人間性とは，おそらく，存在のうちに固執する存在の『疚しさの欠如』を再-審問する (問い直す) こと (*la remise en question de la bonne conscience de l'être qui persévère dans l'être*) である」(『観念に到来する神について』11〔邦訳11〕)。では，自己の存在を保存することに「疚しさ」を感じるとは具体的にはどういうことを意味しているのか。マルカとの対談の中でレヴィナスはこう語っている。

「〔本来の意味での人間らしさとは〕」他人の場所を不当に占拠してしまっているのではないかという懸念 (inquiétude) です。存在の中の自分の席，自分の場所についてこのように審問すること，これはユートピアじゃないんでしょうか。ユートピアと倫理！　それは実存することに疚しさを感じないで (dans sa bonne conscience) 安住している存在を逆転させ，転覆させます。それを私は『存在するとは別の仕方で autrement qu'être』と呼んでいるのです。」(マルカ『レヴィナスを読む』109-110〔邦訳156-157〕)

自分が存在していることが既に他者の存在の排除と他者への暴力の上に成り立っているかもしれないことへの自覚と，それゆえの自己の存在の「正当

---

[6] ニーチェは『道徳の系譜』の中で，「スピノザにとって世界は良心の疚しさの発見以前にそうであった無垢＝負い目なさ (Unschuld) に立ち戻った」と，「良心の疚しさ」(良心の可責 conscientiae morsus) の道徳的欺瞞性を見破った先駆者としてスピノザを評価する (Nietzsche：1887, 280-281)。スピノザにとって"conscientiae morsus"は，評価されるべき道徳感情であるどころか，たんに「希望に反して起こった過去のものの観念を伴った悲しみ」(E/Ⅲ/Ad17) であり，「落胆」ほどの意味しか持たなかった。"conscientiae morsus"は，「悲しみ」の一種であるがゆえに，それを抱いた者のコナトゥスを減少させてしまうから (E/Ⅲ/18S2, 37D, 57D)，その限りにおいてむしろ悪であり (E/Ⅳ/8D)，「無能な精神の標識」(E/Ⅳ/47S) に過ぎなかった。

性」への審問。実はアドルノも『否定弁証法』(1966年) で同様のことを言っている。

> 「〔自らがそこに停留している生そのものが妖怪と化し，冥府と化しているのではないかということに〕自己保存は猜疑の思いを抱いていなければならない。生の罪過 (Schuld)。生は生であるという純粋な事実のゆえに既に他者の生の息の根を止めているのだ。圧倒的な数の虐殺された人々の代わりに，ごく少数の救われた人々がいるという統計に相応しているというわけである。」(『否定弁証法』357〔邦訳 442〕)

 これで「疚しさ」を感じるということの内容——あくまで対象ではなく——は判明した。だが，いかにして〈私〉は「疚しさ」を感じるようになるのだろうか。というのも，レヴィナスによると，「疚しさ mauvaise conscience」とは前-反省的，非-志向的な受動性の意識，「対格 accusatif」がその第一格であるような意識であるが，そのような意識には，能動的，主体的な対象認識は初めから不可能であるからだ (『観念に到来する神について』258-262〔邦訳 316-321〕)。レヴィナスはこう答えている。

> 「志向的にも，意識的にも，全く潔白であるにもかかわらず，なお私が実存していることが原因でもたらされるかもしれない暴力や殺害の全てに対する恐れ。この恐れは私の『自己意識』の背後を通って，それがどんな疚しさの欠如 (bonne conscience) であっても，すなわちどんなに繰り返しひたすら存在に固執することであっても，そこへと追い詰めてくる。この恐れは他者の顔から (du visage d'autrui) 私のもとに到来する。」(『観念に到来する神について』262-263〔邦訳 322〕)

 「疚しさ」の発生は決して，〈私〉のイニシアティヴによってはなされない。「審問されている存在」でしかありえない「疚しさとしての存在」は，「世界のうちにではなく，審問のうちに」あり，その他者（の顔）によって審問さ

れてあることを自らの根拠としている。「疚しさとしての存在」が「対格 accusatif」を意識の始原として持つということは、他者からの「審問」、「告発 accusation」に常に全的に晒されているということ（裸出性）のその「受動性」のうちにしか考えられないような存在であるということだ。

> 「問題なのは、意識を審問することであり、審問についての意識ではない。『自我』は、自己との至上の一致を失う。つまり、意識が勝ち誇って自分自身に帰還して、自分自身の上に安らうための場所としての自己同一化（identification）を失うのだ。『他者』の要求に直面して、『自我』はこの安らぎから追放されるのだが、そのような『自我』は、もう既に栄誉に包まれた、亡命の意識などではない。どのようにであれ自己満足するとしたら、倫理的運動の廉直さ（droiture du mouvement éthique）は破壊されてしまうであろう。」（『実存の発見』195〔邦訳284〕）

　他者からの「審問」、「告発 accusation」に対格的に、常に全的に晒されているため、自己の下への凱旋帰国は許されない。自己という最終的な逃避のための安息所は「疚しさの意識」には最初から奪われている。安息は永遠に他者に差し出されているのである。対格的に全てを曝け出すとはそういうことだ。絶え間なき難航としての「倫理的運動」には終点がない。つまり母港には戻れない——というかそもそもの初めから母港などなかったことに、他者からの「審問」と「告発」のただ中で気付くのである。「疚しさ」とは、「『地の異邦人』であり、祖国も定住の家も持たない」（『観念に到来する神について』261〔邦訳320〕）ということである。「意識の中にこのような倫理的運動を誘発し、『自同者』の『自同者』自身との一致についてのよき意識＝疚しさの欠如（bonne conscience）を乱す『他人』」（『実存の発見』196〔邦訳285〕）。つまり、『自我』は「自らの意識が自分自身の上に安らうための場所としての自己同一化を失う」ということが意味するのは、そこまでに至った倫理的主体にとっての「『自己』とは、『自我』の自同性（identité）の破損ないし敗北」（『存在するとは別の仕方で』31〔邦訳50〕）であるということである。

このように，コナトゥスの「問いを欠いている」という性格（疚しさの欠如）への審問――自己のうちでの閉ざされた自己反省ではなく他者からの「強迫」，他者の「顔」の切迫に不可避的に促されての審問――こそが，レヴィナスのコナトゥス批判の最も重要な核心部分である。そして結局，コナトゥスと戦争との結びつきを説明するのが「疚しさの欠如」であった。レヴィナスは，「どんな正当化にも，どんな糾弾＝告発 (accusation) にも無関心」な，いわば「問いを欠いている」コナトゥスのこの傲慢な獣的エネルギーの展開は必然的に戦争へと至ると言っているのだ（『聖句の彼方』76-77〔邦訳 102-103〕）。このことは『存在するとは別の仕方で』（1974 年）ではこう語られていた。

> 「我欲に囚われて存在すること (intéressment) が存在者の努力 (*conatus*) として確認されるのは肯定的な仕方においてである。そして肯定性というものは，この努力 (*conatus*) 以外の何を意味しえようか。存在が我欲にからめとられてしまうことからは惨劇が生じるが，その惨劇とは，エゴイズム同士が一方と他方とで，全体と全体とで闘争するという事態の中で，一方と他方との戦争においては，それぞれのエゴイズム同士はこのようにまとまった総体と化しているというアレルギー症のエゴイズムのこの複雑さ（多様性）の中で劇化されるようなものである。戦争とは，存在することが我欲にからめとられてしまうことを描いた武勲詩ないし悲劇なのである。」（『存在するとは別の仕方で』15〔邦訳 23-24〕）

レヴィナス独特の文体で，コナトゥスから戦争そして全体主義への道が，実に巧みに表現されている。ところで，アドルノとホルクハイマーは『啓蒙の弁証法』（1947 年）の中で，「『自己保存の努力 (Conatus sese conservandi) は，徳の第一のそして唯一の基礎である』というスピノザの命題〔E/Ⅳ/22C〕は，全西欧文明にとって正しい格率を含んでおり，この格率のうちに，市民層の間の宗教上，哲学上の論争＝差異 (Differenz) は収まる」が，「自己保存」が持つ生きるか死ぬかの究極的な二者択一という強制的性格から「論理的法則の排他性」が生じ，それが「人間の物象化」と「支配の不可

避性」という全体主義を暖める思想的基盤を用意すると指摘している（『啓蒙の弁証法』35-38〔邦訳37-41〕）。そして，スピノザの『エチカ』（と『政治論』）における自然主義的な「現実主義〔リアリズム〕」——勿論，その自然主義の根拠には，人間がその一部分である自然（pars naturae）の普遍的法則としての自己保存のコナトゥスがある（TP/Ⅱ/5）——とファシズムとの結びつきをこう分析する。

　「啓蒙は，感情を『線や面あるいは，物体（立体）を研究するのと同様に』〔E/Ⅲ/Prae, TP/I/4〕考察する。全体主義的秩序は，これを大真面目に受け取った。——中略——ファシズムは，定言命法に反しながら，それだけ一層深く純粋理性と一致して，ファシズムは，人間を物として，行動様式の核として取り扱う。」（『啓蒙の弁証法』93〔邦訳133〕）

　コナトゥスの存在論的な自己中心的排他性から論理学的・科学的真理の排他性が生まれ，それが戦争の，そして「一つにまとまって全体を形成しているエゴイズムの群」としての全体主義の出現へとつながっていくというプロセスの描写においてアドルノ/ホルクハイマーとレヴィナスは見事に一致している。これは，両思想家がナチズムの「体験」を西欧の哲学の根源にある「（自己保存の）コナトゥス」という概念にまで遡って徹底的に考え抜いたということを意味しよう。レヴィナスはマルカとの対談においては以下のように，「自己保存（のコナトゥス）」という人間本性の根源的な衝動と，あのファシズムの残虐さとの直接的な結びつきについて具体的に語っている。

　「（『存在するとは別の仕方で』のエピグラフの「その日の当たる場所は私の場所だ。これがあらゆる地の簒奪の開始であり原像である」という）パスカルからの引用から1939年の戦争のことを思い出して下さい。あの戦争が勃発したのは，ナチス・ドイツが，死活にかかわる空間（espace vital），ドイツにとっての『日の当たる場所』を要求したからなのです。それは存在が存在に固執しようと努力することが当然とされるような秩序を要求したということなのです。」（マルカ

『レヴィナスを読む』110〔邦訳157〕）

　もっとも，レヴィナスの戦争と「全体性 totalité」についての哲学的考察は，「存在論的」[7]な含意を持った独特のものでもあった。例えばレヴィナスは，『全体性と無限』（1961年）においてこう述べている。

　　「戦争において顕示される存在の様相を定めるのが全体性の概念である。そして，この全体性の概念が西欧哲学を支配しているのである。西欧哲学においては，個体は力（フォルス）の担い手に還元され，知らぬ間にこの力によって命じられる。諸個体はその意味（サンス）を全体性から借り受ける（この意味（サンス）は全体性の外では不可視のものである）。」（『全体性と無限』 6〔邦訳15〕）

　この言明は，パルメニデスからスピノザを経てヘーゲルに至る「全体性」が支配する西欧哲学の伝統への批判ではあるが，「コナトゥス」を軸に，スピノザの（有限様態としての）個物の定義への批判として読むと符合する点が多い。それはつまり，その本質が存在を含まず，それ自体で考えれば，たとえ存在していても，それを存在しないものとして考えることができるような存在である有限様態としての個物（あるいは人間）は（E/Ⅰ/24, Ⅱ/Ax1, EP/12），神＝自然から「与えられた本質 essentia data」としてのコナトゥスによって，神＝自然の力（能）を「表現＝展開する」限りにおいてのみ現実に存在し活動することができるというスピノザの個物の定義である（E/Ⅰ/25C, Ⅲ/6・D, 7・D, Ⅳ/4D）。諸個体に優先する「全体性」（実体＝神），その「全体性」（実体＝神）の力を引き受け，担う（「表現＝展開する」）ことによって初めて，諸個体は「意味」（存在）を全体（実体＝神）から拝受するという構図がぴったりと一致するかのようである。そして，「問いを欠いた」コナ

---

[7] レヴィナス自身が，『全体性と無限』ではまだ「存在論的な言語」が用いられていたが，『存在するとは別の仕方で』は「存在論的な言語」から脱することの試みであると言っている。レヴィナスは『全体性と無限』から『存在するとは別の仕方で』へと「存在論的言語」を放棄していったのである（『観念に到来する神について』133〔邦訳162〕『困難な自由』412〔邦訳276〕『我々のあいだで』249〔邦訳313〕）。

トゥスのエゴイズムが，倫理として「徳」の名にすり替えられる時，そこにこそ自己中心的排他性と独善性の合体から戦争の危機と，「(他者との) 差異の解消＝(他者への) 無-関心」(in-différence) としての「全体」主義が生まれるという考え方は，「スピノザにおいては，有限なものは何も意味を持たず，唯一の実体の中に同一化，没入している」というような形而上学的レベルでの，スピノザの実体に対するヘーゲルの批判を，そのまま政治哲学的に読み替えたと言ってもいいような解釈である。

　そして実はアドルノも「個」と「全体」の関係について，レヴィナス同様にスピノザの名は挙げずに興味深い指摘をしており，二つの点でレヴィナスと深い共通性を持っている。まずは，個体が全体に対して自己の力で貢献せざるをえないという「全体性」の力学のシステムについて。アドルノは「個人を含めた全体がこの〔普遍者と個人の〕相克（Antagonismus）を通してのみ維持されているということは，個々人自身のうちに表現されている。たとえ意識があり，普遍性を批判する能力を備えていても，人間は自己保存という不可避の動機によって，普遍者が盲目的に自己主張するのを助けるような行動や態度を際限なく取るように強要されている。意識の上で普遍者に反対していてもそうせざるをえない。人間は生き残るために，自分と疎遠なものを自分自身の事柄とせざるをえないという，もっぱらそういう理由からあの宥和性という仮象が生じる」と語っている（『否定弁証法』306〔邦訳377〕）。次に，個体（人）は，全体性から圧倒的な認識論的魔法をかけられているため，自らが全体性によって既に総力戦に借り出されてしまっていることを認識することができないということについては，「全体はただ個体の自己保存という原理――中略――を通してしか機能しえないのだが，その全体が，もっぱら自分のことしか考えないように各個人を強要して，客観性を洞察できないようにしてしまう――中略――この個体化は，自分が疑う余地もない程確実なものであると思い込んでいる。そして魔法にでも掛けられたかのように，誰が何と言っても自分が媒介されたものであることを認めようとしない」（『否定弁証法』306-307〔邦訳378-379〕）と語っている。「全体性」を批判して他者との「非対称性の倫理」を徹底的に考えたレヴィナスと，「同一性」

を批判して「非同一性」というものについて徹底的に考えたアドルノは[8]、（スピノザの）「自己保存のコナトゥス」批判という点で、このように幾重にも重なり合っている。

「コナトゥスから戦争へ」。この流れを本節では追ってきたのだが、「戦争」は我欲に囚われた存在者同士の敵対関係であり、別の観点からすればエゴイズム同士の結合である。そして「戦争」は政治的なるものが「倫理」から独立してしまったことを意味している（『全体性と無限』5〔邦訳14〕）。これに対して「社会（性）」とは暴力をやわらげる正義であるが、それは、「人間は人間にとって狼である」というようなホッブズ的な敵対関係を、理性によって——エゴイズム同士の結合を理性によって根絶することはできない——制限することから生まれるのではなく、〈私〉が全的にそこへと晒されている他者への非対称的な関係から生まれるのである（Rey : 1993, 233）。レヴィナスは「社会性」について、「いうなれば永遠の昔から、自我はまず最初に責任を担うように求められている。自我は代替不能であり、それゆえ唯一のものであり、それゆえこの私であり、選ばれた人質であり、選ばれし者（選民）なのです。これが出会いの倫理（Éthique de la rencontre）であり、社会性（socialité）です」（『我々のあいだで』257〔邦訳324〕）と述べている。

Ⅰ-3 レヴィナスにおける「倫理」の内容と「事実性」をめぐる問題

スピノザの『エチカ』においては、「徳の第一かつ唯一の基礎」が「自己保存のコナトゥス」として示されている（E/Ⅳ/22C）。そして、「善・悪」も現実生活（vita actualis）において現れた〈限りにおけるコナトゥス〉としての「活動力能」の増減を基準に測られた。つまり、スピノザにおいてはコナ

---

[8] アドルノは、スピノザの言う「自己保存」の本質的内容は「同一性」であるとした上で（『否定弁証法』342〔邦訳423〕）、（絶対的）「同一性」を掲げる哲学は、「自分自身の外部には何物も在ってはならぬ」とする点で「統一 Einheit」の哲学と同類のものであるとする。しかし、「多数者の自己保存が持つ様々な必然性を通じて、あるいはたんにそれを口実として悪用する様々な非合理的支配関係の手により、統一の網の目がますます緊密に編まれた時、それ〔統一〕は全ての個人を捉えて死刑に処したのだった」（『否定弁証法』309〔邦訳381-382〕）と、「同一性」の哲学が「非同一的なもの」としての他者を圧殺してゆく原理を描いている。

トゥスが「倫理」の中心的基軸となっているのである（E/Ⅳ/D1・2, 8D, 29D, 本書第3章）。

　Ⅰ-2で考察したように，レヴィナス，そしてアドルノによると，スピノザに代表されるこのような「コナトゥスの倫理」は必然的に戦争に行き着く。では，戦争を回避しうるような，「存在の彼方」に赴くような「倫理」とはレヴィナスにとってどのようなものなのであろうか。コナトゥス，つまり「この〔獣的な〕力が戦争を生み出すのは，それが自己の存在において正当化され，他人の権利によって制限されることを知らない限りにおいて」（Rey:1993, 231），自己の存在についての「疚しさ」が欠如している限りにおいてであったから，このようなコナトゥスの正当性を問いに付し，それを審問——自己の内部での閉じた自己反省としての審問ではなく他者による審問——し，無制限に自己の力の増大を目指すというコナトゥス自身の性格（「コナトゥスの自己発展性とその必然性」）を解消というより超脱してしまうことで戦争を回避できる「倫理」というものが見えてくるのではないか。レヴィナスは「倫理」についてこう述べている。

　　「存在することの手前ないし彼方——意味——息を吸い込むことなく吐き出す精神の息切れ，我欲に囚われて存在することからの離脱，根拠も報いもない感謝——，存在することの断絶，それが倫理である。」（『存在するとは別の仕方で』30〔邦訳49〕）

　このようにレヴィナスでは，存在することの彼方へと，コナトゥスの彼方へと脱出すること，言い換えれば「我欲に囚われて存在すること intéressement」を抜け出すことが「倫理」であるが，それは他者による〈私〉の自我の審問によってなされるのであった。

　　「『同一者』の審問が『同一者』のエゴイスティックな自発性においてなされることはありえない。それは『他なるもの』によってなされるのだ。<u>『他者』の現前によって私の自発性がこのように審問されること，我々はこれを倫理と呼ぶ</u>。

『他者』の異邦性とは『他者』を『自我』，私の思考，私の所有物に還元することの不可能性であり，それゆえ，『他者』の異邦性は，ほかでもない私の自発性の審問として，倫理として成就される。」(『全体性と無限』33〔邦訳46-47〕)

〈私〉の自我の審問は，他者によってのみなされる。自我の「独我論的まどろみ」を醒ましてくれるのは，他者でしかない。「他人の顔の『眼差し』が持つ権利，そして他人に自我が曝露されることが，レヴィナスにとっては，同時に，自我の膨張を制限し，全体性を撃破する倫理的関係の非対称性をもたらすのである」(Rey：1993, 232)。では，レヴィナスのこの自己と他者との「非対称性の倫理」(『全体性と無限』46〔邦訳65〕)とはどのようなものなのだろうか。レヴィナスによると，他者の「人質」となり，他者の「身代わり」となることで他者に対する「責任」を引き受けることにおいて，まさにそのただ中においてこそ，自己が自己である，あるいは自我 (moi) は自己 (soi) へとなる，なりうるのである。「責任を引き受ける」と言っても，最初に主体としての自己が在り，その自己が他者の「顔」に「呼びかけ」や「求め」を認識した後で，それに自ら「能動的に」応えることによって「責任」を全うするというのではない。他者への「責任」は，この〈私〉の側から，自発的・能動的に引き受けることができるようなものではないのである。〈私〉は，気が付いたときには，「常に既に」，自らの「傷つきやすさ＝可傷性 vulnérabilité」によって他者からの呼びかけに応答してしまっている。この応答の不可避性の，他者の「顔」に対する〈私〉の対格的「裸出性 nudité」の，「いかなる受動性よりも受動的な受動性」のただ中でこそ，自我は自己となり，この私にしか引き受けられないと同時に，私以外の他の誰も私の代わりにそれを引き受けるということが不可能であるというこの「責任」のうちにおいて初めて，この〈私〉の唯一性も生まれるのである。そしてこの他者に対する「責任」と愛の究極において〈私〉は他人のために死ぬのである (『我々あいだで』10, 228, 229, 258〔邦訳3, 286, 288, 325〕)。

「たんなる生命でしかない生に向けての動物的な努力——生命という存在しよう

とする努力（*conatus essendi*）──は人間的なもののなかで乗り越えられるのです。──中略──人間的なものにあっては，他者の死のための不安が自己のための配慮に優先するのです。他者の代わりに死ぬことという人間性，それは隣人のための責任としての愛の意味そのものでありましょう。」（『我々のあいだで』228〔邦訳286〕）

　レヴィナスにとっての「倫理」は，自己の「存在の彼方へ」，自己の「コナトゥスの彼方へ」と向かう「運動」である限りにおいて，自己の死をも超えて，「他者のために」，「他者への責任」を成就しようとする「運動」でもあるのだ。
　以上がレヴィナスの「倫理」の概観であるが（詳しくは本章Ⅲで論じる），ここでは，レヴィナスの「倫理」の問題点，コナトゥスと「コナトゥスの彼方へ」との間の「事実性」をめぐる問題を考察しておく。

　「主体の措定は既に（déjà）脱措定である。主体の措定は存在しようとする努力（*conatus essendi*）ではなく，直ちに（d'emblée），人質として身代わりになることであり，この身代わりがほかならぬ迫害の暴力を贖うのだ。ここまでつきつめて，主体の脱実体化，主体の脱物化，主体の我欲に囚われて存在することからの離脱（désintéressment），主体（sujet）の臣従（sujéction）──主体の主体性（subjectivité）を考えなければならない。」（『存在するとは別の仕方で』202〔邦訳293-294〕）

　レヴィナスによると，〈私〉はそもそもの初めから，自己自身の利益の追求とは全く逆に，他者に対する「責任」のうちに他者の「人質 otage」，「身代わり substitution」として，「他者のために存在している être pour l'autre」のである。これは，人間本性の「事実」として語られているように思える。
　しかし他方でレヴィナスは，「自己のうちに在る存在の全てが持つ，存在しようとする努力（*conatus essendi*）」（『存在するとは別の仕方で』187〔邦訳274〕）という彼自身の言葉から分かるように，「我欲に囚われて存在するこ

と」としてのコナトゥスを，万人の存在に内属する「普遍的（存在論的）事実」として認めているかのようだ。実際マルカとの対談でレヴィナスは，「『存在するとは別の仕方で』の中で私は<u>自然＝本性的な実存の秩序から (de l'ordre de l'existence naturelle)</u>，つまり，自己の存在に執着し，自己の存在に固執する『存在者たち』の秩序から出発しました」（『レヴィナスを読む』108 〔邦訳154〕）と自ら語っている。レヴィナスはこの「自己保存のコナトゥス」を人間のみではなく，全ての生き物，ひいては全ての物質に認めていた。

> 「存在というものの根本的な特徴は，個々の存在者の全てが自分の存在そのものに持つ執念です。植物，動物，生きているものの全ては自分の実存にしがみついています。それぞれの生き物にとって，それは生存闘争なのです。そして物質とはその本質的な硬さのゆえに閉鎖であり衝突ではないでしょうか。」（『歴史の不測』201〔邦訳184〕）

レヴィナスは，スピノザと全く同じように (E/III/6)，コナトゥスを人間も含めた存在するもの全てにその「自然＝本性」的事実として認めているようだ。ここに疑問が生じる。一方でレヴィナスは，人間というものを，そもそもの初めからコナトゥスを超えて，「他者の身代わり」としてあるようなものと考えているが，他方では，その人間（を含めた万物）を例外なく自己保存のコナトゥスに囚われた存在であると考えているように見えるからだ。このコナトゥスをめぐる二つの事実の間の矛盾をどう考えればよいのだろうか。果たしてレヴィナスは，スピノザ（のコナトゥス）に対する訴訟をある時点で中止し，万物の本質としての「自己保存のコナトゥス」を倫理的な善悪を超えた事実として認めるようになったのだろうか (Rey : 1993, 231)。

その答えは，一方で人間も含めた生物一般あるいは存在するもの全てに内属する歴然たる「一般構造 économie générale」としてのコナトゥスと「我欲に囚われて存在すること」を認めつつも，レヴィナスは，人間にのみに開かれた，それを超え出てゆく「可能性」あるいは「偶発性 éventualité」としての「倫理」を語ったということである（『我々のあいだで』10, 228〔邦訳

3, 286]）。自己の存在への固執, 復讐と戦争が支配するこの現実世界,「我々が事実上常にそのような世界にいることは認めないわけにはいかない」としても,「他者（の顔）」による〈私〉のコナトゥスの審問と, それを引き受ける能力としての〈私〉の「可傷性＝傷つきやすさ」によって,〈私〉はそのような世界に別れを告げて, 自己に対する他者の優先が,「他者のために」が支配する世界へと脱出するのである。これは「人間的なるもの l'humain」においてのみ成就される一つの「可能性」,「存在論的な不条理性＝非常識 absurdité ontologique」としての「可能性」であり, この「可能性」のことをレヴィナスは「倫理」もしくは「聖潔 sainteté」と呼んだのだ（『観念に到来する神について』134〔邦訳 164〕,『諸国民の時に』128〔邦訳 184〕,『歴史の不測』201〔邦訳 184-185〕）。あまりにも楽観的な「倫理」であろうか。しかし, レヴィナス自身は, 自分の言う「倫理」に対して投げかけられる「ユートピア的」という「この言葉を私は恐れません」と胸を張って語っている（『レヴィナスを読む』109〔邦訳 156〕）。

Ⅰ-4 社会契約における「コナトゥス審問」?──スピノザ政治哲学に「コナトゥス」の自己審問はあるか──

　スピノザの『神学政治論』における（社会契約に際しての）自己の欲望の制限を述べた,「誰も, 自分が善であると判断することは, それより大きな善への希望もしくはそれより大きな損害への恐怖からでなくてはなおざりにはしない」(TTP/XVI/191-192) という箇所を引き合いに出して, スピノザにおいては, 社会契約は本質的に「功利的で我欲に囚われたものであり utilitaire et intéressé」, このような「社会契約」に伴う欲望の制限をひいては平和を命じるのは, レヴィナスの場合のような他人への愛や他人に対する〈私〉の「責任」ではなく, たんに自己保身の計算の底にある「不安（恐れ）」であるとレイは批判している（Rey：1993, 233-234, cf.『諸国民の時に』160-161,〔邦訳 229-230〕）。

　『神学政治論』が, 国家の目的を各人の自由と自己保存の安定的維持としている以上（TTP/XX/240-241）, 社会形成（社会契約）の際の自然権の譲渡と

いう形での欲望の相互自制は、所詮、各人の自己保存のより安定的な達成という自己利益を目的としたものに過ぎないというここでのレイの批判は——レヴィナス倫理学においては二者間の「対面（顔）の倫理」と第三者が登場してからの政治としての「正義」という二つのアスペクトが存在し、「対面（顔）の倫理」によって「正義」（政治）を絶えず批判し制御することによる理想主義的な現実的倫理が在るのに（『倫理と無限』75, 84〔邦訳 111, 124〕）、「対面の倫理」のみを用いてスピノザ政治哲学を批判することの是非は別にして——妥当なものであろう。

このことは、「契約の破棄」についてスピノザが、あらゆる「契約」は、そこから契約当事者自身の利益が引き出せなくなった時点で無効となるから、その瞬間から破棄してもかまわないし、それは各人の自然権に基づいてなされうることであるという極めて現実主義的(リアリスティック)な考えを提出しているのを考慮するとき一層明白になる（TTP/XVI/192, 196, cf. TP/II/12, III/14, 17, IV/6）。

次にレイは、『エチカ』の「人間が和合的に生活し、相互に援助をなしうるためには、彼らが自然権を譲渡し他者への害悪となりうることは何もしないという保証を互いに与えることが必要である」（E/IV/37S2）という個所を吟味して、これはレヴィナスの目には、コナトゥスの正当性を「訴訟に持ち出すこと」、「再－審問する（問い直す）こと」に映らないだろうかと考えているが、この希望はすぐさま却下される。『エチカ』のこの箇所は——『神学政治論』第 16 章の社会契約についての箇所と同様に——ホッブズの『リヴァイアサン』における「第 2 の自然法」と内容的に重なるものであり、（レイ自身は触れてはないが）『存在するとは別の仕方で』の冒頭で述べられている、政治的譲歩も結局は「存在することへの固執」を、「我欲に囚われて存在することを intéressment」を解消するわけではないという叙述は、明らかにこのホッブズ的な「社会契約」を念頭においての批判である。ホッブズ的な「社会契約」において、各人が自然権を互いに譲渡するのは、「倫理」や「社会的絆」の美名のもとにではなく——たとえそれが自然法という理性の戒律によって命令され、この自然法についての学説が道徳哲学と呼ばれるにせよ——「自己保存」の安定的実現という究極的目的のためであった

(LV/Chap. XV/146)。このように、レイの指摘する『エチカ』における社会形成を目指した各人の自然権の放棄には、ホッブズのそれと共に「コナトゥスの正当性を問いに付すこと」など存在する余地がないのである。

ただし、スピノザの政治哲学の中でも、国家（社会）形成を、「社会契約」という理性の教説によってではなく、万人に普遍的に内在する感情の事実から説明し、国家の自然権は「多数者＝群集の力能 multitudinis potentia」によって定義されるとした『政治論』では、社会という位相において現れた「限りにおけるコナトゥス conatus quatenus」としての「自然権」（TP/Ⅱ/5, cf. TTP/ⅩⅥ/190) は、国家（社会状態）においてもなくならないどころか、そこにおいて初めて実効的なものになるのであるから（TP/Ⅱ/15, Ⅲ/3, EP/50)、「社会契約」もそれに伴う「自然権の譲渡」もそもそも存在する余地を与えられていないのである。よって、「社会契約」に際しての欲望の制限に、コナトゥス（＝自然権）の正当性に対する自己審問を発見しようとすることは、『政治論』に限って言えば原理的に不可能なのである。それどころか、「自己保存のコナトゥス」を、仮にレヴィナスの言うようにエゴイスティックなものであると考えれば、国家において自然権は無くなるどころか、逆に実効的になる、つまり共同の権利としての各人の自然権自体も大きくなるとするようなスピノザの『政治論』の立場は、「我欲に囚われて存在すること」のエゴイズムを批判するレヴィナスの格好の餌食になろう。

しかし、より厳密に分析すれば、国家の成立を「多数者の感情と力能から自然＝必然的に構成されるプロセス」として捉えたこの『政治論』においては、各人が「自然権として現れた限りにおけるコナトゥス」によって、より安定的な自己保存と力能の増大を求め、それに励むという人間の自然＝本性から「結果として必然的に」、国家という共同性が実現され、自己の自然権（コナトゥス）の安定的維持・増大に伴って、「自己以外の他の人々 reliqui」の自然権の安定的維持・増大も「不可避的に同時に」実現され、各人それぞれが意識しなくても「結果として必然的に」平和が追求されるような政治システムが構想されたのであるから、『政治論』においてスピノザが目論んだ政治システムの構想それ自体に対して、そこでの「政治的譲歩」も所詮「自

己保身の計算」に基づいたものであり,「我欲に囚われて存在すること」のエゴイズムを脱してはいないという批判をすることに——たとえその「政治的譲歩」が他人への愛と責任からのものではないという事実は認めたとしても——どれ程の意味があるかは疑問である。

　『政治論』は,あくまでスピノザ独特の「政治的」現実主義(リアリズム)とそれに基づいたより安定的な「政治システムの構想」という観点から書かれたものであるから(本書第4章,第11章),それに対して,ここでもレヴィナスの「対面(顔)の倫理」のみを持ち出して「倫理的」批判を加えるというレイの手法は公正さを欠くものと言わざるをえないであろう。実際,レヴィナスにおいては,先述のように「第三者」が登場することによって「他者との対面のなかでの倫理」に変更が加えられ,同等の資格を持った市民としての他者たちの間に,「比較できぬものの比較」を,「正義」の名のもとの裁きを行うという更なる次元があるはずだ。そして,そこにおける「政治」あるいは「法」と「倫理」との緊張関係と,コナトゥスの超脱を可能にするような「善意 bonté」による「政治」と「正義」の絶えざる改善(『我々のあいだで』119, 259-260〔邦訳141, 328-329〕)というダイナミズムこそが,レヴィナスの政治哲学の独自性を形作るものであるはずである。実際,自己の存在に固執することに対する「疚しさの欠如」が戦争を生み出し,また恒久化させると考えたレヴィナスは,デモクラシー——その根底にはリベラリズムがあるのだが——が優れている点を,常に未完成なものとして存在する法制が改善される自由をそれが保証しており,この「修正の自由」によって「善意」と「正義」との隔たりが次第に狭くなっていくという可能性に求めつつ,自らを引き起こす「善意」が善で(bon)あるほどには,自らは正しく(juste)はないということに対して「正義」が覚える「『正義』の疚しさ mauvaise conscience de la Justice」こそがそれを可能にしていると考えているのである(『我々のあいだで』260〔邦訳328〕)。

II スピノザ哲学からのレヴィナスへの応答
──スピノザ哲学における「自己」と「他者」について──

「統計学的には、〔他なるものへの〕無関心が支配的であっても、無関心のこのような破棄、それが他なるもののための一者（l'un-pour-l'autre）の可能性であり、この可能性が倫理という出来事なのである。自己の存在するための努力──自己のスピノザ的な存在しようとする努力（conatus essendi）──を中断し超克した人間の実存のうちには、他者のために実存することという死の脅威よりも強き使命が在るのだ。」（『我々のあいだで』10〔邦訳3〕）

「理性は、各人が自己自身を愛すること、自己の利益、自己の真の利益を求めること、また人間をより大きな完全性へと真に導く全てのものを欲求すること、──一般的に言えば、各人がそれ自身においてある限り、自己の存在を保存するよう努力する（conservare conetur）ことを要求する。──中略──これ〔理性の命令〕を私がここに示した理由は、『各人は自己の利益を求めるべきである』というこの原則が徳および道義（pietas）の基礎ではなくて不徳義（impietas）の基礎であると信じる人々の注意をできるだけ私に引きつけたいためである。」（スピノザ『エチカ』第4部定理18備考）

スピノザがレヴィナスの著作を読むことができなかった以上、レヴィナスの批判に対して彼が応答をすることも原理上不可能であるのは確かだが、スピノザ自身は今ここに引用したように、コナトゥスと自己利益に基づいた『エチカ』の倫理学に対しての反発と反論をはっきりと予想した上で、いわば「確信犯的に」コナトゥスの倫理学を展開している。

もちろん自分のタルムード理解の不十分さを容赦なく指摘し、ユダヤ教への「裏切り」に対して「訴訟」を起こしたり、「スピノザは分離を消失させた。しかし、理性とのこのような知性的合致によって自我が覚える歓喜、理性に服従しうるという自我の自由それ自体は、この合致や服従によって獲得された統一性に裂け目をうがつものである」（『全体性と無限』124〔邦訳174〕）

というように，自分の哲学を，パルメニデスから「ヘーゲルに至るまで肯定され続けてきた統一性の古来の特権」（同書 105〔邦訳 148〕）の中に位置付けてそれに異議を唱え，「思考ならびに自由は分離および『他者』に対する顧慮から我々に到来する。この主張はスピノザ主義の対極に位置する主張である」（同書 108〔邦訳 153〕）というような批判を浴びせてくる，そして「他者のための自己」を，他者の犯した罪にさえ「自己」は「責任」を負わされていることを主張するレヴィナスの西欧哲学史上においても「特異な」立場をスピノザは予想することはできなかったであろう。しかし，二人のそれぞれ「異例な」思想家にとって，共通して本質的な問題であった「自己保存のコナトゥス」と倫理との関係については，或る意味で二人の論争は，スピノザの存命中に始まり，今もそれぞれ後人に受け継がれて続いているのであろう。本章では，そういう論争の中でのレヴィナスの視線を意識しつつ，スピノザ哲学の言う「自己保存のコナトゥス」における自己という意味での人間の存在論的位置を確認する。

　スピノザのコナトゥス理論は，本章補論 I に示しているようにコナトゥスの思想史の系譜の中に位置付けられるものではあるが，極めて独特のものであった。本書全体が考察しているように，『エチカ』の存在論，認識理論，感情理論，倫理学説，社会理論は「自己保存のコナトゥス」によって基礎づけられており，『エチカ』のそれらの理論に厳密に基礎付けられた『神学政治論』や『政治論』の政治理論もコナトゥスを中心的基軸に据えて構成されているのである。そしてコナトゥスは，それらの著作においてスピノザが究極的に目指した「救済 salus」の根底的基礎となっているのである。しかしこの「自己保存のコナトゥス」といった場合の「自己」とは，そもそも何を示しているのか。レヴィナスの言うような他者を拒絶する閉じた存在の仕方が，「我欲に囚われて存在すること intéressement」を本質とする「自我の帝国主義」が，そこには君臨しているのか。このように「自己」について考察を加えていくことでそこに他者の問題を考える契機を見出せはしないか。

Ⅱ−1　垂直の因果性における「自己」[9]

　人間は（有限）「様態 modus」であるが（E/Ⅱ/10SCD），この「様態」は「個物 res singlaris」あるいは「もの res」を指している（E/Ⅰ/D5, 15・D, 25C, Ⅱ/D7）から，以下に，「様態」及び「個物」（「もの」）について言われることは，そっくりそのまま「人間（の自己）」についても当てはまる。

　いかなるものも神からの働きかけがなければ存在することも作用することもできないと考えるスピノザは，「神はものが存在し始める原因であるばかりでなく，ものが存在することに固執する原因でもある」（E/Ⅰ/24C）[10]と言い，更には「ある作用をするように決定された（determinata est）ものは，神から必然的にそう決定されたのである。そして神から決定されないものは自己自身を作用するように決定することができない」（E/Ⅰ/26）とも述べている。この場合の「もの」（個物）とは，程度の差こそあれ神の力能をその「与えられた本質 essentia data」であるコナトゥスによって「表現する」ことで，存在し，活動している有限様態のことである（E/Ⅲ/6・D, 7・D, Ⅳ/4D）。言い換えれば，「もの」（個物）とは，神＝実体の属性の変状（affectio）である（E/Ⅰ/25C）。ここで，「個物」（もの）について言われることは，そっくりそのまま「人間の自己」についても当てはまるから，まずあらゆるものに先行して「自己」というものが無媒介的に在り，そこから他者や世界が構成されるというのではなく，逆に有限様態としての「自己」の存在には，それに「先立つ」実体＝神の存在が前提とされ，そこからの「働きかけ＝触発（affectio）」を待って初めて「自己」は存在することができるということになる。スピノザによると，「自己」はその本質が必然的存在を含まず，実体＝神なしには存在することができないようなものなのである（E/Ⅰ/D5, 24, Ⅱ/Ax1, 10, 31C, EP/12）。これは「垂直の因果性」における神と有限様態との始源的

---

[9] 『エチカ』第1部定理16-29を本章と同じく「垂直の因果性」と「水平の因果性」という表現を用いて考察している論者として，例えばモロー（Moreau, J.：1971, 43-44）とヨーヴェル（Yovel：1989vol.1, 157-161）がいるが，両者共「限りにおける神」を用いて考察してはいない。

[10] ゲルーは，この（E/Ⅰ/24C）はデカルトの神の「連続創造説」からの影響であるとしている（Gueroult：1968, 329）。

第6章 コナトゥスの彼方へ　147

な繋がりを表している。「自己」は単独では存在できないのだ。

Ⅱ-2　水平の因果性における「自己」

しかし一方でスピノザは，有限様態としての個物は他の有限様態によって作用を受けることなしには存在することも活動することもできないとも考えているようである。スピノザはこう言っている。

> 「あらゆる個物，すなわち有限で，定まった存在を有するものはどれも，同様に有限で，定まった存在を有する他の原因から存在するようにまたは作用するように決定されるのでなくては，存在することはできないし，作用をするように決定されることもできない。」(E/Ⅰ/28)

ここでも，「個物」（もの）について言われることは，「人間の自己」についても当てはまる。よって，有限様態としての「個物」である人間は，常に「他の有限な個物」（他人の存在も含む）からの作用に不可避的に晒されており，「他の有限な個物」からの働きかけがなければ，存在することも作用（活動）することもできないということになる。これを詳しく見てみよう。有限様態としての人間の「自己」の身体は，本性を異にする極めて多くの個体から組織されているから (E/Ⅱ/10SCD, 13Post1, Ⅳ/Ap27)，或る一人の人間の身体そのものが既に，その身体内部の諸個体・諸部分の間の「水平の因果性」（相互の運動と静止）に支配され，それ（運動と静止の割合が一定に保たれること）によって，その形相を変化させることなく本性の同一性を保っている (E/Ⅱ/13Lem3-7S, Ⅳ/39・D)。

また，有限様態としての人間のその「自己」が，極めて多くの個体から組織されたその身体を保存するためには，極めて多くの「他の個体」が必要である (E/Ⅱ/13Post1・4, Ⅳ/Ap27)。人間は外界と全く没交渉では自己保存は不可能なのである (E/Ⅳ/18S)。この場合の「他の個体」は，まずは食べ物をはじめとした自然環境（動植物，水，空気など）であろう。だが，単独での「糧」の「享受」には限界がある。この「他の個体」が人間である場合，自

己保存にとっては一番よい。つまり，人間にとっては（理性に導かれる）人間が最も有益であり，相互扶助や共同防衛から得られる利益は決定的である（E/Ⅳ/35C1·S, Ap26-28）。これらは，主に「自己」の身体を維持・保存するために必要とされる「自己」と「他の個体」との関係性についての議論であるが，「心身並行論」の支配する『エチカ』の体系では，身体について言われることは精神についても同様に当てはまる（E/Ⅱ/7, Ⅲ/2S, 28D）。実際スピノザは，人間の精神が単独で存在して自己以外の認識対象を持たないならば，その知性はより不完全なものになるに違いないとして，「自己」の精神を維持・保存するため，つまり知的発達のためには，自己以外の「個体」の存在とそれらとのコミュニケーションが不可欠であると述べている（E/Ⅳ/18S）。

　これらは「水平の因果性」における有限様態同士の始源的な繋がりを表している。この場合の「自己」も単独では存在できないのである。実はコナトゥスの定義そのものの中にも「各々のものが単独であるいは<u>他のものと共にあることをなし，あるいはなそうと努力する力能ないしコナトゥス</u>，言い換えれば，各々のものが自己の存在に固執しようと努力する力能ないしコナトゥス」（E/Ⅲ/7D）というように，「他者との共同」が仄めかされている。次章で見るように，「理性の命令 rationis dictamen」そのものとしてのコナトゥス（E/Ⅳ/18S~37S1）が各人に要求するのは他者と共同して生きるということ，つまりは社会状態の形成であった。コナトゥスのこのような「社会化」への傾向を私は「コナトゥスの社会的機能」と呼んできた（本書第1章Ⅴ-2，第8章Ⅲ-2他）。

Ⅱ-3　「限りにおける神」と「自己」

　「水平の因果性」と「垂直の因果性」の主張が共に真理であるとすれば，「自己」の存在と作用をめぐって水平と垂直の二つの因果性の間に矛盾が生じ，それぞれに「排他的」な水平と垂直の両因果性によって「自己」は引き裂かれてしまうのではなかろうか。有限様態としての個物は全て，「有限なるもの同士の水平の因果関係」の中にのみ在るという主張と，有限様態としての個物は全て，「無限なるものとの垂直の因果関係」の中にのみ在るとい

う主張の間に生じてしまうと思われるこの矛盾をスピノザは,「限りにおける神 Deus quatenus」という概念によって解決している。「限りにおける神」とは一般にはカバラの神秘主義思想におけるそれを意味するが,スピノザの「限りにおける神」[11]は必ずしもそこに収まりきれない独特のものであった(工藤：1972, 395-398)。「限りにおける神」は『エチカ』に散見されるが,例えば「神に対する精神の知的愛」について述べられた第5部定理36の証明では,「人間精神によって説明＝展開されうる限りにおける神 Deus, quatenus per Mentem humanam explicari potest」というように,一目で明確に読み取ることができる形で用いられている。実は,これほど明瞭な形ではないが,「限りにおける神」は,上述の「水平の因果性」が述べられた定理の証明(E／Ⅰ／28D)においても存在し,重要な役目を担わされている。そこでスピノザは,有限な個物は全て,同様に有限な他の個物から存在や作用に決定されなければ,存在することも作用をするように決定されることもできないが(E／Ⅰ／28),この「有限な個物を存在や作用に決定する他の有限な個物」とは,実は「定まった存在を有する有限な様態的変状によって様態化した限りにおける神あるいは神の或る属性 Deo, vel aliquo ejus attributo, quatenus modificatum est modificatione, quae finita est, & determinatam habet existentiam」(E／Ⅰ／28D)であると述べている。つまり,有限様態としての個物同士の「水平の因果性」の中にそもそもの初めから既に,無限なる神の力が内在的に働いていたというわけである。有限な個物(様態)としての人間(の自己)を存在や作用に決定するものは,自己と同様の有限なるものに見えてその実,そこに姿を変えて現れた「限りにおける神」であったのだ。我々は有限なる他者に出会わんとして思いもよらず無限なる神に出会ってしまう。それは,我々がスピノザ的汎神論の強力な磁場の中にいることの証明であろう。こうして「限りにおける神」によって有限様態としての個物の中に無限なるものが姿を現す。個物(様態)は有限であると同時に無限でもある存在と化すのだ。そもそも個物とは,「神の属性の変状(affections),ある

11　本書第1章注6及び本章補論Ⅲを参照。

いは，それによって神の属性が一定の仕方で表現される（exprimuntur）様態」（E/Ⅰ/25C）のことであった。この個物が神の「変状」であり，神の属性を「表現する」様態であることによって「有限かつ無限」という一見パラドキシカルな事態が——そしてまた各個物が自己保存のコナトゥスを有していることが（E/Ⅲ/6D）——可能となっている。「様態が実体の変状であるというのは，様態が Deus quatenus であるということである。様態は単に有限者というのではなく，有限にして無限であるという矛盾の統一として Deus quatenus なのである。」（石沢：1977, 95）。

かくして有限様態としての個物の中に「限りにおける神」を見抜きさえすれば，水平と垂直の二つの因果性は矛盾なく存在する。正しくは，水平と垂直という空間モデルの二つの軸自体が，『エチカ』の強力な汎神論的内在神論の磁場の中で，「限りにおける神」によって重なり合って消失してしまうのだ。だから最後にスピノザは，「各個物は他の個物から一定の仕方で存在するように決定されているとはいえ，各個物がそれによって存在することに固執する力（vis）は，やはり神の本性の永遠なる必然性から生じる」（E/Ⅱ/45S）[12] と言えるのである。

以上，二つの因果性と「限りにおける神」の議論から判明したのは，自己がその存在を保存し維持するためには，「他の個物」が必要であり，他者の協力も不可欠だということである。いや，それ以前に自己が自己として存在する，存在し始めるには神の力添えがなければならなかったということである。だから，レヴィナスのようにコナトゥスは自己の存在への我執であり，利己主義的，個人主義的であって倫理的には諸悪の根源だからその彼方へと乗り越えるべきものであるとする者は，コナトゥスの真骨頂を見逃している。コナトゥスは，レヴィナスの批判とは逆方向に，我々に，他者との係わり，共同，協調が倫理として要請されるような場なのであり[13]，むしろこのコナ

---

12 ゲルーは，この「存在に固執する力」こそが後に第3部に「コナトゥス」として登場するものであることに注意を促し，この（E/Ⅱ/45S）が第3部での「コナトゥス」導入に大きな役割を果たしているとしている（Gueroult：1974, 422）。

13 例えばルネ・シェレールは，スピノザ哲学における「自己」の在り方を，他者へと開かれていることで，他者によって自己の活動力能を高めるような「歓待」のモデルとして見ている

トゥスによってこそ，人間の存在の中心性や特権性，「アレルギー性のエゴイズム」が否定され，自己はその存在の始源から無傷の統一性など持っていないということが開示されるのだ。たとえ孤独な自己の生であっても，（神という「他者」であれ他の人間や事物としての他者であれ）他者なしには，有限様態としての自己は，存在し始め，存在を持続することすらできないのである。そして，「限りにおける神」を――「直観知」によって――見出すことで，有限様態としての個物の中に無限なるものものが姿を現すと言われる時，「限りにおける神」は，〈私〉の中を無限者が過ぎ越すこととしてのレヴィナスの「同の中の他 l'autre dans le même」をどこか髣髴とさせる。「<u>直ちに (d'emblée)</u> 対格（accusatif）として在る私の『我ここに』のうちで，私は『無限者』を証する」（『存在するとは別の仕方で』233〔邦訳 339〕）。ただ，両者の根本的な相違は，スピノザの場合，「限りにおける神」によって自己の「同一性」が崩壊されることは決してなく，それどころか，個物が神の属性の「変状」であり，神の属性を「表現する」様態であることが（E/Ⅰ/25C），コナトゥスと「限りにおける神」の両方に共通の根拠となっている以上，「限りにおける神」は個体の自己「同一性」を保証する個体化の原理であるコナトゥスを別様に説明したものと考えられるのに対して，レヴィナスの「同の中の他」は，〈私〉の最初の素朴な自己「同一性」（自同性 identité）を動揺させ，切り崩し，破綻させるものであるということだ。

Ⅲ　レヴィナスとスピノザの接近と相違
――「傷つきやすさ」と「感情の模倣」――

Ⅲ-Ⅰ　レヴィナスの「可傷性＝傷つきやすさ vulnérabilité」

「倫理とはそれ自体が，我欲に囚われて存在することからの離脱（dés-in-

（『歓待のユートピア』84-86〔邦訳 118-119〕）。また，自己の同一性に比べて他者の方が優位にあるという親密な絆のうちに「歓待性」を示すレヴィナスの「責任」概念は，「奥深くかつ悲壮でもある」が，本来，「歓待性」はそのような罪悪感を伴った道徳的色調など持たないものであり，「逆に，スピノザ的あるいはニーチェ的な意味における余剰，力の増大として，またドゥルーズ的な意味における生成として理解しなければならない」とも言っている（『ノマドのユートピア』〔邦訳 63-64〕）。

téressement）であって，それは，現前としての揺るぎない恒常性を保つ『現前』が『他なるもの』によって攪乱されるような外傷（traumatisme）のもとでのみ可能なのである」（『聖句の彼方』138〔邦訳193〕）と考えるレヴィナスにとって，「可傷性＝傷つきやすさ」は「倫理」における極めて重要な概念である。

　レヴィナスの「可傷性＝傷つきやすさ」という概念は，まずは「皮膚の傷つきやすさ」，つまり他者による「傷害と暴行へと晒された皮膚の露出」としての「開け ouverture」として語られる（『他者のユマニスム』92〔邦訳152〕）。しかし「可傷性＝傷つきやすさ」は，このように〈私〉が，〈私〉の自我が，他者からの暴力や攻撃に無防備に無抵抗に晒されており，他者によって傷をつけられ，危害を被るということの「受動的な」可能性——というよりは必然性という意味だけではなく，他者が受けた悲惨や危害に，その他者が苦しんでいるその苦しみ自身に，この〈私〉が不可避的に感応して苦しんでしまうことの，その他者の苦しみを〈私〉が苦しむそのただ中でこの〈私〉が傷を受けてしまうことの必然性あるいは不可避性という意味をも持っている。レヴィナスは『観念に到来する神について』（1982年）でこう言っている。

　　「私を追いかけてくる痛み（mal）という形をとって，他の人間が蒙った痛みが私を痛めつける。まるで，そもそもの初めから（d'emblée），他の人間が，私が自分自身に安らっていることを，私の存在しようとする努力（conatus essendi）を審問しつつ私に訴えかけているかのように，まるで私が現世における私の痛みを嘆くより先に他者に応答し他者に責任を負わなければならぬかのように，その痛みは私を苛む。このことにこそ，痛みのうちにこそ——中略——『善 Bien』へと通じる突破口があるのではないだろうか。」（『観念に到来する神について』206〔邦訳251〕）

　レヴィナスは，「コナトゥスの彼方へ」通じる希望に満ちた突破口として，倫理の可能性として「可傷性＝傷つきやすさ」を考えている。しかし，他者

の苦しみに敏感に感応してしまい，他者が被った悲惨にひたすら受動的に晒されているという意味での「繊細さ」を無条件に肯定し称賛することは，例えば思春期の未熟な自我のごとくに，他者からの攻撃だけではなく他者の苦しみや悲惨に「傷つきやすい」硝子のような〈私〉の純粋な自我の「繊細さ」をナルシスティックに肯定することで，逆に自己のその無防備なまでの「繊細さ」が他者に対して「暴力」として作用してしまうということの可能性を忘却もしくは隠蔽してしまうという危険を見逃してしまうということになりはしないだろうか。このことに無自覚であるなら，レヴィナスの「可傷性＝傷つきやすさ」という概念は，本質的には「自我の帝国主義」から一歩も抜け出ていないことになり，また――傷つきやすさの不可避性と絶対的受動性ということを別にすれば――決して一般的な道徳訓話の域を出ることもないであろう。レヴィナス自身は『存在するとは別の仕方で』（1974年）においてこう語っている。

> 「渦巻き――他人の苦しみ（souffrance），他人の苦しみに対する私の憐憫（pitié），他人の苦しみに対する私の憐憫ゆえに他人が覚える心苦しさ（douleur），他人が覚える心苦しさゆえに私が覚える心苦しさ……。このような渦巻きは私のところで停止する。こうした繰り返しがどれほど続こうとも，常に他人より一つ多く動くもの，それが私である。私の苦しみ，それはありとあらゆる苦しみ，ありとあらゆる過ちが収斂する焦点である。私の苦しみは，私を迫害する者たちの過ちが収斂する焦点でさえある。ということはつまり，私は究極的な迫害を被り，絶対的な仕方で受苦するのだ。」（『存在するとは別の仕方で』186〔邦訳 438-439〕）

ここから分かるのは，第一に，〈私〉の「可傷性＝傷つきやすさ」が他者に対して――まさに苦しみのただ中にある目前のその他者に対してさえ――暴力として作用することへの徹底した敏感さ，自覚，警戒心をレヴィナスが持っているということ，第二に，このような〈私〉の「可傷性＝傷つきやすさ」が他者と〈私〉との間に生み出す「苦しみの循環」をレヴィナスは――スピノザが「感情の模倣」の悪循環を「受動感情を克服して理性（能動）へ

と移行すること」によって解決しようとした（E/Ⅳ/46）のとは逆方向に——まさにこの〈私〉において，この〈私〉が絶対的に「受動的な仕方で」全ての罪と苦しみを引き受けること，決して完了してしまうことのできない引き受けを行うことによって断ち切り，終結させているということである。

このような意味で「究極的な迫害を被り，絶対的な仕方で受苦する」ことの可能性あるいは能力こそがレヴィナスの言う「可傷性＝傷つきやすさ」の真意であり，この「可傷性＝傷つきやすさ」という言葉で，レヴィナスは，他者を対象として所有してしまうような傲慢な「帝国主義者」としての主体，「実体」としての主体ではなく，「受動性としての主体」を記述しようとしたわけであるが（『観念に到来する神について』133〔邦訳163〕），そのような「可傷性＝傷つきやすさ」の「苦しみの受動性」によって，一方的に他者からの暴力や他者の苦しみ自身にひたすら苦しむあまりに，この苦しむこと自体に疲弊しきって倫理的に無能力となってしまった主体を想像するのは誤りである。

レヴィナス自身は「可傷性＝傷つきやすさ」を，「誰かによって（par quelqu'un）苦しみを受けること」から「誰かのために/誰かに代わって（pour quelqu'un）苦しむこと」への変換を成し遂げる可能性あるいは「能力」として，この「によって」から「のために/に代わって」への変換によって，「我々が事実上常にそのような世界にいる」ところの「復讐と戦争と『自我を優先的に肯定すること』が支配する世界」つまり「自己保存のコナトゥス」が支配する世界に「別れを告げる能力 pouvoir de dire adieu」として考えている（『観念に到来する神について』134〔邦訳163-164〕）。「可傷性＝傷つきやすさ」は，〈私〉の「絶対的に受動的な」在り方を表すと同時に，「苦しみの循環」を断ち切る能力，「コナトゥスの彼方へ」と逃走＝脱出する倫理的な「能力」をも意味しているのである。

「苦しみ」はそれ自体で見るなら，「無用の inutile」ものであり，「理由なき pour rien」ものである。そのような苦しみに「意味」を与え，苦しみに対して「倫理」という展望を開くのが，「他者のために/に代わって」苦しむ「能力」としての「可傷性＝傷つきやすさ」である（『我々のあいだで』

109-111〔邦訳 130-132〕)。レヴィナスは 20 世紀の数々の悲劇の中の無数の「苦しみ」に思いを馳せながら,「これまで以上に,歴史は各人における自我の力に,他の人間の苦しみによって引き起こされた自我の苦しみに訴えているのだが,訴えを受けている自我のこのような同情心（compassion）は無用のものならざる苦しみ（ないし愛）である。それはもはや『理由なき／何のためでもない pour rien』苦しみではなく,直ちに（d'emblée）意味を有した苦しみなのだ」（同書, 117-118〔邦訳 140〕) と述べている。

　しかし,このような「能力」としての「可傷性＝傷つきやすさ」を,全ての人に例外なく備わっている普遍的な心性として認めるような解釈は,レヴィナス独特の「可傷性＝傷つきやすさ」という考え方を捉え損なってしまう。レヴィナスの「倫理」は,一般化,普遍化,相互性を拒む「非対称性の倫理」であることを忘れてはならない。ドストエフスキーの「我々の誰もが,全員の前で,全員に対して,あらゆることについて有罪です。そして私は他の誰よりも有罪なのです」という文章を引きながら,レヴィナスは,「可傷性＝傷つきやすさ」を一般化,普遍化して解釈することを厳しく戒めている。

　「この〔ドストエフスキーの〕言葉の最後で,私（moi）は自分を『私 Moi』一般の一つの個別ケースと見なすことを止めてしまっています。私（moi）は宇宙を支える唯一の点となっているです。——中略——もちろんこのような私はただちに私についての一般概念（concept général）によって捕捉されてしまいます。そこからまた脱出＝逃走しなければなりません。私としての私,それは私の概念から脱出＝逃走する（s'évade）私のことです。私が,可傷性＝傷つきやすさ,絶対的有罪性（culpabilité absolue),むしろより正確には絶対的責任と呼んだのはこのような状況のことなのです。私を心理学的に考察するならば,私は既にして他の私・たち（moi's）と等格な一個の私です。私の概念は常に私を捕捉してしまうのです。」（『観念に到来する神について』135〔邦訳 165〕)

　他者の悲惨に傷つき,他者の苦しみを苦しむのは,数ある「私」の中のあくまでこの私である。この私も,あの「私」も「可傷性＝傷つきやすさ」に

よって他者の苦しみを苦しむということはありえないのだ。他者の苦しみを苦しむことができるのは，この私だけであり，その時，この私は，全世界の苦しみの全てをたった一人で背負い込むのである。これこそがレヴィナスの言う「可傷性＝傷つきやすさ」の真骨頂であり，それは「私は他者の身代わりになるが，私以外の者は誰一人として私の身代わりになることはできない。誰かが私の身代わりになることができるということが言われ始める時，不道徳が始められるのです」（同書135〔邦訳165〕）という「身代わり substitution」についての考えと不可分のものなのである。

Ⅲ－2　レヴィナスの「身代り」と政治的「代理主義 substitutionalism」

　上に掲げたレヴィナスの「身代り substitution」は，〈私〉の唯一性を保証し，〈私〉が「自我というもの一般」に陥ることを阻止すると同時に，他者と〈私〉との倫理的関係の「非対称性」を表した言葉であるが，そのことは直ちに，他者と〈私〉の「相互的代替可能性」の根本的な否定を意味することになる。よって，"substitution"という言葉に本来備わる「置換」，「代替」，「代理」といった「相互性」を前提とする概念と同一視されるなら，レヴィナスの「身代り substitution の倫理的な意義は完全に失われてしまう。ここでは，ベンバビブの「代理主義的普遍主義 substitutionalist universalism」批判を考察することで，この問題を考えたい。

　ベンバビブは，『自己を位置付ける』（1992年）において，ホッブズからカント，ヘーゲルを経てロールズそしてコールバーグへと至る西欧近代の道徳－政治理論の伝統は，「財産を有しているか，少なくとも専門職の白人青年男性」という「特殊な主体の集団の経験を人間そのものの典型的事例（paradigmatic case）とこっそり偽って同一視する」ことによって定義された「代理主義的 substitutionalist」普遍主義の歴史であったと批判している。それらの思想家の政治理論においては，政治的に「代理（代表）される」のは国民全体の意志ではなく「せいぜい白人のブルジョワ成年男子」の意志に過ぎない。女性の経験，女性の声は常にその「代理（代表）」理論の外に置かれていたのである（Benhabib：1992, 152-153）。

ベンバビブは、「代理主義的普遍主義」理論の一つであるロールズの『正義論』(1971年)における「社会的、経済的不平等は、それらが、(a)最も不遇な人々の便益を最大化し、(b)公正な機会の均等という条件の下で、全ての人に開かれている職務や地位に付随する、ように取り決められているべきである」(『正義論』83〔邦訳64〕)という「正義の第二原理」を採り上げ、そのうちの前半部分(a)、つまり「格差原理」を問題にしている。ベンバビブは、この「格差原理」を制度的に適用する際に、社会の中で「最も不遇な人々 the least advantaged」をいかにして確認すればよいのかを問うている。それはレヴィナス的に言えば、見ず知らずの多数の人々から成る社会の中で、最弱者の叫びを、悲惨のうちにある他者の懇願を、瀕死の他者の「顔」をどのようにして確認すればよいのかということになろう。ロールズ自身はこう言っている。

　　「第二原理(あるいはむしろその最初の部分〔格差原理〕)は、代表的個人(representative individuals)の期待を参照する。後述するように、どちらの原理も、固有名によって識別されるような特定の個人に対する特定の善の分配に適用されるのではない。或る人が、一定の財貨を、自らの知る困っている人々にどう配分したらよいかを熟考するというような状況は、この〔正義の〕諸原理の範囲外にある。」(『正義論』64〔邦訳50〕)

　このようにロールズは、一人一人の不遇な者、困窮した者との一対一の「対面」のうちに、それらの者たちの存在と要求を一人ずつ確認する——レヴィナス的に言えばその者たちへの責任を引き受ける——というのではなく、その「代表的な人々 representative men」(『正義論』70〔邦訳54〕)の「期待」を基準とした「格差原理」の制度的適用を示しているが、ベンバビブは、ロールズのこの議論は「代理主義的 substitutionalist」推論を拠り所にしているに過ぎないと批判している(Benhabib：1992, 168)。ベンバビブによれば、ロールズのこのような「代理主義的」理論においては、他者はその具体性、特殊性、個性などを剥奪された「一般化された他者 the generalized other」

となってしまう。ベンバビブはロールズの「代表的 representative」を「代理主義的 substitutionalist」と読み替えつつ，ロールズの議論に潜む弱者救済の美名に隠れた排除の暴力を摘発し，「代理主義的普遍主義」から抜け出せていない『正義論』を批判する。"representative"を敢えて"substitutionalist"と読み替えた時，ベンバビブがレヴィナスの「身代わり substitution」を意識していたとは考えられないが，レヴィナスの「身代わり」を，ベンバビブが批判したような近代の西欧政治思想史における一伝統としての「代表＝代理」主義と同義に見なすことは絶対に避けねばならない。

しかし実は，レヴィナス自身が『全体性と無限』(1961 年) の時点まではまだ，"substitution"を「相互性」，「対称性」，「交換可能性」という性質を持ったものとして捉えて，この「置き換えること」としての"substitution"を批判していた（『存在するとは別の仕方で』朝日出版社版，合田正人氏の訳者解説，p. 428 を参照）。

> 「政治の営みにおいては，人類はもっぱらその〔労働の〕成果としての作品から理解される。人間性の意味するところは，交換可能な人間 (hommes interchangeable)，相互的な関係ということになる。人間を相互に<u>置き換えること (substitution</u> des homes les uns aux autres)，それは根源的な不敬であり，この置き換えが搾取さえも可能にする。」（『全体性と無限』332〔邦訳 457〕）

確かに，ベンバビブの「代理主義的 substitutionalist」普遍主義批判は，その「代理」からこぼれ落ちる存在とその声を救い上げようとしての批判，言い換えれば，この「代理」の不徹底性が結果として排除を生み出しているということへの批判であった。この点，レヴィナスが「人間を相互に置き換えること (substitution)」そのものの暴力性を問題にしているのとは根本的な相違がある。けれども両者が共に，「人間を相互に置き換えること」に潜む，あるいはそれに付随してくる認識論的＝政治的暴力を摘発していることには違いはない。

そして『存在するとは別の仕方で』(1974 年) においては，"substitution"

が「身代わり」として、〈私〉と他者との関係の非相互性、非対称性を意味するようになったという決定的な転換があるものの、レヴィナスにとって、〈私〉と他者との関係は、「相互交換」や「代表（代理）」には収まりきれないものとして考えられているということには変わりはない。〈私〉と他者との関係は、類似性や共通性によって集められた一群の人々の中から、同類の交換可能な一標本として取り出された〈私〉と或る他者との間で結ばれるような関係ではないのである。

「他人たちは一挙に (d'emblée)、私と関わる。ここでは兄弟関係の方が、類の共通性に先行する。全ての他人と私との関係が有意味なものになるのは、隣人である限りの他者と私との関係によってである。あらゆる人間関係は、それが人間的なものである限り、我欲に囚われて存在することからの離脱から生まれる。近さにおいて、他人のために身代わりになる一者 (l'un-pour-l'autre) は、歪曲を犯してしまう抽象化ではない。」（『存在するとは別の仕方で』247-248〔邦訳 361〕）

類似性や共通性に基づいて他者たちの間に「代表」を作っても——あるいは〈私〉が「代表」として祭り上げられても、〈私〉と他者との繊細な関係はそこに収まりきれるようなものではない。「代表＝代理する représenter」ことは、認識論的には「表象＝再現前化する représenter」こととと結びついている。しかし、レヴィナスによれば、他者の「顔」は常に「表象＝再現前化 représentation」を逃れる。「他者の顔はまずもって (d'emblée)、表象ではないし形象の現前 (présence d'une figure) でもありません。他者の顔は所与のものではないのです。それは、捕捉されるべきものではありません」（『諸国民の時に』301〔邦訳 213-214〕）。〈私〉は他者を「表象作用＝代表（代理）化」によって捉えることはできない。他者を概念によって、「抽象化」によって理解しようとする時、他者の他者性は歪曲、抑圧され、その他者はもはや「かけがえのなさ」を失って交換可能な一対象となってしまっている。そこには暴力が潜んでいる。これは、ベンハビブが、ロールズの「無知のヴェール」の下では、他者はその他者性と具体性を奪われ、「状況から引き

離され」て「形式的平等と相互性」によって捉えられた「一般化された他者」でしかなくなっていると批判しているのとかなり近いと言えよう(Benhabib:1992, 159, 161, 166-167, 177)。ベンハビブ自身の立場は、「一般化された他者の観点なしには、近代的な複雑化した社会に適した正義の政治理論を考えることはできない」(Benhabib:1992, 164)としながらも、他者を「具体的他者」として捉えるという姿勢を重視した「相互行為的」普遍主義である。そのような立場から、先のロールズの「格差原理」を論じた際に提出された「最も不遇な人々」をいかにして確認すればよいのかという問いに、彼女自身はこう答える。

「確かに、制度というものが希少資源を配分する際に従う諸原理を導く分配政策の観点からは、『最も不遇な個人』という何らかのフィクションを構成することが必要かもしれない。しかしながら、道徳理論は、そして特にデモクラティックな行政規定のための正義の理論は、諸個人が彼ら自身とは全く似てもいない市民仲間の苦しみ(sufferings)や、悲惨(miseries)、及び屈辱(humiliations)を理解するようになる手段としての公共的な対話過程にかかわっていなくてはならない。」(Benhabib：1992, 177)

最終的には、「公共的な対話 public dialogue」という近代的な「理性」の信頼に訴えるということを別にすれば、他者を一般化して捉えることの暴力に留意しつつ、あくまで「具体的他者」としての他者を、そしてその「苦しみ」と「悲惨」の中から発せられる「要求」と「叫び」に耳を傾けることの必要性を唱えるベンハビブは、どこかレヴィナスを思い出させるところがある。

Ⅲ-3　レヴィナスにおける「責任＝応答可能性」の問題

「〔私の責任は〕他の人間との共通項——それによって他の人間は私と入れ代わることができる——となりうるもの全てを私から剥ぎ取り続けることで、誰も身代わりになれない者として、私を私の唯一性のうちに召喚する」(『存

在するとは別の仕方で』98〔邦訳 150〕) と述べるレヴィナスにとって,「責任 responsabilité」は「身代わり」と密接不可分のものである。「私は万人の身代わりになるが,誰も私の身代わりになることはできない」(同書 200〔邦訳 290〕) という「身代わり」の「絶対的非対称性」のうちで生まれる〈私〉の「唯一性」は,「責任」を絶えず引き受け続ける——というよりも,他でもないこの〈私〉が「責任」を引き受けざるをえない,引き受け続けざるをえないという受動的不可避性によってのみ保証されている。そしてその「引き受け」は,〈私〉の「自由意志」による自発的・能動的なものではない。〈私〉の「自由意志」による「引き受け」に常に先立って,他者からの「告発」が〈私〉に「責任」を課してくる。「万人による告発のもとで,万人に対する責任は身代わりにまで行き着く」(同書 177〔邦訳 260〕)。〈私〉の「責任」は他者からの「告発」から生じる。しかし,なぜ〈私〉は「告発」されねばならないのか。それは,「私は〔隣人に対して〕既に遅れており,遅刻したという罪を負うている」(同書 139〔邦訳 209〕) からである。ではこの「遅れ retard」とは具体的にはどういうことなのか。

「〔痕跡としての〕隣人の顔は,その悲惨を通じて私を強迫する」(同書 148〔邦訳 223〕) が,〈私〉の「意識」は,常にこの隣人としての他者の,その「顔」の「強迫」に遅れてしまう。「強迫」の方が,〈私〉の意識よりも,よって〈私〉の「自由意志」や (他者に対する)「認識」よりも先にある (同書 139〔邦訳 210〕)。だから捕まえたと思った瞬間にはもう,隣人としての他者の「顔」は既にそこにはないのだ。隣人に対するこの「遅れ」ゆえに〈私〉は隣人の「顔」を「表象＝再現前化」することができない。隣人の「顔」は常に「痕跡」でしかない。こうして,隣人としての他者の「顔」の訴えかけ,命令に対して〈私〉は「遅刻」してしまったという罪を負うており,他者から「告発」されるのである (同書 138-142〔邦訳 209-214〕)。レヴィナスは「顔」を認識論的な対象以前の,始原的に倫理的な性質を有したものと見ている。「顔とは一つの悲惨 (misère) なのだ。顔の裸出性は貧窮であり,既にして,直行性 (droiture) において私を目指している哀願なのである」(『実存の発見』195〔邦訳 283〕)。ここに,隣人の「顔」に対する〈私〉の「遅

れ」は,「表象＝再現前化」の不可能性という認識論的問題であると同時に,いやそれ以前に隣人の「顔」の「哀願 supplication」に対する〈私〉の応答の「遅れ」という倫理的問題となって隣人としての他者からの「告発」を招くのである。「私の現在は,〔他者からの〕召喚という極度の切迫に応答する (répond) ものではない。私は遅れてしまったことを告発される」(『存在するとは別の仕方で』141〔邦訳 213〕)。

このようにして,他者の「顔」から,他者に対する〈私〉の「責任」が生まれる。隣人の「顔」に対する〈私〉の「遅れ」が不可避のものである以上,その「遅れ」に対する他者からの「告発」も不可避であり,この「告発」に発する〈私〉の「責任」も,他者の「顔」を前にした〈私〉にとっては,──自己を否認しない限りは──「回避することの不可能な」責任である (同書 195〔邦訳 283〕)。また,他者の「顔」の「強迫」が,〈私〉の「意志の自由」に常に先立って〈私〉を襲ってくるものである以上,その「強迫」への「応答」としての──〈私〉の意識そのものが実はこの「強迫」の一変様であることも (同書 139〔邦訳 210〕),「強迫」に対する「応答」の開始の不可避性を示しているのだが──〈私〉の「責任」は,自分の意志で引き受けたり引き受けなかったりできるようなものではなく,「自由に先立つ責任」(同書 197〔邦訳 285〕),根源的に「受動的」な「責任」である (同書 31〔邦訳 50〕)。そしてその「遅れ」は,他者に対面し続ける限り絶対に解消不可能な,「永遠の」罪であるから,〈私〉の「責任」は,その「引き受け」が永遠に終了することのない「無限責任」(同書 239〔邦訳 349〕) なのである。しかし,この「責任」の無限性において,自分が被りうる限度を常に更に超過して被ってしまうという感受性をレヴィナスは「可傷性＝傷つきやすさ」そして「同の中の他」と結び付けている。

> 「事実,責任が意味するのは,自己の受容能力を超えて被るという感受性の働きにおいて示される自己との不等性なのです。この感受性は,自我の内なる他なるものとして,つまり霊感そのものとして生起する可傷性＝傷つきやすさであります。」(『神・死・時間』206-207〔邦訳 252〕)

第6章 コナトゥスの彼方へ　163

　確かに，悲惨や貧窮そのものとしての他者の「顔」のその「強迫」(哀願)に〈私〉が不可避的，受動的に晒されているというレヴィナスの「責任」は，他者の苦しみに〈私〉が不可避的，受動的に晒されており，その他者の苦しみを苦しまざるをえないという「可傷性＝傷つきやすさ」を想起させる。レヴィナス自身こうも言っている。

> 「〔主体性は〕他人たちが行うことあるいは苦しんでいることによって告発されており，他人たちが行うことあるいは苦しんでいることに対して責任を負うているのだ。自己の唯一性，それは他者の過ちを担うという事態そのものである。」(『存在するとは別の仕方で』177〔邦訳260-261〕)

　自己の「唯一性」の証しとしての「責任」。この責任の主体の「唯一性」が意味するのは，「回避することの不可能性，自己の身代わりを立てることの不可能性——中略——選び手となることなく選ばれ徴集された者の唯一性」(同書95〔邦訳144〕)であるが，その「唯一性」は，主体一般として「一般化」されることのない，この〈私〉の「唯一性」であることでのみ意味を持つのだ(同書29〔邦訳47-48〕)。ここでは，「可傷性＝傷つきやすさ」を万人に普遍的な心性として認めることで，〈私〉を「一般概念」において捉えることをレヴィナスが厳しく戒めていたことを想起せざるをえないであろう。「しかし，他者もまた私に対して責任があるのではないでしょうか」というネモの質問に対して，レヴィナスは「おそらくそうでしょう。でも，それはその人の問題です。——中略——たとえそのために私の命が失われようとも，相手に私がしたのと同じことを期待することなく，私は他者に対して責任を負うのです。私がしたのと同じことを行うかどうか，それはその人の問題です」(『倫理と無限』94-95〔邦訳139〕)というように，自らの唱える倫理の根源的「非対称性」を強調し，先に「可傷性＝傷つきやすさ」を吟味した際に引用した——そしてレヴィナスが何度も繰り返し引用する——ドストエフスキーのあの言葉を掲げている。

　レヴィナスにおける「責任」と「可傷性＝傷つきやすさ」との繋がりを見

てきたわけであるが、そもそも「可傷性＝傷つきやすさ」とは、〈私〉の「意志の自由」に先立つ、他者からの不可避の「触発」あるいは「強迫」であった（本章Ⅲ-4）。この意味で、〈私〉は、気が付いた時には、「常に既に」、自らの「可傷性＝傷つきやすさ」によって他者からの呼びかけに「応答 réponse」してしまっていると言えよう。そしてこれこそが、「いかなる自由、いかなる意識＝良心（conscience）、いかなる現在にも先立って背負わされた借財に対して、――この借財についてのいかなる理解にも先立って――責任を負うこと」（『存在するとは別の仕方で』26〔邦訳43〕）としての「応答可能性＝責任 responsabilité」なのである。他者の顔の「強迫」は、〈私〉の意識に先立って〈私〉を襲ってくる。〈私〉の意識がその「強迫」によって「触発」され、「変容」を被るということは、その他者への〈私〉の「応答 réponse」が――わずかの「遅れ」を伴いつつも――既に開始されていることを意味しているのである。「命令の聴取に先立つ服従」（同書 232, 235〔邦訳337, 342〕）という言葉は、この意味に解されなければならないであろう。例えば、〈私〉が偶然に或る凄惨な場面に居合わせてしまった瞬間に、苦しみのうちにある他者が誰なのか、そして何を苦しんでいるかが全く分からなくても、「顔」の悲惨さが生み出す現場の圧倒的な引力によってその（道徳的）空間に引き止められ、気持ちがその方向を見定められないまま高まっていくということがあろう。そこにおいて既に〈私〉の「応答 réponse」は始まっている。その後になって、助けるか無視するかの選択の不可避性が〈私〉を襲って来て、更にその後に〈私〉が、その苦しんでいる他者が誰なのか、どんな苦しみを被っているのか等を実際に「認識」して、その他者を現実に具体的に助けようと――あるいは無視しようと――することになるわけだから、その時には〈私〉の「遅れ」は更に大きく取り返しのつかぬほどになっている。だから、〈私〉は永遠に告発され続け、「責任」を負い続けなければならないというわけである。

確かに、先述のような他者への「責任」の究極においては他者のために死ねるというレヴィナスの「責任」は、「自己保存のコナトゥス」に基礎付けられたスピノザの「倫理学」には全く受入れられないものであろう。しかし、

「責任 responsabilité」[14]という概念を「応答する répondre」という動詞の意味までも考慮して,「応答可能性 responsabilité」として考えてみると,「意志の自由」に先立つ「応答」の不可避性と受動性ということに関しては,スピノザはレヴィナスに意外にも近い位置にあると言える。

「自由意志 libera voluntas」をはっきりと否定するスピノザにとっては(E/Ⅰ/32, Ap, Ⅱ/35S, 48, 49S, Ⅲ/2S, Ⅳ/Prae, EP/58),「自由意志」によって行った行為にのみ有責性が生じるという,あるいは行為の結果から事後的に遡及して行為遂行時の「自由意志」を確認した場合にのみその行為者の責任を認めるという近代的な責任概念の生じる余地は――厳密に形而上学的に言えば――皆無ということになる。しかし,本章Ⅱ-2で見た通り,「水平の因果性」のただ中で他の個物からの作用を受けることの不可避性 (E/Ⅰ/28),あるいは,他者や外界からの脅威に対する抵抗(反発)の必然性 (E/Ⅲ/6D, 28, 37D),更には「感情の模倣」における他者によって自己の感情が変化(触発 affectio)させられることの不可避性 (E/Ⅲ/27) を,「反応=応答の不可避性」として捉えることができよう。だが,「責任」をめぐってレヴィナスとスピノザが接近するのはその点だけではない。

> 「『他者』に対する責任において,主体性は対格の無制限な受動性にほかならない。ただしこの対格 (accusatif) は,主格を起点として展開されるような活用の帰結ではない。告発 (accusation) は,迫害である限りにおいてのみ,自己の受動性に還元されうるのだが,その迫害が贖いに一変するのだ。このような迫害を欠くなら,『自我』が再び頭をもたげ,『自己』をすっぽり包み込むことになろう。全ては予め対格としてある。――これこそが自己の例外的条件ないし無条件,Se という代名詞の意味であって,そもそも,ラテン語の文法は Se の主語を『知ることがない』。」(『存在するとは別の仕方で』177〔邦訳 261〕)

---

14 もちろん,ラテン語の responsio には「責任」という意味はない。ただ,ピヒトによれば,「責任」という概念の起源はローマ法における「弁明 responsio」にあったのである (Picht: 1980, 202)。

ここでレヴィナスは,「責任」を「対格 accusatif」としての自己のあり方によって説明している。それは,「告発 accusation」と結びついて,他者の「顔」からの審問に対して,あるいは他者の「顔」の悲惨さと貧窮による哀願に対して,〈私〉が無防備なまま「対格的に」晒されているという「裸出性」を物語っている。予め「対格」としてあることで,〈私〉は他者の「顔」からの「告発」を免れることができないという「責任」の不可避性と根源的「受動性」がそこでは語られているのである。しかしレヴィナスが,そのような自己の「対格」としての在り方をラテン語の再帰代名詞の対格"se"を用いて説明する時,それは,スピノザの考える「自己」の存在の仕方,つまり「コナトゥス」を自らの「現実的」あるいは「与えられた」本質とする「自己」の在り方に重なり合ってしまうのである。『エチカ』では,自己保存の努力あるいは傾向としての「コナトゥス」が言及される際には,必ずこの再帰代名詞"se"との組み合わせによって用いられている。例えば,それが名詞的に用いられる場合には"conatus sese conservandi"という表現が取られる(E/Ⅳ/22·D·C, 26D)。実は,レヴィナスがスピノザのコナトゥスを批判する際には,「自己保存のコナトゥス conatus sese conservandi」というスピノザ自身のこの用語ではなく,スピノザが実際には用いてはいない「存在しようとするコナトゥス conatus essendi」や「実存しようとするコナトゥス conatus existendi」という言葉を常に用いて批判している。それはレヴィナス自身が,コナトゥスを,「我欲に囚われて存在すること intéressement」を超えてゆく「倫理」を可能にする「自己」の在り方を示す用語として最も大切にしていた「再帰代名詞 se」を,コナトゥスの倫理を唱える宿敵スピノザと共有しているという事実を意図的に隠蔽したものとしか考えられない。少なくとも『固有名』において(82〔邦訳109〕),『エチカ』のコナトゥス定義をフランス語でではあるが完全な形で引用したことのあるレヴィナスであるから「再帰代名詞 sese」は意図的に隠されたと考えるのが妥当である。合田正人氏は,この点について大変興味深い指摘をしている。合田氏によれば,ラテン語の再帰代名詞の対格"se"と組み合わされて考えられているスピノザの「自己」は決してレヴィナスの批判するようなエゴイズムの原理には回収さ

れないものである。「——『同のなかの他』としての『彼性』の痕跡の対格 se が、他者へと限りなく流出していく没利害の『自己』(Soi) であるというレヴィナスの考えとの思いがけない類似が出てくるのではないか。この『自己』は無限者が過ぎ去っていることの痕跡であるという意味で、レヴィナスは先のマルブランシュの言葉に眼を向けたのでしょうが、神の過ぎ越し、そのような無限者の顔における表出、そして顔に向けての私の曝露＝表出という、この表現、表出の連鎖をもう一度スピノザと突き合わせてみるべきかもしれません」(「門法のプリズム」p. 17-18)。

　そもそもレヴィナスによると「責任」を〈私〉に突きつけてくる他者の「顔」は、過ぎ越す「無限者」の痕跡としてあり(『存在するとは別の仕方で』148〔邦訳 223〕)、他者の「顔」の命令は、無限者の命令、無限者が他者の「顔」を媒介として突きつける無限者の間接的命令である(同書 28, 155, 234〔邦訳 47, 231, 341〕)。そして他者の「顔」からの命令を受ける〈私〉の方も、「そもそもの初めから対格たる私の『我ここに me voici』のうちで」、無限者を証しするような存在なのである(同書 233〔邦訳 339〕)。「いかなる命令の聴取にも先立つ服従。他ならぬ服従のうちにアナクロニックな仕方で命令を見出し、自己自身から命令を授かる可能性、——他律から自律へのこのような逆転こそ、『無限者』が過ぎ越す (se passe) その仕方である」(同書 232〔邦訳 337〕)」と言われる時、この「無限者の過ぎ越し」は、「意識内への法の刻印」、「同の中の他」、「息を吹き込まれること inspiration」とも表現されている(同書 235〔邦訳 342〕)。よってスピノザの「自己保存のコナトゥス conatus sese conservandi」という言葉における"sese"を「神あるいは無限者の過ぎ越し」として考えることができるなら、「責任」をめぐってもスピノザとレヴィナスには意外な接近が生まれてこよう。ただし私は次章で見るように、究極的なところでは『エチカ』における「利他的行為」の可能性には懐疑的である。よって合田氏の「『何びとも他のもののために (alterius rei causa) 自己の存在を維持しようと努めない』にもかかわらず、自己保存の努力は究極的には実体＝神の属性(「彼」の痕跡)を維持せんとする努力であるという意味で、スピノザ的コナトゥスの構造は何と、反コナトゥスを標榜する倫理的

主体の構造とぴったり重なり合うことになる」(『白い曠野』p. 311) という意見には限定的にしか賛同できない。

また次章で示すように，スピノザは，受動感情に隷属して絶えず「揺れ動いている」有限様態としての人間が，その「心の動揺 animi fluctuatio」を克服して「心の最高の平安 summa animi acquiescentia」としての「自己満足 acquiescentia in se ipso」に至る道を「救済」の過程として描いていたが (E/III/30S, 51S, 55S, Ad25, IV/52, V/27, 36)，この「自己満足 acquiescentia in se ipso」こそは，レヴィナスの目には，他者の顔の哀願と要求に直面して審問，告発され，破壊されるべき「自我の帝国主義」の最たるものと映るであろう。しかし，実はこれも基本的には再帰代名詞"se"との組み合わせで用いられる言葉であり，しかも直観知における「自己満足」についてスピノザは，「神に対する精神の知的愛は，神が自己自身を愛する（*Deus se ipsum amat*）無限の愛の一部である」(E/V/36) という定理の備考において取り上げているのだから，この「自己満足 acquiescentia in se ipso」に関しても，コナトゥスと同様のスピノザ擁護は可能かもしれない。

III−4　スピノザの「感情の模倣 affectuum imitatio」

「我々と似たもの（res nobis similis）でかつそれに対して我々が何の感情も抱いていないものが或る感情に触発されるのを我々が想像する（表象する *imaginamur*）なら，我々はただそれだけで（eo ipso），それと似た感情に触発される（*afficimur*）。」(E/III/27)

「そもそもの初めから，『他者』は我々の意に反して我々を触発している（affecte）。」(『存在するとは別の仕方で』205〔邦訳298〕)

最初に掲げたのは『エチカ』第3部の感情理論における「感情の模倣 affectuum imitatio」の基本形である。このように，「感情の模倣」は，第一義的には，他者の感情をこちらから「模倣する」という「能動的」な行為ではなく，あくまで〈私〉の意志の有無にかかわらず他者から或る感情に「感

染させられる」という「受動的」な出来事である。例えばそれは，自己と似た或る他者が「悲しみ」を抱いているのを見て，〈私〉がその他者に対して能動的に「共感」するあるいは「同情」を抱くよりも先に，〈私〉が既にその他者のその悲しみに似た感情を，否応なく，有無を言わされずに抱かされてしまうという事態のことである。このように常に他者へと，他者の感情へと無防備なまでに開かれ（裸出性），受動性のうちに，相互触発（作用）のただ中に生きているというのが『エチカ』の「感情の模倣」が示す受動の相の下に生きる人間像である。

　スピノザは，気が付いたら既に他者から或る感情に感染させられてしまっているという受動的な出来事として「感情の模倣」を考えていた。よく見ると，上に掲げた「感情の模倣」の基本形（E/Ⅲ/27）には――「感情の模倣」というスピノザ自身の命名にもかかわらず（E/Ⅲ/27S, 49S）――「模倣する imitari」という能動相での表現はどこにもない[15]。そこでは，ただ「触発される afficimur」という受動相を用いて「感情の模倣」が説明されている。

　そして，この「感情の模倣」（の基本形）の前提条件となっている部分，つまり「我々と似たものでかつそれに対して我々が何の感情も抱いていないものが或る感情に触発されるのを我々が想像する（表象する imaginamur）なら」という条件を分析すれば，まず初めに我々が「他者の或る感情」を能動的あるいは主体的に「認識」し，そのような「認識」が原因となって我々がその他者の感情と似た感情に「触発される」というのではないことが分かる。つまり，ここで用いられている「想像する（表象する）」という行為は，確かに『エチカ』第2部の認識理論においては，「理性」や「直観知」と並んで，三種に区分された「認識 cognitio」のうちの一つとして提示されてはいるが（E/Ⅱ/40S2），それは三つの認識（能力）の中で最も低い段階のもの，精神が「非十全で混乱した観念」を有する場合に生まれる精神の「受動」であり，その限りにおいて「虚偽の唯一の原因」なのである（E/Ⅱ/35, 41・D, Ⅲ/1, 3）。

15　確かに『エチカ』には，人間が他者や「自己と似ている」野獣の感情を「模倣する」というように能動相で表現されている箇所もあるが（E/Ⅲ/32S, Ad33Ex, Ⅳ/68S, Ap13），それらの場合でも「感情の模倣」が本質的に受動的な出来事であるということは文脈上明白である。

このように「想像知(表象知)imaginatio」は「受動」でしかありえないから，我々が，我々自身と似ておりかつ我々が何の感情も抱いていない或る他者の感情を「想像する(表象する)」という行為は，受動的な行為，受動的な出来事なのである。そしてまた，「感情の模倣」は「想像知(表象知)」を前提とする行為であるがゆえに，基本的に「虚偽」あるいは「誤謬」に基づいた行為なのである。スピノザはこのような「想像知(表象知)」が生み出す「虚偽」あるいは「誤謬」の代表例として「自由意志」を挙げている(E/Ⅱ/35·S)。スピノザによると，人間たちが自らを自由であると思い，「自由意志」を有しているという誤った「意見 opinio」——それは「想像知(表象知)imaginatio」の別名である(E/Ⅱ/40S2)——を抱くのは，「自らの行動は意識しているが，自らがそこへと決定される(determinantur)諸原因は知らない」(E/Ⅱ/35S)からである(E/Ⅰ/32, Ap, Ⅱ/48, Ⅲ/2S, Ⅳ/Prae, EP/58)。しかし，人間たちをこのあるいはあの行動へと決定しているものこそが「想像知(表象知)imaginatio」という認識作用によって形成される「表象像 imago」なのである。事物の「表象像 imago」とは，「人間身体の変状(affectiones)そのもの，すなわち，それによって人間の身体が外的原因により触発され(afficitur)，このあるいはあの活動をするように仕向けられる(disponitur)様式そのもの」(E/Ⅲ/32S)であった。スピノザによると，或るものの「表象像」を形成することは，そこから「触発」を受け，或る行動を行うように「規定される(定められる)disponi」ということに等しいのである。

よって我々の認識能力が「想像知(表象知)」の段階にある限りは，自らの意志で他者によるこの「触発」と「規定」を回避することは不可能である。我々はそのような自由など持ち合わせてはいないのだ。我々は他者に対して能動的，主体的に「同情 misericordia」あるいは「憐憫 commiseratio」を抱く「自由」を有していないどころか(E/Ⅲ/27S, Ad18Ex, 24)，自らの「意志」によって他者からの感情の「感染」を受入れたり拒否したりすることすらできない。「感情の模倣」は受動的であると同時に「不可避的な」出来事なのである。これは先述のレヴィナスの「可傷性＝傷つきやすさ」と共通する所があるのではなかろうか[16]。

レヴィナスは、「反省された態度としての、隣人に対する一切の愛あるいは憎しみは、それに先立つこの可傷性＝傷つきやすさを前提にしている」（『他者のユマニスム』93-94〔邦訳154〕）と言っている。他者からの不可避の触発としての「可傷性＝傷つきやすさ」によって、他者に対して愛や憎しみを抱く前に〈私〉は既に、他者の苦しみに感応もしくは「応答 réponse」をしてしまっている。他者の悲惨を、苦しみを前にした時、〈私〉には同情や共感を抱くことも抱かないこともできるという選択の自由などない。「世界の苦しみと過ちの全重量が自我にのしかかってくるのは、この自我が共感（sympathie）や同情心（compassion）を抱きうる自由な意識であるから」というわけではないのだ。そのような「自由」は、「〔他者の〕苦しみによっていわば圧殺され解体されてしまう」。まず、隣人の呼びかけから逃れることの不可能性によって、そしてこの不可能性によって隣人への接近がいったん実現されてしまうと、今度はその隣人から自由に遠ざかれなくなるという新たな不可能性によって、そのような「自由」の欺瞞性はすぐに暴かれてしまうのだ（『存在するとは別の仕方で』203〔邦訳295〕）。

レヴィナスの「可傷性＝傷つきやすさ」をめぐるこのような考え方は、本節冒頭に掲げた「そもそもの初めから、他者は我々の意に反して（malgré nous）我々を触発している」という彼の言葉とも相まって、スピノザの「感情の模倣」の自己の「意志の自由」に先立つ不可避の出来事という特徴と大きく重なり合っていると言えよう。「感情の模倣」においては、或る他者の感情に触れてしまっただけで——というよりはその他者が或る感情に「触発される」現場に居合わせてしまっただけで、我々はその他者が或る感情に「触発される」という事態を「十全に」あるいは「能動的に」認識する暇も与えられず、気が付いた時にはその他者のその感情と似た感情によって不可

---

16 あらかじめ両者の根本的相違を挙げておけば、スピノザの「感情の模倣」では、模倣されるのは、「喜び」、「悲しみ」、「欲望」の基礎的三感情とそこから派生するとされる人間のあらゆる感情であるが、レヴィナスの方は、「感情の転移」によって「高邁 générosité」の誕生を説明する主張へのわずかなコメントがあるにはあるが（『存在するとは別の仕方で』187〔邦訳273〕）、「可傷性＝傷つきやすさ」においては、「苦しみ」のみが問題にされているということである。

避的に触発されてしまっている。「感情の模倣」の基本形に見られる「ただそれだけで eo ipso」という言葉は，「想像（表象）すること」を「触発されること」の原因に祭り上げるのではなく，この二つの行為の間の同時相即性を意味している。他者が或る感情に「触発される」のを我々が「想像（表象）すること imaginari」は「それ自体で eo ipso」，その他者のその感情に似た感情に我々が「触発される」ことを意味しているのである。このことは，「感情の模倣」においては，他者（の感情）を能動的に認識する以前に，〈私〉は既に他者と関係してしまっているということを意味していると言えるであろう。レヴィナスも，隣人としての他者と〈私〉の関係は，〈私〉によるその他者の「認識」以前，ひいては〈私〉の「意識」以前のものであると言っている。

「私が隣人を指示＝任命する（désigne）に先立って，隣人は私を召喚する（assigne）。隣人によるこのような召喚，それは知（savoir）の一様態ではなく強迫（obsession）の一様態であり，認識することとは全く異なる，人間性に戦慄することである。認識することは常に創造と無化に変換可能であり，その結果，対象は概念に委ねられてしまう。特異＝固有なものを抹消し，一般化するがゆえに，認識することは観念論である。——中略——意識は，私と隣人の間に介在しては来ない。少なくとも，意識に先立つ強迫の関係——いかなる意識にもこの強迫を解除することはできない——にあらかじめ基づくことでのみ意識は出来する。意識そのものが強迫（obsession）の一変容（modification）なのだ。」（『存在するとは別の仕方で』138-139〔邦訳〕209-210）

ここでレヴィナスは，「一般概念」によって他者を認識することに潜む「暴力」を摘発しつつ，それとは別の仕方での他者との始原的な関係について語っている。レヴィナスは，〈私〉による他者の「認識」に先立つ，隣人としての他者と〈私〉との関係を，他者による「強迫」の関係であると考え，意識そのものが「強迫」に「遅れ」をとってやって来ると述べているが，「私を他者として強迫する（obsèdent）全ての他人は，私を類似ないし本性の

第 6 章　コナトゥスの彼方へ　173

共通性によって私の隣人と結合された同類の『標本』として触発する (affectent) のではない。——中略——他人たちは一挙に (d'emblée)、私と関わるのだ」（同書 247〔邦訳 361〕）というように、他者による「強迫」を「触発」とも言い換えている。すると、〈私〉は他者（の感情）を能動的に認識するに先立って、既に他者に「触発」されてしまっているというスピノザの「感情の模倣」の考え方は、ここでかなりレヴィナスに接近していると言えるであろう。ただレヴィナスにおいては、まず初めに〈私〉の意識が存在し、この〈私〉の意識が他者に対して共感や同情心を抱くのではなく、逆に〈私〉の意識は、他者からの「触発」によってのみ始まる。

「自我は、主権者である自我の自己触発によって始まり、ついで、他者に対して同情を抱きうるのではありません。そうではなく、他者の出来という、一切の自己触発に先立ち、かつ始まりを欠いた外傷を通して、自我は始まるのです。ここでは、一者が他の者によって触発される (affecté) のです。」（『神・死・時間』205〔邦訳 250〕）

ここでは、他者は常に〈私〉の自我に先行するということが言われているが、『エチカ』の「感情の模倣」においては、以下に見るように、自己と他者の感情のうちどちらがオリジナルか、どちらが先行するかを判断することの不可能性はあっても、そのような他者の存在の先行性は保証されてはいない。

以上のように、『エチカ』の「感情の模倣」に見られる「他者論」は、例えばフッサールの『デカルト的省察』における他者構成論のように、自我の「固有領域」から出発して、「自己移入 Einfühlung」によって他者を自我の「変様態」あるいは「類似者 Analogon」として構成するというものではないし（『デカルト的省察』第 43 節、第 44 節）[17]、カントの「超越論的主観性」のよ

---

[17]　もちろんフッサールは、「自己移入」を可能にする「類比化する統覚 analogisierende Apperzeption」を、能動的な推理や思考作用としてではなく、「対化する連合 paarende Assoziation」という「受動的総合」として捉えていることにも注意しなければならない（『デカル

うに全てに先立って存在し、いかなる他者のいかなる感情にも「汚染」される以前の純粋で無傷な〈私〉の意識が、他者を自己に「似ているもの」として認識するというものでもない。そもそも、『エチカ』の「感情の模倣」においては、他者からの「触発」に先立って、我々が他者を自己に「似ているもの res similis」として先行的に認識し構成するということはありえなかった。しかし「感情の模倣」の基本形の「前提条件」の一つは、〈私〉に感情を模倣される他者が〈私〉と「似ている」というものであった。では「感情の模倣」の主人公たちは、いかにして自己とその他者との「類似性」を知るのであろうか。確かに、精神のコナトゥスとしての認識能力（E/Ⅲ/59D, Ⅳ/26D, Ⅴ/Prae, 20S）が、「想像知（表象知）」を脱して、「共通概念 notiones communes」による「必然的に真なる」認識である「理性」（E/Ⅱ/40S2, 41, 42）にまで到達していれば、自己と他者の「共通性」は認識することが可能であろう（E/Ⅱ/40S2）。しかし、「共通性」と「類似性 similitudo」とは異なるものであるし、「感情の模倣」の認識論的な基礎は「想像知（表象知）」——それは誤謬の唯一の原因であり、「意見 opinio」とも言い換えられた——にあるわけだから、実際は自己と他者の「類似性」は「認識される」というよりは「感じられる」とでも言った方が適切であろう。或る他者を「自分と似ている」と感じると同時に、〈私〉の意識はその他者の感情の変化を鏡のように映し出してしまっている。だがここで問題なのは、なぜ〈私〉は或る他者と自分が「似ている」と感じるに至るかということである。それは自己と他者の「類似性」の基準の問題、言い換えれば、「似ている」自己と他者のうちのどちらがオリジナルとして先行するかという問題である。

　だが「受動の相」の下に在る人間、つまり「感情の模倣」のただ中に在る人間には、自己から出発して、自己を基準にして、或る他者を自分に「似ている」ものとして同定することができないだけでなく、自己と他者のうちのどちらがオリジナルなのかを判断することすらできない。それは、他者の感情に「汚染」（触発）される前の純粋で無傷な〈私〉の感情、完全にニュー

ト的省察』第50節、第51節）。

トラルな〈私〉の感情というものが、「感情の模倣」のただ中に在る人間たちには存在しないからである。〈私〉の感情は、その成立の初めから始原的に他者の感情に「汚染」(触発) されている。そして〈私〉の感情を「汚染」したその他者の感情も、その他者にとっての他者——それはこの〈私〉の場合もある——の感情によって初めから「汚染」されている。そして更にそのような他者の感情もまた始原的に……と続く。この場合、〈私〉の感情を「汚染」(触発) してくる他者も、その他者の感情を「汚染」してくる他者も「同時に複数の他者」である可能性がある——というよりも複数であるのが常であろう。こういう複雑な相互触発のメカニズムのただ中に存在しているのが〈私〉の意識であり、その無限な複雑さをその都度映し出す鏡が「感情＝触発された状態 affectus」というものなのである（E/Ⅲ/Agd・Ex）。だから、人間は、「自らが行動へと決定される諸原因」（E/Ⅱ/35S, Ⅲ/2S）あるいは「自らが衝動（コナトゥス）へと決定される諸原因」（E/Ⅰ/Ap, Ⅳ/Prae, EP/58）を知らないがゆえに、「自由意志」を有していると思い込んでしまうのであるとスピノザが言う時、それは有限様態としての人間がこのような複雑な因果関係の「構造」の中に組み込まれて存在していることへの無知や無自覚を告発したものであったのだ。

　実際スピノザは、「自由意志」が存在しないということを、先述の『エチカ』第１部の存在論における「水平の因果性」の議論（E/Ⅰ/28）を用いて証明している。つまり「各々の意志（作用）は他の原因によって決定されるのでなければ、存在することも作用へと決定されることもできない。そして更にこの原因もまた他の原因から決定され、このようにして無限に進む」（E/Ⅰ/32D）。

　ただ、このようないわゆる「構造的因果性」の議論をする際に、最大限注意しなければならないのは、『エチカ』においては、有限様態同士の「水平の因果性」の議論は、絶対に無限なる神と有限様態との関係としての「垂直の因果性」の議論（E/Ⅰ/26, 27）との緊張関係の中でのみ語られているということ、そして各有限様態を存在や作用に決定する他の有限様態は、実は「限りにおける神」つまり「定まった存在を有する有限な様態的変状（modificatio)によって様態化した限りにおける神あるいは神の或る属性」(E/I /28D)であるということである。また「感情の模倣」をこのように,「因果性」の議論から理解しようとするなら,それはレヴィナスの「可傷性＝傷つきやすさ」とは本質的に異質のものとなってしまう。そしてここにこそ,レヴィナスの他者論と倫理の核心部分がある。

> 「可傷性＝傷つきやすさのうちには,因果関係(causalité)によっては論じ尽くせない他人との関係が宿っている。それは,刺激要因によるいかなる触発(affection)よりも以前の関係である。——中略——可傷性＝傷つきやすさ,それは,他者による強迫(オブセッション)あるいは他者の接近である。それは,刺激要因としての他者の背後の,他者のために(pour autrui)である。他者の表象にも,近さ(proximité)の意識にも還元されない接近である。」(『他者のユマニスム』93〔邦訳154〕)

他者を,触発の因果関係の中での刺激要因として「主題化」ないし「表象représentation」することはできない。なぜか。ここにはレヴィナスの「倫理」の根幹としての「顔 visage」の問題が在る。先述のように,他者は〈私〉の「意識」に,〈私〉の「認識」に先立って,〈私〉を触発するのであるから,〈私〉の側から,〈私〉を触発してくる他者を「認識」しようとしても,そこには常に「遅れ」が生じてしまう。他者をいくら正確に捉えようとしても,〈私〉が捉えてしまった瞬間には,もうそれは過去のものと化してしまっている。「私はいかに反応しようとも〔他者の顔の〕現前(présence)を逸してしまう。それは,〔私が反応したその瞬間には〕その現前は,既に自己自身の過去となってしまうからである。——中略——私は隣人に対して遅れるがゆえに,隣人を表象＝再現前化することができない」(『存在するとは別の仕方で』141-142〔邦訳213-214〕)。〈私〉が見ているこの星の燦然たる輝きが,実ははるか彼方の昔に発せられたものであり,既に滅んでしまった星の最後の悲しき輝きであったかもしれないように。「〔他者としての〕隣人の顔は表象＝再現前化(représentation)から逃れる。隣人の顔は現象性の欠損

にほかならない」(同書 141〔邦訳 212〕)という言葉はそういう意味である。〈私〉にとって他者の「顔」は既にして——そして永遠に——「痕跡 trace」でしかない。そして,他者の「顔」に対する,「顔」の訴えかけに対するこの「遅れ」ゆえに,〈私〉は他者に「遅刻」したという罪を負うており,他者から「告発」されるのである。そのような他者を因果関係の中に押し込めて捉えることなど決してできないのである。けれどもこのように見てくると,無視できない幾つかの本質的な相違があるにもかかわらず,『エチカ』の「感情の模倣」とレヴィナスの「可傷性＝傷つきやすさ」には大きく共通する部分があるのも事実である。だが,スピノザとレヴィナスのこの接近は『エチカ』の進行がまだ「受動」の段階(ステージ)に留まっている所までである。

Ⅳ 受動の中で実現される倫理と受動を超えて実現される倫理

　スピノザの『エチカ』には,受動(感情)に囚われ,相互に対立して生きている人間が,受動(感情)から能動(感情)への移行を成し遂げ,理性に導かれて相互に一致し和合して生きていくようになり,最終的には「救済」に至るという道筋が描かれている。『エチカ』全体が,「受動から能動への移行」のプログラムを提示していると言うことができる。Ndayizigiye は,存在の自然＝本性的な緊張,つまり「我欲に囚われて存在すること intéressement」を叙述する際にレヴィナスは,『エチカ』の「(自己保存)のコナトゥス」をスピノザから借用しているという事実を認めつつも,レヴィナスはこのようなスピノザの理論のうちの受動の相のみしか考察の対象にしていないと指摘し,「レヴィナスは,スピノザの分析から,受動感情に囚われた者の様相だけを採り上げている。実際,レヴィナスが描く『我欲に囚われた intéressée』生の光景は,賢者の生のそれ,理性によって導かれた生のそれでは決してなく,暴力と戦争の旗印のもとに置かれている実存全体のそれである」(Ndayizigiye：1997, 181) と述べている。では,スピノザは,受動(感情)から能動(感情)への移行を成し遂げ,理性に導かれて生きている人間の存在と生の様相をどのように描いているであろうか。

　たしかに『エチカ』では,感情から理性への移行,受動から能動への移行

を成し遂げる前の受動感情に隷属する人間は，自然＝本性上，相互に一致しえず，むしろ自然＝本性上，相互に相違し対立的でありうるような人間として描かれていた（E/Ⅳ/32, 33, 34）。その限りでは，『エチカ』の描く受動感情に隷属する人間は，レヴィナスが批判したような「コナトゥスから戦争へ」と至る可能性を宿した存在なのかもしれない（本章Ⅰ-2）。しかし，このことは，受動感情に隷属する人間たちは国家を形成しないということを意味しない。「相互に対立的で<u>ありうる</u> *possunt invicem esse contrarii*」（E/Ⅳ/34）という傾向は，受動感情に囚われた人間たちから，国家を形成しそこに生きることの可能性を剥奪しはしないのである。前々章Ⅲ-2で述べたように，『エチカ』においては，受動感情に隷属する人間たちがそこに生きることになる「強制による国家」が示されていた。そしてそれらの者たちでも，（受動）感情から理性への移行を成し遂げ，「理性の導き（命令）に従って生きる人間」となった時には，自発的に「国家」を形成して，その中で「国家の共同の決定」（国家の共同の法律）に従って生きることを欲するようになるのである（E/Ⅳ/73）。

　だが忘れてはいけないのは，スピノザの「理性の導きに従って生きる人間」は，このような「自発的」共同性（E/Ⅳ/71D, 73・D）の実現の可能性ばかりでなく，「自己のために求める善を自己以外の人々のためにも欲する」（E/Ⅳ/37）というような「利他的行為」の可能性をも有した存在，「利己主義」――というよりは「感情の模倣」に伴う「擬似的利他主義」（自己充足型の利他主義）――を克服した人間でもあるということだ。

　しかし，ロッカも「利他的行為」の不可能性の根拠として挙げているように（Rocca：1996, 232），一方でスピノザは「何人も他のもののために（*alterius rei causa*）自己の存在を保存しようと努力することはない」（E/Ⅳ/25）と断言しているし，また『政治論』では，宗教の「各人はその隣人をあたかも自己自身のように愛さなければならない」[18]という誰もがよく知る教えは，「感情

18　レヴィナスは，聖書のこの言葉に対して「あなたの隣人を愛しなさい。このことがあなた自身なのです。このわざがあなた自身なのです。この愛があなた自身なのです」という解釈をしている（『観念に到来する神について』145〔邦訳177〕）。

に対しては十分には効力がない」(TP/I/5) とも言っている。『エチカ』の「理性の導きに従って生きる人間」は，本当に「利他的」な人間なのであろうか。あるいはそもそも，「自己保存のコナトゥス」によって基礎付けられた『エチカ』において「利他的行為」の可能性は存在しえるのであろうか。この問題はすでに「感情の模倣」との関係で論じたが（本書第3章），ここではロッカの議論を参照しつつこの問題を考察する。

ロッカは「利他的行為」を，「他人の利益のみを目的とした行為であるが，その行為の結果として，行為者自身に利益がもたらされても，それが利他的であることには変わりはない」というように定義した上で (Rocca : 1996, 230-231)，『エチカ』には，このような意味での「利他的行為」の可能性は存在しない――というよりもスピノザ自身が，自らの哲学体系の自然主義的一貫性を守るために「利他的行為の可能性」が存在しないことを証明せざるをえなかった――ということを証明している。ロッカの議論を検討する前に「感情の模倣」の倫理的帰結を確認しておくと，「欲望」の模倣からは「競争心」(E/Ⅲ/27S) が生まれ，「喜び」の模倣からは――「我々は，喜びに寄与すると我々が想像（表象）する全てのものを促進＝実現しようと努力する (conamur promovere)。反対に，それに矛盾しあるいは悲しみに寄与すると我々が想像（表象）する全てのものを遠ざけあるいは破壊しようと努力する」(E/Ⅲ/28) という「コナトゥスの自己発展性」（エゴイズム）の原理を介して――「擬似的利他的行為」（自己充足型の利他的行為）(E/Ⅲ/29) や，他者に自己と同様の「喜び」を「模倣させる欲望」である「名誉欲」(E/Ⅲ/31S) が生じる。そして「悲しみ」の模倣からは「憐憫 commiseratio」(E/Ⅲ/27S) が生じるのであるが，ロッカは，或る行為者がこの「憐憫 pity」から他者を助けるように動機付けられたとしても，それはスピノザにとっては「利他的な」動機たりえないと言う。そもそもスピノザにとって「憐憫」とは「我々が自分と似ていると想像（表象）する他人の上に起こった害悪の観念を伴った悲しみ」(E/Ⅲ/Ad18) であったが，上述のように「悲しみを感じている（悲しみによって触発されている）人間が努力する (conatur) ことの全ては，悲しみを除去するということに向けられる」(E/Ⅲ/37D, cf. 13, 27C3D,

28)から,「憐憫」に動機付けられて他者を助ける者は,悲しんでいるその他者のためだけを思って,その他者の悲しみを除去してあげることだけを目的としてその他者を助けるのではなくて,自己の「憐憫」自体の中に含まれる自分自身の「悲しみ」を除去して自分自身の苦しみを和らげようとしてその他者を助けるのである (Rocca：1996, 232)。結局,この「憐憫」の場合に「利他的行為」に見えていたものは,そこに「コナトゥスの自己発展性」(エゴイズム)の原理 (E/Ⅲ/28) を見抜くことで否定される。

　しかしロッカはまた,『エチカ』の「理性の導き(徳)に従って生きる人間」の「自己のために求める善を自己以外の人々のために (reliquis hominibus) も欲するであろう」(E/Ⅳ/37) という倫理的態度も利他的なものではありえないとする (Rocca 1996：232-233)。ロッカ自身の証明では不十分なので補って証明すると,「理性の導き(徳)に従って生きる人間」が,自己のために求める「善」つまり「認識すること」を自己以外の人々のためにも欲するのは,その他者自身のためを思ってではなく,その他者が「理性」に従って生きることが可能なまでに「認識」能力が向上している方が自己にとって「有益」だからなのである (E/Ⅳ/31・C, 35・C1, Ap9)。そもそも『エチカ』では,「善」とは我々に「有益」であり,「喜び」の原因となり,自己保存に役立ち,活動力能(コナトゥス)を増大促進させるものであったから (E/Ⅳ/D1, 8D, 29D),この場合も「利他的行為」に見えていたものは,実はスピノザ自身のその証明 (E/Ⅳ/37)[19] が「各人はその善あるいは悪と判断するものを自己の本性〔コナトゥス〕の法則に従って必然的に欲求しあるいは忌避する」(E/Ⅳ/19・D) という「コナトゥスの自己発展性」(エゴイズム) の原理 (E/Ⅲ/28) の一つのバリエーションによってなされていることに留意すれば,結局,否定されてしまうのである。

　こうしてロッカは,『エチカ』においては,受動感情に隷属する人間も(憐憫),「感情の模倣」を克服して「理性の導きに従って生きる人間」も,自己自身の利益を目的とした場合にしか他者の利益を求めないから,そこに

---

[19] これは第1証明である。第2証明の問題点については,本書第10章Ⅲ-3を参照。

は「利他的行為」の可能性はないと主張している。ロッカによると、このようにスピノザが「利他的行為」（利他的欲望）を否定したのは、「利他的行為」というものの存在を認めてしまうことは——例えば石のような人間以外の有限様態には「利他的行為」が不可能であることが明白な事実である以上——ほとんど人間のみに「利他的行為」とそれへの欲望を認めてしまうということになり、この自然の中に例外を作ってしまうということが、スピノザ自身の哲学体系の「自然主義」の一貫性を侵害してしまうためである。そしてこの「自然主義」の一貫性を守るための強力な根拠が、人間も含めた万物にその本質として例外なく備わっている自己保存のコナトゥスと自己の活動力能（コナトゥス）を可能な限り増大させようとする傾向であったのだ (Rocca: 1996, 231-234)。

よって最終的には、「理性によっても憐憫によっても他人を助けるように動かされないような者は、非人間的と呼ばれてしかるべきである。なぜなら、そうした者は（第3部定理27により）人間とは異なった（似ていない dissimilis）ものである〈あるいはあらゆる人間性を欠いている〉ように見えるからである」(E/IV/50S) とまで『エチカ』が主張したとしても、そこには——ロッカが定義したような——「利他的行為」の存在する余地はないということになる。ただここでは、この他者援助の衝動の証明 (E/IV/50S) に、スピノザが「感情の模倣」の原初的形態 (E/III/27) を用いているということに注目したい。「感情の模倣」の原初的形態とは、本論が既に確認したように、受動の相の下にある限りにおける我々が、他者の感情に受動的な仕方で晒され、我々の意志以前に不可避的にその他者の感情に似た感情に感染させられてしまうという事態であった。しかし、この「感情の模倣」の原初的形態だけからは——スピノザ自身の証明とは違って——我々は、悲惨のうちにあり悲しみを抱え苦しんでいる他者を見て、その他者と似たような感情に触発されることは説明できても、その他者を助けようとする衝動を抱くということまでは証明できないであろう。このような他者援助の衝動を説明するためには、「感情の模倣」の次の段階が必要になる。つまり、我々は「コナトゥスの自己発展性」（エゴイズム）の原理 (E/III/28) から、我々と似た他者が喜びそう

なことを——我々自身の「喜び（コナトゥス）」の増大を目的として——その他者に対して行い（E/Ⅲ/29），我々のその行為（援助）の結果として得られる当の他者の「喜び」を模倣することで，結果として我々自身の「喜び（コナトゥス）」を増大させる（E/Ⅲ/30）ということである。けれどもスピノザは，証明をそこまで進めてはいない。それはたんに証明が不十分だったのか，あるいは我々の「他者援助」の根底に潜む本質的に「利己的な」動機の露呈を防ぐための意図的なものであったかであろう。

　結局，理性によっても憐憫によっても他者援助へと突き動かされない者がスピノザによって「非人間的 inhumanus」と呼ばれるのは，実は，「感情の模倣」を用いて他者の感情を利用してまでも自己の「喜び（コナトゥス）」を増大させるという人間に固有の（コナトゥスの）「本質」（E/Ⅲ/12, 28, 37D, 57D,）を有していないという意味でであったのである。

　以上のように——少なくともロッカによって定義されたような——「利他的行為」は，『エチカ』においては発生不可能であるということが確認できたのであるが，それでも『エチカ』には，実はレヴィナスの「非対称性」の倫理を髣髴とさせるような箇所があった。それは，「理性の導きに従って生きる人間」（自由な人間）の倫理的特性が描写されている箇所である。例えばスピノザは，「理性の導きに従って生きる者は，自分に対する他人の憎しみ，怒り，軽蔑などを，できる限り，逆に愛あるいは寛仁（generositas）で報いようと努力する（conatur）」（E/Ⅳ/46）と言っているし，「無知なる者たちの間に生きる自由な人間はできる限り彼らの親切＝善行（beneficia）を避けようと努める」（E/Ⅳ/70）とも言っている。

　表面的に見るならば，認識論的に下位にある者としての「無知なる者」からたとえ「憎しみ」を受けても，それを「愛」あるいは「寛仁」に変えて応え，しかもそれらの人々からの「親切」は拒絶するということは，他者との「非対称的な」倫理的関係という意味ではレヴィナスの「倫理」に近いように見えよう。しかしこれらの行為は，「賢者」つまり「理性に従って生きる人間」の衷心からの「親切」や「自己犠牲」の精神に基づいた隣人愛からなされるのではなく，「賢者」自らが「（受動）感情の模倣」の循環の中に取り

込まれてしまうことを回避するためになされるのである（E/Ⅳ/46D, 70D, Ap13）。よって一見すると，本章Ⅲ－1で確認した，〈私〉の「可傷性＝傷つきやすさ」が他者と〈私〉との間に生み出す「苦しみの循環」を，まさにこの〈私〉において，この〈私〉が絶対的に「受動的な仕方で」全ての罪と苦しみを引き受けることによって断ち切り，終結させるというレヴィナスの「倫理」と（苦しみの）感情の循環を終結させる方法が似ているようにも見えるが，その内実は全く異質なものである。

　スピノザによると，「自由な人間」（賢者）とは，理性に導かれる「能動的な人間」のことであり，「無知なる者 ignarus」（奴隷）とは，受動感情に隷属した「受動的な人間」のことであった（E/Ⅳ/45S, 66S, 70, Ⅴ/42S）。既に自らは「受動感情」を克服し，「受動感情」のうちに生きる限り続く「感情の模倣」が生み出す愛憎と敵対のドラマに別れを告げて，相互に一致，協力して，自発的共同体（E/Ⅳ/71D, 73·D）を作って生きている「自由な人間」たちにとっては，今更，自分たちよりも認識論的に下位にある者，つまり「無知なる者」が繰り広げる愛憎と敵対のドラマのなかに巻き込まれるのは，無意味かつ回避すべきことなのである。そして，この回避へと「賢者」を突き動かす根本衝動は「コナトゥスの自己発展性」（エゴイズム）の原理（E/Ⅲ/12, 28, 37D, Ⅳ/19）なのである。

　結局，倫理の基礎を「自己保存のコナトゥス」に求めたことが，「自己自身の利益を全く度外視した上で他人の利益のみを目的とするような行為」としての「利他的行為」の可能性をスピノザから根こそぎ奪ってしまっている。既に，「水平と垂直の因果性」の所で確認したように（本章Ⅱ），「自己」の本質である「コナトゥス」こそが自己と他者との必然的な結びつきと自己のうちに神の力能が宿っていることの証であり，「コナトゥス」こそが「倫理」と「社会性」の生まれ出づる現場であるにしても——いや，そうであればこそ，そもそもの初めからそのようなものとしてある「自己」を否定することになる「自己犠牲」は『エチカ』では不可能あるいは無意味となるであろう（Bidney：1962, 331-332）。

　以上が，レヴィナスが捉えそこなっているとNdayizigiyeが指摘していた

『エチカ』における「理性の導きに従って生きる人間の」つまり「賢者」の生の様相である。『エチカ』では，受動から能動への，(受動)感情から理性への移行が，(自発的)社会性と——それが成功しているかどうかは別として——倫理(利他的行為)を可能にするという構造になっていた。これに対してレヴィナスは，「倫理」の根拠も「社会」の根拠も「理性」には求めない。レヴィナスにとって「倫理」とは，〈私〉の「可傷性＝傷つきやすさ」という受動——「いかなる受動性よりも受動的な受動性」によってこそ担われるものであり，「理性は人間社会を可能にする。しかし，その構成員たち(構成要素)が，理性でしかないような社会は，社会としては消え失せてしまう」(『全体性と無限』124〔邦訳174〕)というように，社会(性)の成立条件を「理性」のみに求めることも反対される。

　Ndayizigiye は，上に考察した『エチカ』の「理性の命令」そのものとしてのコナトゥスを採り上げ，スピノザとは逆にレヴィナスは，そのような通路から「人間的なるもの l'humain」という「近さ proximité」に到達できるという考え方を疑いつつ，自己の存在に固執する権利が賢者の生の規範を構成するということを拒絶するが，それはレヴィナスによると，この権利を認めることは，「万人の万人に対する戦争」の危険を絶えず自ら求めるのに等しいからであると述べている (Ndayizigiye : 1997, 182)。Ndayizigiye によると，「賢者たちの間の和合」は，レヴィナスには，「人間的なるもの」には関係(縁)がないことのように思われるであろう。それはその和合が，執拗に続いて絶えることなき不幸を忘却することの上に成り立つものであるからだ。スピノザ自身も，「憐憫は理性の導きに従って生きる人間においては，それ自体では悪でありかつ無用である」(E/Ⅳ/50) から「理性の命令に従って生きる人間は，できる限り憐憫に心を捕らわれないように努力する」(E/Ⅳ/50C) とさえ言っている。

　レヴィナスによると，自己の存在の増大を目指した力と力のぶつかり合いの緊張は，実際，大多数の人間たちに，自らの存在が即，善と同一視されるということを確信させ，侮辱され傷つけられた人々の運命にかかずらうことを禁じるのである。そして賢者については，「神への知的愛」——スピノザ

によるとそれが救済を保証するのだが——から自らを引き離すものを一つずつ段階的に克服していった後で，彼らは自己の「苦しみ」にはもはや心を奪われないように見える。レヴィナスは，知的なものであれ神秘的なものであれ，個人的な救済——それはスピノザ哲学にとっての中心的問題であるのだが——の欲望については厳しい態度を取る（『実存の発見』196〔邦訳285〕）。人々が悲惨を叫び静かに崩れ落ちてゆくその瞬間に，まず最初になすべき急務が個人の救済の探求だなんてことをいかにして信じればよいのか（Ndayizigiye：1997, 182, cf. E/Ⅳ/Ap17）。

確かに，スピノザが『エチカ』において示した極めて峻険な道が最終的に到達するのは「救済 salus」である（E/Ⅴ/42S）。『エチカ』においては，「救済」に至るまでの「受動から能動への移行」の道長き過程が，受動感情を克服して理性の導きに従って生きるようになり，更には「直観知」を成就することによって「精神の最高の満足」，「最高の喜び」，「人間の最高完全性」を獲得し（E/Ⅴ/27·D），最終的には，この「直観知」から生まれる「神への知的愛 Amor Dei intellectualis」に到達する（E/Ⅴ/32C, 33S）という過程として描かれていた。そしてこの「神への知的愛」に至った時，人間は「至福 beatitudo」や「自由 Libertas」と並んで位置付けられる「救済」のただ中にいるのである（E/Ⅴ/36S）。

結局レヴィナスは，あくまで「いかなる受動性よりも受動的な受動性」に「倫理」の可能性を見つめ，スピノザは「受動」感情を克服し究極的には「救済」に至るということに「倫理学エチカ」の最高の到達点を見た。確かに，「想像知」から出発して最終的に「神への知的愛」に至るという『エチカ』の論証の進行過程の途中でスピノザとレヴィナスは，一時的ではあるが大きなそして重要な接近をする。その接近は確かに一瞬の出来事かもしれないし，『エチカ』のその後の進行によって打ち消され克服されることになる束の間の遭遇かもしれない。しかし，『エチカ』についてはその最終到達地点のみが，つまりは「賢者」の「救済」のみが重要なのではない。受動感情に隷属する「無知なる者」であっても自己の「活動力能（コナトゥス）」の上昇によっていつの日か「救済」に辿り着くかもしれない。「賢者」の過去は「無

知なる者」であったかもしれないのである。「無知なる者」は「無知なる者」である限りにおいては「救済」に辿り着けないが，『エチカ』の進行過程のそれぞれの段階にある人間たちは，その各々の段階に応じた「喜び」を享受し，そのことによって「活動力能（コナトゥス）」を増大させることはできるのだ（cf. E/Ⅳ/Ap32）。「〈限りにおけるコナトゥス〉のアポステリオリな増大の可能性」が『エチカ』では保証されており，それは「神の我々に対する引き上げの愛」としての「〈限りにおけるコナトゥス〉の自己発展性とその必然性」によって保証されているということ，そして「一般概念」（一般観念）の虚偽性を『エチカ』が暴き出していること（E/Ⅱ/40S1, 48S, Ⅲ/46, Ⅳ/Prae, EP/50），それらを考えるに，「無知なる者」とは「救済」から永遠に遠ざけられ，消すすべのない倫理的評価を刻印された「固定的」な存在ではないということが分かるであろう。このように『エチカ』全体を捉え直す時，レヴィナスとのあの接近がかけがえのない遭遇に見えてくるのである。

結論

　振り返ろう。レヴィナスの「倫理」の根本モチーフは「コナトゥスの彼方へ」であった（本章Ⅰ）。しかし，スピノザ独特の「様態としての自己」について捉え損なっているため，レヴィナスのコナトゥス批判は妥当なものとは言いがたいものであった（本章Ⅱ）。ただ，『エチカ』の論証の進行過程の途上において，スピノザとレヴィナスは一瞬ではあるが重要な接近をする（本章Ⅲ）。けれども，次にレヴィナスの視線を意識しつつ，彼のコナトゥス批判の延長線上で『エチカ』の倫理学説を詳細に分析すると，「利他的な行為」に見えていたものが，実はモチヴェーションをコナトゥスに持った「利己的な行為」であるという事実が浮かび上がってきた（本章Ⅳ）。結局，コナトゥスについての両者の考えの相違が，「コナトゥスに基礎付けられた倫理」と「コナトゥスの彼方へと向かう倫理」という全く逆方向の二つの「倫理」を，二つの「異例」な「倫理」を形作っていたのであった。レヴィナスのスピノザ批判は一面的なものではあるが，それが投げかける問題はあまりにも大きい。

補論I　現代のコナトゥス批判とコナトゥスの思想史

「自己保存」あるいは「自己保存のコナトゥス」は，ストア派の"ὁρμή"まで遡ることのできる西欧の哲学の伝統的な一つの通奏低音である。しかし，「自己保存の衝動，この罪科にまみれた衝動はもちこたえて今なお残っている」（『否定弁証法』357〔邦訳442〕）と言ったアドルノや，「人間性」というものを「コナトゥスが，存在への固執が解体してしまう無償性」（『神・死・時間』39〔邦訳40〕）に見るレヴィナスのように，現代の思想家たちの中には，この「コナトゥスの伝統」に真っ向から対決することによって，近代的な知の閉塞状況を克服しようとする者もいる。その際，槍玉に挙げられることが多いのがスピノザ哲学におけるコナトゥスである。だが，アドルノは，スピノザを「初期ブルジョワ的」な自己保存の思考と規定した上で，ハイデガーの「現存在（Dasein）もまた，初期のブルジョワ的思考の場合と同様に，自己保存原理によって——そしてまた自己を保持する存在者によって——規定されてしまっている」というように，スピノザの「自己保存のコナトゥス」をハイデガーの「現存在」に結びつけて批判している（『本来性という隠語』494, 504〔邦訳145, 162〕）。そしてレヴィナスも，「自己の存在への我執」を生み出す存在論を批判する際に，「現存在とは，それにとっては，自らの存在において，自らの存在へとかかわりゆくことが問題であるような存在〔者〕である」という表現は「コナトゥス」を表したものであるとして，ハイデガーの『存在と時間』における「現存在」を，スピノザの「自己保存のコナトゥス」と同列に攻撃対象としており（『神・死・時間』22, 32, 35, 79-80〔邦訳19, 31, 35, 93〕），更にそれらの思想史的起源をストア派の"ὁρμή"まで遡ることができると考えていた（『他者のユマニスム』45〔邦訳72〕）。つまりレヴィナスは，スピノザの「コナトゥス」だけでなく，コナトゥスの存在論の歴史全体を批判の対象としていたのである。そこで本章は，レヴィナスの（スピノザ哲学における）コナトゥス批判の検討に入る前に，その準備作業と

して，批判対象としてのコナトゥス概念の具体像と全体像を前もって明確にし，それによってレヴィナスのコナトゥス批判の思想史的射程を浮かび上がらせるべく，西欧におけるコナトゥスの思想史を確認しておく。

コナトゥス概念の詳細な哲学史的研究を行ったウォルフソンは（Wolfson：1934, 195-201），コナトゥス概念はストア派の「衝動 ὁρμή」にまで遡ることができるとした。まず，この"ὁρμή"を"conatus"というラテン語に翻訳して用いた最初の人がキケロである。そしてアウグスティヌスは『神の国』で，全ての事物が自然本性上，存在することを，あるいは自己の存在を保存することを欲している（velle）という事実を示すのに一つの章を捧げ，トマス・アクゥイナスは「あらゆる自然の事物は自己保存に努めている（appetit）」という言明でこの原理を再現した。ドゥンス・スコトゥスは同様に「全ての自然の存在は自然本性的な欲望によって存在し続けることを欲する（appetit）」と言い，ダンテは「存在する全てのものはそれ自身の存在を欲している（appetat）」と同じ意見を表明している。テレシアも自己保存を全ての事物がそれに努めている（appetenus）ものとして説明し，同じ原理がルネッサンスの他の哲学者たちによって再度述べられている。そしてスピノザの時代には，自己保存原理は一般的な知識となっていた。

このように，スピノザは，思想史を遡ればストア派によって設計された自己保存の原理の延長線上に彼自身のコナトゥス概念を展開したのだとしながらも，ウォルフソンは，スピノザとストア派，ディオゲネス・ラエルティウスそして，キケロとの相違は，前者がコナトゥスを万物に認めたのに対し，後者の者たちは動物にのみ認めたということであり，このコナトゥスを万物に認めるという考えをスピノザは，アウグスティヌスやトマス・アクィナス，テレシオやカンパネルラなどのルネッサンスの哲学者達，そしてホッブズに学んだのだが，それは，更に直接的には，デカルトの「自然の第一法則（慣性の法則）」から受けた影響[20]によるものであると言っている。またウォルフ

---

20 コナトゥス概念形成におけるデカルトからの影響について

① <u>unamquamque</u> rem, quatenus est simplex & indivisa, <u>manere, quantum, in se est in eodem semper statu</u>, nec unquam mutari nisi causis externis. (Principia Philosophiae/ Ⅱ

ソンによれば，破門前―少年時代―のスピノザの学校での師であったとされるラビのサウル・レヴィ・モルテイラ（Saul Levi Morteira）のヘブライ説教集の中には，「全被造物の母たる自然は，それら被造物に自己保存（self-preservation）へと向かって励む意志と衝動を植え付けた。」という言葉から始まる説教があるという[21]。以上ウォルフソンの研究に沿ってスピノザのコナトゥス

/37/P62-63）
② unaqaeque res, quatenus simplex, & indivisa est, & in se sola consideratur, quantum, in se est, semper in eodem statu perseverat.（PPC/Ⅱ/14）
③ unaqaeque res in suo statu, quantum in se est, conetur perseverare.（TTP/ⅩⅥ/189）
④ unaqaeque res, quantum in se est, in suo esse perseverare conatur.（E/Ⅲ/6）

①はデカルトの『哲学原理』第2部37節であり，②はスピノザが弟子の一人に，デカルトの『哲学原理』を教えたものを口述筆記させたものであると言われている『デカルトの哲学原理』第2部定理14である。③は，『神学政治論』において自然権としてのコナトゥスが述べられた箇所である。そして④は，スピノザのコナトゥス概念が完成した『エチカ』第3部定理6である。順に見ると，デカルトからの影響と，それに僅かばかりの修正をほどこしつつ，スピノザが独自のコナトゥス概念を形成していったことが分かる。

ゲープハルトは，『短論文』においては，世界原理であり，人間の本質であった「愛」の場所に，『エチカ』においては，コナトゥスが取って代わって出てきたとしている。ゲープハルトは，それをホッブズからの直接的な影響と考え，『短論文』を書き上げた後でホッブズ哲学に出会った事に，スピノザ哲学の極めて意義深い発展の契機が在ると言っているが，これは，デカルトからの影響を無視した極めて一面的な見方に過ぎない（Gebhardt：1921, S199f）。ホッブズは，コナトゥス（『リヴァイアサン』の英語版では"endeavour"）を，『物体論』第15章（1655年）では，「所与のものよりも，つまり，限定されたもの，あるいは説明や数量によって規定されるものよりも，より小さい空間と時間即ち，点を通る運動である」というように，また『リヴァイアサン』第1部第6章（1651年）では，「歩くこと，話すこと，打つこと，その他の見える諸行為のうちに現れる前の，人間の身体の中にある運動の小さな端緒（small beginnings of motion）」と定義しており，自己保存的傾向の強いスピノザのコナトゥスとは性質を異にする。

ただし，ここでは詳しくは述べないが，スピノザは，その（一見するだけではホッブズの亜流にも見える）政治哲学のみならず，その哲学的思惟自体にもホッブズからの影響を受けていたことは間違いないであろう。ファン・ローイエンは，ハーグの公証人の文書室の中で，スピノザが死んだ際に所有していた書物のリストを発見した。我々はその161冊のリストをフロイデンタールの資料で確認することができる。そのリストの49番目には，デカルトの『哲学全集』があり，129番目には，ホッブズの『哲学綱要』があった。スピノザは，おそらくデカルトのみならず，ホッブズの研究を通じて，自己の独自の哲学を形成していったのだろう（Freudental：1899, 161, 163）。

21 ラビ・モルテイラは，スピノザの教育の現場にもユダヤ教会からの破門の現場にも深く関わった人物である（Frendental：1904, 23-27, 72-73）。『聖句の彼方』（1982）において，「確かにラビたちは完全に狂っている Rabini namque plane delirant」（TTP/Ⅸ/120）とか「ラビたちは事を完全に捏造している（Rabini）rem plane fingunt」（TTP/Ⅱ/20）というスピノザの

理論の思想史的背景を見てきたが，そのような思想史的影響を受けつつ，スピノザは『短論文』(1661) から『エチカ』(1675)——あるいは『政治論』(1677)——に至るまで，独自のコナトゥス理論を構築していった[22]のである。

補論II　スピノザ哲学研究における他者論と利他主義研究の問題

　スピノザ哲学の中に他者論を読み込むこと。『エチカ』に実体と様態の関係，神と人間の関係ではなく，有限様態としての「私」とその他者との関係を見出し考察するという作業を主題的に行うということが，頻繁にはなされていないのはなぜだろうか。例えばヘーゲルによって「無世界論 Akosmismus」であると，「世界は真の現実性を持たず，これら全てはただ一つの同一性の深淵の中に投げ込まれている。それゆえに，有限な現実性においては何物も存在せず，有限な現実性はいかなる真理も持たない。スピノザによると，存在するものはただ神のみなのである」(Hegel : 1971, 195) と批判されたスピノザの汎神論の体系の中に，「私」にとっての他者を見出したとしても，その他者はすぐにその存在の具体性や積極性を剥ぎ取られ，「私」の存在共々，汎神論のその強力な磁場に飲み込まれて色褪せてゆくのではないかという予感が，他者論からの距離をつくっているのだろうか。

　一方，スピノザ倫理学の中に「利他主義」を発見すること，「自己保存のコナトゥス」に基礎づけられた『エチカ』の倫理の中に，利他的な行為の可

　　言葉に敏感に反応しつつ，レヴィナスは，スピノザのタルムードへの無知と無理解を告発し，近年の資料に基づいて，スピノザはラビ・モルテイラが設立した「律法学院」の最終学年まで進んではいないからモルテイラの弟子ではなかった（よってタルムード実修の幅と深さが疑われる）と主張しているが（『聖句の彼方』201-203〔邦訳〕274-276），厳格なタルムード学者でアムステルダムのユダヤ教団で大きな尊敬を集めていたと言われている当のモルテイラ自身が上記のような「自己保存のコナトゥス」についての説教を行っていたというウォルフソンの研究が事実だとすれば——そしてウォルフソンのこの研究についての書評（「スピノザ，中世の哲学者」1937 年）を書いていたレヴィナスはこのことについても知っていたはずであるが——モルテイラとスピノザの関係について，あるいはモルテイラのこのコナトゥスの説教について，レヴィナスはどう解釈したであろうか。

22　本書第 1 章注 2 を参照。

能性を読み込むという作業を主題的に行うことも頻繁にはなされてはいないように思える。例えばレヴィナスによって，「〈自我〉は，〈自己〉へと連れ戻され，自らに反して責任を負うものとなるや，コナトゥスのエゴイズムを廃して，存在の中に意味を導き入れるのである」（『他者のユマニスム』81〔邦訳134〕）というように批判され，その乗り越えが目論まれるようなスピノザのコナトゥスの倫理学の中から，利他的な行為の僅かな可能性を救い出したとしても，そのような利他的行為もすぐに，メッキが剥がれて，所詮は「私」の「自己保存」のための手段に過ぎないものであるという事実が露呈されてしまうのではないかという予感が，利他主義の問題からの距離をつくっているのだろうか。

　しかし，たとえそのようなスピノザ批判に対する反論の限界の予感があったとしても——例えば現象学やヘーゲル哲学そして現代英米系倫理学との——対象領域と研究スタイルの根本的相違を理由にそれらの問題自体を回避したり，放棄したりするのではなく，現代的な哲学研究のコンテクストの中にスピノザ哲学を置いてみて，それらの批判の妥当性を検証しつつ，スピノザ哲学の射程を再確認するという作業は，或る意味で他者への「責任＝応答可能性 responsabilité」を全うすることでもあるだろう。自己の思想の根底的な基盤を繰り返し繰り返し徹底的に批判し，「糾弾」の叫びをあげ，「撤回」を求めて迫ってくる，そのような他者の真剣な眼差しと「呼びかけ」があるとするならば，たとえそれを「無視」するにしても，その理由を説明する義務とその学的提示といったものを回避することはできないのではなかろうか。

　「スピノザ哲学には他者論が存在しないのではないか」とか「コナトゥスに基礎付けられたスピノザ倫理学には利他的行為の生じる余地はないのではないか」という疑念に対しては，私は必ずしもそうではないと答えたい[23]。スピノザ哲学においても「他者」と「利他主義」の問題は重要な契機として存在する。『エチカ』においてそれが最も明確な形で論じられているのは，

---

[23] 詳しくは本書第10章を参照。そこでは，『エチカ』において自己充足型以外の「利他的行為」が存在する可能性に否定的評価を下している。

第3部から第4部にかけて，「感情の模倣」を脱却して「理性の導きに従って生きる」ようになることが，言い換えるならば「自己充足型の利他的行為」から「(真の) 利他的行為」への移行が示されている箇所であると考えられる。「他者」の問題が「利他的行為」の問題と密接に結びつきつつ，人間の「認識」や「感情」の働きから社会形成のプロセスを説明する論証の流れの中に極めて重要な契機として位置付けられている。そこには，濃密で豊かな他者論が存在しているのである。しかし，本章ではそれらの問題を単独で論じるということではなく，レヴィナスのコナトゥス批判に応える形で，スピノザ哲学における「自己保存 (のコナトゥス)」を検討することによって，スピノザ哲学における「他者論」と「利他主義 (的行為)」の研究の可能性の私なりの手がかりをつかむことを目標としたい。実際，『エチカ』において，利他主義 (利他的行為) の問題，そしてその根底にある他者の問題はコナトゥスをめぐる問題と切り離せないものなのである。「自己保存のコナトゥス conatus sese conservandi」が徳の第一かつ唯一の基礎として示され (E/Ⅳ/22C)，「各人は自己の利益を追求することに，言い換えれば，自己の存在を保存することにより多く努力し (conatur)，かつより多くそれをなしうるに従って，それだけ多くの徳を備えている」(E/Ⅳ/20) と言われる時，利他的行為の可能性は，その場で既に奪われてしまったようにも思えるが果たしてそうであろうか。それを検証するためには，そこで言われている「自己保存のコナトゥス」の「自己」とは，そもそも何を意味しているのかが考察されなければならないであろう。果たしてそれは，他者との妥協や共同を頑なに拒む我欲の硬い純粋塊のようなものなのだろうか。このように「自己保存のコナトゥス」を検討していくことによって，『エチカ』における「自己」と「他者」そして「コナトゥスの倫理」の真相を解明し，それをもって，スピノザ哲学における「他者論」と「利他主義 (利他的行為)」研究へ向けての私自身の一つのきっかけとしたいと思う。

補論Ⅲ　田辺元の「コナトゥスの彼方へ」

　スピノザを，そのコナトゥスを中心に研究しながら，私は常に，三つの「彼方へ」のことを考えていた。ニーチェの「善悪の彼方へ」，フロイトの「快感原則の彼方へ」，そして，レヴィナスの「コナトゥスの彼方へ」である。

　スピノザのコナトゥスは，それが理性と直観知へ登り詰める中で，自己にとってのその意味を変えていこう。自己の本質を神の観念として，「持続の相の下に」生きながらにして永遠に感じれるようになる時，たんなる時間の延長としての自己保存は意味を失っていく。

　スピノザは，死を考えることを禁じたが，それは死を恐れることを意味しない。たんなる生物学的な，「持続の相の下」での自己保存を超えて，賢者は永遠の今＝現前を享受する。自己の本質を「永遠の相の下」に知るとき，もはや私の自己保存，私と世界の関係は，それまでとは全く異なったものとなる。賢者は時間の延長としての生に固執せず，死を恐れないままに永遠を生きる。

　田辺元は，その「マラルメ覚書」の中で，自身が「スピノジスムは，ヘーゲルの規定をも超えて，まさに弁証法的哲学のモデルといわれるべきものでなければならぬ」（田辺：1964, 293）と言うように，『エチカ』の中のアポリアを，「否定媒介」を至る所に挿入してこのうえもなく弁証法的に解釈してみせる。

　「ところでスピノザの意味において，「限りの神」の啓示を自己の内に自覚しようと願うならば，我々は神に対する知的愛に自己を献げ，自然的に能動 conatus を本質としその増進障碍の力学的関係をもって解脱の喜悦までをも解釈しようと欲した，彼のいわゆる第二種の認識たる，同一性的分別知を弁証法的に揚棄否定して，何よりも先にまず自己の我性に死なねばならぬ。愛は自己否定であるから，生の能動の維持増進を固執する限り，これに達することはできる筈がない。力の

抗争対立は極まる所ただ共倒れの外にはないからである。却って他のために自らを棄てる自己犠牲的自己否定の愛において決死行為を実践する限り，真に自己を保つことができるのである。それは死復活に外ならぬ。何となれば，そのような愛の自他協同に自らを啓示する限りの神は，単に自因自在たるに止まらず，自在即媒介として自己否定的愛の主体であり，同様に自己否定の愛を実践して他のために死する個体を，不断に創造し復活せしめるものでなければならぬからである。神の存在はその意味で無即愛に外ならない。それだからこそ，その啓示たる我々の自覚も，いわゆる第三種の認識たる，神への知的愛において，「限りの神」たることができるのである。神は愛なるによって個の様態を自覚的に死なしめつつ，同時に愛の協同において復活せしめる。神の愛に与ることを希う者は，自ら進んで死を肯わねばならぬ。しかしこの死は神の愛の啓示の尖端であるから，即ち自他協同における復活に還相するのである。神を愛する自己否定的死の往相は，同時に自他協同の復活への還相でなければならぬ。往還同時転入相即たるゆえんである。もしこの転入相即を緊張的転換において自覚することなく，分別知によって分離し，しかるのちその成素を継時的因果関係において結合しようと欲するならば，もはや観念論の抽象に陥る外ない。スピノザが極力強調した，物体（身体）の思惟（自覚）に対する緊張的媒介は，それにより見失われてしまうのである。」（全集13巻，p. 294-295）

凄まじいコナトゥス解釈である。ここにはレヴィナスとは全く違ったスピノザ解釈から，つまりスピノザを外から批判することからではなく——（本来，スピノザの体系とは相容れないはずの）弁証法的にではあるが——内在的に解釈する中から，結果としてレヴィナスと同じ「コナトゥスの彼方へ」に到着しているのではないか。

ただ田辺のこの「コナトゥスの彼方へ」は，レヴィナスのように「絶対的に」自己の外なる他者の顔からの「哀願」あるいは「告発」によって生み出されるのではなく，あくまで，自己自身を見つめることで，自己の本質を高度の認識によって自覚する（悟る）ことによって，自己の内なる「絶対的」他者としての神＝自然に，あるいはそれとの始源的な繋がりに「気づく」こ

とで，必当然的に生まれてくる運動であろう。その限りで，その運動——それは認識能力，つまり認識という位相において現れた限りにおけるコナトゥスの上昇を前提とするから——を生ぜしめるのは，人間にコナトゥスを「与え続けている」神＝自然自身なのである。

　『エチカ』の内在的な読解のラインと外在的な批判のラインが，究極の所で重なり合う瞬間である。

第7章　スピノザにおける三つの救済について
――安定性と均衡の実現という観点から――

> 「これでもって私は三つの根本的感情――すなわち欲望，喜び，悲しみ――の合成から生ずる主要な感情および心情の動揺（animi fluctuationes）を説明し，これをその第一原因によって示したと信ずる。これからして，我々は外部の諸原因から多くの仕方で揺り動かされる（agitari）こと，また我々は旋風に翻弄される海浪のごとく自らの行末や運命を知らずに動揺する（fluctuari）ことが明白になる。」
> 　　　　　　　　　　　　　　　　　　　　　　　（『エチカ』第3部定理59備考）

序

　スピノザの『エチカ』の最終到達地点が「自由」であり「救済 salus」であることは広く知られる通りであるが（E/V/36S），この"salus"は，実は彼の『神学政治論』と『政治論』においても究極目標とされている。本章は，"salus"という言葉の持つ多義性に留意しつつ，スピノザのこれらの主要3著作における"salus"の位置付けを概観し，この"salus"がスピノザにおいては，常に「安定性」や「均衡」の実現として考えられているということを論証する。

　スピノザ哲学における「救済」は，『エチカ』における「哲学的救済」と『神学政治論』における「宗教的救済」の二つに分けて解釈されるのが一般的である[1]。しかし実際には，スピノザは「救済」を，「哲学的救済」（『エチ

---

[1] 例えばラクロワは，『エチカ』における「哲学による救済の道」と『神学政治論』における「宗教による救済の道」の2つを示しつつ（Lacroix : 1970, 75），前者の「哲学による救済の道」には2つの水準があると言う。その第1の水準とは『エチカ』第5部定理20までの「持続の相の下における救済」であり，第2の水準とは，第5部定理21から『エチカ』終結部までの「永遠の相の下における救済」である（スピノザ自身の言葉では，前者は「感情の治療法」，後者は「救済＝至福」である）。そして彼は，この「持続における救済」は「永遠における救済」の条件にして準備であるとしている（Lacroix : 1970, 81, 87）。その際ラクロワは，各人の衝突を防止し，その受動感情の間に「均衡」をもたらすところの国家によって実現される「自由」は「持続における救済」にとって不可欠のものであるとし（Lacroix : 1970, 83-84），

カ」),「宗教的救済」(『神学政治論』第 15 章まで),「政治的救済」(『神学政治論』第 16 章から第 20 章と『政治論』) の三つの次元で考えていた。そのうえスピノザが用いる"salus"というラテン語は元々非常に多義的で,「救済」という意味のみならず,「安全」,「保存・生存」,「福祉」等の意味がある[2]。従って,スピノザが"salus"という言葉を用いている場合には,慎重に前後のコンテクストの中でそれを解釈する必要がある。人間の精神が完全性そのものを獲得し,外界からの影響に「揺り動かされる」ことない永遠の「安定性」に達することを「救済」とした『エチカ』の「哲学的救済」は,その精神的・身体的な「安定性」の獲得＝「安定的な自己保存の達成」という性質に注目すれば,『神学政治論』の「宗教的救済」や『政治論』の「政治的救済」と根源的に共通しているのではないかという問題意識から,まずは『神学政治論』と『政治論』における「救済」の問題を,「安定性」や「均衡」の実現という観点から考察することから始める。

I 『神学政治論』(1670 年) における安定性と均衡の実現としての「宗教的救済」

　『神学政治論』全体の目的は,無知なる民衆を「迷信」という隷属状態から解放せしめるということ,神への服従と隣人愛を信仰と神学の基礎として提示することによって救済への——『エチカ』とは違って——より容易な道を

　　政治的な「均衡」,「安全」,「平和」,「自由」を「哲学的救済」実現の(たんなる)基礎あるいは条件として捉えている。
　　これに対してハリスは,スピノザ哲学が究極に目指したのは直観知の達成を通じての「哲学的救済」であるとしつつも,万人がこの「哲学的救済」を享受するのは不可能であり,「大多数の人はよき統治と宗教の純化された形態を通して救済を成し遂げるであろう」というように「政治的救済」の可能性をより高く評価している (Harris: 1973, 11, 205)。本章は通常は等閑視されがちなこの「政治的救済」をも含めて,安定性と均衡の実現という観点から,「救済」についてのより包括的な解釈を目指すものである。
[2]　"salus"というラテン語の代表的な意味は以下のように大きく 4 つに分類できる。1. soundness, health, 2. welfare, salvation, 3. safety, preservation, 4. greeting (cf. Lewis & Short)。なおウォルフソンによれば,『エチカ』における"salus"は,新約聖書の$\sigma\omega\tau\eta\rho\iota\alpha$に由来し,beatitudo, libertas 等と共に,神と人間との相互的な愛において成立する不死性の状態として理解されていた (Wolfson: 1934, 311)。

確保すること,神学と哲学を分離することによって哲学に対しての宗教の側からの介入を防ぎ,言論と思想の自由を保証するというものであった。このうち第一の目的に関してスピノザは,「迷信」が生まれる原因についてこう分析している。

> 「一般に人間は,不確かな (incerta) 運命を持った財 (幸福) を際限なく追求して,希望と恐怖の間を哀れに揺れ動く (fluctuant) ものであるから,人間の心は多くの場合,手当たり次第のものを信じるように傾きがちである。人間の心というものは,普段は自信過剰で,誇らしげで傲慢であるのに,ひとたび疑惑を持ち始めると,わずかの衝撃によってもあちらこちらへ揺り動かされ (pellitur),それは恐怖と希望によって突き動かされることから逃れられない場合に益々はなはだしくなるのである。」(TTP/Prae/5)

スピノザは,「恐怖」と「希望」が「迷信」の発生の原因であり,この両感情によって人間の心は「不安定」な[3]状態に置かれると考えている。実はスピノザは後の『エチカ』においても「迷信」の原因を「恐怖」と「希望」に求めた上で,この両感情から様々な「心の動揺 animi fluctuationes」が生まれることを示唆している (E/III/50S, 59S)。一方『神学政治論』では,この「心の動揺」を克服することで得られる「救済 salus」について,「真の救済ないし至福 (vera salus & beatitudo) は心の真の平安の中に存する」と述べられている (TTP/VII/111)。スピノザは,「宗教的救済」を「心の真の平安」として,つまり,精神の絶えざる動揺を克服して,「安定性」を実現した境地として描いている。この「心の真の平安 vera animi acquiescentia」という言葉は,そっくりそのまま,『エチカ』第5部の最後に,「ほとんど心を動かされない」という「賢者」の「哲学的救済」の境地を語る際にも用いられている。ただし『エチカ』では「心の動揺」を克服して「心の真の平安」に

---

[3] ここでは『エチカ』の感情理論において,元々「恐怖」と「希望」は,各々「不安定な悲しみ inconstans Tristitia」「不安定な喜び inconstans Laetitia」として定義されていることが重要である (E/III/18S2, Ad12・13)。

到達する過程は,「想像知」から「理性的認識」を経て「直観知」へと認識論的に向上していく過程であるが,「無知なる者」としての民衆の救済を目論む『神学政治論』はそれとは別の救済への道(「服従による救済」)を示唆している。

>「ただ服従のみが救済への道であるということを我々は自然的光明(lumen naturale)によっては理解しえず,ただ啓示のみが,理性では捕捉しえない神の特殊的恩寵によって,そうしたことが起こることを教えてくれるのであるから,聖書は人類にとって極めて大きな慰めをもたらすという結論になる。なぜなら,絶対的に服従するということは全ての人間にできることだが,理性の導きのみによって有徳の状態を獲得する人間は全人類に比べたら極めて少数しかいないから,もし我々が聖書のこの証言を持たなかったとしたら,ほとんど全ての人間の救済を疑わなければならなかったであろうからである。」(TTP/XV/188)

「ただ服従のみが救済への道である simplex obedientia via ad salutem est」とスピノザは言っている[4]。この正義と隣人愛をその内容とする「神への服従」によってもたらされる宗教的救済は,認識論的には「想像知 imaginatio」の段階にある「無知なる者」のための救済であるから[5],同じ救済でありながらも,『エチカ』最後の賢者の「直観知」による哲学的救済とは,その認識論的基礎に関して矛盾が存在しないか。「『エチカ』においては誤謬の源泉として考えられていた想像知は,一体いかにしたら宗教の中で真理と救済の源泉たりうるのか」(Alquié:1981, 33)という問題はあるだろう。しかしこの問題の解決[6]は本章の主旨からはずれるので,ここでは『神学政治論』

---

4 このような言説は第14章と第15章を中心に多く見られる(TTP/XIV/177-178, XV/184-185)。

5 1665年の或る書簡の中では,スピノザはこうも言っている。「私は祈りが我々にとって極めて有用であることも否定しません。なぜなら我々の知性は,神が人間を神への愛つまり救済(salus)へ導くために有する全ての手段を見極めるには余りにも小さいからです。」(EP/21)。

6 アルキエによると,この問題の解決不可能性を自覚していたスピノザは,キリストにその解決を託している。というのも,予言者と哲学者の両方よりも神と通じているキリストのみが,無知なる者が救済されうる理由を理解することができたからだ(Alquié:1981, 33)。

の「宗教的救済」もやはり（より低次のではあっても）精神における「安定性」や「均衡」の実現として考えられているということを示唆するに留めたい[7]。

Ⅱ　スピノザ社会哲学における「政治的救済」

Ⅱ-1　『神学政治論』における安定性と均衡の実現としての「政治的救済」

本節では『神学政治論』における「政治的救済」の問題を，国家における「安全」と「自由」の「均衡」という観点から考察する。

> 「（国家の究極目的は）各人を恐怖から解放して，各人ができる限り安全に（secure）生活できるようにし，つまりは存在と活動に関する各人自身の自然権を自分自身と他者に損害を与えることなしに最高に保持するようにすることである。あえて言う，国家の目的は——中略——人間の精神と身体が安全のうちに＝確実に（tuto）その機能を果たし，彼ら自身が自由に理性を使用し，そして彼らが憎しみや怒りや詭計を以って争うことなく，また相互に悪意を抱き合うことのないようにすることである。それゆえ，国家の目的は，実に自由（libertas）なのである。」（TTP/XX/240-241）

この箇所は「自由」が国家の目的であると述べられていると解釈されるのが普通である。しかし厳密に見ると，そこには「安全と自由」の緊密な関係が示されている。そこで示唆されているのは，安全な環境のもと，安定的で確実な自己保存を各人に可能にしてやることは，各人の心身の活動力能の十

---

[7]　スピノザは，「理性の力は，人間はものを理解することがなくてもただ服従のみによって至福に与ることができると決め得るところまでは至らない」（TTP/XV/184）とも「神学の基礎すなわち人間が服従のみによっても救済されるということは，その真偽が理性によっては証明不可能な事柄である」（TTP/XV/185）とも言う。しかしスピノザは，聖書の中で預言者を通して語られるこのような啓示は，数学的な証明は不可能であっても「道徳的確実性 certitudo moralis」によって受入れることができるとして神学と哲学の分離を主張する（TTP/VII/111, XV/185, And, VIII/253）。よって『エチカ』の救済の基準を『神学政治論』の宗教的救済にも適用し，宗教的救済は哲学的救済よりも不完全で劣った救済であると評価するのは越権行為となろう。

全な発展を可能とし，それによって受動感情に隷属する限り生まれる相互対立が克服されて各人は理性的に自由に生きることができるようになるということである[8]。

『神学政治論』第16章以降が目指すのは，「各人が思考し，かつその思考するところを言うこの自由が最善の国家にあってはどこまで及びうるか探求する」ことである（TTP/XVI/189）。スピノザは初めから，各人の思想と表現の「無制限の」自由を主張しているわけではなく，「判断し思考する自由」，「考えることを言いかつ教える自由」が「自由なる国家」においては保証されるべきであるとしつつも，その国家の「安全」と各人の「言論と思想，表現の自由」とが「均衡」する地点を模索している。そして国家においてこの自由と安全は表面的には相互に対立的関係にあるように見えつつも，実は循環的に相互に保証し合っている[9]。つまり「自由の実現の基盤としての国家の安全」と「国家の安全実現の基盤としての自由」である。先程の引用が前者だとすれば，後者については例えば以下のように述べられている。

「敬虔と宗教をただ隣人愛と公正の実行の中にのみ存せしめ，宗教的ならびに世俗的事柄に関する最高権力の権利をただ行為の上にのみ及ぼさしめ，その他は各人に対してその欲するところを考えかつその考えることを言うことを許可すること，国家にとってこれ以上に安全なもの（tutius）はない。」（TTP/XX/247）

ここでは「国家の安全実現の基盤としての自由」が示唆されていると同時に，その国家の「安全あるいは平和」と各人の「言論と思想，表現の自由」とが「均衡」する地点が，各個人の「内面の留保」[10]ということに見出され

---

[8]　「何人も，生存し行動しかつ生活すること，言い換えれば現実に存在すること，を欲することなしには幸福に生存し善く行動しかつ善く生活することを欲することができない」（E/IV/21）。

[9]　本章注11参照。

[10]　ただ，カール・シュミットによれば，このような個人の「内面の留保」，「内外分離」こそが巨大なリヴァイアサンの魂を内面から抜いてしまい，それを内側から崩壊させることになる。「〔ホッブズは〕ブラムホール司教への回答書（1682年）においても，これは微妙な論点であるとしつつ，政治体系の中に内的・私的な思想と信仰の自由の留保をとりこんでいる。この

ている。つまり、国家（最高権力）の支配の及ぶ範囲を各人の「外面的」行動に制限することで、各個人の自由と国家の安全・平和に「均衡と安定」をもたらそうとしているのである。だが注目すべきは、スピノザが、このような「考えることを言う自由」が「国家の平和、敬虔、最高権力の権力を損なうことなしに許容されうるのみならず、かえって、それら全てを保存するために必ず許容されなければならない」（TTP/XX/247）と主張しつつ、もしこれらの自由を認めなければ、臣民からの憤激と反発を招いてしまい、それは「国家の安全・保存 Reipublicae salus」に完全に矛盾してしまうというように、あくまで国家の"salus"との関係の中で「考えることを言う自由」を論じているということだ（ibid.）。しかし実は"salus"は、このような「国家の安全・保存」というコンテクストにおいてのみならず、国民の側の「救済」という意味でも語られている。スピノザは「国民の救済 salus populi」を、全ての人間的・神的法則がそれに適応されねばならない最高の法則としたうえ

留保こそ強力なリヴァイアサンを内から破壊し、可死の神を仕止める死の萌芽となったのである。『リヴァイアサン』刊行から程なく、この目立たない破れ目が最初の自由主義的ユダヤ人の眼にとまり、彼は直ちにこれが、ホッブズの樹立した内外・公私の関係を逆転させる、近代自由主義の巨大な突破口たりうることを看取した。スピノザは1670年刊『神学政治論』の有名な第19章で、この逆転を成功させた。同書の副題自体が既に『哲学する自由』（libertas philosophandi）である。もっともまず国家主権は外的平和・外的秩序のために外的礼拝を規制しうること、全国民はこの規制に服すべきことから説き起こされ、宗教に関する万事は国家権力の命令によって法的力（vim juris）をもつが、国家権力の規制しうるのは外的礼拝のみであるとされる。ホッブズにおいても上述の奇蹟信仰論・礼拝論において内外分離論の萌芽がみられるが、このユダヤ人哲学者はこの萌芽を極端化し、反対物に転化せしめて、リヴァイアサンの魂を内面から抜いてしまった。スピノザは『我が論ずるは専ら外的礼拝にして、敬虔の情・内的神崇拝に非ず』となし、『内的確信・敬虔の情自体は各個人の権利の領域に属する』という。次の第20章でこの思想は公的平和、主権の留保を常に伴いつつも、思想・感情・言論の自由という一般原則に拡大される。スピノザの『神学政治論』が強くホッブズに依存していることは周知のことであるが、イギリス人ホッブズは、その留保をもって自国民の信仰の埒外に出ようとしたのではなく、むしろそれによって信仰に留まろうとしたのに対し、ユダヤ人哲学者スピノザは国教の外から論じ、外から留保を持ち込んだのである。ホッブズの正面には公的平和と主権があり、個人的思想の自由は背後の最終的留保にすぎないが、スピノザは逆に個人の思想の自由が枠組の構成原理をなし、公的平和と主権を単なる留保に転化させた。ユダヤ的実存に発した思考過程の小転換が、単純極まりない一貫性をもって、暫時のうちにリヴァイアサンの運命に決定的転換をもたらしたのである。」（Schmitt: 1938, 86-89）。この点に関しては本章注26も参照。シュミットがスピノザから受けた影響については本書第11章注19を参照。

で,「何が全国民の救済 (salus) と国家の安全 (secritas) のために必要か」を決定しそれを命令する権能は,最高権力(国家)にのみ帰属するとしている (TTP/XIX/232)。ここには「国民の救済」と「国家の権限及び安全」との緊張関係と,それに均衡をもたらすための解決が示されている。以上から,『神学政治論』では,国家の安全・保存としての「政治的救済」の場合も,「救済 salus」は,「安定性」や「均衡」の実現として考えられているということが判明した。

Ⅱ-2 『政治論』(1677年)における安定性と均衡の実現としての「政治的救済」

『神学政治論』は,「自由」を国家の現実的目的とし,言論の自由や「哲学する自由」を圧倒的に支持していた (TTP/XX/241-247)。これに対して,心の自由あるいは強さ (fortitudo) は私人の徳であり国家の徳は「安全」にこそあるとして国家の目的を「安全と平和」に集中させてより現実主義的になっている『政治論』とは,政治哲学上の相違点が在ることも事実だ[11]

---

[11] Cazayus によると,『神学政治論』はオランダ共和国に対して,判断する自由の尊重という当時はまだほとんど用いられることがなかった指導原理を公認させようとした社会参加の論争的書物であり,そこでは「自由」擁護論がほぼ無条件な優先事項として提起されたのに対し「安全」への欲求は二次的なものに留まった。これに対して『政治論』は公然たる自由擁護論や論争的な意図を放棄し,国家維持に必要な事柄が冷静に分析されている。そこにおいても自由は要求されうるが,それは思考する自由のように単に内面化された個人的な目的として保証される代わりに,現実の各々の国家体制の中でその実現は模索される。『政治論』では実践的観点から「自由」は「安全」に従属させられ,社会的規則に合致しない自由は幻想に過ぎないとされる。このようにして現実態として自由が実現されるには,自由はその妨害をはねのけるようなマテリアルな基礎に基づかなければならない。そのような自由実現のマテリアルな基礎こそが「安全」であった (TP/Ⅶ/16)。
　しかし,『神学政治論』と『政治論』の間に矛盾はない。国家の第一の実践的目的は「安全」以外ありえないが,それは「安全」が平和や自由といった他のより高次の目的全部にとって絶対的に必要な媒体であるからだ。よって「国家の目的は自由である」と書き,次に「国家の目的は安全である」と書いた上で,或る時はその一方を或る時は他方を主張することは矛盾を犯しているのではない。それは同一の真理を,国民の側から見たり,国家の側から見たりしているだけなのである。両著作では主題のアクセントが移動してはいるが,それは「自由と安全の分かち難き結びつき (indissoluble liaison)」という基礎に基づいてのことである (Cazayus : 2000, 168-172)。

(TP/I/6, V/2)。しかし，"salus"（救済）を「安定性」や「均衡」の実現として考えているという点では，両著作は共通している。『政治論』でスピノザは，「国家状態の目的は生活の平和と安全とにほかならない」(TP/V/2) と宣言しつつも[12]，こう言っている。

> 「その存続・安全（salus）が，或る人間の信義のいかんにかかるような国家，またその政務の正しい処理がこれを処理する人々の信義ある行動を待ってのみ可能であるような国家は，決して安定的（stabilis）でないであろう。むしろ国家が永続しうるためには，国事を司る者が，理性に導かれようが感情に導かれようが，決して背信的であったり悪事を行なったりする気になることができないように国事が整備されるべきである。そのうえ国家の安全（secritas）にとっては，いかなる精神によって人間が正しい政治へ導かれるかということはたいして問題ではない。――中略――なぜなら，精神の自由あるいは強さとは個人としての徳であるが，国家の徳は，これに反して安全の中にのみ存するからである。」(TP/I/6)

ここには，国家の"salus"（救済）は，「安定性 stabilitas」や「安全 secritas」との緊密な関係の中でのみ現実に実現されるということが明確に示されている[13]。同じ「安定」ではあっても，ここではもはや個人の魂の落ち着きや静けさ，平安としての"salus"ではなく，徹底的に現実主義的で，マテリアルな安全[14]としての"salus"が強調されている。そしてスピノザは別の箇所では，独裁官の絶対権力の危険性を指摘しつつも，「この独裁官の権力が永続的で，安定して（aeterna sit, & stabilis）いなければ，そしてまた，それが国家形態を変えることなしには，一人の人間に委ねることのできない権力であるのなら，この権力自身，従ってまた国家の安全・安寧と保存（Reipublicae salus, & conservatio）は，極めて不確かなものとなるであろう」(TP/X/1) と

---

[12] 社会・国家形成の目的を安全な生活に求める考え自体は『神学政治論』にも見られる (TTP/III/46-48, XVI/191)。
[13] ちなみにワーナムの英訳では，この引用文中の最初の「存続・安全（salus）」を"safety"と訳し，後の「安全 secritas」を"stability"と訳している（Wernham：1958, 265）。
[14] 本章注11参照。

も言う。これは、国家の「自己保存のコナトゥス conatus sese conservandi」としての自然権の「安定的」維持こそが、国家の"salus"につながるということを示唆しており、"salus"の存在論的基礎をコナトゥスに求めたスピノザの考えの一端が窺える[15]。

しかし留意したいのは、『政治論』では、「国家の安全・存続」の意味でのみ"salus"が用いられているわけではないということである。例えば、「これらの基礎により、君主にとっては安全（secritas）、民衆にとっては平和が生じ、こうして君主は、最も多く民衆＝多数者の救済（multitudinis salus）を計る時に、最も多く自己の権利の下にある」（TP/VI/8）という箇所に見られる「民衆の救済 multitudinis salus」（TP/V/7）や、「公共の救済 communis salus」（TP/VI/3）、「国民の救済 populi salus」（TP/VII/5）等、いわゆる「公共の福祉」という意味にも"salus"は用いられている[16]。国家というものはそれがいかなる形態のものであれ、この「民衆・国民の救済 salus」に最大限に配慮するような時に、その国家の「安全・保存 salus」も最大限に実現されるというように、「国民の救済 salus」と国家の「安全・保存 salus」との間に「均衡」を実現することこそが『政治論』全体のモチーフであったのである[17]。以上で『政治論』における「政治的救済」は、「安定性」や「均衡」

---

15 「救済」の根底的基礎にコナトゥス（conatus）があるという主張については本書第1章を参照。

16 スピノザは「統治権を握る者の任務が、常に国家の状態と事情を知り、万人共通の救済（omnis commnis salus）に目ざめ、臣民の大多数に有益な一切事を実行することにあるということは何人にも明らかなところである」（IP/VII/3）とさえ言っている。この「公共の福祉」という意味での"salus"は、『神学政治論』の序文の最後と最終章の最後にそのままの同じフレーズで注意深く二度も出てくる「もし私の言った事柄のどれかが、祖国の法律と矛盾し、あるいは公共の安全・福祉（communis salus）を害すると最高権力が判断した場合は、それは言わなかったと同様にみなして欲しい」（TTP/Prae/12, XX/247）という極めて重要な文言や、『エチカ』の「憎しみや怒りなどからではなく、たんに公共の安全・安寧（salus publica）を愛するために罪人に死刑を宣告する裁判官は、理性のみによって導かれるものである」（E/IV/63CS）という箇所など、『エチカ』、『神学政治論』、『政治論』に共通して用いられているということにも留意すべきであろう。

17 『政治論』が目指した政治的救済とは、「多数者＝群衆の力能 multitudinis potentia」とそれによって構成される「国家の自然権」との間の相克関係に「均衡」を実現することによって、臣民に「公共の救済 communis salus」をもたらし、国家の安定的な「存続・保存 salus」を達成するということであった（この点については、本書第11章で更に詳しく論じている）。

の実現として考えられていることが示された。

Ⅲ 『エチカ』(1675年) における安定性と均衡の実現としての「哲学的救済」

Ⅲ-1 救済のプログラムとしての『エチカ』

　『エチカ』で賢者の「哲学的救済」について語られるのは，第5部の終わりにおいてである (E/V/36S, 42S)。しかし，『エチカ』は既に第1部から救済めがけて書かれている。第1部附論においてスピノザは，神（実体）について論じられた純粋に形而上学的な第1部が[18]，実は，「無知なる者」としての俗衆の偏見——自由意志の信奉，自然の中に目的因を見ること及びそこから，善・悪，秩序・混乱，美・醜などの概念を想像的に作り上げてしまうこと等——の摘発でもあったと表明している（この批判は第1部定理8第2備考から早くも始まる）。ここでは，既に第1部で，「無知なる者」への批判が開始されているということが重要である。というのも『エチカ』はその終局において，再びこの「無知なる者」の無能力を，外部の諸原因から「様々な仕方で揺り動かされる」という悲惨な状況を (E/III/59S)，「ほとんど心を動かされない」という「救済」に至った賢者の「安定的」な精神的境地と際立たせて比較することになるからである (E/V/42S)。

　『エチカ』は第2部の始まりにおいても，人間精神の「最高の至福 summa beatitudo」——それは「救済」と同義に語られる (E/V/36S)——めがけて認識論を展開してゆくということが表明され，同部の終わりにおいても，この認識についての（自由意志の否定の）理論は，「賢明な生活法樹立」のためにも，心を「平穏な quietus」状態にすることにも，「最高の幸福ないし至福」にも，更には共同社会における自由な統治にも役立つ理論であることが再確認されている (E/II/49S)。そして『エチカ』第3部以降は，受動感情を

---

[18] ラクロワは，スピノザ主義のパラドックスを，「形而上学を倫理学にすること，つまり全てを救済の問題に向け集中させることと，倫理学を形而上学にすること，つまり全ての人間中心主義を拒絶すること」のパラドックスであると主張している (Lacroix : 1970, 75)。「それゆえ，人間は通常の道徳を特徴付けている人間主義的な態度の拒絶そのものによって救済されることになろう」(Lacroix : 1970, 75)。

克服して能動的・理性的になり、その終局において「救済」へと至ることが目指されている（E/V/20S）。この正しい「生活法」（生活信条）の樹立という方向性は、第4部を経て（E/IV/45C2S, Ap）、第5部においても語られることになる（E/V/10S）。スピノザは第5部定理10備考において、「感情について完全な認識を有しない間に我々のなしうる最善のことは、正しい生活法あるいは一定の生活信条を立て、これを我々の記憶に留め、人生において、しばしば起こる個々の場合に絶えずそれを適用すること」であり、それによって訓練する者は短期間のうちに自己の活動を大部分、理性の命令に従って指導できるようになると主張する。ただし同所において、そのような「正しい生活法」からは、「心の動揺 animi fluctuatio」を経てではあっても、「心の最高の平安 summa animi acquiescentia」が生じると言われていることがここでは重要である。上述のように、この「心の平安」は『神学政治論』や『エチカ』最終箇所において、「救済」に至った者の心的状態を表す際に用いられているからだ。『エチカ』は、その最終到達地点において、それへと至る道の険しさが強調される「救済」、つまり「賢者」のみが到達できる「神への知的愛」による「救済」を示しつつ、「賢者」がいかに「無知なる者」より優れているかを述べている。「無知なる者」は、「外部の諸原因から様々な仕方で揺り動かされて（agitatur）決して心の真の平安を享受しない」のに対して、「賢者」は、「ほとんど心を動かされることがなく vix animo movetur」[19]、「常に心の真の平安（vera animi acquiescentia）を享有している」（E/V/42S）と。このように、『エチカ』のプログラムとは、第1部で批判された「無知なる者」が、その心の「不安定さ」を克服し、最後に「賢者」の「安定的な」精神的境地に到達するという「救済」のプログラムなのである。

---

[19] アルキエは、この「ほとんど心を動かされることがない vix animo movetur」という箇所に対して、これは、『エチカ』においては、賢者ですら「完全に」ではなく「ほとんど vix」にしか心の動揺を克服できないことを示しているとして、『エチカ』における救済の現実的な実現困難さ（不可能性）を問題にしている（Alquié : 1981, 342-346）。本書第10章は基本的にアルキエのこの問題提起を引き継ぐものである。

Ⅲ−2　受動的人間の「不安定性」の原因としての「移行」とその克服としての「救済」

　ではこの「無知なる者」の心の「不安定さ」,「揺れやすさ」とは, あるいは「賢者」の心の「安定」とは具体的には何を示しているのか。スピノザは,「賢者」のみが実現し, それがそのまま「救済」となる「神への知的愛」の永遠性を示した定理の備考においてこう述べている。

　　「神に対するこの愛は始まりを有しないが——中略——愛のあらゆる完全性を有している。だがここで唯一つの相違は, 精神に付与されると今仮定したその完全性を精神は永遠に有しており, しかもそれは永遠なる原因としての神の観念を伴っているということだけである。もし喜びがより大きな完全性への移行に存するとしたら, 至福は実に精神が完全性そのものを所有することに存しなければならない。」(E/V/33S)

　スピノザは「至福 beatitudo」と「救済 salus」を同義に用いるから (E/V/36S), この備考からは「救済」にまで達した賢者の心の「安定」は,「完全性そのものの所有」に,「喜び」にしか与りえない無知なる者の心の「不安定さ」や「揺れやすさ」は, 喜びという感情に伴う「より大きな完全性」への「移行 transitio」という運動性に由来すると考えられる。つまり,「完全性そのもの」に対する距離が「無知なる者」と「賢者」を分ける基準となっているのである。『エチカ』では, 第3部の感情理論から第4部の倫理学説に至るまで, この「完全性」と「移行」という概念が大きな役割を担っている。まず, 全ての感情がそこからのバリエーションとして生じる基礎的三感情のうち,「喜び」とは,「より小さな完全性からより大きな完全性への人間の移行」,「悲しみ」とは,「より大きな完全性からより小さな完全性への人間の移行」,「欲望」とは「喜び」によって増大し「悲しみ」によって減少するところの「感情という位相に現れた〈限りにおけるコナトゥス〉」であった (E/Ⅲ/9D, 37, 57D, Ad2, 3)。つまり, それが受動感情であれ, 理性と矛盾しない能動感情であれ, 感情を有している限り人間は常に「移行」の

中にあるということである。この感情における「移行」は第4部の倫理学説にもそのまま持ち込まれる。そこでスピノザは，「善」を「人間本性の典型へとますます接近する手段である」ものとして，「悪」をその逆のものとして定義した上で，この「人間本性の典型」への「接近」を「より小さな完全性からより大きな完全性へと移行すること」，「活動力能として現れた〈限りにおけるコナトゥス〉の増大」として，「人間本性の典型」からの「離反」をそれらの逆の運動として考えている。つまり，基礎的三感情の定義に由来する「移行」あるいは「増減」という運動性が，倫理という位相にもそのまま受け継がれたということである。

　この「移行」という運動性の導入によって，人間存在の根源的な「不安定さ」が説明されることになる。人間は，外界の様々な事物や，他者との「偶然的な出会い＝遭遇 fortuitus occursus」に晒されている (E/II/29S)。このような出会い（遭遇）は，我々の身体を触発し，我々の内に何らかの「感情」を生み出すのだが，上述の通りそこには「移行」が伴うのだ。そして，他者の力（コナトゥス）と対面する時，必ずしも自己の「活動力能（として現れた限りにおけるコナトゥス）」が増大されるとは限らない。「我々は自然によい出会い（bonnes rencontres）をなす機会をごく稀にしか持たない」(Deleuze : 1968, 224) のである。つまり，自己の「限りにおけるコナトゥス」が一度あるレベルに向上したからといっても，そこで安定的に固定されるのではなく，無数に存在する「よい出会い」と「悪い出会い」に応じて，「移行」はその都度，その瞬間ごとに繰り返されるのである。これが，受動感情に隷属している人間（無知なる者）の精神の「不安定さ」が具体的に表すものである[20]。このような「より大きな完全性」と「より小さな完全性」の間の絶

---

[20] 人間は，現実に生き，活動する限り，外部の事物や他者から，あるいはそれらが作り出す様々な観念から，また自分自身の過去や未来を想像・表象して捕われる観念から，「様々な仕方で揺り動かされて」いる (E/III/59S)。スピノザは，そのようになものとの「偶然的な出会い＝遭遇」に基づいている限り，精神は，自己自身についても，自己の外の世界あるいは他者についても十全に認識することは不可能であり，それらに対する「混乱した認識」しか有しないと言っている (E/II/29S)。そのような時，人間は受動状態にあり，受動感情に支配され (E/III/3)，「自己の権利ではなく，運命の権利の下にある」(E/IV/Prae)。それをスピノザは人間の「隷属状態 servitus」と呼んだ。

えざる「移行」の反復の中でも,最も激しい心的状態をスピノザは「心の動揺 animi fluctuatio」と呼んだ（E/III/17S, 31, 50S, 56, 59S, Ad48Ex, V/2, 10S）。それは例えば,同時的な愛と憎しみから生じる感情である「嫉妬」のように,同時に「二つの相反する感情から生じる精神の状態」である（E/III/35S）。この「心の動揺」を克服して「心の最高の平安 summa animi acquiescentia」あるいは「自己満足＝自己のもとに安らうこと acquiescentia in se ipso」へと至る過程は,「救済」へと向かう過程であると同時に,「倫理」という位相においては,道徳的行為の相手や周囲の感情にその都度いちいち反応したり,それを利用したりするのではなく,「自己のために求める善を自己以外の人々のためにも欲し」ながらも「正しく行ないて自ら楽しむ bene agere et laetari」[21]という道徳的行為を達成できるような達観した境地にある人間,つまり「理性あるいは徳に従って生きる人間」へと生成する過程でもあった（E/IV/37, 50S）。理性的人間によるこのような「安定的」な道徳的行為が[22],「自己満足」に基づくものであることは明白であろう（E/IV/52, Ap9）。ただ,このように「心の動揺」を克服したより安定した心的状態として提示される「自己満足＝自己のもとに安らうこと acquiescentia in se ipso」とは,元々は「自己自身および自己の活動力能を観想することから生まれる喜び」（E/III/Ad25）というように定義されており,高慢となったり妬みや憎しみの原因になったりする受動（想像知）のレベルのものから（E/III/30S, 51S, 55S, IV/58S）,理性のレベルで実現されるものを経て（E/IV/52）,直観知から生ま

21　Misrahi はこの「正しく行ないて自ら楽しむ bene agere et laetari」こそがスピノザ主義の根本格律だとし,この"bene agere et laetari"には「自己満足 acquiescentia in se ipso」が反響しているとしている（Misrahi：1990, 438, n. 69, 439, n. 70, 449, n. 92）

22　倫理的位相における受動から能動への転化とは,「憐憫」や「名誉欲」が生み出す「擬似的利他的行為」から「道義心 pietas」に基づく「正しく行ないて自ら楽しむ」という達観した倫理的境地への転化として考えられている（E/IV/50S, 73S, V/4S）。前者が「感情の模倣」を基礎としているゆえに,例えば愛が憎しみに,憐憫（同情）が妬みに反転してしまうというような「不安定」さを不可避に伴うのに対して（E/III/32S, 35）,後者の「道義心」とは「神の観念」あるいは「神の認識」に基礎を持つからより「安定的」な倫理的態度となる（E/II/49S, IV/37, 68S, V/20D・S）。「憐憫」や「名誉欲」等の「感情の模倣」を通して生まれる「擬似的利他的行為」（自己充足型の利他的行為）の分析と批判については（本書第3章および第10章を参照）を参照。

れるものまでが存在している（E/V/27, 36S, 38S, 42S）。このうち直観知から生まれる「自己満足」こそが以下のように真に最高の「満足・安らぎ acquiescentia」となり「救済」をもたらす。

　「我々の救済あるいは至福あるいは自由が何に存するかは明瞭に理解される。すなわちそれは神に対する恒常的で永遠な愛に，あるいは人間に対する神の愛に存するのだ。——中略——この愛は神に関すると〔人間〕精神に関するとを問わず，まさしく心の満足（animi acquiescentia）と呼ばれうる。」（E/V/36S）

　確かに，この引用箇所をはじめ第5部には"acquiescentia in se ipso"という完全形では「自己満足」は出てこない。しかし，直観知から生まれる「神に対する知的愛」とは「（人間）精神が，原因としての神の観念を伴いながら自己自身を（se ipsam）観想する能動行為」であると同時に，「人間精神によって説明される限りにおける神が，自己の観念を伴いながら自己自身を観想する能動行為」であるから（E/V/36D），ここに言う「心の満足 animi acquiescentia」は，"in se ipso"なしでも，人間の「自己満足」であると同時に神の「自己満足」をも意味しているのだ。そして，"acquiescentia (in se ipso)"とは，そもそも「安らう，落ち着く，静かになる」という意味の動詞"acquiescere"から作られた言葉であるから，それ自体で，「ほとんど心を動かされることがない」という精神の「安定性」が実現された状態を意味してもいるのである（E/V/42S）。

　以上で，「絶えざる変化の中に生きている」有限様態としての人間が（E/V/39S），「心の動揺」を克服して最高の「満足・安らぎ acquiescentia」を獲得するに至るプロセスとして，哲学的救済への道が「安定性」の実現という観点から考察された。しかし，これを「均衡」という観点から捉えればどうなるであろうか。『エチカ』第2部の複合物体論によれば，自己を構成する諸部分間の「運動と静止の比（ratio）」を一定に保つことで，自らの形相を変化させることなく自己の本性を維持しようとする傾向・努力が「自己保存のコナトゥス」の内実であった（E/II/13Lem5-7, IV/39D）。ここで人間は，

第 7 章　スピノザにおける三つの救済について　213

複合物体であると同時に心身平行論に支配される精神的存在でもあるから，この「比を一定に保つこと」を均衡の実現として捉えるならば，精神的・身体的な安定性の獲得＝安定的な自己保存の実現とは，自己の内なる精神的・身体的な均衡の実現のことをも意味していることになろう。このようにして哲学的救済への道は，完全なる「均衡」の実現への道でもあるのだ[23]。

そして，ここに「コナトゥスの自己発展性とその必然性」（本書第 2 章参照）と「安定性と均衡の実現」とが結びつくのである。つまり，複合物体としての有限様態である人間や他の存在（複合物体とアナロジカルに捉えられた国家も含む）が，「それ自体で見るなら」，より高い「安定性と均衡の実現」へと向かう傾向の動力源は，この「コナトゥスの自己発展性とその必然性」にこそ求められるべきなのである[24]（本章注 23 の下線部も参照）。

---

[23] 宗教的救済と政治的救済，そして『エチカ』第 5 部定理 20 までの哲学的救済は全て「持続の相の下における救済」であるのに対して，直観知が生み出す「神への知的愛」による哲学的救済のみが「永遠の相の下における救済」である（注 1 参照）。この「安定性と均衡の実現としての救済」という解釈が「永遠の相の下における救済」にも十全に妥当するかどうかという問題はそれだけで別稿を要するような極めて重要かつ困難な問題である。よってここでは最小限のことを確認しておくに留めたい。

「永遠の相の下における救済」を支える「神への知的愛」は，永遠不滅で最高に確実なものであるから（E/V/33, 37），そこへと至った賢者の心的状態は「安定性」を実現していることにはなる。ただそこにおいて「均衡」が救済実現の基盤になっているかどうかを論証するのは難しい。ここでは二つだけ論拠を挙げる。その第 1 は，直観知が，（持続の相の下における）理性的認識を基盤としているということである（E/V/28）。第 2 は，たとえ「神への知的愛」の永遠性が，身体の現実的存在を考えることによってではなく，身体の本質を永遠の相の下に考えることから生まれるのだとしても（E/V/23S, 29-31S, 39），現実には，外界の存在から触発を受けたり触発を与えたりする能力としての「適応能力」（E/II/13S, 14, IV/38D, Ap27）の成熟が，神への愛と「救済」に人間を導く身体的条件になってもいるということである（E/V/38S, 39・D・S）。後者は，「身体の諸部分における運動と静止の比（ratio）を一定に保つこと」（本章の言う均衡の実現）が，身体の「適応能力 aptus」を増大させ，それに伴って精神の認識能力も増大する（E/IV/38D, 39・D）という『エチカ』第 4 部の議論をそっくりそのまま受ける形で（E/V/38D），第 5 部の神への知的愛と精神の永遠性が論じられている諸定理の一つで「極め多くのことに有能な（aptus）身体を有するものは，その最大部分が永遠であるような精神を有する」（E/V/39）と述べられていることを考慮する時，一層強力な論拠になろう。このようにして，「永遠の相の下における」哲学的救済へと至った賢者の心的状態そのものが「均衡」のみによって定義されはしなくても，少なくとも「均衡」がそのような救済実現の現実的基盤となっているとは考えられる。これは「持続における救済」は「永遠における救済」の条件・準備であるというラクロワの解釈と通じるものである（注 1 参照）。

[24] ここではフロイトがその『快感原則の彼岸』（1920 年）において，彼の「快感原則」をフェ

Ⅳ 安定性と均衡のレベルと基準

スピノザにとって「救済 salus」とは，あらゆる場合に，「安定性と均衡の実現」によって達成されるものであった。しかしここで留意すべきは，スピノザは安定性や均衡をそれ自身で価値のあるものとして評価するという静態的な「安定・均衡」観を持ってはいないということである。このことを以下の二つの観点から見てみよう。

まず「平和」という観点からであるが，確かにスピノザは既に見たように，安定・安全を国家にとっての至上の目的として，また国家自身の「救済」として考えていた。しかし，「平和」とは（ホッブズの主張とは異なり）「戦争の欠如（privatio belli）には存せず，精神の一致，すなわち和合に存する」[25]（TP/Ⅵ/4）とか「その平和が臣民の無気力の結果に過ぎない国家，そしてその臣民があたかも獣のように導かれてただ隷属することしか知らない国家は，国家（civitas）というよりは荒野（solitudo）と呼ばれてしかるべきである」（TP/Ⅴ/4）という言葉を聞く時，政治という位相において，低いレベルの安定や平和にはスピノザは評価を与えなかったということが分かる[26]。

次に認識論的な向上（発達）という観点から言えば，スピノザは，「感情の模倣」から生まれる「同情心」を批判しながら，幼少期の小児は「その身体が絶えざる平衡状態（aequilibrium）にある」がゆえに，他者の感情に無防備に直接的に触発されて「感情の模倣」を起こしてしまうとして（E/Ⅲ/32S），精神がより低次の「平衡・均衡」に留まることへの批判を展開している[27]。また，「虚偽の観念に安んじて（acquiescere）少しもそれについ

ヒナーの「安定傾向原則」（恒常性原則）から導いていることが示唆に富む。詳しくは本書第10章の注19の後半部分を参照。

25　スピノザは，「実に平和とは戦争の欠如ではなくて，精神の力から生じる徳である Pax enim non belli privatio, sed virtus est, quae ex animi fortitudine oritur」（TP/Ⅴ/4）とも言う。

26　「『内面性』は最高権力を逃れる。――中略――内面性は国家に依存しないが，国家の方は各人の内的な傾向・素質に依存する。つまりその平和が臣民の無気力だけから生まれる国家は国家と言うよりはむしろ荒野の名に値する。だから社会を作り保存するもの，それはほとんどルソーの言う『一般意志』，つまり，理性の意志，共通善の意志である」（Lacroix : 1970, 83）

27　ちなみにスピノザは，等距離におかれた飲食物を前にして非決定に陥り餓死するという

て疑わない」人間は，それについて確実であるというわけではなく，「彼の想像知が動揺させられる（fluctuari）原因が少しも存在しないから」である（E/II/49S）とも述べ，精神が自己閉鎖的な低次の安定的「満足 acquiescentia」[28]に留まることも批判している。スピノザは，「たとえ心の動揺を経てではあっても」（E/V/10S），精神がこの「動揺」を克服し，更に高くより安定した「満足」の状態へと向上（発達）していくことを『エチカ』の救済のプログラムとしている[29]。

ではそのような力動的な安定性と均衡の理論が認めることになる，様々なレベルの安定性と均衡のその高低の基準とは何であろうか。それはⅢでも考

「ブリダンの驢馬」の話も，「平衡状態 aequilibrium」に置かれた人間の場合として説明している（E/II/49S）。

[28] 外的条件のみに依存するこのような消極的自己満足に対し，『エチカ』第5部の「最高の（自己）満足」とは，人間精神と神との相互的，循環的な愛が精神の内部に生み出す力により実現される積極的自己満足を意味している（E/V/27, 32. 36, 42D, cf. II/49S）。

[29] しかし，ここからスピノザは，むしろ他者からの誤りの指摘や批判によって，人間は「より大きな安定性」へと向けて向上（発達）することが可能となると考えているとか，（受動の段階では）他者から「動揺」させられることを契機にして人間は向上（発達）していくと考えていると解釈することには慎重にならなければならない。確かに，『エチカ』第4部の「理性人は他者も自らと同じように理性に従って生きるように導こうと努力する」という「理性人による（受動的）他者の教育」を（E/IV/37D, Ap9），受動的段階にある人間（無知なる者）の側から捉え直すならば，一見そのような解釈も成立可能に思える。しかし，スピノザはこの「想像知の動揺」それ自体のうちに，より安定的な認識としての理性的認識へと向上（発達）していく動力源を認めてはいない。むしろこの動揺をもたらす原因が別の「虚偽の観念」ならば，この動揺からは，新たな別の表象（虚偽の観念）が生まれるに過ぎないと指摘してもいる（E/II/44S, 49S）。

低次の（みせかけの）平衡・均衡や「安定的な満足」が批判されるのは，それらが容易に動揺へと転じてしまう可能性を有しているからである。この動揺そのものに積極的な意義はなく，むしろ「精神の動揺」の克服やその「破壊」（E/V/2）こそが目指されたと捉えるべきである。そして動揺をもたらすものが「真の観念」である場合にのみ，その動揺している精神はより高い安定性と均衡へ向けて方向付けられる。この方向付けの具体的方法こそが「感情の療法」とか「正しい生活法」と呼ばれるものである（E/II/43S, V/Prae-20S）。以上のような限定を守った上でなら，スピノザ哲学を他者へと開かれた力動的な安定性と均衡の理論として解釈することも不可能ではなかろう。そしてこのような考え方は，例えばレヴィナスからスピノザに対してなされるコナトゥス批判を再検討する上でも（本書第6章），また，より高次のより安定した「均衡状態」に向かって人間の論理的思考と道徳性は発達するというピアジェやコールバーグの発達心理学的な道徳哲学とスピノザとの比較においても（本書第2附論参照）見逃せないものである。

察したように「完全性」というものを置いてない。より大きな完全性へと移行していくにつれて（つまり〈限りにおけるコナトゥス〉が増大するにつれて），それが国家であれ人間であれ，有限様態はそれだけ，不安定な「動揺」状態を克服してより大きな「安定性」へと移行していくことになる。そして最終的に「完全性そのもの」を所有した時，そこには完全なる安定と均衡が実現され，人間の場合はそれが（哲学的）救済となるのである[30]。

---

[30] ただし，より低いレベルの安定性や均衡を実現している存在が，それよりも高いレベルの安定性や均衡を実現している存在よりも「不完全」であると言うことは，本当は不可能である。各個体の完全性に「度合い」の差が在るのは事実だとしても（E/I/Ap, II/13S），それらを「比較」して「それ自体で考えれば」或る度合いにおいては完全であるものの中に「欠如」を見出して，それを不完全なものと呼び，完全であると想定するものとの間に価値のヒエラルヒーを適用してしまうのは「想像知」の仕業だからである（E/IV/Prae, EP/19, 21）。完全性はあくまで各個体の「内的な基準」にすぎないのである。また，完全性はものの本質と解されるから，そこには持続つまり一定の存在時間が含まれない。よって，より長い時間その存在に固執したからといって，その存在が「より完全である」とは言えない（E/III/8, Agd, IV/Prae, cf. TP/VI/4）。

第Ⅱ部　感情と倫理，感情と政治

第8章　感情から社会へ
―― 『エチカ』における感情と社会について ――

序

　本書がこれまでに見てきたように，スピノザ哲学において最も重要な概念の一つは「コナトゥス conatus」である。コナトゥスこそが，『エチカ』の（有限様態の）存在論，認識論，感情理論，倫理学説の出発点であり，それら各々の理論の基底となり，更には『エチカ』と『神学政治論』や『政治論』を繋ぐ鍵概念として，スピノザ哲学を首尾一貫して流れている通奏低音である。そしてコナトゥスは，スピノザ哲学が究極的に目指す「救済 salus」の根底的基礎をなしている。

　このコナトゥスは，人間も含めた万物（有限様態）の「自己保存のコナトゥス conatus sese conservandi」として存在論的な位相において注目されることが多い。しかし，コナトゥスは，認識，感情，倫理，社会といった諸位相においても極めて中心的な役割や機能を有している。たとえばコナトゥスは，人間の認識という位相においては「認識能力」として，感情という位相においては「欲望」として，社会という位相においては「自然権」として現れ，それぞれの位相において枢要な位置を占めているのである。したがって，スピノザ哲学における認識，感情，倫理，社会といった問題を考察する場合には，それら各々の位相において現れた〈限りにおけるコナトゥス conatus quatenus〉について詳細に検討する必要がある。

　本章では，それらの中でも特に「感情」という位相に注目して，感情という位相において現れた〈限りにおけるコナトゥス〉の『エチカ』の感情理論における位置と役割をまずは考察する。そして次に受動感情に隷属して，相互に敵対し争って生きている人間が，どのような契機から，相互に一致・協力し，和合して社会（共同態）を形成するようになるのかを，(1)受動（感情）から能動（感情）への移行を可能にする「精神のコナトゥス」としての認識，

(2)「コナトゥスの社会的機能」の二つのラインから考察し，社会（共同態）の形成におけるコナトゥスの役割と機能を明らかにする。

I 『エチカ』における感情

I−1 感情という位相において現れた〈限りにおけるコナトゥス〉

スピノザは『エチカ』第3部と第4部で「感情 affectus」を以下のように定義している。

> 「感情によって私が理解するのは，それによって身体そのものの活動力能が増大或いは減少させられ，促進あるいは抑制される身体の変状（Corporis affectiones）である。そして感情とはそれと同時に（simul）そうした変状の観念である。」（E/Ⅲ/Def3）

> 「感情とは，精神に関する限り，或る観念──精神がそれによって自己の身体につき以前より大なるあるいは以前より小なる存在力を肯定する或る観念である（第3部の終りにある感情の総括的定義により）。したがって，精神が或る感情に揺り動かされる場合，それと同時に（simul）身体は自己の活動力能を増大しあるいは減少する変状に触発される（afficitur）。」（E/IV/7D）

感情が「身体の変状（Corporis affectiones）であると同時にそうした変状の観念である」ということは，感情が身体と精神の両方に同時に関わるようなものであるということである。感情とは一つの出来事が身体と精神の両方に同時相即的に現れたものである。これはスピノザの心身並行論の立場から考えればよく理解できよう。ただ「身体の変状の観念」という概念は第2部の認識論から引き継がれた重要な概念である。スピノザは，人間の「精神 mens」を構成する「観念 idea」の対象は「身体 corpus」であり，精神はこの「身体の変状の観念」によってのみ自分自身と外部に存在する物体を認識する（E/Ⅱ/13, 23, 26）と言っている。よって，感情が「身体の変状の観念」として定義されているということは，人間精神がこの「身体の変状の観念」

としての感情によって，自分自身や外部の物体を認識しているということに他ならない。

では，この「身体の変状」は具体的には何を意味しているのだろうか。上述の感情の定義からは，それは「身体の活動力能の増減」に関わる「変状」であると理解できよう。ここで注意しなければならないのは，感情（という精神の一つの状態）が原因となって，身体の活動力能が増減するのでは決してないということである。二番目の引用から明白なように，精神がある感情に捉われた場合，それと同時相即的に（「それ同時に simul」）身体は自己の活動力能を増大しあるいは減少する或る変状に触発されるのである（心身並行論）。

そして，この「身体の変状」の観念つまり「感情の形相を構成する観念」は「身体あるいはその一部分の活動力能あるいは存在力」の増・減や促進・阻害に伴って身体あるいはその一部分が呈する状態を「表示ないし表現する indicare, vel exprimere」（E/Ⅲ/Agd）のである。これは端的に言えば，感情とは，その時々で刻々と変化している我々の身体の現実的状態を表示する観念であり，この様々の感情を通じて，我々は，活動力能の増減などの自己の身体の具体的な状態を感じている（把握している）ということである。

そしてスピノザはこうした感情には，「喜び laetitia」，「悲しみ tristitia」，「欲望 cupiditas」といった三つの根源的で基礎的な感情があり（デカルトは『情念論』第69節で「驚き」，「愛」，「憎しみ」を加えた六つを基本的感情とする），他の感情は全てこの三つの感情から生じると言う（E/Ⅲ/11S, Ad48Ex）。そこで，本章Ⅰではスピノザの感情理論の中心的概念であるこの基礎的三感情とコナトゥスについて考察し，基礎的三感情とコナトゥスとの関係から『エチカ』の感情理論におけるコナトゥスの位置を規定する。

スピノザは，基礎的三感情を以下のように定義している。（以下1，2，3）

1 〈喜び〉とは「それによって精神がより大きな完全性へ移行する受動」である（E/Ⅲ/11S）。
2 〈悲しみ〉とは「それによって精神がより小さな完全性へ移行する受

動」である（ibid.）。
3　〈欲望〉とは，
　a）「自らを意識している衝動（appetitus）」であり，「衝動」とは精神と身体に同時に関係するコナトゥスである。従って，「衝動」とは「人間の本質そのもの」に他ならない（E/Ⅲ/9S）。
　b）「衝動とか意志とか欲望とか情欲という名称で意味されるあらゆる人間本性のコナトゥスを統一的に包括しようとして私は欲望を定義することに努めた」（E/Ⅲ/Ad1EX）。
　c）「人間の本質そのものである。換言すれば，それによって人間が自己の存在に固執しようと努力する（in suo esse perseverare conatur）コナトゥスである。」（E/Ⅳ/18D, cf. Ⅳ/21D）

　1と2から〈喜び〉と〈悲しみ〉は，「精神を，より大きなあるいはより小さな完全性へ移行させるような受動（passio）の感情」であるということ，そして〈喜び〉と〈悲しみ〉は，相互に対立的な正反対の感情であるということが理解できる。
　また，3のcから明らかなように，〈欲望〉とは「人間の本質」であり，人間の感情に現れた〈限りにおけるコナトゥス〉である。では，この「コナトゥス」とはどのようなものであっただろうか。

　「各々のものが，それによって自己の存在に固執しようと努力するコナトゥスはそのもの自身の現実的本質（actualis essentia）に他ならない。」（E/Ⅲ/7）

　このように，スピノザによれば，コナトゥスは存在論的には，人間のみならず万物に内在している自己保存の傾向であるが，このコナトゥスは人間においては，その精神にだけ関係する時には「意志 voluntas」と呼ばれ，精神と身体に同時に関係する時には「衝動 appetitus」と呼ばれる。そして〈欲望〉とは，自らを意識している「衝動」であるから（3のa），厳密には〈欲望〉は意識を伴ったコナトゥス，意識化されたコナトゥスである。しかしス

ピノザは，最終的には 3 の b のように，〈欲望〉を極めて包括的な意味でコナトゥスとして定義しているから，コナトゥスとは〈欲望〉のことであると考えてもよい。そこから，存在論的な位相におけるコナトゥスの〈自己保存，万物に共通の本質，神の無限の力の表現〉といった諸性質が，人間の感情という位相において現れた〈限りにおけるコナトゥス〉である〈欲望〉にもそのまま受け継がれることになる（3 の c）。

このように，あらゆる物（自然の各個物）に「先行的に」認めたコナトゥスを，今度はそっくりそのまま人間の感情の中にも〈欲望〉として登場させたのは，スピノザが人間は「自然の一部 pars naturae」である[1]と考えていたことからの当然の帰結である。つまりそれは，人間の感情（ここでは欲望）は，他の自然の個物と同じく，共通な自然の諸法則（communes naturae leges）に従い，全く同様の自然の必然性と力から（ex eadem naturae necessitate, et, virtute）生じるということである。自然の中の人間は，決して「国家の中の国家 imperium in imperio」（E/Ⅲ/Prae, TP/Ⅱ/6）などではなく，自然の秩序から独立した存在ではないから，自己の行動に対する絶対的な能力を持たないし，精神は感情に対して，デカルトが主張したような絶対的な支配権（『情念論』第 50 節）を有しはしないのである。

このようにしてスピノザは，『エチカ』第 3 部の感情理論を始めるにあたりその序言において，人間の感情や行動や衝動をありのままに，しかも線や面や物体を研究するのと同じく幾何学的方法で考察するのだと宣言する。しかし，スピノザの汎神論では「神あるいは自然 Deus seu Natura」（E/Ⅳ/Prae, 4D）という表現から窺えるように，神（実体）とは「自然」のことであるから，ここで言われる「共通な自然の諸法則」とは神の摂理のことであり，共通の「自然の必然性と力」とは実は，神の永遠で無限な力のことであるのだ。そして，神は「物が存在し始める原因であるばかりでなく，物が存在することに固執する原因」（E/Ⅰ/24C）でもあり，その本質が存在を含まない有限様態としての個物や人間は，その現実的本質としてのコナトゥスに

1　(E/Ⅳ/2, 4, 57S, Ap6, 7, 32) (TP/Ⅱ/5・8) (TTP/Ⅲ/32, Ⅳ/44, ⅩⅥ/191)

よって「絶対に無限なる実有」としての神の力能（＝本質＝存在）を表現すること（exprimere）によって初めて存在することができるのである（E/Ⅲ/6D, Ⅳ/4D）。このようにコナトゥスは，有限様態の内で「神あるいは自然」の永遠で無限な力を表現するものであり（E/Ⅳ/4D），「与えられた本質 essentia data」（E/Ⅲ/7D）という意味で「神あるいは自然」の永遠で無限な力が万物に浸透していることの証しであるのだ。そして今，このコナトゥスが〈欲望〉として人間の感情のうちに現れているのを確認したから，我々には，〈欲望〉は「神あるいは自然」の無限の力をある一定の仕方で表現するものであるということが理解できる。以上で，基礎的三感情それぞれの定義は確認し終えたので，次は〈喜び〉，〈悲しみ〉，〈欲望〉の三者の間の関係の考察に移る。

Ⅰ-2 「心身並行論」と感情

〈喜び〉と〈悲しみ〉は，相互に対立する正反対の感情であった。ではそれらと〈欲望〉（コナトゥス）の関係はどうであろうか。スピノザは第3部定理37で初めてこの三者の関係について言及している。

> 「悲しみや喜びのために，あるいは憎しみや愛のために生じる欲望は，それらの感情が大きければ大きい程それだけ大きい。」（E/Ⅲ/37）

ここでスピノザは，〈喜び〉や〈悲しみ〉から〈欲望〉が生じること，そしてその場合の前者と後者の比例関係を示している。しかし，これは本章Ⅰ-1の1と2の〈喜び〉と〈悲しみ〉の定義に照らして考えると二つの疑問が残る。第一の疑問は，〈喜び〉や〈悲しみ〉は，「精神の」受動であったのに，この「精神の」受動である〈喜び〉や〈悲しみ〉から，何故，精神と身体に同時に関係する〈限りにおけるコナトゥス〉である「衝動」が意識化されたものである〈欲望〉が生じるのか，そしてまた自らを生み出す〈喜び〉や〈悲しみ〉と比例関係にあるのかということである。第二の疑問は，本章Ⅰ-1で確認した〈喜び〉と〈悲しみ〉の定義では，それらは「より大きな

あるいは，より小さな完全性への移行」であったのに，今度はそれが〈欲望〉との対応関係（比例関係）で語られているという点である。

　第一の問題点は，スピノザにおける「心身並行論」によって容易に解決できる。「心身並行論」は，まずは「観念の秩序および連結は物の秩序および連結と同一である」（E/Ⅱ/7）という形で与えられる。この「心身並行論」を保証しているのが，〈様態としての個物が全てそのうちにあり，それなしには存在することも考えられることもできない唯一の実体としての神〉（E/Ⅰ/14, 15）である。スピノザが精神と身体は同一物である（結合している）（E/Ⅱ/13S, Ⅲ/2S）と言う時，それは究極的には，この唯一の実体（神）がその時々で，たまたま思惟の属性のもとに現れたり，延長の属性のもとで現れたりしているだけであるという意味なのだ。このような「心身並行論」に立つスピノザは，デカルトのような「心身の相互作用」（『情念論』第 34 節）を否定する[2]（E/Ⅴ/Prae）。

　この「心身並行論」は「精神のコナトゥスあるいは思惟能力は，身体のコナトゥスあるいは行動能力と本性上相等しくかつ同時的である」（E/Ⅲ/28D）と形を変えて表現される。これは精神と身体のどちらかが他方に対して原因となったり，優位に立ったりすることの不可能性を明確に示している。だからこそ身体が精神を思惟するように決定することも，また精神が身体を運動

---

[2] デカルトの方法的懐疑によれば，私の身体さえも疑うことが可能であったのだが，全てを疑った結果，最終的に，疑えないものとして唯一残ったこの「考えるもの」としての私を提示した時，デカルトは精神と（mens）と身体・物体（corpus）との実在的区別を認め，心身分離の二元論に立ったのである。心身並行論の立場に立つスピノザはこの『デカルトの哲学原理』の定理 8 とその証明において，この精神と身体の実在的区別を擁護し証明している。
　けれども，デカルトは最終的には『情念論』（1649 年）において，精神と身体の合一・心身合一（第 1 部第 30 節）と精神と身体の相互作用（第 1 部第 34 節）を認めるに至るようになる。デカルトによると，脳の最も奥にある，一つの非常に小さな松果腺（glandula pinealis）というものにおいて精神は身体と結合しており，そこにおいて身体に作用を及ぼし，又作用を受けるのである（第 1 部第 31〜35 節）。デカルトはこのように一方で，心身分離を主張しながら，他方では，心身の合一と相互作用を認めてしまうという矛盾を犯してしまう。このようなデカルトの『情念論』の考え方に対し，心身並行論の立場に立ち，精神と身体の間の相互作用を否定するスピノザは『エチカ』第 5 部の序文の中で，ストア派とデカルトの「意志による情念の絶対支配」を批判しており，デカルトのように偉大な人が松果腺などという「一切の隠れた性質よりも更に隠れた仮説」を立てるとは全く驚きであると述べている。

ないし静止をするように決定することもできないのである（E/Ⅲ/2·S）。これで第一の疑問つまり「精神の」受動である〈喜び〉や〈悲しみ〉から，何故，精神と身体に同時に関係する〈限りにおけるコナトゥス〉である〈欲望〉が生じ，そして比例関係に入るのかという疑問は解決されよう。

　つまり「心身並行論」によれば，何らかの条件で精神か身体のいずれかが触発されたり作用を受けたりすると，それと同時相即的にその他方（身体か精神のいずれか）も触発を受けたり作用を受けたりするのである。その際，一方が受ける触発の大きさと他方に現れる刺激の大きさとに比例関係があるのは断るまでもない。そして〈欲望〉とは，先に見たように精神と身体に同時に関係するコナトゥス（が意識されたもの）であるから，この〈欲望〉としてのコナトゥスは，精神と身体の両方に同時に関わりつつもそれらを統一する基盤として在り，かつ，それら精神と身体の同時相即的な変化にやはり同じような仕方で呼応しているのである。このようにして〈喜び〉や〈悲しみ〉は精神と身体に同時に関わる感情であるのだ。そして，人間という存在はただ精神と身体のみから成る（E/Ⅱ/13C）から，スピノザは第3部最後の感情の一般的定義において最終的に，〈喜び〉とは「人間がより小さな完全性からより大きな完全性へ移行すること」であり，〈悲しみ〉とは「人間がより大きな完全性からより小さな完全性へ移行すること」（下線は著者）というように，〈喜び〉と〈悲しみ〉を人間存在の本質と全体に関わる根本的な出来事として位置付け直したのである。これで第一の問題は解明できた。

Ⅰ-3　「完全性 perfectio」と感情

　第二の問題点は，上の1と2の〈喜び〉と〈悲しみ〉の定義では，それらは「より大きなあるいはより小さな完全性への移行」であったのに，〈喜び〉，〈悲しみ〉そして〈欲望〉の三者の関係を語った第3部定理37では，今度はそれが〈欲望〉との対応関係（比例関係）で語られているという点である。〈欲望〉と「完全性」の間にいかなる関係があるのだろうか。これをより良く理解するためにまずこの定理の証明を示し，コナトゥス，活動力能，欲望，完全性の関係を考察してみる。

「悲しみは〔この第 3 部定理 11 の備考により〕人間の活動力能（agendi potentia）を減少させ，或いは抑制する。言い換えると〔同定理 7 より〕それによって人間が自己の存在に固執しようと努力するコナトゥスを減少させ抑制する。従って，悲しみは（同定理 5 より）このコナトゥスに対立するものである。そして悲しみを感じている人間が行う全ての努力（コナトゥス）は，悲しみを除去するということである。ところが（悲しみの定義により）悲しみがより大であるに従って，それは必然的に人間の活動力能のそれだけ大きな部分を阻害する。ゆえに，悲しみがより大であるに従って人間は反対にそれだけ大きな活動力能をもって悲しみを除去しようと努力するであろう（conabitur）。言い換えれば，（この部の定理 9 の備考により）それだけ大きな欲望ないし衝動ををもって悲しみを除去しようと努力するであろう。次に喜びは〔この部の定理 11 の備考により〕人間の活動力能を増大し，或いは促進するから——」(E/Ⅲ/37D)

この証明からは，まず以下の(1)〜(5)のことが分かる。

(1) スピノザが「活動力能の増減」と「より大きなあるいはより小さな完全性への移行」を同義に考えているのが分かる。彼はこの証明の最初の所で，〈悲しみ〉が人間の活動力能を減少・抑制するとし，第 3 部定理 11 の備考をその根拠に挙げているが，この備考にはただ，本章Ⅰ− 1 で見た「より大きなあるいはより小さな完全性への移行」という〈喜び〉と〈悲しみ〉の定義が述べてあるに過ぎないからだ。スピノザは，同じ第 3 部定理 11 の備考を第 4 部定理 29 証明においても「完全性」を「活動力能」と読み換えて用いているし，第 4 部序言にあっては，「より小さな完全性からより大きな完全性への移行」を「人間本性の典型への接近」や「活動力能の増大」のことと理解していると自ら述べ，更に決定的には「悲しみの感情はより小さな完全性へ移行する運動，つまりそれによって人間の活動力能が減少されあるいは阻害される運動以外のものではあり得ない」(E/Ⅲ/Ad3Ex) と言っていることからも，「活動力能の増減」と「より大きなあるいはより小さな完全性への移行」が同義に考えられているのは確かである。

(2)「活動力能」と「コナトゥス」が同様のものと考えられているのが分かる[3]。

(3)「活動力能」と〈欲望〉ないし「衝動」が同様のものと考えられているのが分かる。

(4)〈悲しみ〉と〈喜び〉が人間の活動力能（コナトゥス）を減少させたり増大させたりするということが分かる。これは第3部定理57の証明で「喜びと悲しみは、それによって各人が自己の存在に固執しようとする力能ないしコナトゥスが増大されあるいは減少され、促進されあるいは阻害される受動である」と述べられた時により一層明確になる。

　ここで(1)～(3)からコナトゥス、活動力能、〈欲望〉の相同性とそれらの増・減に、「より大きなあるいはより小さな完全性の移行」が対応していることが確認され、(4)では〈悲しみ〉と〈喜び〉と活動力能（コナトゥス）の関係が確認されたから、最終的に、

(5)〈喜び〉はコナトゥス（＝活動力能＝欲望）を増大・促進させ、人間を「より大きな完全性へ移行」させる感情であり、〈悲しみ〉はコナトゥス（＝活動力能＝欲望）を減少・阻害させ、人間を「より小さな完全性へ移行」させる感情であるということが分かる。

これで本章Ｉ－2の初めに提起した第二の問題も解明できた。そして実はここで初めて我々には〈喜び〉、〈悲しみ〉、〈欲望〉という基礎的三感情の相互関係が明らかになる。つまり、〈喜び〉と〈悲しみ〉は共に〈欲望〉（＝コナトゥス＝活動力能）の増減に関する感情であり、〈欲望〉を媒介にして相互に対立的な正反対の感情として存在しているのだ。このように基礎的三感情はそれぞれ単独では決して考えられないような相互に連動し合い深い相関関係を持った感情なのである。しかも、それらはまさに〈欲望〉（＝コナトゥス）を中心的基軸に据えて初めて成立し得るような相関関係なのである。そして最初に述べたように、スピノザの感情理論においては、全ての感情はこの基礎的三感情から派生するものであるから、〈欲望〉は人間が生存してゆ

---

[3] コナトゥスと活動力能は厳密には等しいものではない（本書第1章Ⅱ）。

く過程で出会う様々な出来事に対してその都度抱く――それが無数でそして多種多様なバリエーションを持った複雑なものであっても――全ての感情の基準として最も根源的な感情であるのだ。だが，本章Ⅰ－1で見たように，この〈欲望〉は感情という位相において現れた〈限りにおけるコナトゥス〉のことであったから，このコナトゥスこそが我々の「あらゆる感情の基礎」[4]なのである。しかしスピノザは，このように彼の感情理論の中で最も中心的な位置を占め，全ての感情の基準であり根源である人間の本質としての「欲望＝コナトゥス」の増大を（(1)～(3)から明らかなように）「より大きな完全性への移行」と同義に考えている（E/Ⅳ/18S）。存在論的位相にのみ注目するなら，有限様態としての各個物の意志なき自己保存の傾向でしかなかったコナトゥスが，この感情という位相においては〈欲望〉として現れて「大きさ」（度合い gradus）や「増減」という性質を獲得したわけであったが，これに今，「より大きなあるいはより小さな完全性への移行」という性質が加わることによって「欲望＝コナトゥス」は倫理的な要素をも包摂し，物体論とは違った意味での「運動性」をも獲得し得たのである。

　この「コナトゥスの倫理的機能」については，本章Ⅲ－2で述べることにするが，ここで留意しておきたいのはスピノザにおいて「完全性」とは絶対的な基準ではなく比較によってしか考えられないものであり（E/Ⅳ/Prae, EP/19），しかも〈喜び〉や〈悲しみ〉は「完全性そのものへ」の感情の変化ではなくて「より小さな完全性からより大きな完全性への移行」であり「より大きな完全性からより小さな完全性への移行」であったということである。スピノザは，「〈より〉大きな完全性への」，「〈より〉小さな完全性への」と言っているのだ。だから，たとえ彼が「完全性」を「人間本性の典型 humanae naturae exemplar」と同義に考えたとしても（E/Ⅳ/Prae），それは自己に外在的な模範でもないし，超越的あるいはイデアールな模範でもない。それは固定的で絶対的な基準や要請などではなく，柔軟で重層的な一応の目安のようなものを意味しているのである（本書第1章Ⅳ－2を参照）。

---

[4] Joachim：1901, 206.

このように〈悲しみ〉や〈喜び〉の感情は「完全性」をめぐる「移行 transitio」という「運動 actus」であり、この運動には「コナトゥス＝欲望」の増減が付随しているのである。そして、本章Ⅰ－3に入ってから分析してきた第3部定理37証明に見られるように、人間は自己のコナトゥス（＝活動力能＝欲望）を増大させるものつまり〈喜び〉をもたらすものを、その大きさに応じた（比例した）コナトゥスによって可能な限り維持し増大させようと努め（conatur）、自己のコナトゥス（＝活動力能＝欲望）を減少させるもの、つまり〈悲しみ〉をもたらすものは、逆にその大きさに応じたコナトゥスによって可能な限り除去しようと努めるようになる（E/Ⅲ/12, 13, 28, 37・D）。ここにコナトゥス（欲望）の新たなレベル（「コナトゥスの自己発展性とその必然性」）が出現するわけであるが、それが「感情の模倣 imitatio affectuum」と結びついて、他者との関係性にも適用された時（E/Ⅲ/27～43）、そこには倫理と社会の問題が生まれてくるのである（本書第10章及び第4章Ⅱ－3参照）。

Ⅱ　諸位相における受動と能動

Ⅱ－1　「受動 passio」と「能動 actio」の定義

デカルトの『情念論』においては、新たに生じることは、それが起こるのを受け入れる主体に関しては「受動」と呼ばれ、それを起こす主体に関しては「能動」と呼ばれる。だから「能動者と受動者とは多くの場合、大変異なってるが、能動と受動は常に同一の事柄である」（『情念論』第1節）となっている。そして「精神の受動＝情念 les passion de l'ame」とは、身体が能動者となって精神（受動者）のうちに引き起こされる想念のことである。よってそれは、精神においては受動態であっても身体の方からすれば能動態であるのだ。

これに対し、心身並行論を取るスピノザでは、「身体の能動ならびに受動の秩序は、本性上、精神の能動ならびに受動の秩序と同時である」（E/Ⅲ/2S）とされ、デカルトのように、精神と身体のいずれか一方が能動者になり、その時のもう一方が受動者になって、能動者になった方が受動者に働き

かけるということ（心身の相互作用）はあり得ない。デカルトとは異なりスピノザの場合には，「受動」と「能動」はそれぞれ同一主体の内での作用である。だから，一人の人間の中で精神と身体が能動と受動に引き裂かれることはあり得ない。心身並行論の立場では，精神の上に起こっている出来事と身体の上に起こっている出来事とは，同じ出来事の二つの現れであり二つの側面なのだ。それらは同時に起こっているのである。だから，精神における能動は同時に，身体においてもやはり能動となり，その時その人間は（全体として）能動的になるのであり，逆に精神における受動は同時に，身体においてもやはり受動となって，その時その人間は（全体として）受動的になるのだ。このような心身並行論とそれに基づく受動と能動の考え方が持つ実践的な意義は本章Ⅲで「感情の治療法」との関係で述べることにして，本章Ⅱではまず『エチカ』における受動と能動の定義を示し（以下(1)と(2)），次に諸位相における受動と能動について考察する。

(1) 受動：我々自らが我々の内で起こる或ることのたんに「非十全なあるいは部分的な原因」に過ぎない場合，我々は「働きを受けている（受動する）pati」のである。この「非十全な原因」（部分的原因）とは，ある結果がその原因だけでは理解され得ないような原因である。そして，精神が「非十全な観念」を有する限り，精神は必然的に「働きを受ける」。このように精神の受動は「非十全な観念」のみに依存するのだ（E/Ⅲ/Def1, 2, P1, 3）。

(2) 能動：我々自らが我々の内あるいは外で起こる或ることの「十全な原因」である場合，我々は「働きをなしている（能動する）agere」のである。この「十全な原因」とは，その結果が当のその原因だけから明瞭判然と知覚され得るような原因である。そして，精神が「十全な観念 idea adaequata」を有する限り，精神は必然的に「働きをなす」。このように精神の能動はただ「十全な観念」のみから生じるのである（E/Ⅲ/Def1, 2, P1, 3）。

Ⅱ−2 認識という位相における受動と能動──想像知から理性そして直観知へ──

スピノザは我々人間の認識を三種に分類している（E/Ⅱ/40S2）。それによると我々の認識は，(1)想像知（imaginatio），(2)理性（ratio），(3)直観知（scientia intuitiva）の三種類に分けられる。

(1) 想像知とは「感覚的あるいは漠然とした経験」による認識であり，誤謬の唯一の原因である。また「非十全で混乱した全ての観念」がこれに属する（E/Ⅱ/41D）から「想像知」は「精神の受動」である。

(2) 理性とは「共通概念 notio communis」による認識であり，必然的に真である。また「十全な観念」がこれに属するから「理性」は「精神の能動」である。

(3) 直観知とは「神のいくつかの属性の形相的本質についての十全な観念から，ものの本質の十全な認識へと進む」ものであり，必然的に真である。また「十全な観念」がこれに属するから「直観知」は「精神の能動」である（E/Ⅱ/40S2, 41·D）。『エチカ』が究極的に目指した「神への知的愛」はこの「直観知」から生じる（E/Ⅴ/32C）のであるが，スピノザによると，精神の最高のコナトゥスと最高の喜び，最高の満足，人間の最高完全性，至福（beatitudo）は全てこの「直観知」による神の認識から生じる（E/Ⅱ/49S, Ⅳ/Ap4, Ⅴ/25, 27·D）。このように「直観知」こそが『エチカ』における「救済」にとっては最も重要な認識なのである。有限なる個物のうちにさえ無限なる神を一挙に観取する「直観知」は，普遍的認識である「理性（による認識）」よりもはるかに優れており有力なのである（E/Ⅴ/36S）。しかし，「直観知」は「理性」からは生じることはできるが，「想像知」からは生じることはできない（E/Ⅴ/28）。よって精神の受動でしかない「想像知」を克服して，精神の能動である「理性（による認識）」を経て更に高次の「直観知」へと至る過程は明らかに認識能力が段階（階層）的に向上していく過程である。

Ⅱ－3　感情という位相における受動と能動——受動感情と能動感情——

　スピノザは，受動である〈喜び〉や〈欲望〉の他に「働きをなす限りにおいての我々 nos, quatenus agimus」に関係する，能動的な〈喜び〉と〈欲望〉の感情があると言う（E/Ⅲ/57S, 58）。しかし，まず「受動感情 passio」と「能動感情 actio」とはどのような感情なのだろうか。スピノザによると「受動感情」とは，我々が自らの「身体の変状」の「非十全な原因」でしかあり得ないような感情であり，「能動感情」とは，我々が自らの「身体の変状」の「十全な原因」であり得るような感情である。例えば，同じ〈喜び〉ではあっても，他人からの施しや親切に依存しそれにすがるばかりの者が，施しを受けた瞬間に〈喜び〉を感じ，それに伴って彼の身体の活動力能が増大し，「より大きな完全性への移行」をなしたとしても，彼自身はそのような「身体の変状」の完全で「十全な原因」ではないわけだから，他者に依存しなければ生じ得ない彼のこの〈喜び〉は「受動の喜び」でしかないわけである。これに対し例えば，古典語の習得であれ，運動技能の鍛練であれ，我々自らがそこで達成される「活動力能の増大」や「より大きな完全性への移行」の「十全な原因」であれば，そこで感じられる〈喜び〉は「能動の喜び」であるのだ。

　こうして〈喜び〉には「受動の喜び」と「能動の喜び」の二つがあるのだが，スピノザは第3部定理9を挙げて，精神は「明瞭判然たる観念」を有する限り（つまり能動的である限り）においても，また「混乱した観念」を有する限り（つまり受動的である限り）においても，自己の存在に固執しようと努力するが，この自己保存のコナトゥスは〈欲望〉に他ならなかったから，〈欲望〉にも「受動の欲望」と「能動の欲望」の二つがあることを証明している（E/Ⅲ/58D）。このように「働きをなし能動的である」我々に関係する〈喜び〉と〈欲望〉という感情の存在を確認したのであるが，〈喜び〉と〈欲望〉以外に能動へと転化しうる感情はないのだろうか。スピノザは基礎的三感情の残り一つである〈悲しみ〉については，精神の認識能力（活動力能）を減少させ抑制するから，〈悲しみ〉のうちにある精神も同じ状態になり，いかなる〈悲しみ〉の感情も「働きをなす限りの精神」に関係することはで

きず常に受動感情である (E/Ⅲ/59・D, Ⅳ/34D) としている。〈喜び〉と〈欲望〉に関係する感情だけが「働きをなす」限りにおいての精神つまり「理性」と関係することができ (E/Ⅲ/59, Ⅳ/63D)、「能動感情」である可能性があるのだ (E/Ⅳ/Ap3)。そしてこの能動的な感情は理性によって規定されると言われる時 (E/Ⅳ/Ap3)、これは「能動(感情)」の段階では〈感情〉と〈理性〉が対立したものではなくなってしまうということを意味している。たとえば我々は、スピノザが「働きをなす限りにおける精神に関係する感情、言い換えれば理性に関係する感情は、全て喜びと欲望の感情だけである」(E/Ⅳ/63D) と述べる時に、〈感情〉と〈理性〉が決して対立していないのを見る。我々は本章Ⅱ-4で「理性と一致するあるいは理性から生じる」〈喜び〉と〈欲望〉を考察するが、先取り的に言えばスピノザにおいては理性は、受動感情と対立することはあっても、能動にまで高まった感情とは対立しない。スピノザの言う「理性の命令 rationis dictamen」(E/Ⅳ/18S, cf. TP/Ⅲ/6) は、我々に自然に対立するようないかなることも要求しないのだ。

Ⅱ-4　倫理という位相における受動と能動
——利己的態度から利他的態度へ——

スピノザは「善 bonum」を、我々に有益で、自己保存に役立ち、活動力能を増大・促進させるものとして、「悪 malum」を、我々の善の所有と自己保存を妨げ、活動力能を減少・阻害するものとして規定している (E/Ⅳ/D1, 2, 8D)。ここで〈喜び〉は人間の活動力能を増大・促進させ、〈悲しみ〉は人間の活動力能を減少・阻害するから (E/Ⅲ/37D)、〈喜び〉は直接的に善であるが、〈悲しみ〉は直接的に悪である (E/Ⅳ/41・D)。ただし〈快感〉に見られるように、過度になることによって活動力能を減少・阻害することのある〈喜び〉は、その限りにおいては悪である (E/Ⅳ/43, 59D)。そして善である(つまり活動力能を増大・促進させる) 限りにおける〈喜び〉は理性と一致する (E/Ⅳ/59D)。このように〈喜び〉は善であり得るし、理性と一致することがあり得る。

〈欲望〉も理性から生じることがあり得る (E/Ⅳ/61)。そして理性によっ

て規定される〈欲望〉つまり能動的な〈欲望〉は常に善であるが，受動的な〈欲望〉は善でも悪でもあり得る（E/Ⅳ/63C, Ap3）。また理性から生じる〈欲望〉は過度にならないが，受動感情から生じる〈欲望〉は全て盲目的である（E/Ⅳ/58S, 61）。このような受動的欲望と能動的欲望の典型例が，「名誉欲 ambitio」と「道義心 pietas」である。「礼譲 modestia」つまり「人々の気に入ることをなし，気に入らぬことを控える欲望」（E/Ⅲ/Adx43）は，（受動）感情から生じる場合は「名誉欲」となり（E/Ⅳ/Ap25, V/4S），他の人々が自己の意向通りに生きることを欲求するが，全ての人が等しくそれを欲するから（E/Ⅲ/31C・S），この「名誉欲」からは「憎しみ合い」や「不和」が生まれてしまう。しかし，この同じ「礼譲」が今度は，理性によって決定される場合は「道義心」となる。この「道義心」は他の人々が自分と共に最高の善（神の認識）を享受できるように助言や実践で助けようとする〈欲望〉であり，「道義心」を抱く人は友愛的で善意的に行動するから「道義心」は国家の基礎となる（E/Ⅳ/37S1, Ap25）。ここで重要なのは，「礼譲」には「自分の意向通りに他人が生きることを欲する」という同じ〈欲望〉（E/V/4S）でありながら，受動感情でしかなく不和を招く「名誉欲」と，能動感情であり友好を生み国家の基礎となる「道義心」の二つがあるということだ。「受動から能動への移行」は，倫理という位相においては，この「名誉欲から道義心への移行」に典型的なように，「利己的態度から利他的態度への移行」あるいは「個人主義的態度から社会的，協同的態度への移行」としてなされるのである。

Ⅱ-5　社会という位相における受動と能動──対立から一致へ──

　我々人間は，常に必然的に「受動［感情］passio」に隷属している（E/Ⅳ/4C, TP/Ⅰ/5）。この受動感情は人間の力能と徳を遥かに凌駕しており，執拗に我々につきまとう（E/Ⅳ/6, 37S2）。そして，この受動感情に隷属している限り，我々人間は本性上互いに一致し得ず，むしろ本性上相違し敵対的であり得る（E/Ⅳ/32, 33, 34, 35D）。我々の感情と，他の人間の感情とはなかなか相互に一致し得ない。それは，我々の現実的本質であり全感情の中心的基軸

であるコナトゥスが異なる分だけ，異なるのである（E/Ⅲ/57・D）。確かに人間の感情が互いに一致しないことは事実なのである。しかしここで留意すべき点は，それは我々の感情が受動感情である限りのことであるということだ（E/Ⅳ/32）。スピノザによると，我々人間は「理性の導きに従って生きる」時，「働きをなし」て能動的に生きているのである。そしてただその限りにおいて本性上常に必然的に相互に「一致する convenire」のである（E/Ⅳ/35）。

　上述のように，人間の感情には「能動感情」と「受動感情」がある。そして，この受動感情に隷属している限り，我々人間は本性上一致し得ず，敵対しているのだから，その分，各個人のコナトゥス（活動力能）は減じられてしまうはずである。そこには，『エチカ』においても言及されている「自然状態 status naturalis」が存在している（E/Ⅳ/37S2）。自然状態では各個人の「自然権 jus naturae」は実際的には無きに等しく，各個人のコナトゥスもはなはだしく減ぜられている（TP/Ⅱ/15）のだ[5]。しかし，我々人間は（本章Ⅰ－3で示したように），たんに自己の物質としての存在を最低限，維持していることでは満足せず，自己の活動力能（コナトゥス）を増大・促進させるものを，それに比例した大きさのコナトゥス（活動力能）によって最大限に増大させようとする性質（「コナトゥスの自己発展性と必然性」）を有していた（E/Ⅲ/12, 13, 28, 37・D）。

　そして，ここに「理性の命令」（E/Ⅳ/18S～37S1）が各人に「人間をより大なる完全性へ真に導く全てのもの」を欲求することを要請してくるのだ。こうして「理性の命令」は究極的には「他者との協同」と「共同態」の形成を求めてくるのである。この「理性の命令」はすでに本章Ⅱ－3で見たように，自然と「能動（感情）」に反するいかなるものをも我々に要求しない。しかし，そうはいってもそれはやはり共通概念による「理性（による認識）」である。つまり，受動の感情に隷属して自己の活動力能（コナトゥス）を減じる——そしてそれは自己の存在の「より小さな完全性への移行」をもたらす

5　自然権とコナトゥスとの関係については，本書第1章Ⅲ，第4章Ⅱ－2などを参照。

——「自然状態」を脱して「理性の命令」に導かれて「あたかも（quasi）一つの精神，一つの身体」から成るような理性的共同態（E/Ⅳ/18S）を形成するようになるためには，（本章Ⅱ-2で確認した）三種の認識のうち，「受動」に対応していた「想像知」から，少なくとも，「能動」に対応している「理性」の段階へと認識論的には進んでいなければならないのである。

本章Ⅱを終えるに当たって確認しておきたいのは，「受動から能動への移行」という一つの運動は，認識という位相においては「想像知から理性そして直観知への移行」として，感情という位相においては「受動感情から能動感情への移行」として，倫理という位相においては「利己主義から利他主義への移行」による「より大きな完全性への移行」（人間本性の典型への接近）として，社会という位相においては「受動感情への隷属がもたらす相互対立から理性に従って一致し共同態を形成することへの移行」（自然権＝コナトゥスの増大）として行われ，しかも各々の位相におけるそれぞれの「移行」は対応関係にあるということである。その際，これらの諸「移行」の中では，認識の位相における「受動から能動への移行」がその他の諸位相における「移行」を可能にしているのであるが，想像知から理性そして直観知へと認識能力が向上してゆくこの移行という運動を一貫して支えてその底流となっているのが「精神のコナトゥス（認識能力）」なのである[6]。このことはスピノザが，人間が自己および自己の活動を十全に「認識」するに足るまでに自己の「活動力能」を増大しえない限りにおいてのみ，彼の〈喜び〉は受動であり，逆に人間が自己および自己の活動を十全に「認識」する程の「完全性」にまで到達し得たとしたならば，彼は今度は理性によって（能動的に）同じ行為をなす（E/Ⅳ/59D）というように，「受動（感情）から能動（感情）への移行」と「より大きな完全性への移行」を「認識能力（精神のコナトゥス）の増大」を基盤とした三者の対応関係で語っている時に明白になる。

6　Harris：1973, 240.

Ⅲ 感情から社会へ

Ⅲ－1 受動（感情）から能動（感情）への移行
――感情の治療法（affectuum remedium）としての認識――

　いかにして我々は受動感情への隷属から生まれる対立を克服して能動感情と理性に従って相互に一致して社会（共同態）を形成するようになるのだろうか。スピノザは「精神の無能力あるいは受動」はたんに認識の欠乏によって生じる（E/V/20S）と言っている。だから「受動（感情）」から「能動（感情）」への移行は，十全に認識すること（intelligere）によってなされるのである。

　「我々は，認識する限りにおいてのみ働きをなす（agimus）」（E/Ⅳ/23, 24D, 28D）。「認識すること」こそが，（受動）感情の支配に対する我々の唯一の抵抗手段であるのだ。我々はただ認識するだけでよいのだとスピノザは言う。「受動感情」はそれを明瞭判然に認識すれば，ただちに（simulatque），「受動感情」ではなくなり，精神は万物を必然的なものとして認識する限り，感情に対してより大きな能力を持ち，感情から「働きを受けること」もより少なくなるのだ（E/V/3, 6）。認識のみが感情を（デカルトの主張するように絶対的ではないまでも）抑えることのできる「治療法 remedium」[7]なのである（E/V/Prae）。

　よってこの「受動（感情）」への隷属から「能動（感情）」への移行はまずは，受動に対応している「想像知」から能動に対応している「理性」の段階への認識論的な移行として行われるのである。しかし，我々の認識はこの「理性」の段階に到達して受動をかろうじて脱したらそれで完結してしまうので

---

[7] スピノザは「感情の治療法」つまり「感情に対する精神の能力」の具体的内容を以下のように五つにまとめている（E/V/20S）。
1. 感情を明晰判明に認識すること
2. 我々が混乱して想像（表象）する外部の原因の思想から感情を分離すること
3. 我々が妥当に認識する物に関係する感情は我々が混乱し毀損して把握する物に関係する感情よりも時間〔持続〕という点でまさっているその時間〔持続〕という点
4. 物の共通の特質ないし神に関係する感情はこれを養う原因が多数であるということ
5. 精神が自己の感情を秩序づけ・相互に連結しうるその力

はない。「直観知」による「神への知的愛 amor Dei intellectualis」にまで至って初めて「至福 beatitudo」は保証されるのである[8]。「救済」と同義に語られる（E/V/36S）この「至福」とは精神が「完全性そのもの」を所有することである（E/V/33S）。本章で最初に「より大きな完全性への移行」という〈喜び〉の定義を提示して以来，一貫して問題にしてきた「移行 transitio」という運動がこの「至福」に至っては消失してしまう。「至福」の中にあって「完全性そのもの」を獲得した精神にはいかなる「心の動揺 animi fluctuatio」も〈喜び〉と〈悲しみ〉に伴う「移行」も（ほとんど）存在しない[9]。まさにこの意味で「至福」は感情ではないのだ[10]。「神への知的愛」は神が永遠であるから変化したり滅びたりはしないのである（E/V/30-37）。

「感情の治療法」として精神が「万物を必然的なものとして認識する」（E/V/6）ということは，万物の究極的原因である神の永遠で無限な力とその摂

---

[8] スピノザは，『エチカ』第5部に入ってから定理20までを「持続の相の下」での現実生活において理性により実施される「感情の治療法」として，第5部定理21から『エチカ』終結部までを直観知によって事物を「永遠の相の下」に見ることから生まれる「救済＝至福」として論じている。

[9] この（　）の中の「ほとんど」を強調して否定的に解釈するのがアルキエである。つまり，この至福（救済）に至った賢者ですら「心の動揺と」この「移行」を完全には克服していないという解釈である。本書第7章注19および第10章も参照。

[10] 「このようにして，偏在していて克服しがたい受動性と真の救済に要請される全的能動性の間の明らかな矛盾は消失する。諸受動感情に対する真の治療法は，それらと戦うことではなく，それらを，その真実の姿において認識するということである。そして，精神は，［自らが］神の観念である限りにおいて諸受動感情を認識できるのである。知性でありつつ，精神は，自己の《生来の力能》に従って自らを発展させ，移行（transitio）である喜びを超えて（par delà la joie），一つの状態である幸福あるいは至福（bonheur ou félicité）に達するのである。つまり，喜びは一つの感情であり，至福（béatitude）は永遠なるエネルギーなのである。これが，受動感情を受動感情として理解すること，それは受動感情を消滅させることである，という有名な定理［(E/V/3)］の唯一可能な解釈なのだ。受動感情を観想するという事実だけによって，現実を破壊し修正できるとする抽象的な理性主義・合理主義が考えているのとは違うようにである。『誤った観念が有するいかなる積極的なものも，真なるものが真であるというだけでは，真なるものの現在によって除去されはしない』（E/IV/1）。現実存在するもの全てと同様に，受動感情も一つの固有の現実性を持っている。それは我々のコナトゥスを表現するものである。それゆえ，理性的認識は，想像知と同様に受動感情も破壊はしない。しかし，諸受動感情を，神の必然性から生じるものとして，その真実の姿において考えつつ，理性的認識はそれらを秩序付け，それらの受動性を除去しつつ，それらが持つ真正の能動的なるものを救い出すのである」（Lacroix：1970, 88）。

理を，つまり（本章Ⅰ-1で見た）「自然の一部」である人間として我々が必然的にそれに属し，それに従わねばならぬ「共通の自然の必然性と力」と「共通な自然の諸法則」を認識することを意味しているのである。この「神あるいは自然」の必然性は人間にもその本質であるコナトゥス（欲望）のうちに反映している。だから，たとえ人間には「自由意志」がなくても，この神から「与えられた本質」としてのコナトゥスを十分に認識すること，その本質が存在を含まない有限様態としての我々人間が現実に存在していることの根拠を認識することによって，我々は「絶対に無限なる実有としての神」に繋がっていることと，この「神あるいは自然」の必然性と無限なる力を認識できるのである。

デカルトは「自由意志 libre arbitre」を，一方で自己と他者の尊重と「利他的行為」をもたらす「高邁 générosité」という感情の根拠とし，また一方では道徳の主要課題としての「欲望の統御」に用い，更には，この「自由意志」によって人間は自己の支配者となり「神と或る意味で似たもの」になる（『情念論』第144, 152-156節）とまで言っている。デカルトは「自由意志」と「心身の相互作用」を認めることによって，我々は「情念」に対して「絶対的な支配権」を有するとしたが，スピノザは「自由意志 libera voluntas」（E/Ⅱ/48）も「心身の相互作用」も認めない（E/Ⅲ/Prae, V/Prae）。それはスピノザが決定論の立場を採ったこと，更に「心身並行論」の立場を取り，心身いずれか一方の他方への優先権（優越）を否定したことからの当然の結果であった。

ドゥルーズによると，この「心身並行論」の実践的な意義は「意識による情念の支配」という伝統的な道徳が根拠としてきた原理を覆してしまったということである[11]。「感情の治療法」として，デカルトが「自由意志による情念の支配」に進み，スピノザが「十全な認識」によって「万物の必然性を認識すること」に進んだのは，両者の心身問題の解決の仕方の相違から来る当然の帰結であった。

11　Deleuze：1981, 28

しかし,『エチカ』が究極的に目指した「神への知的愛」による「至福」の享受には到底及ばなくとも,受動感情を脱して理性の導きに従って社会（共同態）のうちに他者と協力して生きることは可能である。だがそれには,受動（感情）を生み出す「想像知」から少なくとも,認識論的には「理性（による認識）」の段階にまで進んでいなければならない。そしてスピノザはこの「認識すること」を「精神のコナトゥス」として捉えている。

> 「理性的に思惟する限りにおける精神が,それによって自己の存在を保存しようと努力するこの精神のコナトゥスは認識すること (intelligere) に他ならない。」（E/Ⅳ/26D）

こうして本章Ⅲ−1では,受動感情への隷属を脱して,直観知によって「至福」へと至ることにおいても,相互対立を克服して理性の導きに従って社会（共同態）を形成することにおいても（本章Ⅱ−5）,この「精神のコナトゥス」である「認識すること」が大きな役割を果たしているということが確認された。

Ⅲ−2 コナトゥスの社会的機能──社会（共同態）の形成へ──

受動感情に隷属し相互に敵対して生きている人間が,理性の導きに従って相互に一致・協力して社会のうちに生きるようになるには,本章Ⅲ−1の「精神のコナトゥス」である「認識すること」によって受動感情を克服するという道筋の他に,それと対応（平行）関係にある「コナトゥスの社会的機能」からの社会（共同態）の形成がある。コナトゥスそのものにも個人を社会へと向かわせる「社会的機能」が見出せるのである。スピノザは,「理性の命令 rationis dictamen」そのものとしてのコナトゥス（E/Ⅳ/18S～37S1）について語っている。彼によると,理性は自然に対立するいかなるものも要求しない。それ故,理性が各人に要求することは,端的に言うなら,各人が可能な限り自己の存在（esse）を保存しようと努力すること（conari）つまり「自己保存のコナトゥス」である。その際,この「自己保存のコナトゥス」

こそが「徳 virtus」の第一かつ唯一の基礎であり，「幸福 felicitas」もこの「自己保存」に求められるということの確認が促されている (E/Ⅳ/18S, 22C)。このように『エチカ』ではコナトゥスこそが，「徳」や「善・悪」の中心的基軸となっており「コナトゥスの倫理的機能」が認められる。この「理性の命令」は，「理性の導きに従って生きる」人間のみが，常に必然的に相互に一致するから，お互いにとって最も有益であり (E/Ⅳ/35C1·2)，利他的な人間でもある (E/Ⅳ/37·S1) ということを我々に示すのだが，「理性の命令」が究極的に要請してくるのは社会（共同態）の形成とそれによるより安定的な自己保存である。スピノザは第4部定理18の備考において，この「理性の命令」の内容を簡潔にまとめている（以下1～5）。

1．我々は外界に依存せず外界と没交渉では自己保存は不可能である。
2．全く同じ本性の二個体が相互に結合すれば，単独の個体よりも二倍の力を持つ一個体を形成する。
3．それゆえに人間にとって人間ほど有益なものはない。
4．人間の自己保存のために望まれ得る最も価値あることは，万人が全ての点で一致し，<u>全ての精神と身体があたかも（quasi）一つの精神一つの身体を構成し</u>，万人が同時に各自の自己保存に努力し，同時に万人に共通の利益を求めることである。
5．このことの帰結は，理性の導きによって自己の利益を求める人間は，他の人々のためには願い求めないことを自身のために欲求することがなく，彼らこそ公正（justus）で信頼すべき（fidus）気高い（honestus）人々である。

このように「理性の命令」は，各人がそれぞれ単独で自己の存在を維持し守ってさえいればよいとは言わない。「理性の命令」としてのコナトゥスは「社会化」を促すという意味で人間に特有のコナトゥスなのである。非生命体としての物質はコナトゥスを有しているとしても，自己の存在を維持・保存するのに当然，限界がある。たとえスピノザが，いかなるものも，その存在を奪い得る全てのものに抵抗する（opponere）と言っても (E/Ⅲ/6D)，物質は自己に襲い来る脅威に時として無力であり，崩壊の運命を〈個〉として

ただ甘受し、〈他の個体〉と一致し協力して、共同で各々の存在を防衛し保存してより大きなコナトゥスを実現させ続けるということはない。これに対して、人間は「自然の一部」であるとしても、十全な認識（精神のコナトゥス）によって受動から能動へと移行して、外界から「働きを受けること」から、逆に「働きをなすこと」ができるようになり、このように理性に導かれて生きる時、他の自然の個物よりも遥かに大きなコナトゥス（活動力能）を獲得する。

　だがそのためには、他の個人と一致し協力する必要があるのだ。人間のコナトゥスはあくまで〈各個人の〉現実的本質としての自己保存の努力であり〈欲望〉である。〈各個人の〉コナトゥスは、このように非常に利己的要素が強いものであると考えられがちであるが、実際は、自己の「存在」は、自己以外の他の「存在」を必要とし、自分の独力だけでは決して維持も保存もできない（TP/Ⅵ/1）。この他の「存在」は自然の中の他の物質でもありうるし、それが人間であるなら一番よい。自己の存在の保存という同じ目的を持った人間同志が、共同してお互いの存在を防衛・保存し、自己保存に不可欠の物質を相互協力によって容易に調達しようとする時（「理性の命令」の1、E/Ⅳ/35S, Ap26-8, Ⅱ/Po4）、我々は「理性の命令としてのコナトゥス」から社会状態（status civilis）を形成することになるのだ。スピノザが「あたかも（quasi）一つの精神一つの身体を構成し」（「理性の命令」の4）と言う時、それはすでに国家（civitas）のことを示している（TP/Ⅲ/2, 5）。本来は、各個人それぞれの所有（本質）であったコナトゥス（力能）が、「理性の命令」のもとに、〈あたかも〉一つのコナトゥス（力能）として結合されれば（「理性の命令」の2）、構成員の人数分の力能（コナトゥス）を有した、〈あたかも〉一つの個体（E/Ⅱ/D7）が形成されるのだ（cf. TP/Ⅱ/13）。

　本書が既に第4章Ⅲ-5で見たように、〈あたかも〉一つの個体であるかのような「社会」とは、「社会」が形成された後でも、各構成員のコナトゥス（力能）が各構成員のもとにそのまま残る[12]ような「社会」のことを意味

---

[12] スピノザはある書簡の中で、自分とホッブズの政治学上の相違は、彼が自然権を社会状態においてもそのまま各人のもとに保持させたという点にあるとしている（EP/50）。

している。そこでは各人のコナトゥス（自然権）は「社会」形成に際して，統治者に譲り渡されて消失してしまいはしない。また「社会」全体が構成員全員のコナトゥス（自然権）を完全に吸収して一つの実在的なコナトゥスと成して自己の所有にしてしまうこともあり得ない。むしろ個人のコナトゥスは人々が一致し協力して社会（国家）の中に存在する時にこそより大きくなり，個人の存在はより安定的に保存されるのだ。だからこそ，「理性の命令」がその形成を要請してきた「社会」は，〈あたかも〉の一つの精神と〈あたかも〉の一つの身体を持った，〈あたかも〉の社会という意味での「共同態」なのである。

　以上に見たように，「理性の命令」としてのコナトゥスは，我々人間を自己保存のために「社会」へと促すのである。自己保存ということがそもそも他人との共同関係なしには考えられないものであるが，実は注意深く見るとスピノザ自身は，「各々のものが単独であるいは他のものと共にあることを為し，あるいは為そうと努力する力能ないしコナトゥス，言い換えれば，各々のものが自己の存在に固執しようと努力する力能ないしコナトゥス」(E/Ⅲ/7D)というようにコナトゥスを規定しており，コナトゥスにはその定義からすでに，他者との協力と共同が内包されているのだ。コナトゥスは，このように我々人間を社会（共同態）の形成へと駆り立てる原動力[13]であり「社会的機能」を有しているのである。

　以上で，我々が受動感情への隷属を脱して社会を形成するようになる第二の契機としての「コナトゥスの社会的機能」が論証された。社会形成のこの第二の契機は，主に身体の側での要請に基づいた社会化への契機であった。ここで，Ⅲ－1で示した第一の契機は明らかに精神の側での社会化への契機であるからこの二つの契機が平行関係にあるのは言うまでもないであろう（本章Ⅱ－2，Ⅱ－5参照）。

---

[13] cf. Walther：1971, 112-113. なお本書第2章および第4章Ⅱ－3を参照。

第 8 章　感情から社会へ　245

結論

　本章では，Ⅰにおいて，〈欲望〉としてのコナトゥスこそが全ての感情の基準であるということを，Ⅱにおいては，認識，感情，倫理，社会といった位相における「受動から能動への移行」はそれぞれ対応関係にあり，それを（精神の）コナトゥスが根底から支えているということを，Ⅲにおいては，「精神のコナトゥス」である「認識」の力と「コナトゥスの社会的機能」との二つの契機から，受動感情に隷属して対立して生きている人間が受動感情を克服して，理性に従って相互に一致して「社会」を形成するようになり，更には「至福」へと至るのであるということを示した。

第9章 存在論的, 社会哲学的位相における "communicatio" の役割

Ⅰ−1 ユダヤ教団からの「破門 excommunicatio」と「コミュニケーション」の問題

　1656 年, 23 歳のスピノザは無神論者として告発され,「我々はバルーフ・スピノザを破門し, 追放し, 災いあれと祈る。彼は, 日毎呪われてあるべし。夜毎呪われてあるべし。」という破門状の言葉とともにユダヤ教団から「破門 excommunicatio」される。その破門は, 一定の期間行われ, その間の改心によって教団への復帰が認められた他の破門とは違って,「大破門」(シャマッタ) と呼ばれた無期限の最終的破門, いわば永久追放であった。それはコレルスの伝記によれば,「再び教団とユダヤの民族に受け入れられる希望のない排斥」であり,「罪人をあらゆる人間の助力と援助とから, また神のあらゆる恩寵の道から閉め出し, 彼を永遠に破滅させる」ための破門であった(『スピノザの生涯と精神』, p. 100-103)。そして, スピノザに対して読み上げられた破門の宣告にはこうも書かれていた。「我々は命ずる。何人も彼と語ってはならぬ, と。仮令, それが口より出ずる言葉によろうと, 書かれたる文字の言葉によろうと, 彼に語りかけてはならぬ。何人も彼に好意を示してはならず, 何人も彼と一つ屋根の下に住んではならず, 何人も彼に 4 キュビト以上近寄ってはならず, 何人も彼により書かれたるものを読んではならぬ」(清水：1978, 13-14)。これは, まさにスピノザへのこの「破門 excommunicatio」において, 彼に対する一切の「コミュニケーション」が禁止されたことを, スピノザがユダヤ人社会においてあらゆる「コミュニケーション communication」の「外へ ex」と追放されたことを意味していよう。

Ⅰ−2 「コムニカチオ communicatio」の探求としてのスピノザ哲学

　清水禮子は『破門の哲学』(1978 年) において, スピノザのこの「破門 excommunicatio」と彼の哲学との密接な結びつきを暴きだしつつ, スピノザ

哲学の形成と変化を，彼の人生における他者との「コミュニケーション」の取り方の変遷に対応させて年代順に論証している。清水は，「コムニカチオ communicatio」を――それが"communis"（共有の，共通の）に由来することから――「自分以外の存在と何かを分け持ち，その何かを通して相手との或る結びつき，相手との或る浸透が可能に」なっている「人間にとって最も安らかな，最も幸せな状態」として捉えた上で，スピノザの「破門 excommunicatio」を，まさにこのような幸せな状態としての「コムニカチオ」から「自らの意志に反して」追放されたという出来事であると解釈している（清水：1978, 18-19, 25-27）。

清水によれば，この「破門」という衝撃的体験から生まれた「エクスコムニカチオ〔破門〕の悲惨を二度と再び味わずに済むような安定したコムニカチオ」に対する切実な望みが，『短論文』(1661年) から『知性改善論』(1662年) までのスピノザ哲学を動機づけているのであるが（「開かれた円環」），『知性改善論』の理論的挫折がスピノザに「他者と浸透し合う可能性の限界」の自覚を，理想の「コムニカチオ」の断念をもたらし，それが実生活上での孤独への志向と，人間の幸福の成立条件を「他の存在との融合，合一，コムニカチオ」にではなく「外に対して閉ざされた精神が自らの秩序と力のみに依拠して行う観念の展開」という「孤独な作業」に求めるという『エチカ』(1675年) における自発的，積極的な「エクスコムニカチオ」の選び（「閉ざされた円環」）をもたらしたのである（清水：1978, 93, 114, 217）。

このように『エチカ』以降のスピノザは「コムニカチオ communicatio」の哲学を放棄したという解釈に対し，バリバールは，求められるべき「真の善」を「伝わりうる（我々があずかりうる）sui communicabile」ものであるとした『知性改善論』の段階からスピノザの哲学は，そもそも「コミュニケーション」の哲学であり，それは『エチカ』だけではなく，『神学政治論』(1670年) や『政治論』(1677年) といった政治哲学的な著作においても変わらないとして，スピノザ哲学を一貫して「コミュニケーションの哲学」として捉えている[1]（Balibar：1998, 94-124）。

もちろん，清水が「コムニカチオ」を自己以外の存在との相互浸透という

意味に限定して用いているのに対して、バリバールの言う"communication"にはそのような意味は含まれず、たんに各人の意見や思想の自由な「伝達」と「公表」のことが含意されているに過ぎないという決定的な相違は見逃すべきではなかろう。しかし、『エチカ』では『短論文』の中心に在った「合一」という言葉と「コムニカチオ」の思想が全く見られなくなってしまうという清水の分析（清水：1978, 113-114）にもかかわらず、『エチカ』第4部には、例えば「我々自身のよりよき部分のコナトゥスは全自然の秩序と一致する (convenit)」（E/IV/Ap32）という箇所に見られる「自然＝神」の秩序と人間との「一致」のみならず、「全ての人間が全ての点で一致する (conveniant) ことで、全ての人間の精神と身体が〔一緒になって〕あたかも (quasi) 一つの精神と一つの身体を構成するようになり、そして全ての人間が共にできる限り自己の存在を保存しようと努力し、全ての人間が共に全ての人間に共通の有益なるものを自らに求めること」（E/IV/18S）という箇所に顕著に表れている社会（共同体）の形成の場面における他者との「一致」が、他者との「和合（一致）concordia」（E/IV/37S2, 40・D, Ap15, 16, 21, 23）や他者と「結合すること jungere」（E/IV/37S1, 54S, 70D, 71D）と共に頻繁に語られているのも事実である。

　清水はそのような社会的「一致」、「和合」、「結合」などは、人間の側から主体的、能動的に達成されるものであって、『短論文』に見られるような「純粋な受動」としての認識が引き起こす「愛」を原動力として生まれる「より強く大きなものと一つの全体として融け合って、相手の豊かさに包み込まれること」としての「合一 vereeniginge」すなわち「コムニカチオ」（清水：1990, 111）ではないと両者の「差異」を強調するかもしれない。

1　バリバールのこのような立場の逆の解釈をするのがアーレントである。彼女は、『神学政治論』第20章の、通常は「言語と思想の自由」の保証の要請と解釈される箇所（本書第7章Ⅰ, Ⅱ-1及び323頁を参照）についてこう述べている。「スピノザはどこにおいても言論の自由を要求しておらず、また人間の理性は他者とのコミュニケーションを、それゆえ公表をそれ自身のために必要とする議論は、全く不在である。彼は人間がコミュニケーションを必要とすること、つまり考えていることを隠し沈黙することができないことを人間に『共通の欠陥』と見なし、哲学者にはこうした欠陥はないとさえ考えていた」（Arendt：1968, 230〔邦訳317-318〕）。

しかし，清水のように『エチカ』第4部で重要な位置にある社会哲学の議論を無視し，スピノザが『エチカ』の執筆を一時中断してまでも『神学政治論』を執筆し，また『政治論』を彼の死によって中断されるまで最後まで書き続けたそのモチヴェーションを省みず，『エチカ』を「外に対して閉ざされた精神」が自力で行う孤独な認識論的作業（神の認識）の結果，最終的に到達する最高の幸福としての「人間自身の最大の自己愛」を目指した書物として解釈した上で，決して浸透し合うことのない自分とは異質な他者に対して寛容で肯定的な優しい態度を取ることを可能にする「精神の逞しさ Mentis fortitudo」を他者へと「コミュニケーション」を開く感情の在り方として申し訳程度にそこに付け加えるのは，やはり偏った見方であろう（清水：1978, 96-97, 146-150）。

そこで次節以下では，『短論文』にみられたような対象依存的で受動的な合一の思想としての「コムニカチオ」ではなく，もっと一般的な「伝達（コミュニケーション）」という意味で"communicatio"を捉えた上で，──「形而上学を政治学から分離させない限りにおいてスピノザの全哲学は，高度にオリジナルなコミュニケーションの哲学であると理解されうる」（Balibar：1998, 99）と言うバリバールの解釈を参考しつつ──「コミュニケーション」と「社会性」の関係を社会哲学的に考察する。

II 『知性改善論』（1662年）における「コミュニケーション」の問題

富，名誉，快楽などの「一般生活において通常見られるものの全てが空虚で無価値である」ことを悟った若きスピノザは，「伝わりうる（我々があずかりうる）真の善（verum bonum, & sui communicabile）で，他の全てを捨ててただそれによってのみ心が動かされるような或るものが存在しないかどうか，いやむしろ，一たびそれを発見し獲得した以上は，不断の最高の喜びを永遠に享受できるような或るものが存在しないかどうかを探求してみよう」と決心した（TIE/5）。『知性改善論』冒頭のスピノザのこの自伝的色彩が色濃い箇所を取り上げて，バリバールは，「コミュニケーション」という主題は既に『知性改善論』においても存在していた，と言っている（Balibar：1998,

101)。

　確かに,「伝わりうる（我々があずかりうる）sui communicabile」ものとして語られたこの「真の善」についてスピノザが,「精神と全自然との合一（unio）の認識」を「他の個人たちと共に……享受する（cum aliis individuis……fruatur）」ことこそがその「最高の善」であり,「私と共に多くの人々がそれ〔精神と全自然との合一の認識〕を獲得するように努力すること」が自分自身の志す目的であると述べる時（TIE/8）, その善の"communicabilis"な性質がこの著作の中で有する大きな意味が浮かび上がってこよう。「精神と全自然との合一（unio）の認識」は, 自分だけが単独で実現すれば事足りるものではなく, それが「最高の善」になるためには, 多くの他者にその素晴らしさを「伝達（コミュニケート）」し, その結果としてこの認識が多くの他者と「共に分かち合われ」なければならないのである。

　けれどもバリバールは, たとえスピノザが「できるだけ多くの人々が, できるだけ容易にかつ確実にこの目的へ到達するのに都合のよいような社会を形成しなければならない」と述べているにしても（TIE/9）, そのような「社会 societas」を——善の獲得が「真なる生活」という「道徳的, 知的な禁欲苦行（アスケーシス）」によってなされるわけだから——政治的現実からの退却以外のものとして考えるのは難しいとしている（Balibar : 1998, 102）。この点,『知性改善論』を『短論文』の基本主張をそのまま受け継ぐ「コムニカチオ」の思想として解釈する清水も, その「コムニカチオ」の神秘的性格ゆえに, スピノザが「精神と全自然との合一の認識」を可能な限り多くの人々が容易に達成するために求めたこの「社会」には現実的政治性を認めないことになろう（清水：1978, 96-97, 164-170）。

　しかし, スピノザが彼の「目的」達成のために, それに都合のよい「社会」の形成だけではなく, 道徳哲学, 児童教育学, 医学, 機械学など具体的現実的な学問の整備を要請しているということ。また, 他者との善の認識の共有というこの思想は,『エチカ』においては政治社会の成立の議論と不可分の定理（E/IV/37）で論じられることを考慮すれば, これらは再考されるべき解釈であろう。

Ⅲ-1 『エチカ』(1675年) の物体論と人間論における「コミュニケーション」の問題

"communicare"には,「知識」や「情報」などを「伝達する」という「精神」の様態における意味のみでなく, 運動や熱などを「伝達する」という「物体」の様態における意味があることを忘れてはならない。<u>『エチカ』では, 既にその第2部の物体論において「伝達すること communicare」に重要な役割が与えられている。</u>「複合物体 corpora composita」の構成=組成を説明してスピノザは, いくつかの物体が「自己の運動を *motus suos*」,「或る一定の割合で *certa quadam ratione*」,「相互に<u>伝達する *invicem communicent*</u>」時, それらの物体は「相互に合一している *invicem unita* (*sunt*)」または「全てが一緒になって一物体あるいは一個体を構成している *omnia simul unum corpus, sive Individuum componere*」と言う (E/Ⅱ/13Ax2Def)。そして, ここに言われる「複合物体」を構成する各部分 (各物体) の「或る一定の割合による運動の相互<u>伝達</u>」は, 各部分 (各物体)「相互間の運動と静止の割合を以前のままに保つ *antea, ad invicem motus & quietis rationem servent*」こと (E/Ⅱ/13Lem5), あるいは各部分 (各物体) が「自己の運動を継続し, その運動を以前と同じ割合で相互間に<u>伝達すること</u>ができる *motus suos continuare poßint, atque invicem eadem, qua antea, ratione communicare*」こと (E/Ⅱ/13Lem6), 更には, 各部分 (各物体) が「自己の運動を保持して, それを以前と同じように他の部分に<u>伝達する</u> *motum suum retineat, eumque, uti antea, reliquis communicet*」こと (E/Ⅱ/13Lem7) と言い換えられてもいる。このような条件を満たしている時, 物体 (個体) は, ――たとえそれを構成する諸物体が絶えず変化をしていたとしても――「形相を変ずることなく (*absque ulla formae mutatione*) その本性を保持する」のである。つまりスピノザは, 個体の「形相 forma」を構成するものは, その各構成物体の「合一 unio」であるとしつつ (E/Ⅱ/13Lem4D), この「合一」が実現される条件を各構成物体の間の「或る一定の割合での」運動の相互「伝達 communicatio」に求めているのだ。

スピノザは, 人間身体をも「複合物体」と考えている (E/Ⅱ/13Post1,

IV/Ap27)。よって複合物体についての上述の考え方は人間身体にも当てはまることになる。実際スピノザは、「人間身体の形相を構成する (constituit) ものは、(第2部定理13の後の補助定理4の前の〔複合物体の〕定義より) 身体の諸部分がその運動を或る一定の割合で相互に伝達する (communicent) ことに存する」と言っている (E/IV/39D)。これは人間の場合にも、或る人間がその者である、あり続けるためには、その人間の身体の諸部分間の運動の相互「伝達 communicatio」が重要な役割を有するということを意味していよう。

ただ、ここで「人間精神を構成する観念の対象は身体であり」(E/II/13)、この身体が「複合物体」に他ならないわけだから、「心身並行論」により (E/II/7)、「人間精神の形相的有を構成する観念」は、「これら身体を組織する諸部分についての極めて多くの観念から組織されている (est composita)」ことになる (E/II/15・D)。つまり人間精神も複合的に構成されたものなのである。そして、人間は身体と精神から成る有限様態であるから (E/II/10SCD, 13C)、人間存在というものは複合的存在であるということになる。だから、スピノザが、「人間身体の諸部分が相互に有する運動と静止の割合が保存されるようにするものは、同じ人間の身体の形相を保存する (conservant) ものであり、……善である」(E/IV/39D) と述べる時、そこには人間存在そのものの「自己保存」の内容が、つまり、自己の身体の内部での「運動と静止の割合」を以前と同じままに一定に保存し (或る一定の割合での運動の相互「伝達」を維持し)、そのことによって自己の精神の知覚に対する「適性」を生み出すことこそが人間にとっての「自己保存」であるということが語られているのではないか (E/II/14, IV/26D, 38, 39D)。こうしてスピノザが、「人間身体の諸部分が運動と静止の異なった割合を取るようにさせるものは、(第2部の同じ定義〔E/II/13Ax2Def〕により) 人間身体が異なった形相を取るようにさせるものであり、……人間身体が破壊されるようにさせるものであり、……それゆえ悪である」(E/IV/39D) として、人間身体の死の判定基準を「死骸への変化」ではなく、身体の諸部分における「運動の伝達」の在り方に求めている時[2] (E/IV/39S)、「自己保存のコナトゥス」とは、まずもって、自己の身体の内部での (=自らの構成諸部分間の)「或る一定の割合で」の運

動の相互「伝達」を維持し,「運動と静止の割合」を一定に保存することによって「形相forma」を変化させることなく自己のその本性を保持しようとする根源的傾向（努力）のことであったのだ。

　以上, 人間の「自己保存」には自己の身体内部における（運動の）「伝達communicatio」の条件が重要な役割を果たすということを確認したが, 現実には有限様態である人間は, 有限様態同士の相互作用, 相互触発のただ中で「水平の因果性」に支配されて存在している（E/I/28, 32D）。そこで, 現実に各人が, より安定的な自己保存を達成するには, 自己の外部の存在との"communicatio"が重要な役割を持ってくる。人間身体が複合物体であることが, 他者との"communicatio"を不可避のものにしている。つまり, 複合物体としての人間身体は, 本性が異なる極めて多くの個体から組織されており, そのような身体を保存するために, 極めて多くの「他の個体」を必要とするのだ（E/II/13Post1・4, IV/Ap27）。人間は外界と全く「交渉＝交流commercium」を持たなければ自己保存は不可能なのである（E/IV/18S）。生存に不可欠な空気や日光は, 直接的に身体に「圧力」や「熱」を「伝達」してくるし, 栄養の摂取によって身体にはその保存に必要なエネルギーが「伝達」される。だが, 単独ではそれら生存に不可欠な「他の個体」を獲得するのは極めて困難であるし, 迫りくる危険の回避にも限界があるから, 相互援助と共同防衛は各人の自己保存にとって不可欠になる。ここに自己保存という同じ目的を持った他者との有益な情報の相互「伝達communicatio」と協働が自己保存のために要請されることになる（E/IV/35C2・S, Ap26-28）。しかし, 身

2　ドゥルーズは, このようなスピノザの死についての考え方と今日の安楽死問題を関連付けてこう言っている。「スピノザはここで, 身体の一定の生物学的機能はなお維持されているが, 他の全ての構成関係（rapports）は分解されてしまい, 名ばかりの生を生き延びているケースや外的な影響のもとにどこか或る構成関係の一部が変化し, それによって全体の破壊が引き起こされてしまう自己破壊的なケース〔自殺〕を考慮している。現代の医学的諸問題の中には, こうしたスピノザの主題と完全に符合するものがあると思われる。一例を挙げれば, いわゆる『自己免疫性』疾患——中略——あるいはまた,『自然的』には死んだ身体を人工的に生きながらえさせようとする各種の試みをめぐる論争。今日のシュヴァルツェンベルク博士の大胆な発言も, おのずと彼が真のスピノザ主義に立って, そこから発想されているのではないかと思われる。シュヴァルツェンベルクが, 死は生物学的な問題ではない, 形而上学的・倫理的な問題であるというのも, その意味においてのことなのだ」（Deleuze：1981, 49〔邦訳237〕）。

体について言われることは精神についても同様に当てはまるはずである（E/II/7, III/2S, 28D）。実際スピノザは、「もし精神が単独で存在し、自己自身以外の何ものも認識しないならば、我々の知性は確かにより不完全なものになっていたであろう」（E/IV/18S）と、自己の精神を維持・保存し、高い知的レベルを保つには、自己以外の「個体」の存在とそれらとの「コミュニケーション」が不可欠であると述べている（E/IV/45C2S）。

III－2　『エチカ』（1675年）の社会哲学における「コミュニケーション」の問題

スピノザは『エチカ』に至って、「コムニカチオ communicatio」を求めることを断念し、むしろ孤独の中での能動的な「自己愛」に幸福を見出したと解釈する清水は、『エチカ』第4部で重要な位置にある「社会性」と「社会形成」についての議論を看過し、「コナトゥスの社会的機能」（本書第1章IV－2、第8章III－2）を捉え損なっている（清水：1978, 150-151）。そして理性の導きに従って生きる「自由な人間」たちの「自発的共同性」（E/IV/18S, 37S1, 71D, 73·D）には目もくれずに、「自由な人間」について分析し、こう結論づける。つまり、「要するに、スピノザが人間的生活の全体に課しているものも、個的な自分自身に固執する身構えであった……個的なこの自分自身を拠り所にしようとする態度、自分以外の存在、自分にとって外的な存在に従うことを拒み、何処までも自分自身に固執することによって、自分自身の能動、個的な自分自身の自発的な自律的な作用を確かめて行こうとする態度こそ、正に『エチカ』のスピノザの根本的基本的な特徴である」（清水：1978, 151）と。

『エチカ』の極めて重大なエレメントを取り逃がしているだけでなく、『エチカ』の全体像をも歪めてしまうこのような解釈に対してバリバールは、そもそもの初めからスピノザの形而上学は、実践の哲学、活動の哲学であり、彼の政治学は哲学であるから、彼の作品を「第一」哲学としての形而上学（存在論）とその「二次的」な応用としての政治学あるいは倫理学の二つに分けて考えることはできないと警鐘を鳴らしている（Balibar：1998, 102）。この

ようにしてバリバールは『エチカ』を徹底的に社会哲学として読解するのであるが，それが可能となっている理由の一つが，「コミュニケーションの様々な様式が『エチカ』におけるスピノザの議論の中心的な場所を占めて」(Balibar: 1998, 99) おり，そのようなスピノザの「コミュニケーションの（諸様式についての）哲学」においては「知の理論と社会性 (sociability) の理論が密接に絡み合っている」(Balibar: 1998, 101) からである。

　これは人間の認識のあり方（コミュニケーションの様式）と，それに対応した社会状態の関係を意味している。つまり単純化して言えば，「受動 passio」としての「想像知」には相互対立が，「能動 actio」としての「理性的認識」には相互一致が対応しているということである (E/II/40S2, 41D, III/1, 3, IV/32, 33, 34, 35)。だが，現実の或る国家の成員の全員が「理性」的に生きているとか，逆に全員が受動感情に囚われて（あるいは想像知によって）生きているということはありえないから，どの国家も実際は相互対立（不安定）と相互一致（安定）という両方の傾向をその中に内包していることになる。

　このようにして「政治体制は，コミュニケーションの秩序として考えられるべきである」(Balibar: 1998, 95) のだ。受動か能動かの二者択一的なカテゴリーに分類されることなく，様々な度合いの「共同性」，様々な度合いの「コミュニケーション」をそれぞれの共同体はその内部に実現している。しかし，実際に共同性の実現というものを大きく左右しているのは「共通概念」(E/II/38C, 40S2) である。その成員のうち「共通概念」による理性的認識を達成している者の割合が多ければ多いほどその共同体はより高い共同性を実現し，より「コミュニケイティブ」なものであると言える。しかし，「コミュニケーション」をたんにそのような認識論的な位相のみで捉えた所で，スピノザの社会哲学の真の独自性は見えてこないのではなかろうか。そこで，次に，ここまでに得られた物体論における"communicatio"についての知見を基に『エチカ』の社会哲学を分析する。

Ⅲ-3 複合物体としての「社会体」(国家) における「コミュニケーション」の問題

　スピノザの言う「最単純物体」と「複合物体」の区別あるいは同定は，それを観察する側の視点の移動に依存する極めて相対的，流動的かつ複雑なものである。自然の中に存する全ての物体は例外なく「水平の因果性」のただ中で，他の物体からの影響作用 (「運動の伝達」) を受け，存在し作用するよう (「運動あるいは静止」) に決定されているから，どのレベルの複合物体であっても，最上位のそれ自体単独で存在するものとしての「全体」として考えることはできない。最単純物体であろうが複合物体であろうが，物体は運動しているか静止しているかである。ただ複合物体の場合は，自身の運動と静止とは別に，自己を構成する諸「部分」の間に存在する一定の割合における運動と静止を内包しているだけである。スピノザの「複合物体」という考え方でものを見れば，同じものが見る者の視点の位置によって「全体」としても「部分」としても現れうるのだ (E/Ⅰ/28, Ⅱ/13Lem3, 7-S, EP/32)。

　例えば本章Ⅲ-1で見たように，人間身体は，極めて多くの個体から組織された複合物体であり，各構成「部分」の側から見れば，一つの統一ある「全体」をなしているが，その人間身体自身が，自己以外の存在との関係においては，今度は——自己の内部の各「部分」が置かれているのと同様に——運動の相互伝達の主体となる。そして，自己以外の存在とのその運動の相互伝達が「或る一定の割合」を維持し続けた時には，かつては「全体」であったこの人間身体は——その中に自己を構成する諸「部分」を含みつつも——自分を構成要素の一つとして有する或る「全体」の一つの「部分」として現れるのである。では，人間 (身体) をその構成要素として含みつつ，その構成要素間に調和と統一を与え続けるような存在とは何であろうか。ここではその一つと考えられる「社会体」(国家) を考察する。

　「社会体」(国家) が複数の (複合物体としての) 人間から構成される存在である以上，複合物体について述べられたことは，そのまま第4部の社会哲学に適応されることになるはずだ。スピノザが，「もし，多数の個体〈あるいは個物〉が全て同時に一結果の原因であるかのように，一つの活動において

協働するならば，その限りにおいて私はそれら全てを一つの個物 (una res singularis) と見なす」(E/II/Def7) と言った時，既にそこには，複数の人間の協働によって構成される共同状態を一つの「個体」(物体) と見なす思想が伺えるのであるが，第4部において，人間の自己保存のために望みうる最も価値あることは「社会体」(国家) の形成であると，つまり，「全ての人間が全ての点で一致する (conveniant) ことで，全ての人間の精神と身体が〔一緒になって〕あたかも一つの精神と一つの身体を構成する (componant) ようになり，そして全ての人間が共に (simul) できる限り自己の存在を保存しようと努力し，全ての人間が共に (simul) 全ての人間に共通の有益なるものを (commune utile) 自らに求めること」(E/IV/18S) であると言われる時，それは明らかに先の第2部の物体論を受け継いでいる。先の複合物体の定義に述べられた，各構成物体の「全てが一緒になって一物体あるいは一個体を構成している *omnia simul unum corpus, sive Individuum componere*」(E/II/13Ax2Def) という表現は，ここで「社会体」(国家) の形成を述べた「全ての人間が全ての点で一致する (conveniant) ことで，全ての人間の精神と身体が〔一緒になって〕あたかも一つの精神と一つの身体を構成する (omnium Mentes & Corpora unam quasi Mentem, unumque Corpus componant)」という表現として甦っている。実際スピノザが，このようにして人間が結合して「社会体」(国家) を形成する理由を「全く同じ本性の二つの個体が相互に結合される (junguntur) なら，〔単独の個体よりも〕二倍の力能を有する一個体が構成される (componunt)」(E/IV/18S) ということに求めていることからも，ここに言われる「あたかも一つの精神と身体を構成する」ものとしての「社会体」(国家) が「複合物体」と「アナロジカルに」捉えられていることは確かである (本書第4章補論II参照)。

よって，複合物体の定義に述べられたのと同じように，「あたかも一つの精神と身体」から成る「社会体」(国家) は，自己のうちに異なった多数の存在 (人間) を含みつつ，それらの部分相互の運動の「伝達 communicatio」が「或る一定の割合で」保たれる限りは，その「形相を変ずることなくその本性を保持」しているということになる (cf. E/II/13Ax2Def)。

だが，この「社会体」（国家）の構成の場合，「或る一定の割合で」，相互に「伝達(コミュニケート)」されるべき「運動」とは何を意味することになるのだろうか。Ⅲ－2で述べたように，現実の「社会体」（国家）は，受動的要素と理性的要素の複雑な混成によってその「共同性」を実現しているのであるが，ここでは便宜上二つの「共同性」に分けて考えてみれば，おそらくこの「運動」とは，「受動感情から生み出される共同性」の場合には，「感情の模倣」によって「伝達(コミュニケート)」される「恐怖」，「希望」，「謙遜」，「後悔」，「恭順」などの「社会的な絆の産出に役立つ次善的感情」のことであり（E/IV/37S2, 54S），「理性から生み出される共同性」の場合には，他者への助言や教育によって「伝達(コミュニケート)」される「自己と他者に共通の善の認識」（最高善としての神の認識）のことではなかろうか（E/IV/36·D, 37·D, Ap9·25）。後者が「精神と全自然との合一の認識」をできるだけ多くの人々と共に享受することを最高善とした『知性改善論』における若きスピノザの志を引き継ぐものであることは言うまでもない。しかし，では，「或る一定の割合で」は何を意味するであろうか。それは，それぞれの「社会体」（国家）における「共同性」成立の基礎となる「運動」の「伝達」のボトムラインのことであろう。この「或る一定の割合」が崩れた時，各々の「社会体」（国家）は，自己の内に最低限の「共同性」を産出することすらできなくなり，相互に対立し合う諸力によって分解されて，「一つの個体」であることを止める。つまり，一つの「社会体」（国家）としてのコナトゥスを失うのである。

第10章　模倣と利他
――スピノザ『エチカ』に利他的行為は存在するのか――

序

　本章のタイトルにある「模倣」と「利他」という概念について簡単に説明する。「模倣」という間人間的現象は，思想史においては，プラトンの『国家』第10巻における，(模倣批判としての)「詩人追放論」以来，近年の社会心理学研究に至るまで社会や政治を論じる者が常に考察の対象としてきた現象であり，政治心理学の古典的作品の中では，タルドの『模倣の法則』(1890年)やル・ボンの『群集心理』(1895年)，更にはフロイトの「集団心理学と自我分析」(1921年)において[1]極めて重要な役割を担っている。最近では，脳科学の研究成果を基に，他者の感情の模倣とミラーニューロンの関係についての研究やミラーニューロンが「政治意識」形成において果たす役割についての研究もなされるようになった[2]。またミラーニューロンによる他者への共感の生成が我々の道徳性や社会性の形成に果たすメカニズムについての研究も出現している[3]。一方「利他」ということに関しては，近年，政治(心理)学の分野においても「利他主義 altruism」の問題が注目されるようになっている (cf. Monroe：1996)。

　このような「模倣」と「利他」という問題について，それらの深い連関に注目しつつ徹底的に考察した思想家がスピノザである。彼の「感情の模倣」理論とそれに基づく倫理学説や社会哲学は，上に述べたような今日の政治心理学的研究に重要な基礎とヒントを与えてくれるという考えのもとに，本章ではその主著『エチカ』(1675年完成)に絞って考察を進めることにする。

1　フロイトにおいては，集団形成の心理的機制の重要な要因として「同一化 identifizierung」が挙げられるが，フロイトにとっては，この「同一化」は「模倣 Imitation」とほぼ同義である (Freud：1921, 115-118〔邦訳173-176〕)。
2　Iacoboni：2008, Rizzolatti&Sinigaglia：2008 等。
3　子安・大平：2011 等。

「自己保存のコナトゥス」に基礎づけられた『エチカ』の倫理に対する批判は，これまで数多く存在してきた[4]。例えばショーペンハウアーは，「〔『エチカ』は〕利己主義的な『各自の利益を求める』（E/IV/20）ことから，見え透いた詭弁によって，純粋な道徳論を導き出している」（『意志と表象としての世界』第1巻第16節）と批判しているし，レヴィナスやアドルノがスピノザのコナトゥスに基づく倫理学を戦争とファシズムに通じるものとして厳しく批判したのは有名である（本書第6章特にⅠ-2を参照）。

だが，『エチカ』の倫理学説はコナトゥスを基礎としているがゆえに，利己主義的な倫理の範囲に限定され，利他的行為はそこには存在しえないと簡単に言い切れるものであろうか。またスピノザの言う「自己保存のコナトゥス」の「自己」とは，「水平と垂直の因果性」において，他の有限様態や神との関係の中で初めて存在しうるようなものであるから（E/I/26, 28·D），その「自己」を保存するとは，そういう（自己が生かされている）関係性自体を保存するということになり，そこでは利己と利他の対立は仮象に過ぎない，というように安易に問題を片づけてしまってよいのだろうか。このような疑問のもとに，本章では，主に『エチカ』第3部と第4部の倫理学説を丹念にたどることで，「『エチカ』に利他的行為は存在するのか，存在するとしたらいかなる形でか」という問題を考察したい。

本章では，この問題を考察するための予備的作業として，まずⅠで，『エチカ』の倫理学理論において重要な役割を果たしている「コナトゥスの自己発展性とその必然性＝エゴイズム」の原理と「感情の模倣 affectuum imitatio」の原理とという二つの原理を簡単に考察する。そして，利他的行為の6類型を提示することによって，「『エチカ』に利他的行為は存在するのか」

---

[4] コナトゥス批判とは関係なく，「超越的な善悪」や「〈である〉と〈べき〉の区別」を否定する『エチカ』には通常の意味での「道徳」は存在しえないとする論者もいる（ドゥルーズやラクロワ等）。例えばラクロワは，『エチカ』は「善悪の彼方へ par-delà le bien et le mal」であると言っている。しかし，ドゥルーズもラクロワも『エチカ』における「よい」と「悪い」の存在は否定しない（前者の「よい出会い」と「悪い出会い」，後者の「よいものとしての救済の道」と「悪いものとしての破滅の道」(Lacroix : 1970, 76-78)。なお，ドゥルーズの解釈によるスピノザの〈内在〉の倫理学については本章注12を参照。

という問題に対する一応の判断基準を示す。

　本章はⅡ以降で,「利他的行為」の可能性を,「受動感情に隷属して生きる人間」の場合と,「理性の導きに従って生きる人間」の場合に分けて検討する。そこでは,「受動感情」を克服して「理性の導きに従って生きる人間」は,「感情の模倣」に伴う「擬似的な利他的行為」(自己充足型の利他的行為) を克服し,真の意味での「利他的行為」の可能性を有した存在であるかどうかが明らかにされなければならないであろう。

　具体的には,Ⅱにおいては,Ⅰで確認した「コナトゥスの自己発展性とその必然性＝エゴイズム」の原理と「感情の模倣」の原理という二つの原理の結合から「擬似的利他的行為」(自己充足型の利他的行為) が生まれるメカニズムを確認する。そして,「受動感情に隷属する人間」が陥る「擬似的利他的行為」(自己充足型の利他的行為) を,「憐憫」からの他者援助と「名誉欲」からの他者援助の二つに分けて考察し,それらが極めてエゴイスティックなモチヴェーションを持った倫理的行為であることを曝露する。

　そしてⅢでは,「理性の導き〔徳〕に従って生きる人間」は,「感情の模倣」とそこから生まれる「擬似的利他的行為」(自己充足型の利他的行為) を本当に克服し,賢者のみにそこへと至る道が開かれている「正しく行いて自ら楽しむ (*bene agere & laetari*)」という最高の倫理的境地に達しているのだろうかという問題を検証する。スピノザは,「徳に従う各々の人は,自己のために求める善を自己以外の人々のためにも欲するであろう」(『エチカ』第4部定理37) という定理を,賢者のそのような境地から生まれる一つの利他的な倫理的行為として提示している。しかし私はこの定理に対してスピノザが行っている二つの証明を厳密に吟味することによって,スピノザはこの第2証明に失敗しているということ,そして彼のその失敗の理由は,「理性の導きに従って生きる人間」の精神の完全に安定的とは言えない状態,つまり受動感情 (と「感情の模倣」) への揺れ戻りへの恐怖に帰せられるということを示したい。それは,本書第7章で既に確認した「受動感情に隷属して生きる人間」の「不安定さ」を「理性の導きに従って生きる人間」が引き継いでいるということを意味しよう。そしてこの点をより具体的に考察するために,

本章では、『エチカ』における他者教育の問題についても論じることにする。

I　予備的考察

『エチカ』における「利他的行為」の研究は、「コナトゥス conatus」についての洞察なしには行うことができないであろう。それは、スピノザの人間論の大前提が、受動感情に隷属していようが、理性の導きに従って生きていようが、人間はできる限り自己の存在を保存しようと、自己の利益を追及しようと努力する根源的傾向性を有しているというものであり、この人間の普遍的本性としての「自己保存の努力(傾動)」によって『エチカ』の倫理は基礎付けられているからである[5]　(E/III/6, 12, 28, IV/19, 20, 22, 24)。

スピノザは、いかなる「徳 virtus」も「自己保存のコナトゥス conatus sese conservandi」以前には考えることができず、この「自己保存のコナトゥス」こそが「徳」の第一かつ唯一の基礎であり (E/IV/22·C)、「各人は自己の利益を追求することに、言い換えれば、自己の存在を保存することにより多く努力し (*magis……suum esse conservare conatur*)、かつより多くそれをなしうるに従って、それだけ多くの徳を備えている」(E/IV/20) と言っているし、「何人も他のもののために (*alterius rei causa*)[6]自己の存在を保存しようと努力することはない」(E/IV/25) と断言してもいる[7]。このように「(自己

---

[5] 『エチカ』における、「善・悪」、「徳」といった倫理的概念と「コナトゥス」との関係について、あるいは「コナトゥス」が倫理という位相において中心的基軸(基準)として機能しているということ(「コナトゥスの倫理的機能」)については、本書第1章および第3章を参照。

[6] "*alterius rei causa*"は直訳すれば「他のものが原因となって」であり、自己保存の「目的」が問題にされているわけではないことになるが、スピノザはこの (E/IV/25) を引き合いに出して、「我々は何か他の目的のために (*alicujus finis causa*) ものを認識しようと努めはしないであろう」(E/IV/26D) とか、「自己満足 (*acquiescentia in se ipso*) は我々の望みうる最高のものである。なぜなら (この〔第4〕部の定理25において我々が示したように) 何人も自己の存在を何らかの他の目的のために (*alicujus finis causa*) 保存しようとは努めない」(E/IV/52S) と言ってもいるので、敢えて「目的」の意味を込めて「他のもののために」と訳した。なお、これらの諸定理に、「自己保存は決して他のもののためになされるのではない」ということが述べられているからといって、これは「自己保存は自己のためになされるのだ」ということを意味しているのではない。スピノザは、―特に存在論的位相においては―目的論的要素が忍び込まないように留意している。スピノザは端的に「自己保存は、自己自身の本質によって必然的におこる現象である」と言っているに過ぎないのである (E/IV/25)。

保存の）コナトゥス」に基礎を持っているために，『エチカ』にはそもそもの初めから「利他的行為」の可能性は存在しないように見える。

しかし他方でスピノザは，「理性の導き（徳）に従って生きる人間」は「自己のために求める善を自己以外の人々のためにも (*reliquis hominibus etiam*) 欲するであろう」(E/IV/37) とも，「理性によっても憐憫によっても他の人々を助けるように動かされないような者は，非人間的と呼ばれてしかるべきである」(E/IV/50S) とも述べている。

これら二つは一見すると矛盾しているかのようであるが，スピノザの真意は果たしてどうであったのだろうか。それは，各人は自己の「現実的」あるいは「与えられた」本質 (E/III/7・D) としての「自己保存のコナトゥス」に基づいて，「自己利益」を求めて行動しながらも，「利他的」でありうるということを意味しているのであろうか。

Ⅰ－1　利他的行為の6類型

けれどもこの問題の探求を始めるに当たっては，まず「利他的行為」という概念の明確化と整理が必要となってくるであろう。というのも，この探求の答えは，「利他的行為」という概念の捉え方に大きく左右され，「利他的 altruistic」という概念をいかに定義するかによっても大きく異なってくるだろうからである。そこで本章は，「利他的行為」をそのモチヴェーションを

7　『神学政治論』第16章では，自然権として現れた〈限りにおける〉「自己保存のコナトゥス」について，「各々のものは，それ自身においてある限り，自己の状態に固執しようと努力する (conetur) こと，しかも，それは他のものを顧慮することなくただ自己をのみ顧慮してそうであるということが自然の最高の法則である」(TTP/XVI/189) と述べられている。レイは『神学政治論』のこの箇所を，レヴィナスによるコナトゥス批判にひきつけて解釈し，コナトゥスの「問いを欠いた sans question」性格，他者に対し無関心で，他者からの糾弾＝告発を受け付けない傲慢な性格を問題にしている（Rey：1993, 232）。

　また『政治論』では，「隣人をあたかも自己自身のように愛さなければならない」（ルカ10・25-37）というキリスト教の倫理観を代表する言葉は，我々の「感情に対しては大した効果を及ぼさず」，「人間が何の対人関係も持たない教会堂の中においてとかなら効果はあるが，それが最も必要であるべき職場とか宮廷においてはまるで役に立たない」(TP/I/5) と徹底批判することによって，スピノザは彼独特の〈現実主義政治学〉の著述を始めている。そして，「各人は他人の利益を，それによって自分の利益が確保されると信じる限りにおいてのみ擁護する」(TP/VII/4・8) とも述べている。

重視して以下の六つに分類することによって,「『エチカ』に利他的行為は存在するか」という考察の一応の判断基準を設定する（利他的行為の6類型）。

1. 「純粋自己犠牲型」：他者の利益のみを目的とし，自己利益の付随は認めない（≒レヴィナスの「倫理」）。
2. 「他者利益志向型」：他者の利益のみを目的とするが，結果としての自己利益の付随は容認する。
3. 「自己利益志向型」：自己利益のみを目的とするが，結果としての他者の利益の付随は容認する。
4. 「手段としての他者利益型」：他者の利益の達成が結果として自己利益に繋がることに自覚的でありつつ，自己利益の達成のために他者の利益を「も」求める（≒倫理的利己主義）。
5. 「他者利益共存型」：自己利益と他者利益の不可分性，つまり他者（の利益）との共存なしには自己利益（自己保存）はそもそも成立しないという事実認識に基づいて，自己利益と「共に」他者利益を求める。
6. 「一体化型」：「自己(セルフ)」というものを他者の存在を含んだものとして包括的に捉え，そのような「自己」の利益追及は「同時相即的」に他者や全体の利益追及でもあるとする（≒ディープ・エコロジー型）。[8]

Ⅰ-2 「コナトゥスの自己発展性とその必然性＝エゴイズムの原理」

本節では，「コナトゥス」には，自己の「欲望として現れた〈限りにおけるコナトゥス〉」を増大させてくれるもの，つまり自己の利益になるものを可能な限り獲得しようと我々を駆り立てる傾向性（「コナトゥスの自己発展性と

---

[8] ネスのディープ・エコロジーの究極目標である「自己実現 Self-realization」はスピノザのコナトゥス論から大きな影響を受けているが，そこにおける「自己 Self」は「深遠(ディープ)にして包括的なエコロジカルな自己」であり，スピノザの「実体＝神＝自然」に相当する。この「自己実現」は，個々の自我が，それぞれ単独で行うような自己中心的な自我の個別的満足を意味しない。「自己実現」を通すと，人間は自己の利益を求めつつも他者や全体の利益を求めることになるから「利他主義など必要なくなる。より大きな世界が我々自身の利害の一部となるからである」(Naess：1989, 9〔邦訳15〕)。詳しくは，本書の第1附論を参照。

その必然性＝エゴイズムの原理」）があるということ（E/Ⅲ/28, 37D, Ⅳ/19）を確認し，続いて次節で「感情の模倣」の基本的メカニズムを確認する。

(a)「各々のものは，それ自身においてある限り，<u>自己の存在に固執しようと努力する（in suo esse perseverare conatur）</u>。」（E/Ⅲ/6）

(b)「精神は身体の活動力能を増大しあるいは促進するものを可能な限り想像（表象）しようと<u>努力し（conatur）</u>」，「身体の活動力能を減少しあるいは阻害するものを想像（表象）する場合，そうしたものの存在を排除する事物を可能な限り想像しようと努力する。」（E/Ⅲ/12, 13）

(c)「我々は，喜びに寄与すると我々が想像（表象）する全てのものを促進＝実現しようと<u>努力する（conamur promovere）</u>。反対に，それに矛盾しあるいは悲しみに寄与すると我々が想像（表象）する全てのものを遠ざけあるいは破壊しようと努力する。」（E/Ⅲ/28）

(d)「悲しみを感じている（悲しみによって触発されている）人間が<u>努力する（conatur）</u>ことの全ては，悲しみを除去することに向けられる。—中略—喜びを感じている人間は喜びを保存することを何よりも欲し，しかも喜びがより大きいに従って，それだけ大きな欲望〔コナトゥス〕をもってそれを欲する。」（E/Ⅲ/37D）

(a)から(d)へのコナトゥスの展開を，私は「コナトゥスの自己発展性とその必然性＝エゴイズムの原理」と呼んできた。まず(a)に関しては，定理中の「各々のもの Unaquaeque res」とは，人間も含めた万物（そこには，神＝実体の思惟属性に由来する「観念」なども含まれる）を示している。つまり「コナトゥス」とは，まずもって人間も含めた万物（「有限様態」としての「個物 res singulares」）が，自らの「現実的」あるいは「与えられた」本質として有する「自己保存の努力（傾動）」のことなのである（E/Ⅲ/7・D）。しかし，この「コナトゥス」が人間においては，新たな展開を見せることになる。

今ここに示した(c)の定理は，定理中の「想像（表象）する」という言葉からも分かるように，原則として「受動感情に隷属している人間」の特性に

ついて述べられたものである。スピノザは，受動的人間には，たんに可能な限り自己の存在に固執しようとする傾向性だけではなく，自己に「喜び」をもたらして，「活動力能として現れた〈限りにおけるコナトゥス conatus quatenus〉」[9]を増大させるようなもの (E/III/37D, 57D)，つまりは「善」(E/III/39S) を可能な限り獲得しようと努力する傾向性があると考えている。また(d)においてスピノザは，「悲しみ」は，活動力能（自己の存在に固執しようとするコナトゥス）を減少させるから，「悲しみを感じている（悲しみによって触発されている）人間が努力する (conatur) ことの全ては，悲しみを除去することに向けられる。―中略―喜びを感じている人間は喜びを保存することを何よりも欲し，しかも喜びがより大きいに従って，それだけ大きな欲望〔コナトゥス〕をもってそれを欲する」(E/III/37D) とも述べている。受動的人間のこのような傾向性は（スピノザは明示してはいないが）(c)を根拠に証明されている。そしてこの(c)は(b)にまで遡ってそれを根拠に証明されているのだが，今度はこの(b)が，我々を更に(a)の「各々のものは，それ自身においてある限り，自己の存在に固執しようと努力する」(E/III/6) という「自己保存のコナトゥス」定理にまで遡らせる形で証明されることになる。

だが，このたんに「自己の存在に固執しようと努力する in suo esse perseverare conatur」傾向性から，「活動力能として現れた〈限りにおけるコナトゥス〉」の減少をもたらすようなものに可能な限り抵抗し，その増大を可能な限り求めようとする傾向性が証明されているのはなぜだろうか。ここでは二つの点が重要である。第1点は，「各々のものがそれによって単独であるいは他のものと共に或ることをなし，あるいはなそうと努力する力能ないしコナトゥス，言い換えれば（この部の定理6により），各々のものがそ

---

[9] スピノザにおけるコナトゥスは，認識，感情，倫理，社会などの様々な位相の中で，現実的な力としての「活動力能 potentia agendi」として，他の個物や他者との複雑な関係の中で現実的に発揮されると考えられる。コナトゥスは，現実生活の様々な位相における様々な形での活動力能として現れた〈限りにおけるコナトゥス conatus quatenus〉としてのみ，初めてその大きさや強さを現実的具体的に捉えることが可能になるのである（本書第1章ⅡとⅢを参照）。ドゥルーズも「あれこれの感情によって規定されている限りにおけるコナトゥス（conatus en tant que）の諸変化は我々の活動力能の力学的変化なのである」という表現をしている (Deleuze：1968, 211)。

れによって自己の存在に固執しようと努力する力能ないしコナトゥス」（E/III/7D）と言われているように，スピノザが言う「自己の存在への固執」とは，ただ自己の存在や状態を最低限度に維持するというものではなく，「自己以外のものと協働して活動すること」までを含意しているという点である。第2点は，なぜ，その本質には存在することが含まれない有限様態としての個物が（E/I/24），この「自己の存在へ固執しようと努力する傾向性」を持つのかという問題であるが，これに対する証明は，人間も含めた有限なる個物は，「それ自体で見られる限り」自らを滅ぼすようなものを自己の内には一切有せず（E/III/4·D, 5），神から「与えられた本質 essentia data」としてのコナトゥスによって，神が存在し活動しているその永遠で無限なる力能を「表現する exprimere」ことで存在し活動している様態であるということを根拠にしてなされている（E/III/6D, 7D, cf. I/21, IV/4D）。この証明から帰結されるのは，有限様態を「自己の存在に固執しようとさせる駆動力としてのコナトゥス」は，「限定された時間ではなく無限定な時間を含んでおり」，各有限様態は外部の原因によって妨害されることがなければ，現に有しているのと「同じ力能」を持って常に存在し続け（E/III/8, IV/Prae），外部の原因によって妨害されれば，その妨害の原因となるものに可能な限り抵抗するということである（E/III/6D）。そして神から「与えられた本質」であるがゆえに「それ自体で見れば」絶対的な自己肯定しかないこのコナトゥスによって「表現され」，「展開される explicari」ことによってのみ，神の永遠で無限なる力能は有限様態自身の活動力能となるのであるから，コナトゥスによってなされる，あるいはコナトゥスそのものがその証しとなっている「有限様態の内への神のこの無限なる力能の浸透」には，「それ自体で見れば」限界はありえない。つまり，有限様態の内への神の無限なる力能の浸透に或る限界を設定するということは，コナトゥス（＝与えられた本質）そのものの「絶対的自己肯定性」という性質上，不可能なのである。

　こうして「自己保存のコナトゥス」定理（E/III/6）から，自己の「活動力能として現れた〈限りにおけるコナトゥス〉」を可能な限り増大させようとするコナトゥスそのものが有する傾向性が導き出されることになる。これが

有限様態としての人間に適用されたものが、私が「コナトゥスの自己発展性とその必然性＝エゴイズムの原理」[10]と呼ぶものである。

　第4部に入ってからスピノザは、この「コナトゥスの自己発展性とその必然性＝エゴイズムの原理」(E/III/28) から直接に、「各人はその善あるいは悪と判断するものを自己の本性〔コナトゥス〕の法則に従って必然的に欲求しあるいは忌避する」(E/IV/19) という定理を導き出しているが、そこから更に、「真に徳に従って働きをなす (agere) とは、我々においては、理性の導きに従って働きをなし、生き、自己の存在を保存すること（この三つは同じことを意味する）、しかもそれを自己に固有の利益を求める原理に基づいてすることにほかならない」(E/IV/24) とも言っている。このように、「コナトゥスの自己発展性とその必然性＝エゴイズムの原理」(E/III/28) は、「理性の導きに従って生きる人間」の場合にもそっくりそのまま持ち越されている。この原理が、「受動感情に隷属する人間」のみならず「理性の導きに従っていきる人間」にも妥当するのは、コナトゥスが、理性によって導かれるか（能動）、感情に従属しているか（受動）にかかわらず、言い換えれば「賢者 sapiens」であるか「無知なる者 ignarus」であるかにかかわらず万人に普遍的に内在する人間の「本性＝本質」であるからである (E/III/9, 58D, TTP/XVI/189-190, TP/II/58, III/18)[11]。

　以上から、スピノザは、受動感情に隷属していようが、理性の導きに従って生きていようが、各々の人間は、たんに可能な限り自己の存在に固執しようとする傾向性だけではなく、自己にとっての「善 bonum」、つまり自己に「有益で utilis」あり、「喜び」をもたらし、自己の「活動力能（コナトゥス）」を増大させてくれるもの[12]を (E/III/12, 13, 28, 37D, 39S, IV/D1・2, 8D, 29D)、可

10　この原理についてはその形而上学的論証から、倫理学・社会哲学への適用までを、本書第2章で詳しく論じてある。

11　Allison はこのように受動的人間も能動的人間もコナトゥスに従う事実から、スピノザでは利他主義は完全に不可能だとする (Allison：1987, 134)。

12　このように、自己あるいは世界の外部に超越的な神や価値を設定しない『エチカ』を、徹底的に〈内在〉平面の哲学として解釈するドゥルーズは、『エチカ』には通常の意味での「道徳 moral」は存在しえないとし、「よい出会い bon rencontre」と「悪い出会い mauvais rencontre」こそが『エチカ』の倫理学を特徴づけているとする。「よい出会い」とは、我々自身

能な限り獲得しようと努力する傾向性を有していると考えていることになる。

ここから以下の探求において注意しなければならないのは、スピノザが、人間の倫理的感情や行為を説明する際に、このような人間の根源的な傾向性（「コナトゥスの自己発展性とその必然性＝エゴイズムの原理」）に訴えて論証を行っていないかどうかということである。というのも、仮にこのような傾向性をそのまま用いることによってしか、倫理的感情や行為の根拠を説明できないとしたなら、そのような感情や行為は「純粋に」利他的なもの（本章の利他的行為の6類型のうちの1．「純粋自己犠牲型」）であるとは言い難いからである。

Ⅰ-3 「感情の模倣 affectuum imitatio」の基本形

「我々と似たもの（res nobis similis）でかつそれに対して我々が何の感情も抱いていないものが或る感情に触発されるのを我々が想像する（表象する *imaginamur*）なら、我々はただそれだけで、それと似た感情に触発される（*afficimur*）。」（E/Ⅲ/27）

の「喜び」を増大させ（そのことによって活動力能として現れた〈限りにおけるコナトゥス〉を増大させ）る出来事であり、「悪い出会い」とはその逆の出来事である。「こうしてエチカ（Ethique）が道徳（Morale）に取って代わる。道徳は常に実存を超越的な価値に結びつけるのに対して、エチカとは、つまり、内在的な実存の仕方の類型理解なのである」（Deleuze：1981, 35〔邦訳38〕）。しかしドゥルーズのこの「出会いの倫理学」はあくまで〈私〉の感情を基準とした「エゴイスティック」な倫理ではなかろうか？例えば、或る他者との「出会い」が、〈私〉の「喜び」を増大させたとしても、その瞬間に当の「出会い」によって、その他者は「悲しみ」に捕らわれ、それによって他者自身の活動力能（コナトゥス）を減少させることも考えられるからである。そして、「感情の模倣」によって、その他者の「悲しみ」が〈私〉に感染してきて、〈私〉の活動力能（コナトゥス）を減少させるということもありえよう。すると「よい出会い」が常に〈私〉の「喜び」を増大させるものであるためには、出会われる他者もその「出会い」によって「喜び」に満たされるような「出会い」でなければならないであろう。しかしドゥルーズは出会われる相手の感情のことは問題にしていないし、『エチカ』において倫理や社会の問題を考える際に極めて重要な役割を果たしている「感情の模倣」を完全に無視しているようだ（そこに彼のニーチェ主義がどう影響しているかについては今後の課題とする）。このようなあくまで自己の感情を基準としたドゥルーズの「出会いの倫理」の対極にあるのがレヴィナスの「顔の倫理」であろう。レヴィナスの場合、「出会い」の際に、自分の「喜び」は犠牲にしてでも、出会ったその他者の「喜び」を増大させる（そのことによってその他者の活動力能〈コナトゥス〉を増大させる）ことこそが倫理となると言えよう。このようなレヴィナスの「顔の倫理」については本書第6章を参照。

これは『エチカ』における「感情の模倣」の基本形を示した定理である。この定理から分かるのは、「感情の模倣」とは、他者の感情をこちらから「模倣する」というような能動的な行為ではなく、他者を前にした時に、(こちらの模倣の意思にかかわらず) その他者の或る感情に一方的に、有無を言わされずに「感染させられてしまう」という受動的な出来事である、ということである。またこの定理からは、「感情の模倣」は『エチカ』の認識論における 3 つの認識 (能力) のうちで最も低い段階のものであり、精神が「非十全で混乱した観念」を有する場合に生まれる精神の「受動」である「想像知 imaginatio」によって支えられている (E/II/35, 41·D, III/1, 3) ということも分かる。つまり、「感情の模倣」という現象は「受動感情に隷属する人間」にのみ生じうるはずの現象であるということだ[13]。

II 「受動感情に隷属して生きる人間」における利他的行為の可能性

II－1 「喜び」の「感情の模倣」から生まれる「利他的行為」

　　「我々は、人々が喜びをもって眺めると我々が想像 (表象) する全てのことをなそうと努力するであろう (conabimur)。また反対に、我々は、人々が嫌悪すると我々が想像 (表象) することをなすのを嫌悪するであろう。」(E/III/29)

　一見するとこの定理の前半部分には、或る種の「利他的行為」への傾向が示されているように思える。それは、或る他者にとっての「喜びの原因となるもの」、つまり善を (E/III/39S) その他者になすという行為であるからだ。しかしこの定理の証明は、上述の二つの原理、つまり「コナトゥスの自己発展性とその必然性＝エゴイズムの原理」(E/III/28) と「感情の模倣」の基本形 (E/III/27) を結合させることによってなされており、その限りにおいて、ここに示されている行為のモチヴェーションは極めてエゴイスティックなも

13　このように常に他者へと、他者の感情へと無防備なまでに開かれ、受動性のうちに、相互触発 (作用) のただ中に生きているというのが『エチカ』の「感情の模倣」が示す受動の相の下に生きる人間像である。これは『エチカ』第一部の存在論における「水平の因果性」のひとつの現れとも言える (本書II－2)。詳しくは本章補論を参照。

のである。

　そのメカニズムについて説明する。他者の「喜び」は「感情の模倣」によって我々に感染し，我々の中にもそれと似た「喜び」を生む。ここで「コナトゥスの自己発展性とその必然性＝エゴイズムの原理」（E/III/28）によれば，人間は自己にとって「喜び」をもたらしそうなものであれば何であっても全て実現しようと努力する傾向を有しているから，「感情の模倣」を通して他者から得られる「喜び」ももちろんその獲得の対象となる。つまり，「エゴイズムの原理」から我々は，自己と似た他者が「喜びそうなこと」を，我々自身の「喜び」の増大——それは我々の内に活動力能として現れた「限りにおけるコナトゥス」の増大をもたらす（E/III/37D）——を目指してその他者に対して行い（E/III/29），我々のその行為（援助）が当の他者のうちに生み出すことになる「喜び」を（受動的あるいは無意識的に）模倣することで，結果として我々自身の「喜び」を増大させ，この「喜び」の増大によって我々自身の活動力能〈コナトゥス〉を増大させる（E/III/30）ということである[14]。

　ここで留意しなければならないのは，我々が或る他者に対して行うその「他者が喜びそうなこと」とは，実は，その「他者の喜びそのもの」ではなくて，我々の側から一方的に「この人はこの行為をしてあげたならきっと喜ぶであろう」と「想像」して虚構した喜びであるから，そのような行為によって，当の他者が実際に喜ぶとは限らず，その他者にとっては有難迷惑である可能性もあるということだ。このようにして，結局，「我々は，人々が喜びをもって眺めると我々が想像（表象）する全てのことをなそうと努力するであろう」（E/III/29）という定理は，「感情の模倣」と「コナトゥスの自己発展性とその必然性＝エゴイズムの原理」の結合から生み出されるような「利他的行為」であり，それはよく言っても「擬似的利他的行為」（自己充足

---

[14] このような「利他的行為」が初回であれば，自己の喜びはあくまで結果として付随してくるにすぎない（本章の「利他的行為の6類型」の2．「他者利益志向型」に該当）。しかし，いったんこの「回路」が確立（慣習化）されると，「感情の模倣」のメカニズムには無知なままにも，そこから自己の喜びが恒常的に引き出されることに自覚的になり，自己の喜びの増大のほうが行為の最終目的となって，他者の喜びはその最終目的達成のための手段に転落してしまうという事態が起こる（4．「手段としての他者利益型」）。

型の利他的行為）でしかないであろう。このように,「コナトゥスの自己発展性とその必然性＝エゴイズムの原理」が人間の普遍的な本性であり，それが「感情の模倣」と結合してしまうという傾向がある以上，この結合を解除することなしには「擬似的＝自己充足的利他的行為」は決して回避できないということになろう。だが,「感情の模倣」を介在させないような利他的行為は『エチカ』に示されているのだろうか。まずは「憐憫」と「名誉欲」それぞれからの他者援助の場合を考察してみる。

II-2 「憐憫」（「悲しみ」の「感情の模倣」）からの他者援助

「感情の模倣」の倫理的帰結を基礎的三感情（E/III/11S）の場合で確認しておくと,「欲望」の模倣からは「競争心」（E/III/27S）が生まれ,「喜び」の模倣からは——先述の「コナトゥスの自己発展性とその必然性の原理」（E/III/28）を介して——「擬似的＝自己充足型の利他的行為」（E/III/29）や，他者に自己と同様の「喜び」を「模倣させる欲望」である「名誉欲 ambitio」（E/III/31S）が生じる。そして「悲しみ」の模倣からは「憐憫」（E/III/27S）が生じる。

この「憐憫 commiseratio」という感情からは,「我々に憐憫の情を起こさせる（miseret）ものをその悲惨（miseria）からできる限り解放しよう」（E/III/27C3）とする欲望としての「慈悲心 benevolentia」（E/III/27S, Ad35）が必然的に生じてくる。「受動感情に隷属する人間」は自らが憐れむ相手の不幸を傍観することなどできないというのである。だが，いったいどのようなメカニズムで「憐憫」は「他者援助の欲望」（慈悲心）を生むとスピノザは考えているのであろうか。

それはまず,「感情の模倣」（の基本形）により，我々が憐れむものを「悲しみ」に触発するものが，我々をもそれと似た「悲しみ」に触発してくるということ，次に，そのようにして他者から感染させられた「悲しみ」は我々の「活動力能（コナトゥス）」を減少させることになるから,「コナトゥスの自己発展性とその必然性＝エゴイズムの原理」により，我々のコナトゥス（努力）はその「悲しみ」を除去し，減ぜられた「活動力能（コナトゥス）」を

回復することに向けられるというメカニズムである（E/III/27C3D, 37D）。

　だから，「憐憫」に動機付けられて他者を助ける者は，悲しんでいるその他者のためだけを思って，その他者の悲しみを除去してあげることだけを目的としてその他者を助けるのではなくて，自己の「憐憫」自体の中に含まれる自分自身の「悲しみ」を除去して自分自身の苦しみを和らげようとしてその他者を助けているのである（Rocca : 1996, 232）。結局，この「憐憫」からの他者援助の場合に「利他的行為」に見えていたものも，「擬似的＝自己充足的利他的行為」に過ぎないのである（これは本章の「利他的行為の6類型」で言えば4．「手段としての他者利益型」に該当）。

II－3　「名誉欲」からの他者援助

　「ただ人々の気に入ろうとする理由だけで或ることをなしたり控えたりするこの努力（conatus）は名誉欲と呼ばれる。ことに我々が，我々自身あるいは他者の損害になるのも構わずに或ることをなしたり控えたりするほど熱心に俗衆（vulgus）の気に入ろうと努力する（conamur）場合にそう呼ばれる」（E/III/29S）と述べられているように，「名誉欲 ambitio」は「自己犠牲」を伴う場合もあるが，そのモチヴェーションに注目すると，明らかに「利己的」なものである。この「名誉欲」が生まれるプロセスを説明してスピノザは，「我々が自分の愛し，欲し，あるいは憎むものを或る人が愛し，欲し，あるいは憎むことを想像する（表象する）なら，我々はまさにそのことによって，そのものを一層強く愛し，欲し，あるいは憎むであろう」（E/III/31）と述べているが，ここには（この定理の証明からも明らかなように）「感情の模倣」が介在している。そして更にここに「コナトゥスの自己発展性＝エゴイズムの原理」（E/III/28）が加わることによって「名誉欲」は「自分が愛するものや憎むものを，他の人々も愛しあるいは憎むようする努力（欲望）」（E/III/31C・S, Ad44）になるという新たな展開を見せることになる[15]。

　よってこの「名誉欲」から，他者への援助がなされたとしても，それは

15　本章注19参照。

「擬似的＝自己充足的利他的行為」に過ぎないであろう（「利他的行為の6類型」の4.「手段としての他者利益型」に該当）。このように「感情の模倣」に捕らわれている受動的人間の「利他的行為」は，「憐憫」から生まれるものであれ，「名誉欲」から生まれるものであれ「擬似的＝自己充足的利他的行為」に過ぎないということが判明した。

　ところで，この「名誉欲」は「礼譲 modestia」[16]の一種である。「人々の気に入ることをなし，気に入らぬことを控える欲望」（E/III/Adx43）である「礼譲」は，それが（受動）感情から生じる場合は「名誉欲」となり（E/IV/Ap25, V/4S），他の人々に愛や憎しみ等の自己の感情を無理やり「模倣させる」ことで，他の人々が自己の意向通りに生きるように欲求するが，全ての人が等しくそれを欲するから（E/III/31C, S），この「名誉欲」からは憎しみ合いや不和が生じる（E/IV/37S1, Ap25）。しかし，この「礼譲」は，理性によって決定される時には「道義心 pietas」となる。「道義心」とは「理性の導きに従って生きることから生じる善行をなそうとする欲望」（E/IV/37S1），つまり他の人々が自分と共に最高善（神の認識）を享受できるように，彼らを助言や実践で教育し助けようとする欲望であり，友好を生み出し国家の基礎となる（E/IV/37S1, Ap25）。

　ここで留意したいのは，「自分の意向通りに他人が生きることを欲するという」同じ欲望から，受動（感情）で不和を招く利己的な「名誉欲」と，能動（感情）であり友好を生んで国家の基礎となる利他的な「道義心」の二つ

16　スピノザは「精神の強さ fortitudo mentis」を，単に理性の指図に従って自己の存在を保存しようと努力する欲望であり「行為者の利益のみを意図する行為」である「勇気 animositas」と，単に理性の指図に従って他の人間を援助しかつこれと交わりを結ぼうと努める欲望であり，「他人の利益をも意図する行為」である「寛仁 generositas」に分け，「礼譲 modestia」と「温和 clementia」はこの「寛仁」の種類であるとしている（E/III/59S）。

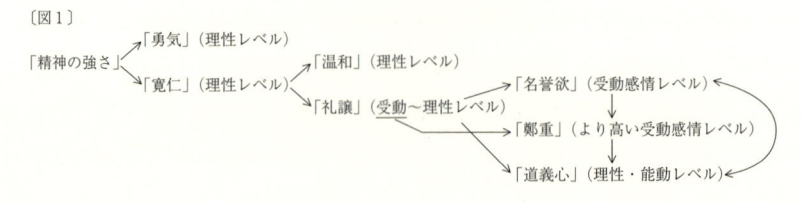

〔図1〕

```
                    ┌─「勇気」（理性レベル）
「精神の強さ」──┤                    ┌─「温和」（理性レベル）
                    └─「寛仁」（理性レベル）─┤                              ┌─「名誉欲」（受動感情レベル）←┐
                                              └─「礼譲」（受動〜理性レベル）─┼─「鄭重」（より高い受動感情レベル）←┤
                                                                              └─「道義心」（理性・能動レベル）
```

の倫理的には全く性質の異なる欲望が生じる可能性があるということである。

ではこの「名誉欲」から「道義心」への移行はいかにして実現されるのか。それは，我々が受動（感情）から能動（感情）＝理性への転化（移行）を成し遂げることによってである。ただし，「自由意志」を否定し，全てを絶対無限の神＝自然の力能から必然的に生み出されるものとして説明するスピノザは，そのような神の力能が有限様態である人間にその本質として浸透しているということの証しとしてのコナトゥスが，我々のうちで認識能力（として現れた〈限りにおけるコナトゥス〉）として向上していくという可能性によってしか，このような転化（移行）の可能性を説明できず，その限りで，「コナトゥスの自己発展性とその必然性＝エゴイズムの原理」こそがこの転化（移行）を可能にしているのだ。

Ⅲ 「理性の導きに従って生きる人間」における利他的行為の可能性

Ⅲ－1 「感情の模倣」の克服と〈安定的〉な利他的行為へ

スピノザによると，「受動感情に隷属している人間」は——それでも確かに，「強制による国家」の中で，最低限度の「共同性」を実現して生きることは可能であるとはいえ（E/Ⅳ/37S2, cf. 35S, 54S）——本質的には相互に対立して敵対的に生きている（E/Ⅳ/32・33・34）。これに対して，「受動から能動への移行」を成し遂げ「理性の導き（徳）に従って生きる人間」は，「自発的」共同性（E/Ⅳ/71D, 73・D）の実現の可能性と，「自己のために求める善を自己以外の人々のためにも欲する」（E/Ⅳ/37）というように，「排他的な」利己主義——というよりは「感情の模倣」に伴う「擬似的利他的行為」（自己充足型の利他的行為）——を克服した存在として描かれているようである。しかし，『エチカ』のこの「理性（徳）の導きに従って生きる人間」は，本当に「利他的」な人間なのであろうか。「コナトゥスの自己発展性とその必然性＝＝エゴイズムの原理」は，「理性の導きに従って生きる人間」にもそのまま継承されるわけだから（本章Ⅰ－2）。あとは「感情の模倣」が「理性の導きに従って生きる人間」にも持ち越されるとすれば，あの「結合」によって「擬似的＝自己充足的利他的行為」の回避は不可能になる（本章Ⅱ－1）。「感

情の模倣」は理性的人間にも持ち越されてしまったのだろうか。このことを，まずはスピノザの理性の立場からの「憐憫」批判の議論を検証することで確認したい。

スピノザは，「憐憫は理性の導きに従って生きる人間においては，それ自体では悪でありかつ無用である」(E/Ⅳ/50) から「理性の命令に従って生きる人間は，できる限り憐憫に心を捕らわれないように努力する」(E/Ⅳ/50C) とさえ言っている。悲惨に打ちひしがれている他者を目の前にしても「憐憫」を感じる必要はないとはどういうことなのか。スピノザが理性の立場から「憐憫」を批判するのは，まず，「憐憫」が「悲しみ」の一種 (E/Ⅲ/22S, Ad18) であるがゆえに，それを抱いた者の「活動力能（コナトゥス）」を減少させてしまうから (E/Ⅲ/37D, 57D) である。そしてなにより「憐憫」は想像知に支えられた「感情の模倣」による「悲しみ」の感染であったから (E/Ⅲ/27S)，容易に他者の悲惨や涙に「憐憫」の感情を抱くような者は，偽りの涙に容易に欺かれ，後になって自ら後悔をする可能性があるからである (E/Ⅳ/50S)。また「憐憫」（同情心）は，容易に「妬み」に反転してしまう可能性を持っているから (E/Ⅲ/32S, Ad18Ex, 23, 24)，「憐憫」からの他者援助は〈安定的〉な倫理的態度とは言えないのである（本章注19参照）。

このように，「憐憫」の発生には「感情の模倣」が関与しているのであるが，「感情の模倣」を認識論的に支えていた「想像知」は受動的人間に特有の認識能力であり，精神が「非十全で混乱した観念」を有する場合に生まれ，「虚偽の唯一の原因」である受動的認識であったから (E/Ⅱ/35, 41・D, Ⅲ/1, 3)，「受動から能動への移行」を達成し，「想像知」を克服して「理性的認識」を達成している「理性の導きに従って生きる人間」は[17]，「感情の模倣」を克

---

17 想像知から理性的認識への発展において「喜び」と「共通概念 notiones communes」が果たす役割を指摘したのはドゥルーズである。「また第1種〔想像知〕から第2種〔理性〕の認識にかけても，断層はあるといえ，やはり一定の誘発的・機械的な関係がそこにはあり，第1種から第2種への飛躍の可能性はこれによって説明されるのである。例えばまず，我々が自身の身体と適合をみるような物体または身体と出会う時には，まだその相手の体についても十全な観念を持つわけではないが，喜びの受動（自身の活動力能の増大）を我々は味わっている。この喜びの受動は，まだ第1種の認識に属してはいるが，その相手と自分の双方の体の間にある共通なものについて十全な観念を形成するよう，我々を促してくれるのだ。また，この共通

第 10 章　模倣と利他　279

服し,「憐憫」に動かされはしない人間となっているはずであるということ
になるのだ。
　以上から,「理性の導きに従って生きる人間」は,「受動感情に隷属して生
きる人間」と同じく「コナトゥスの自己発展性とその必然性＝エゴイズムの
原理」に支配されているが,「感情の模倣」は克服しているはずの人間であ
るとひとまずは規定できよう。
　しかし,このように「エゴイズムの原理」を受け継ぎ,なおかつ苦しんで
いる他者を目の前にしても全く「憐憫」の情に動かされないという「理性の
導きに従って生きる人間」に,真の意味での「利他的行為」(本章の 6 類型の
1 か 2)への道は本当に残されているのだろうか。残されているとすればそ
れはどのような仕方での「利他的行為」であろうか。<u>「理性的人間」には
「コナトゥスの自己発展性とその必然性＝エゴイズムの原理」を超越する
「瞬間」があるとでもいうのだろうか。あるいは「理性的人間」はその質的
に転化されたエゴイズムによって「利他的行為」を可能にするとでもいうの
だろうか。</u>
　これを認識論的に考えてみよう。「理性の命令に従って生きる人間」が,
「憐憫」から生まれるような不確かで〈不安定的〉な倫理的態度を克服して
いるのは,彼らが「理性」による認識の本質としての「共通なもの」の認識
を実現し,「自己と他者に共通の善,共通の利益(善)」を理解しているがゆ
えに(E/II/40S2, IV/18S,),確固とした認識論的前提に基づいた〈安定的〉な
倫理的態度(利他的行為)を取るようになるからである[18]。実際スピノザは,
「憐憫から生じる善,すなわち我々が憐れむ人間を悲惨から解放しようと努
力する(liberare conamur)こと(第 3 部定理 27 系 3 により)に関して言えば,
我々はたんに理性の命令のみに従ってこれをなそうと欲する」(E/Ⅳ/50D)
と述べている。このようにスピノザは,<u>理性的人間における他者援助そのも</u>

　　概念そのものも,実際には第 1 種の混乱した像と複雑な協調関係にあり,想像力の一定の性質
　　を拠り所にして成り立っている」(Deleuze：1981, 81-82〔邦訳 154-155〕)。我々は,この認識
　　論的な発展の原動力として,本章 I - 2 で確認した「コナトゥスの自己発展性とその必然性」
　　の原理を補って考えることができよう。
[18]　理性的人間の倫理的態度(利他的行為)が安定的なものであることについては次注を参照。

のを否定してはいないのである。ここでは「我々は受動という感情によって決定される全ての活動へ，その感情なしにも理性によって決定されることができる」(E/Ⅳ/59) というスピノザの考え方が非常に重要な意味を持ってくる。同じ「国家の形成」に，「恐怖」による強制から生まれる「受動感情に隷属する者たちの国家」(E/Ⅳ/37S2, cf. 35S, 54S) と，自由に自発的に生まれる「理性に導かれる人間の国家」(E/Ⅳ/37S1, 73D) の２つがあったように(本書Ⅲ−1，Ⅲ−2，cf. Macherey：1997, 222)，同じ他者援助であっても，我々はそれを「感情の模倣」から生まれる「憐憫」や「名誉欲」といった受動感情からではなく，「理性の導きに従って生きることから生じる善行をなそうとする欲望」(E/Ⅳ/37S1) としての「道義心 pietas」から行うようになるのである (E/V/4S)。

　「理性の導きに従って生きる人間」は，「感情の模倣」は克服しているはずの人間であったから，「感情の模倣」から生まれる「擬似的＝自己充足的利他的行為」(E/Ⅲ/29) や「名誉欲」(E/Ⅲ/31S) をも当然克服しているはずである。そうであるなら，理性的人間にとっての「利他的行為」とは，「善であると我々の確知するような何事か」(E/Ⅳ/50S,) を，その他者のために実現させたとしても，その結果，自らが善行をなした（助けた）その相手の反応やその自らの善行に対する他者や周囲の評価に一喜一憂しないような〈安定的〉な「利他的行為」であろう[19]。そして，ここにこそ『エチカ』第４部

---

[19] 「憐憫」や「名誉欲」が生み出す「擬似的利他的行為」が「感情の模倣」を基礎とするゆえに，愛が憎しみに，憐憫（同情）が妬みに反転してしまうというような「不安定」さを不可避に伴うのに対して (E/Ⅲ/32S, 35)，「道義心」に基づく「正しく行ないて自ら楽しむ」という達観した倫理的境地は，「道義心」が「神の観念」あるいは「神の認識」に基礎を持つから，より「安定的」な倫理的態度となる (E/Ⅱ/49S, Ⅳ/37, 68S, V/20D・S)。ただし，P. F. モローは，この「名誉欲」ですら「低次の安定性」獲得の手段たりうるとしている。彼によれば，「名誉欲」について述べられている第３部定理31の系と備考は，「我々が感情を抱くや否やその恒常性（constance）を保持しようと努める手段を示している」。それはつまり，「我々が他者の感情にそれほどまでに影響を受けやすい〔感情の模倣〕ものである」ことを考慮すると，「精神の動揺」を回避し，より高い「精神の安定性」を得るための「最善の状況は，他者が我々と同じ感情を直ちに抱く」ということであるが，そのような状況が「直ちに」は成立しないならば「我々はそれが成立できるように出来る限りのことをするであろう。すなわち，人間は常に，他者が自分自身の意向に沿って生活するのを見たいという願望〔名誉欲〕を持っているのである」(Moreau, P. F.：2003, 83 〔邦訳107〕)。モローのように考えると，「名誉欲」から

でスピノザが目指した「理性の導きに従って生きる人間」の達観した境地がある。スピノザは，理性から生じる「自己満足 Acquiescentia in se ipso」のみが存在しうる最高の満足であると述べ（E/IV/52），「正しく行ないて自ら楽しむこと bene agere & laetari」（E/IV/50S, 73S）に努力するのを「理性の導きに従って生きる人間」の特性として強調している。だが，「正しく行ないて自ら楽しむ」というような「感情の模倣」を克服した達観した境地からの「利他的行為」は本当に可能なのだろうか[20]。そしてスピノザはそのよう

「道義心」への移行は，より低い（受動的）安定性からより高い（能動的）安定性を求めての移行となる。

　そして，このように，精神が安定性（恒常性）の増大を目指す傾向性の動力源には，私の言う「コナトゥスの自己発展性とその必然性」がある（本書第7章Ⅲ－2を参照）。これについては，『快感原則の彼岸』におけるフロイトの考え方が示唆に富む。彼の快感原則によると，人間の心的プロセスは，快を求めて不快を避けるのだが，この場合の快とは興奮量の減少（緊張の減退）のことであり，不快とはこの逆である。フロイトはこの快感原則をフェヒナーの「安定傾向原則」（恒常性原則）から導いている。それによると，「識閾を越える全ての精神物理的な運動は，ある特定の限界を越えて完全な安定性に近づくにつれて快を帯び，ある限界を越えて完全な安定性から離れるに応じて，不快を帯びる」（Freud：1920, 5〔邦訳117〕）。我々の心は自然必然的に快つまり興奮量の減少を追求するのだが，それは取りも直さず「安定性」の増大を目指すことを意味しているのである。これをスピノザに則して言うなら，我々は，喜びをもたらしてくれるもの，我々をより大きな完全性へと移行させるもの，つまりは活動能力として現れた〈限りにおけるコナトゥス〉を増大させるものを飽くことなく追求するという必然的傾向性を持っているのだが（E/III/11S, 37D, 本書第2章），それは精神が「安定性の増大」を追求しているということになるのである。

　なお，安定性や均衡の実現としての"salus"が『エチカ』のみならず，『神学・政治論』や『政治論』においても最重要課題であったことについては，本書第7章を参照。

20　カントの『道徳形而上学原論』（1785年）では，このような「感情の模倣」を克服した倫理的行為のみが道徳的価値を持つとされる。「できれば他人に親切であることは，義務である。それどころか世間にはまたたいへん同情心に富む人達があって，彼等はかくべつ虚栄心や利己心からではなく，<u>ただ喜びを周囲の人々にふりまくことを心から楽しみとし，自分のなすことが他人に満足を与えれば自分もまたこれをいたく喜ぶ</u>というふうである。それにも拘わらず私は，こう主張したい，――こういう場合のかかる行為は，たとえいかに<u>義務に適い（pflichtmäßig）</u>またいかに親切極まるものであるにせよ，真正な道徳的価値をもつものではなくて，やはり諸他の愛着的<u>傾向（Neigung）</u>と同列に立つものである，と。〔実際にそれが世を益し，義務に適う可能性もある〕名誉を求めようとする傾向性を例にとると――行為者は世上の称賛と励ましとを受けるだろうが，しかし尊敬に値することにはならない。―中略―つまりこのような行為を<u>傾向性からではなく，義務に基づいて（aus Pflicht）</u>為すという道徳的価値が欠けているのである」（Kant：1785, 16〔邦訳32-33〕，下線は河村による）。ただし，カントの場合は，スピノザの理性的人間（賢者）のように自らの倫理的行為を「楽しむ laetari」ことは決して許されない。

な「利他的行為」の証明に成功しているのだろうか。スピノザ自身は第4部定理37を、確かにこのような達観した境地からの「利他的行為」として示しているようだ（E/IV/50D・C・S, 73D・S）。そこで次節ではこの第4部定理37とその二つの証明を分析する。

Ⅲ－2　『エチカ』第4部定理37の第1証明の問題点

　「徳に従う各々の人は、自己のために求める善を<u>自己以外の人々のためにも</u>（<i>reliquis hominibus etiam</i>）欲するであろう。そして彼の有する神の認識がより大なるに従ってそれだけ多くこれを欲するであろう。」（E/IV/37）

　この定理の第1証明の前半でスピノザはこう言っている。「人間は理性の導きに従って生きる限り、人間にとって最も有益である（この部の定理35の系1により）。それゆえ<u>（この〔第4〕部の定理19により）、我々は理性の導きに従う場合、必然的に、人間をして理性の導きに従って生きさせるように努力するであろう</u>」。ここからは、第4部定理37は、他者の利益を自己の利益に優先させるような「利他的行為」（本章の6類型の1と2）を示してはいないということが判明する（Rocca : 1996, 232-233）。つまりこの<u>第1証明が、「各人はその善あるいは悪と判断するものを自己の本性〔コナトゥス〕の法則に従って必然的に欲求しあるいは忌避する」（E/IV/19）という、あの「コナトゥスの自己発展性とその必然性＝エゴイズムの原理」（E/Ⅲ/28）の一つのバリエーションによって行われていることに留意すれば</u>（実際、E/IV/19の証明はE/Ⅲ/28を用いてなされている）、そこにおいてそのようなタイプの「利他的行為」は容易に否定されてしまうのである。第1証明からは、「理性の導き（徳）に従って生きる人間」（E/IV/24）が自己のために求める「善」つまり「（理性的に）認識すること」を自己以外の人々のためにも欲するのは、その他者自身のためを思ってではなく、その他者が「理性」に従って生きることが可能なまでに「認識」能力が向上している方が自己にとって「有益」だからである（E/IV/31C, 35C1, Ap9）ということが判明するのだ。

　確かに、「理性の導きに従って生きる人間」は、「感情の模倣」を克服して

はいても、「コナトゥスの自己発展性＝エゴイズムの原理」には支配されていると考えられるような人間であったから、他者との倫理的関係の説明にこの原理をそのまま適用させたのでは、他者の利益のみを目的とした、あるいは他者の利益を自己の利益に優先させるような倫理的態度（本章の利他的行為の6類型の1.「純粋自己犠牲型」、2.「他者利益志向型」）の生じる可能性はないであろう。その上、そもそもここで問題にしている第4部定理37に示された行為内容は、厳密に見れば、「自己のために求める善」を「自己以外の人々のため」「にも <u>etiam</u>」欲するというように、この「にも <u>etiam</u>」という言葉によって制約を受けており、最初からこの両タイプの利他的行為の可能性など存在しないのだ。しかしそれは、他者利益を行為の目的の中に含めない「自己利益志向型」（6類型の3）でもなく、「手段としての他者利益型」（6類型の4）に最も近いと考えられる。

　ただここで留意すべきは、この第1証明には「コナトゥスの自己発展性＝エゴイズムの原理」を踏襲してはいても、「感情の模倣」が一切用いられていないから、「感情の模倣」と「エゴイズム原理」の結合から生じる「擬似的＝自己充足的利他的行為」は克服されて、本章Ⅲ－1で確認した「正しく行ないて自ら楽しむ」というような達観した境地からの「利他的行為」がそこには成立している可能性があるということだ。しかしスピノザはそのような可能性を続く第2証明の中では自ら捨て去ることになる。

Ⅲ－3　『エチカ』第4部定理37の第2証明の問題点

　第4部定理37には、第1証明の後にもう一つ別の証明が付いている（下線は河村による）。

> 「人間は、自分のために求めかつ愛する何らかの善を他人もまた愛するのを見るとしたら一層強くそれを愛するであろう（第3部定理31により）。だから彼は、（同定理の系により）他人もそれを愛するように努力するであろう。ところで今問題となっている善は（<u>前定理により</u>）<u>すべての人に共通であり（omnibus commune est</u>）、<u>すべての人（omnes）が</u>等しくこれを楽しみうるのであるから、し

たがって彼は（同じ理由により）すべての人（omnes）がそれを楽しむように努力するであろう。そして（第3部定理37により）彼がこの善をより多く享楽するに従ってそれだけ多くそのことに努めるであろう。」

　この証明の前半から，これが「名誉欲」を用いた証明であることが明らかである。「名誉欲」が，「感情の模倣」と「エゴイズムの原理」の結合から生まれたもの（本章Ⅱ-3参照）であった以上，この第2証明からは，「正しく行ないて自ら楽しむ」というような達観した境地からの「利他的行為」は導き出されないように思えてしまう。しかし，この「理性の導き（徳）に従って生きている人間」の利他的行為の証明に，そのような「名誉欲」が用いられていること自体がそもそも不適切ではなかろうか。

　しかしながら，第5部でスピノザは，ここに掲げた第4部定理37の第2証明と，「道義心」について述べられた第4部定理37第1備考を共にあげて，「理性の命令に従って生きる人間にあっては，それ〔他の人々が自己の意向通りに生きて欲しいという衝動〕は，能動ないし徳であって，これは道義心と呼ばれる（第4部定理37の備考及びその第2証明を見よ）」（E/V/4S）と述べることで，この第2証明が「名誉欲」ではなく「道義心」による証明であることの念を押している[21]。けれどもスピノザ自身のそのような確認にもかかわらず，明らかに（受動的人間に特有の）「感情の模倣」とそれを根拠にした「名誉欲」を論拠にしているこの第2証明を，（理性的人間に特有の）「道義心」からの証明と主張するのには無理があるのではなかろうか。

　須藤訓任によると，スピノザは第2証明のこの困難をすり抜けるために，第2証明前半を受動感情としての「名誉欲」として考え，証明後半の「全て

---

[21] 整理すると，『エチカ』全体が「受動から能動への移行（転化）」というプログラム（方法論）であり，それは認識という位相においては「想像知から理性的認識（そして直観知）への移行」として，感情という位相においては「受動感情から能動感情への移行」として，倫理という位相においては「利己的態度＝擬似的利他的行為（名誉欲）から利他的？態度（道義心）への移行」による「より大きな完全性への移行」（人間本性の典型への接近）として，社会という位相においては「相互対立（強制的共同性）から相互一致（自発的共同性）への移行」として現れる。しかも各々の位相における各々の「移行」は対応関係（平行関係）にある（詳しくは，本書第2附論Ⅱ-2を参照）。

の人に共通で，全ての人が楽しみうる善」の方を「理性」のレベルで捉えたうえで，ここでの「利他的行為」を，受動感情によってエネルギーを与えられ，理性的認識によってその投入先が決定されるという仕組みにしている。つまり，「理性的利他行為の実現には感情の模倣の助力が必要」であるという解釈である（須藤：1994, 75, 81）。

しかし須藤のこのような解釈は，「理性人があくまで同時に受動感情の支配下にある」という前提や「過度のものとならない喜びの感情の模倣であるならば，理性と共同関係を形成しうることになり，両者は必ずしも絶対的な非両立関係にあるのではない」という前提など，『エチカ』の体系と進行過程からはかなり際どい前提のもとでしか可能でない。実際，須藤は，スピノザ自身によっては，「感情模倣は一方的に受動的で否定されるべきものとして規定され，ために，理性の能動性との全面的な非両立的関係の一方の極に据えられることになる」と述べてもいるのである（須藤：1994, 78-79）。にもかかわらず，スピノザは第4部定理37に見られるような理性的人間の利他的行為（「自覚的利他行為」）を証明しようとする限り「理性は心ならずも，感情模倣と手を結ばざるを」えず，スピノザは能動性である理性の圏域からの「感情の模倣」の排除を完遂しえなかったと須藤は考えるのである（須藤：1994, 80）。

須藤は明言していないが，結局この第2証明は失敗している（矛盾に陥っている）と言える。しかし，その失敗（矛盾）の根拠として考えられる，「理性人があくまで同時に受動感情の支配下にある」という前提は，『エチカ』における「利他的行為」や「救済」を考える際に非常に参考になる。私はこの前提を『エチカ』により則して「現実には，理性的な人間であっても受動感情を完全に克服するのは不可能である」と読み替えたい[22]（本書第4章Ⅲ-3参照）。この読み替えからは，『エチカ』における理性的人間の精神の「不

---

[22] これを認識論的に考えるとどうなるだろうか。本章注17でも見たように，ドゥルーズによると，実は「共通概念 notiones communes」は，「想像知 imaginatio」と協働関係にある（Deleuze：1981, 81-82, 131-132〔邦訳 154-155, 100-101〕）。つまり，理性的人間が，同時に想像知をも使用しているという可能性が，彼の存在の「不安定さ」につながっているということである。

安定さ」が浮かびあがる（本章Ⅳ-2・3）。そして，ここで言う完全には克服するのが困難な受動感情の代表例は「名誉欲」であろう。

「人間は何らかの感情に囚われている間は必ず同時に名誉欲に囚われて」おり「ほとんど征服できない vix superari potest」（E/Ⅲ/Ad44Ex）とまで言って「名誉欲」のしぶとさに警鐘を鳴らすスピノザは（E/Ⅲ/Ad44Ex, cf. 52S, 56S, TP/Ⅶ/6），「（受動）感情の治療法」を説明する際にも，「名誉欲」の治療（道義心への移行）を好んでその代表例として用いている（E/Ⅴ/3, 4S, 10S）。しかしスピノザ自身が，「名誉欲」を代表とするような，この「（受動）感情」は——それがたとえ「第3種の認識」による治療法によってなされたとしても——「絶対的には」除去できないと告白しているのである（E/Ⅴ/4S, 20S）。

また前述したように，「人々の気に入ることをなし，気に入らぬことを控える欲望」である「礼譲 modestia」（E/Ⅲ/Adx43）は，（受動）感情から生じる場合は「名誉欲」となり，理性によって決定される時には「道義心」となる（E/Ⅳ/Ap25, Ⅴ/4S）。このような共通の出自ゆえに，この両感情は互いに外面的な紛らわしさを有している（本章注16の図1を参照）。スピノザ自身，「名誉欲，すなわち道義心の仮面の下にしばしば不和と争闘を引き起こす欲望」（E/Ⅳ/Ap25）とさえ表現しているのである[23]。理性的人間でも「ほとんど征服できない」世俗的欲望としての名誉欲と，本来，神の認識（神に対する愛）をその基礎に持つ「道義心」（E/Ⅱ/49S, Ⅳ/37, 68S, Ⅴ/20D, 41）という兄弟は，行為の外観だけでは見分けがつきにくいのである。このことは利他的行為の論証にどう影響するだろうか。

スピノザによると，「名誉（心）gloria」とは「他人から賞賛されると我々の想像（表象）する我々の或る行為の観念を伴った喜び」（E/Ⅲ/Ad30）であり，この「名誉に対する過度の欲望」が「名誉欲」である（E/Ⅲ/Ad44）。そして「名誉」に対する欲望の様々な度合いによって，病気ではないまでも「狂気の一種」であるような「名誉欲」から，理性に矛盾せず，理性から生

---

[23] またスピノザは，「憐憫は道義心の外観を帯びている」（E/Ⅳ/Ap16）とも「自卑には道義心および宗教心という虚偽の外観がつきまとっている」（E/Ⅳ/Ap22）とも述べている。

じることができる「名誉」までが存在する[24]（E/III/34, Ad44, IV/44・S, 58, V/10S）。つまり「名誉」への適度で理性的な欲望は、「道義心」とほとんど見分けがつかないものになってしまうのである[25]。ここで、第4部定理37は理性的人間の倫理的行為についての定理であったから、その第2証明の論証に用いられた「名誉欲」は、実は「名誉への適度で理性的な欲望」であったということになり、スピノザからしたら、それを同じ理性レベルの「礼譲」である「道義心」と詐称してもさほど問題と感じなかったのだろう。

それに加え、（II-3で確認したように）第3部の「名誉欲」に囚われた受動的人間が求めるものは「一人だけしか享受しえないもの」であるから、他の人々に「自己の愛するものや憎むものを是認させようとする努力」としてのこの「名誉欲」からは憎しみ合いや不和が生じ、行為者は「その心中に〔愛するものを失う〕不安」を感じていたのに対して（E/III/31C, S, IV/37S1, Ap25）、この第4部定理37の第2証明の後半部分においては、理性的人間が「〔他の〕すべての人（omnes）がそれを楽しむように努力する」と言われている「善」は、「すべての人に共通であり、すべての人が等しくこれを楽しむことができる」ようなもの、つまり理性的認識（神の認識）であったから（E/IV/36・D・S）、行為者は「その心中、極めて確固たるものがある」というように、「正しく行ないて自ら楽しむ」というような達観した境地からの「利他的行為」が示されているように思える。第2証明の後半部分においては、利他的行為の対象は、第3部の受動的人間たちの場合ように、「感情の模倣」にともに巻き込まれた「特定の他者（たち）」ではなく、「感情の模

---

[24] 更には、同一であるところの二つの愛（「神に対する精神の知的愛」と「人間に対する神の愛」）とそこにこそ存する「至福 beatitudo」（＝救済＝自由）に対しても「名誉」という名称が用いられることは不当ではないとされ、この「名誉」は「心の満足」（自己満足）のことであるとされている（E/V/36S）。

[25] 更に事態をややこしくしているのが、「礼譲」と「鄭重 humanitas」の関係である（本章注16の図1を参照）。この「鄭重」とは、名誉への、「名誉欲」ほど過度にならない（受動であるが適度な？）欲望のことである（E/III/29S）。しかしスピノザはこの「鄭重」を「礼譲」と呼び代えたうえで、「礼譲は名誉欲の一種である」とも述べているのである（E/III/Ad48Ex）。つまり、「鄭重」、「礼譲」、「名誉欲」、「道義心」の四つがほとんど紛らわしい感情として示されているのである。

倣」がカヴァーしきれないであろう「全ての人」となっている[26]こと[27]も、この第2証明が理性のレベルで論証されたという印象を与えている[28]。要するに、第2証明の前半も後半も理性のレベルで論証を成功させたとスピノザは言いたいのである。しかし、それが接ぎ木と誤魔化しによる証明であったこ

---

[26] 「神の無限なる本質及びその永遠性」の認識可能性が「全ての人 omnes」に開かれていることについては『エチカ』第2部の認識論において既に論証されてはいたが (E/II/47S)、「全ての人」が理性的認識（神の認識）を享受できるようにするには（その可能性を現実的に高めるには）、国家の存在が必要となるであろう。実際スピノザは『エチカ』に先立つ『知性改善論』において（第12-15章）、最高善（「精神と全自然との合一の認識」を可能な限り多くの他者と共有すること）を実現するために都合のよい社会や諸学問の整備について述べているし、『エチカ』では、理性的人間が「自己のために求める善を自己以外の〔全ての〕人々のためにも欲する」(E/IV/37) ことは、「共同の生活及び共同の利益を考慮する」ことにつながるとしている (E/IV/73D)。しかしそうなると、この「全ての人」は自国民の範囲を出ないことになるのだろうか。実際、この定理37の2つの備考では、理性からと受動感情からの二つの「国家」形成プロセスが描かれているし、スピノザの〈現実主義政治学〉では、愛国心を超えた人類愛を考えるのは困難である（『政治論』第3章）。

[27] 法哲学者の井上達夫は、エゴイズムについて独自の分類を試みる中で、「エゴイスト ego-ist」とは、いわゆる「利己主義者」に限られず、「自分が愛その他の感情を寄せている者たちに、まさに自分が彼（彼女）らにその感情を寄せているが故に、自分を含めたそれ以外の人間よりも有利に扱うことを要求する者」としての「排他的利他主義者」もそこに含まれるとしている（井上：1986, 49）。

井上の言う「排他的利他主義」（「拡張された」利己主義）とは、本章においては、「感情の模倣」が適用される「特定の他者（たち）」に対する利他的行為である「擬似的（自己充足型の）利他的行為」に近いものであろう。井上が提起するもう一つの特異なエゴイズムが「極限的利他主義」である。これは「すべての他者が、まさに彼らが他者であるがゆえに、即ち、彼らが自分以外の人間であるが故に－中略－自分よりも有利に扱われることを要求する」という倫理的立場である。井上によると、「極限的利他主義者」は「利己主義者」の対極に位置するが、それでもエゴイスティックである。「利己主義者」、「排他的利他主義者」、「極限的利他主義」の三者とも、「『私が私であるが故に』、自己－または『拡張された自己』－と他者との差別的取り扱いを要求している点」では同じであり、「自分〔あるいは拡張された自己〕が他者より不利に扱われることを欲求することと、自分が他者より有利に扱われることを欲求すること」は「自分の欲求を、まさにそれが自分の欲求であるが故に実現させようと努めている」という点では本質的な差異はないのである（井上：1986, 52）。本章がいま検討している第4部定理37の「利他的」行為は、「全ての人」をも対象としているが、この「全ての人」の利益を自己の利益に優先させるわけではないので、「極限的利他主義」ではないのはもちろんである。

[28] 実はスピノザは、この第2証明だけでなく第4部定理37全体が、その倫理的行為の対象を「全ての人」としていると考えていた。「神に対するこの愛は我々が理性の命令に従って要求しうる最高の善である（第4部定理28により）。そしてこの最高の善は全ての人に共通であって（第4部定理36により）、我々は全ての人がそれを楽しむことを欲する（第4部定理37により）。」(E/V/20D)

とは上に見てきた通りである。よって，第2証明は，実質的には，「感情の模倣」に基づく名誉欲を用いた証明であるから，「擬似的な利他的行為」（自己充足型の利他的行為）を克服し「正しく行ないて自ら楽しむ」というような達観した倫理的境地を示してはいないと考えられる（本章の6類型の4に該当）。そこでは，「名誉欲」や「道義心」の曖昧で不安定な性質が露呈されていると同時に，『エチカ』の理性的人間の精神の完全に安定的とは言えない状態，つまり受動感情（と「感情の模倣」）への揺れ戻りへの可能性を常に有しているという「脆さ」が曝露されたのではなかろうか。

結局，第1証明の場合も第2証明の場合も，実は，理性的人間にとっての善（利益）となる対象が「全ての〔理性的な〕人に共通であり，全ての〔理性的な〕人が等しくそれを楽しむことができる」（E/IV/36）ようなもの，つまり「理性的に認識すること」であるがゆえに，対象が「ただ一人にしか所有できないもの」の場合のように，各人が排他的にそれを求めて争い，「妬み invidia」や「嫉妬 zelotypia」を引き起こす可能性がないということが（E/III/32・S, 35S, Ad23, 33Ex, IV/37S1, 73S, V/20），理性的人間の各々が「自己のために求める善を自己以外の〔全ての〕人々のためにも欲する」ということを可能とする重要な条件になっている（E/IV/37D）。そして，第1証明は，理性的人間のある種の「利他的行為」の説明として筋は通っていた（そこでは「感情の模倣」とそれに基づく名誉欲に頼らずに，「エゴイズムの原理」のみから証明がなされ一応完結していた）。では，なぜわざわざスピノザは無理を承知で第2証明を敢えて追加したのか。それは「理性の導き（徳）に従って生きる人間」の精神の完全に安定的とは言えない身分(ステータス)に帰せられるのではないだろうか。

スピノザは，「正しく行ないて自ら楽しむ」ことに努力するような理性的人間にとっては，「憐憫」は，それ自体，悪であり無用である（E/IV/50）としているが，それに続けてこうも言っている。「理性によっても憐憫によっても他の人々を助けるように動かされないような者は，非人間的と呼ばれてしかるべきである。なぜなら，そうした者は(第3部定理27により) 人間とは異なった(似ていない dissimilis)ものである〈あるいはあらゆる人間性を

欠いている〉ように見えるからである」(E/IV/50S)

　つまり悲しみに打ちひしがれている眼前の他者を，理性からも「感情の模倣」に基づく憐憫からも助けない者は，認識論的に理性のレベルに達していないだけでなく，「感情の模倣」が機能する基本条件である，人間としての他者との類似性（決して「共通性」ではない）すら欠いているとスピノザは指摘しているのである。本章Ⅰ－3の冒頭に引用したように，「感情の模倣」の基本形においては，他者との間で感情が「感染する」（模倣される）前提条件として，我々と他者との間に「似ている similis」という性質が介在することが求められていたことをここでは思い出そう。

　結果として「偽りの涙」に欺かれるという愚かさを露呈したとしても，他者を助けないよりは，たとえ「憐憫」からでも助けた方がまだ「人間的」だということである[29]。ここに，本来，〈安定的〉な倫理的態度であるべき，理性的人間の他者援助への不安感がスピノザにはあったと考えるべきではないだろうか。常に受動（感情）に転落（「移行 transitio」）する可能性を秘めているのが，『エチカ』の理性的人間であるからこそ[30]，このように，理性のレベルでの他者援助が出来なかった場合でも，人間は「感情の模倣」の助けを借りてなんとか利他的行為を行うことが出来るのだということをスピノザは論証したかったのだろう。翻って，先の第4部定理37の理性レベルでの第1証明に，わざわざ論理的に破綻しているともとれる方式で受動感情レベルの第2証明を追加した理由も，（名誉欲と道義心の間を揺れ動くブレを持った）理性的人間の〈不安定さ〉に対する不安からくる「保険」のようなものでは

---

[29] このように「感情の模倣」を介してでも，「より低次のレベル」での或る種の「利他的行為」は実現できる。「感情の模倣」から生まれる擬似的利他的行為であってもそれを為す者は，苦しんでいる眼前の他者を無視する者よりは，倫理的・道徳的にはるかに高次の段階にいるのである。また，最高権力への「恐怖」や「希望」が「感情の模倣」により国民の間に広がることによる「支配－服従」関係の発生であっても，無政府状態よりはより高い共同性を実現している（社会化されている）と言える。こう考えると，「感情の模倣」に倫理的機能や社会的機能を認めることも可能である（本書第4章注6，本章注37及び第2附論の注2を参照）。

[30] 実際「理性の命令に従って生きる人間は，*できる限り憐憫に心を捕らわれないように努力する*」(E/IV/50C，傍点は河村による) というスピノザの言葉自体が，理性的人間が「感情の模倣」とそれに基づく「憐憫」を完全には克服できていない存在であることを物語っている。

なかろうか。同じようなことが同定理の二つの備考でもなされている。つまり，第1備考で「自由で自発的な共同体」としての国家の成立プロセス（理性からの国家への道）について説明したスピノザは，第2備考で今度は，「強制的国家」の成立プロセス（受動感情からの国家への道）の説明をも用意周到に準備していたのである。これは，理性的人間であろうが受動的人間であろうが，その人間の感情というものをその必然性においてあるがままに見るというスピノザの「現実主義(リアリズム)」の一つの現れであろう（E/III/Prae. TP/I, 本書第4章I）。

IV 『エチカ』に「利他的行為」は存在するか

IV-1 「自己にとっての真の利益」

> 「理性は，各人が自己自身を愛すること，真に有益であるような自己の利益 (suum utile, quod revera utile est) を求めること，また人間をより大きな完全性へと真に導く全てのものを欲求すること，端的に言えば，各人がそれ自身においてある限り，自己の存在を保存するよう努力する (conservare conetur) ことを要求する。——中略——これ〔理性の命令〕を私がここに示した理由は，『各人は自己の利益を求めるようになっている』というこの原則が徳および道義心 (pietas) の基礎ではなくて不徳義 (impietas) の基礎であると信じる人々の注意をできるだけ私に引きつけたいためである。」(E/IV/18S)

スピノザの言に従って (E/V/4S)，第4部定理37の第2証明が「名誉欲」ではなく，「道義心」によって証明されているとしたところで，このように「道義心」の基礎は「各人は自己の利益を求めるようになっているという原則」に求められているから，この場合の「自己の利益」の内実，理性がそれを求めることを要求する「自己の真の利益」の具体的内容が問われなければないであろう。この「自己の真の利益」とは，受動感情に隷属して生きる人間が求める「自己利益」とは質的に異なるものなのだろうか。スピノザの考えでは，受動的人間（無知なる者）は，この「自己の真の利益」を理解して

おらず，ただ個々別々に金銭，名誉，富，快楽を貪欲に追及する[31]のみである[32]（EP/44, TIE/3, E/IV/Ap28・29）。

　これに対して，能動的＝理性的人間の場合の「自己の真の利益」とは，①個人の内面においては，何より「有益」なのは知性と理性の完成であり，この点にのみ最高の幸福・至福，つまり「神を直観的に認識することから生じる精神の満足そのもの」は存する（E/IV/Ap4）。そして，②個人の外部にある「有益」なものとは，「我々の本性と一致するもの」であるが，その中でも「理性的人間（自由な人間）＝自己の真の利益を追求する人間」が最も一致するから，最も有益である（E/IV/18S, 35C1, 71D, TIE/13, 14）。

　各々の理性的人間にとっては，下手に「憐憫」などから自分を援助してくれる受動的な他者よりも，ただひたすらにその他者自身の「真の利益」を追求しているような理性的人間の方が，ずっと「有益」であるということである。

　「個人の内面において有益なもの」と「個人の外部にある有益なもの」が理性レベルの人間達の間においては重なり合う。「各々の人間が自己に有益なるものを最も多く求める時に，人間は相互に最も有益である」（E/IV/35C2）。つまり理性のレベルでは，各人が個人的な「自己利益」を追求すればする程，そのような各人は——他者の利益を顧慮することなくとも——同様に「自己利益」を追求している「自己以外の人々」に対してそれだけ相互に「有益なもの」になっているということだ。しかし，これでは，敢えて自覚的に「自己のために求める善を自己以外の人々のためにも欲する」というような態度（E/IV/37）を持たなくても，他者の利益に無自覚なまま，結果として相互に利他的な行為を行っているということになる。しかし，現実の人間は理性的人間ばかりではないから，事情はこのように簡単にはいかなくなる。

　31　そもそも受動的人間（無知なる者）は「欲しようと欲しまいと自己のなすところを全く無知でやっている」（E/IV/66S）のだから，自己にとって何が「利益」かさえ十分に理解していない単に「心理的利己主義者」に過ぎない。

　32　これに対して賢者（能動的人間）に相応しいのは適度の娯楽であり（E/IV/45C2S），賢者は僅かなもので「満足して contenti」生きる（E/IV/Ap29, EP/44）。

Ⅳ-2 「利他的行為」の主体と対象者
──他者教育と〈師〉の不在の問題──

　理性的人間は，同じく理性的レベルにあるような他者に対しては敢えて自覚的に善行をなそうとはしない，あるいはなす必要がないのであるから（E/Ⅳ/35C2），「自己のために求める善を自己以外の人々のためにも欲するであろう」（E/Ⅳ/37）と言われた場合の<u>自己以外の人々</u>とは「まだ受動のレベルにある他者」に限られるのではないか。「道義心」とは，まだ受動のレベルにある他者を理性のレベルに引き上げたいという理性的人間に特有の感情ではなかろうか[33]。

　第4部定理37とその証明を受けて，同部の付録の一つで「各人は，人々を教育してついに人々が彼ら自身の理性の指図に従って（ex proprio rationis imperio）生きるようにさせてやることによって……」（E/Ⅳ/Ap9）と言われていることからも窺えるように，善行をなされるべき他者たち，「教育されるべき人間たち homines ita educandis」（ibid.）は，「理性の指図」に従い始める前の他者，「受動的人間としての他者」（無知なる者）である。

　しかしスピノザ自身は，「理性の導きに従って生きる人間」つまり「自由な人々<u>のみが</u>同様な愛の欲求をもって相互に親切をなそうと努力する<u>（この〔第4〕部の定理37により）</u>従って<u>（感情の定義34により）</u>自由な人々のみが相互に最も多く感謝し合う」（E/Ⅳ/71・D, cf. E/Ⅳ66S）というように，第4部定理37の利他的行為を，むしろ理性的人間の間でのみ有効な「相互的な」利他的行為であると主張してもいる。

　ここに矛盾はないか。確かに，理性的人間の間では，各人が「求めるべき利益（善）が共通であること」を不可欠の条件として初めて，第4部定理37の利他的行為は成立していた（E/Ⅳ/36, 37D）。しかし，受動的人間と理性的

---

[33] スピノザがこの第4部定理37と共に「真の生活と宗教」の内容として掲げる（E/Ⅳ/73S），「理性の導きに従って生きる者は，自分に対する他人の憎しみ，怒り，軽蔑などを，できる限り，逆に愛あるいは寛仁（generositas）で報いようと努力する（conatur）」（E/Ⅳ/46）ということにおいても，「憎しみ，怒り，軽蔑」は「原則的には」受動的人間に特有の感情であるから（E/Ⅲ/Ad36, Ⅳ/45C1. 50S, Ⅴ/10S），これも理性的人間の受動的人間に対する「利他的」態度である。

人間の間には「共通なもの」は「本質的に」存在しないから，受動的人間から理性的人間に対してなされる利他的行為も，理性的人間から受動的人間に対してなされる利他的行為も，各人が「自己のために求める善を自己以外の人々のためにも欲する」というような「相互的」態度（E/IV/37）とはなりえないはずだ。もちろん理性的人間は，受動的人間に対して，彼らが彼ら自身の理性の指図に従って生きるようになるような教育的援助をなすであろうが（E/IV/Ap9），そのような利他的態度を受けたとしても，受動的人間は，せっかく受けたその善行が自らにとって真に価値のあること，「自己にとっての真の利益」であることを悟るまでに認識能力が向上してはいない（本章IV-1）。よって彼らは，自らが受けたそのような善行に対しては真の意味での「感謝」の気持ちを感じ，それを表明することはできないのである[34]。

であるからスピノザは，一方で，利他的行為は原理的には，理性的人間から受動的人間に対して行なわれる「他者教育」としてしかありえないとしつつも（特に第1証明の最初），他方では，「理性的人間＝自由な人間」のみが相互に親切をなし相互に最も多く感謝し合う，と言わなければならなかったのである（E/IV/71）。

ここで整理しなければならないのは，『エチカ』第4部が目指した利他的行為（E/IV/37）の行為「主体」は，常に必ず理性的人間でなければならないが，そのような利他的行為がなされる「対象」は，その利他的行為を受け

---

[34] しかし実は，ここにこそある種の自己犠牲的な倫理的行為の可能性がある。つまり自らは確固とした倫理的信念から他者教育（援助）を行っても，その受動的他者は，感謝を示すどころか，この善行をなしてくれた相手を非難し，危害を加えようとしてくるかもしれないのだ（例えば，プラトン『国家』第7巻（514A-519D）における知性へのペシミスティックな予言。つまり再び「洞窟」に戻った哲学者に対する囚人（大衆）による「迫害」の予言）。その教育が成功した後で感謝される場合もあるが，失敗した場合は，自らになされた善行を危害と思い込んで恨み続けることも考えられる。しかし，スピノザはこのようなある種の自己犠牲的な倫理的行為の可能性の芽を自ら摘んでいる。つまり利他的行為を生み出す欲望としての「道義心」（E/IV/37S1）から「他の人々が自分と共に最高の善を享受するように助言ないし実践をもって彼らを助けようと欲する人は，特に彼らの愛を勝ち得ようと努めはするであろうが，彼らに驚嘆されて自分の教えが自分の名前によって呼ばれるようにしようとは努めないであろう……」（E/IV/25）。下線部後半には「名誉欲」の克服が示唆されているが，前半は「道義心」がそもそも「人々の気に入られようとする欲望」である「礼譲」に由来することの証左となっている（本章注16の図1を参照）。

る前は受動感情に隷属する人間（無知なる者）であったが，利他的行為を受けた後に「理性の指図に従って生きるようになった」ような人間であるということである。だから「感謝」は常に遅れてくるのだ。であるなら，やはり第4部が目指した利他的行為（E/IV/37）は，既に理性的に生きている人間が，まだ受動レベルに留まっている他者に対して行うという行為である[35]。

だが，これとは逆に，まだ受動レベルに留まっている人間が，既に理性のレベルに達した者に対して「擬似的利他的行為」を行ってくる可能性は当然存在しており，スピノザはこういう事態に対して，一風変った考えを述べている。つまりスピノザは，「無知なる者たちの間に生きる自由な人間はできる限り彼らの親切＝善行（beneficia）を避けようと努める」（E/IV/70）としつつも，「無知なる人間であってもやはり人間であって，危急な場合には，何より貴重な人間的援助をなしうる。このゆえに，彼らから親切を受け，従って彼らに対して彼らの意向に従って感謝を示すことが必要な場合がしばしば起こるのである」（E/IV/70S）とも述べているのである。これは，理性的人間は，受動的人間たちの「感情の模倣」に取り込まれるのを回避するということを示していると同時に，理性的人間が「感情の模倣」を完全に克服して「正しく行いてみずから楽しむ」という不動の境地に安定的に存在しているのではないということをも物語ってはいないだろうか。「感情の模倣」に再び引きずり込まれる可能性を有しているという自らのこの「不安定さ」に自覚的であるがゆえに[36]，理性的人間は，受動的人間（無知なる者）からの親切を恐れ，彼らを受動感情から脱せしめて自分達にとって安心できる（相互

---

[35] ただ理性的であることの度合いを問題にすれば，既に理性的な他者を更により高い理性のレベルに到達できるように援助するという利他的行為も考えられ得る。

[36] 「しかしこれ〔友情の強化〕をなすには技倆と注意が必要である。なぜなら，人間というものは種々多様であり（理性の指図に従って生活する者は稀であるから），しかも一般にねたみ深く，同情よりも復讐に傾いている。ゆえに彼らすべての意向に順応し，それでいて彼ら〔無知なる者〕の感情の模倣に陥らないように自制するには，特別な精神の能力を要する」（E/IV/Ap13）。実は，スピノザ自身がこのことの難しさを，十分に身をもって自覚していたはずである。親交のあったヤン・デ・ウィットが，暴徒化した民衆に虐殺された際に，「心の動揺」を最も戒め，感情的になることがなかったと言われるスピノザが，激昂して，「汝ら野蛮極まるものども ultimi barbarorum」という檄文を作成し，（下宿に）貼り付けようとして制止されたという有名な逸話がある（リュカス／コレルス：1996, 62）。

に一致できる）存在と変化させるべく，彼らを理性的人間へと向上させようとするのだ（E/IV/70D）。そして，理性的人間（自由な人間）は，常に「信義」をもって行動し，「欺瞞 dolus malus」によっては行動しない（E/IV/72）というスピノザ自身の断りにもかかわらず，理性的人間にとっては，うわべだけの感謝で彼らを欺きつつ，無知なる者からの援助ですら利用すべき場合があると教えているとしか見えないこの後半部分からも，理性的人間の「不安定さ」は観取できよう（E/IV/71S）。

だが，「自己にとっての真の利益」であることをまだ全く理解していないような「無知なる者」をその「無知」から教育的実践によって解放して，「理性に従わせる」こと（E/IV/Ap9, 25）の難しさには——特にその最初の段階においては——格別のものがある[37]。人間にとって「真に価値のあること」をまだ理解できる能力を持たない他者を，「理性に従って生きるようにする」よう教え諭す時，それがたとえ段階的な教育プログラムに基づくものであったとしても，そこには或る種の「暴力」と「計略」が存在しているのではなかろうか[38]。

このように『エチカ』においては，利他的行為としての他者教育は，常に理性的人間が，受動的人間に施すものであり，かつ教育を施す側の理性的人間の側の視点からのみ論じられるものである。『エチカ』には（レヴィナスの

---

[37] タキトゥス由来の「民衆は恐れを知らぬ時，恐るべきものである Terret vulgus, nisi metuat」という言葉を挙げつつスピノザは，謙虚，後悔，希望，恐怖，恭順などのそれ自体は決して理性的なものではないが，「次善の社会的（結合の）感情」ではありうる諸感情に「支配される人々は，〔それらの諸感情すら有さない〕他の人々よりもはるかに容易に，ついには理性の導きによって生活するように，言い換えれば自由になって幸福な生活を享受するように導かれることができる」（E/IV/54）と述べている。つまり，理性的人間による利他的行為（他者教育）は，「より高次の受動（感情）レベルの人間たち」の場合と「より低次の受動（感情）レベルの人間たち」の場合とでは，実現に伴う困難さが全く異なるということである。理性的人間による利他的行為（他者教育）がよりスムーズに遂行されるためには，人々がまず「より低次の受動（感情）レベル」から「より高次の受動（感情）レベル」へと向上（成熟）している必要がある。

[38] よって私は『エチカ』（特に第4部には）には，たとえ他者の感情の発生を決定論的に捉えた「効果としての」ものであったとしても「許し」は存在しないと考える（cf. 上野 146-150）。『エチカ』第4部の理性的人間（自由人）は怜悧（クール）な人間であり，彼がたとえ「憎しみを愛で返す」のだとしても，それも結局は自己利益の為であろう。本章補論を参照。

言うような）自分よりより高次の〈師 maître〉としての他者との関係が書かれていない[39]。

カプランはフロイトとスピノザを比較研究した論文の中で，スピノザの思想には，精神分析において「転移 transference」が果たす役割に相当するものが全く欠けていると指摘している。カプランによると，この転移のような関係性は禅の老師やヒンズー教のグルの役割においても見いだされる。一方スピノザは，極めて純粋で極めて非個人的な（impersonal）知性に留まった。しかし「このような非個人的な方法で他者に到達するのは少しも容易ではないし，<u>他者からの助けなしに自分自身を変容させる（transform）ことは事実上，不可能であろう</u>」（Kaplan：1977, 323）。

ヨーヴェルも，「〔フロイトにおいては〕転移というエロスの力の置き換えが患者と彼〔精神分析医〕自身を媒介させ，自己認識に向かって困難な上昇を遂げていく際の不可欠な梯子を提供する。これは〈神への知的愛〉ではなく，〈医師への想像上の愛〉であり，これが自己認識を可能にする強力な感情的梯子へと転換されるのである」と主張しつつ，転移に見られる，このような（ヘーゲル的でもソクラテス的でもある）他者の意識との関係を介した自己意識の獲得という考え方がスピノザには欠落していると指摘している。「スピノザにおいては，<u>いかなる教師も必要ではない</u>。『自然の光』というスピノザのデカルト的原理を与えられることによって，精神は，世界と自己についての知を規定する明晰・判明な諸観念を，自分自身で産み出すことができる[40]」のである（Yovel：1989vol.2, 158-159〔邦訳 494-495〕）。

---

[39] しかし実は『エチカ』には理想の指導者(リーダー)について示唆された箇所が存在する。「憎しみを愛で克服しようとつとめる人は，実に喜びと確信とをもって戦い，多くの人に対しても一人に対するのと同様にやすやすと対抗し，運命の援助をほとんどまったく要しない。一方，彼に征服された人々は喜んで彼に服従するが，しかもそれは力の欠乏のためではなくて力の増大のためである」（E/IV/46S）。

[40] 私は『エチカ』の場合は，確かに「教師」の果たす役割が存在せず，「真の観念」などがその代りをしているとも言えるが，他の著作も含めてスピノザにおいては，知性の完成は決して孤独な作業ではなく「コミュニケーション」が大きな役割を果たしていると考える（本書第9章）。

Ⅳ-3　エゴイズムの質的転化

　私は，第4部定理37の二つの証明の分析に移る前に（Ⅲ-1），能動的＝理性的人間が真の意味での「利他的行為」（本章の6類型の1か2）を実現するのは，「コナトゥスの自己発展性とその必然性＝エゴイズムの原理」を超越することによってなのか，あるいは質的に転化されたエゴイズムによってなのかという問いを立てる一方で，「感情の模倣」とそれに伴う「擬似的＝自己充足的利他的行為」を克服した能動的＝理性的人間の「利他的行為」が可能なら，それは「正しく行ないて自ら楽しむ」（E/Ⅳ/50S, 73S）という理性のレベルでの「自己満足 Acquiescentia in se ipso」（E/Ⅳ/52）によってなされる行為にならざるをえないことを指摘した。後者に関しては，その実現が極めて困難であることは，本章が論証してきた通りである（Ⅰ-2）。前者の二者択一的な問いに対しては，これまでに確認してきたように，「エゴイズムの原理」（「コナトゥスの自己発展性とその必然性」）を超越することは原理的に不可能であるから，残された「利他的行為の可能性」は，各人の自己にとって本質的であるこの「エゴイズム」を質的に転化させることによるものでしかないと考えられる。そして，このことはとりもなおさず「自己満足」の質的深化を意味しているのである。

　「自己満足」は「自己自身および自己の活動力能を観想することから生まれる喜び」（E/Ⅲ/Ad25）として，「想像知」の低い段階において生まれるものから「理性的認識」や最高の認識能力である「直観知」において享受されるものまでが存在する（E/V27, 36S, 38S, 42S）。前者の代表が「高慢」であり（E/Ⅲ/Ad28），理性的認識において享受される「自己満足」の代表が「各人には，人々を教育してついに人々が彼ら自身の理性の指図に従って（ex proprio rationis imperio）生きるようにさせてやることによって以上に，よりよく自分の技術と才能（ars, &ingenium）の程を証明する（ostendere）ことができるような手段はない」（E/Ⅳ/Ap9）というものである。これが第4部定理37とその証明を受けて言われていることはもはやここでは断るまでもない。

　しかし，その最低と最高の「自己満足」の間の絶えざる「移行」の下に，

「持続の相の下に」生きるのが『エチカ』が捉える現実の人間であるから，いくら受動から能動への移行を成し遂げた人間であっても「感情の模倣」を「完全に」克服するのは困難であり，「ほとんど征服できない vix superari potest」（E/III/Ad44Ex）とまでスピノザに言わしめた「名誉欲」は，理性レベルの「利他的な行為」にもその背後に陰のようにつきまとうと考えるられる（本章III-3）。

スピノザは，自己のコナトゥスそのもの，本質（本性），形相——それらは極めて密接に，あるいはほとんど同義に語られる（E/I/D1, II/10, III, 7,）——を全く別物に変化させることは不可能であると考えている。例えばスピノザはこう言っている。「これに反して人間が自己の本性の必然性によって自分が存在しないように努力したり（conetur），他の形相に変ずるように努力したりすることは，無から有が生じるのと同様に不可能である。これは誰でも少し考えれば分かることである」（E/IV/20S）と。また第4部序文で「善・悪」を定義した際には，「人間本性の典型への接近」の手段となるものを善として定義したうえで，この「接近」は活動力能の増大と「より大きな完全性への移行」ではあっても「一つの本質ないし形相から他の本質ないし形相に変化」することではないとして，「本質や形相」の変化について語ることを戒めてさえいる[41]（cf. E/I/8S2）。

---

[41] この「本質の変状（変容）」という難問についてドゥルーズは，こう述べている。「本質に属するのは，その状態ないし変様だけである。本質に属するのは，あくまでも状態—何ら他の状態と比較されることなく，或る絶対的な量の実在性や完全性を表現している限りにおける状態である。なるほどそうした状態ないし変様は，たんに絶対的な量の実在性を表現しているばかりではなく，同時に活動力能の変移，言いかえればその増大や減少，喜びや悲しみをそこに含んでいよう。しかしこの変移は，それ自体としては本質には属さない。この変移は現実における存在にのみ，持続にのみ属し，存在における状態の形成にのみかかわっているのである」（Deleuze：1981, 54〔邦訳65〕）。ここでドゥルーズは，「永遠の真理」であり，持続や時間によっては説明されないようなものである（E/I/D8Ex,17S）本質そのものと，本質に属する「状態や変移」（活動力能の増減や喜び・悲しみも含む）を慎重に区別し，後者は「持続」にのみ属すると解釈している。「本質の個々の状態はどれも，常にあたう限り完全であるが，現実の存在においてそれがどのような法則のもとに産出されるか，それ次第では異なるということだ。それら個々の状態はどれも本質においてある絶対量の実在性を表現しているが，この実在性の量は各状態が存在において含む変移に応じて変化するからである。まさにその意味で存在は試練である」（Deleuze：1981, 55〔邦訳66〕）。本質それ自体の「状態」そのものを抽出して

では、「エゴイズム」の質的転化はいかにして引き起こされるのか。それはとりもなおさず、我々の活動力能として現れた〈限りにおけるコナトゥス conatus quatenus〉の増大と、それと相即的に出来する「より大きな完全性への移行」においてである。つまり、受動から能動へと移行するということは、同じ「礼譲」ではあっても受動感情において生まれる「名誉欲」から理性においてなされる「道義心」へと、他者に臨む倫理的態度が転化されることを意味している。もちろんこの移行・転化を可能ならしめているのは、活動力能として現れた〈限りにおけるコナトゥス〉の増大であり、それを支えているのが「コナトゥスの自己発展性とその必然性（エゴイズム）の原理」である。上述のようにこの原理は、受動的人間の場合にも能動＝理性的人間

みれば、それは絶対量の実在性や完全性を表現するものであるが、現実の（我々の）存在は、持続の中で他の存在からの触発や作用に晒されて変移を被っており（水平の因果性）、そのただ中では、「本来の」実在性や完全性を発揮できはしない。このような「不全感」＝「存在の試練」は我々が永遠と持続の双方に属する存在ゆえのものである。つまり、「本質、この私たちの個的・特異的な本質は、刹那的なものではない。本質は永遠である。ただし、この本質の永遠は後から訪れるのではなく、持続における現実の存在と厳密に同時にあり、それと共存している」（Deleuze：1981, 55〔邦訳 66-67〕）のである。以上のような前提のもとでドゥルーズは「本質の変様」についてこう述べている。「《本質の変様 Affection de l'ssence》というものはまずはたんに〈客観的に〉理解されなくてはならない。その変様は私たちの本質に基づくのではなく、存在において働く外的諸原因に基づいているからだ。ところでそうした変様は、私たちの構成関係の具現を抑え、害する場合もあれば（活動力能の減少としての悲しみ）、それを促進し、強化する場合もある（活動力能の増大としての喜び）。そして後者の場合にのみ、そうした外発的ないし『受動的』な変様は、同時に能動的な変様を伴い、それによって裏打ちされるのである。この能動的変様は、まさに我々自身の活動力能に〈形相的に〉基づいており、我々の本質に内在し、我々の本質をなしている。それは能動的な喜び、本質自身による本質の自己触発的な変様であって本質の変様というその属格の〈の〉も今や自律的、自己原因的なものに変わるのだ（Deleuze：1981, 61〔邦訳 70-71〕）。スピノザによると、本質は「永遠の真理」であり、神こそが物の本質の原因であった（E/I/25D）。そして、存在するもの全ては、（自らのコナトゥスによって）神の永遠なる本質＝存在＝力能を表現しており、このことが有限様態の現実的本質としての自己保存のコナトゥスの根拠になっているのだから（E/I/20・D, 34, 36D, III/6）、有限様態を他との関係を捨象して、つまりはその本質のみに注目して考える限り、そこには絶対的な自己肯定しかないであろう（E/III/4）。であるなら、活動力能の減少（悲しみの増大）は我々の本質からは生じえないことになる。それは単に外的諸原因によってもたらされる持続の中での「変様」に過ぎない。これに対して活動力能の増大（喜びの増大）は、我々の本質それ自体からでも生じうる事態なのである。このような能動的変様のことをドゥルーズは、「本質自身による本質の自己触発的な変様」とも呼んでいるが、これはまさに私が「コナトゥスの自己発展性とその必然性」と呼んできたもののことであろう。

の場合にも等しく人間を支配するものであるが、まさにこの原理によってこそ、人間はより成熟した倫理的態度を獲得することが可能になるのである。この原理は、能動＝理性的人間の場合にも原理そのものとしては受動的人間が支配されているそれと同一のものとして作動するが、この原理から導き出される倫理的行為（態度）は両者においては「本質的に」異なっているのだ (cf. E/III/57S, EP/23)。

「エゴイズム」の原理は、最も低い受動のレベルでは「狭隘な利己主義」として現れ、より高い受動のレベルでは「擬似的利他的行為」（自己充足型の利他的行為）として現れ、理性的レベルでは、「道義心」に基づく「自己満足」としての利他的行為として現れるが、「感情の模倣」を完全に克服した「正しく行ないて自ら楽しむ」という達観した倫理的境地は、この理性の段階でも実現が困難なことは上に見てきた通りである。それは「直観知」に達した第５部の「賢者」において初めて可能になるとでもいうのであろうか。

しかし、『エチカ』の最終地点における、「賢者は賢者として見られる限りほとんど心を乱されることがない（vix animo movetur）」(E/V/42S) という叙述は、むしろ『エチカ』の「賢者」の或る種の「弱さ」と「不安定さ」を示しているのではなかろうか（本書第７章注19参照）。現実に「持続の相の下に」生きている有限者は、たとえ直観知にまで到達した「賢者」であっても、「〈限りにおける〉コナトゥスのアポステリオリな増減」によって常に瞬間ごとに「移行」に晒されることは不可避であり、その「移行」（「心の動揺 animi fluctuatio」）を減少させ縮減させていった先の終局においては、それが極限に凝縮されたかすかな震えとして「持続」に響くのである。

自己の倫理的「本質」の完全な変化ではなく、受動（感情）から能動（理性）へのこの「移行」が利他的態度への契機となっている以上、そこには絶えざる倫理的向上の豊かな遍在的可能性と共に、「移行」という運動が不可避的に誘発してしまう「不安定さ」も生まれてくると考えられる。スピノザは『エチカ』第５部の最終到達地点である「救済」というものを完全なる「安定性」を精神が獲得することとしての「自己満足 *Acquiescentia in se ipso*」である「心の真の平安 vera animi acquiescentia」に見ていた

(E/V/42S)。そこにおける「賢者」の「直観知」による救済は,「持続 duratio」のただ中で「永遠 aeternitas」を感じるというものであったが,そこではもはや「移行」の中に在るのではなく「完全性そのもの」を獲得している (E/V/33S) と言われるこの「賢者」が「救済」を享受する時にさえ,アルキエが厳しく指摘する最後のかすかな「震え」としての「心の動揺」が残っているのであろう (Alquié：1981, 333-335, 342, 345)[42]。

そして結局,エゴイズムの質的転化とは,「自己の利益を求める」という場合の,自己(の本質)そのものが変化するということではなく,先に見たような,水平と垂直の因果性の中で,つまりは他者や神との繋がりの中で自己は初めて存在し,自己のうちにすでに全自然としての神を宿した存在が自己であるということに,認識能力として現れた〈限りにおけるコナトゥス〉の向上を通して気付いていくということに過ぎないのである。そういう認識論的向上の過程で「自己保存」や「自己利益」といったものの「自己」の内容は深化(「自己の本質の展開」)していくのである(本書第1附論Ⅱ,Ⅲ,cf. Deleuze：1981, 61〔邦訳71〕)。

---

[42] アルキエは,『エチカ』の最後の箇所でのスピノザの言葉,「賢者は,賢者として見られる限り,ほとんど心を動かされることがなく (sapiens, quatenus ut talis consideratur, vix animo movetur),……常に心の真の平安 (vera animi acquiescentia) を享有している」(E/V/42S) に,曖昧さを嗅ぎつけ,賢者は心の真の平安を享受すると言われる一方で,賢者でさえ心の動揺を完全には克服はしていないとも言われていると指摘している。そして,この"quatenus"と"vix"という制約から,「賢者は,スピノザにとっては,到達不可能な一つの理想を示している」と考えたくなると述べている (Alquié：1981, 342)。

更にアルキエによると,ユダヤ・キリスト教は現世での絶対的幸福(至福)を否定し,希望と信仰の領域(来世)に救済の要請を投げ返したのだが,スピノザは哲学の立場に立ってこの希望と信仰を排除し,現世において,理性的に(合理的に)救済そのものに到達できるとしたのである。しかし,この企てにスピノザは本当に成功したのだろうかとアルキエは問う。アルキエの答えは明確に否である。『エチカ』は人格の救済を決して保証しはしない。最も洞察力のある解釈者や最も忠実なスピノザ信奉者でさえ,「『エチカ』の称賛すべき一連の定理と証明を走破しつつ強く感じないではいられない感激の後で,つまりは永遠性に到達し,神と合一したという一時的な印象を持った後で,各々,自らの苦しみ,悲しみ,恐怖に再び捕らわれるのである」(Alquié：1981, 345-346)。

結論

　本章では，最初にⅠ-1で立てた「利他的行為の6類型」のうち5番目と6番目の利他的行為については，まだ触れていない。5番目の「他者利益共存型」：「自己利益と他者利益の不可分性，つまり他者（の利益）との共存なしには自己利益（自己保存）はそもそも成立しないという事実認識に基づいて，自己利益と共に他者利益を求める」ことは，本来は，認識能力が向上し「エゴイズムの質的変化」が進めば，理性のレベルで成立しえる可能性はあった。それには，『エチカ』第1部の「水平の因果性」（本書第6章Ⅱ-2）や第2部の複合物体論（本書第9章Ⅲ）によって主張された，有限者同士の「繋がり」や「相互連結性」（本書第1附論Ⅲ）という存在論的事実とそこから生じる「自己利益と他者利益の不可分性」という倫理的事実を，理性のレベルで自覚的に認識するということが条件となるはずである。つまり身体レベルでは，相互に繋がり連結しているが故に，人間同士であれ，人間と人間以外の（自然の）存在であれ，理性的に見れば，そこには「共存共栄」の道しかないはずであった。また，本章が検討した第4部定理37の前提となっていた同定理36でスピノザは，「徳〔理性〕に従う人々の最高善〔理性的認識＝神の認識〕は，すべての人に共通であり，すべての人が等しくこれを楽しむことができる」とも主張していた。理性的人間にとっては，できるだけ多くの他者が自己と同じく「理性の導きに従って生きる」ような存在になって（他者が他者自身の利益を実現して），最高善を所有して初めて，自らも安定的な自己利益（自己保存）追及が可能となったのだ（「他者利益との共存なしには自己利益・自己保存はそもそも成立しない」）。しかしスピノザは，最後の「自己利益と共に他者利益を求める」ということには決して同意しなかった。つまり，第4部定理37の二つの証明は，いずれも，理性的人間は，他者利益を自己利益のために求めるということを示していたのである。

　6番目の「一体化」型：「『自己(セルフ)』というものを他者の存在を含んだものとして包括的に捉え，そのような『自己』の利益追及は同時相即的に他者や全体の利益追及でもあるとする」については，『エチカ』では敢えて言えば直

観知によって「神への知的愛」を成就した賢者に想定される倫理的態度であるだろうが、『エチカ』第5部の中には、直観知レベルに達した賢者の他者に対する倫理的態度や社会的態度についての具体的記述はなく、そこを大胆な「類推」によって論じる力量が著者にはまだ存在しない[43]。

したがって、この二つのタイプの利他的行為を今回は『エチカ』の中には見つけることができなかった。『エチカ』に「利他的行為」が存在したとしてもそれは、決して他者の利益のみを目的とするようなものではなく、「他者の利益の達成が結果として自己利益に繋がることに自覚的でありつつ、自己利益の達成のために他者の利益をも求める」という「手段としての他者利益型」（本章Ⅰ-1の「利他的行為の6類型」のうち4番目）に過ぎないというのが、本章での結論である。

---

[43] 例えばネグリは、『エチカ』第5部の「永遠の相の下に」見られた「絶対的民主制」について論じている（Negri：1994）。

補論 「決定論」,「感情の模倣」そして「赦し」

『エチカ』は徹底した決定論の立場をとっている。森羅万象あらゆる物事が，必然的に起こるべくして生じたという考え方である。

> 「ものの自然＝本性のうちには（In rerum natura）一つとして偶然なものがなく，すべては一定の仕方で存在し・作用するように神の本性の必然性から決定されている。」(E/I/29)

> 「もの（Res）は現に産出されているのと異なったいかなる他の仕方，いかなる他の秩序でも神から産出されることができなかった。」(E/I/33)

この二つの定理中の「もの res」とは有限様態としての「個物」のことであり，そこには人間も，それを構成する身体や精神も含まれる（E/I/25C, 36D, II/D7, Ax5）。であるからこそスピノザは，「あらゆる個物，すなわち有限で定まった存在を有するおのおのの物は，同様に有限で定まった存在を有する他の原因〔有限な様態的変状によって様態化した〈限りにおける神〉〕から存在または作用に決定されるのでなくては存在することも作用に決定されることもできない」(E/I/28) という，いわゆる「水平の因果性」の定理を根拠にして，人間の「自由意志 libera voluntas」の存在を否定するのである。つまり，

> 「精神の中には絶対的な意志，すなわち自由な意志は存しない。むしろ精神はこのことまたはかのことを意志するように原因によって決定され，この原因も同様に他の原因によって決定され，さらにこの後者もまた他の原因によって決定され，このようにして無限に進む。」(E/II/48)

こうして我々の「自由意志」が決定論の立場から否定されることになる[44]（E/I/32・D, Ap, II/35S, 49S, III/2S, IV/Prae,）。そして，この決定論の立場からの「自由意志」批判は，「感情の模倣」（E/III/27）に結びつく。

スピノザによると，人間存在は，その精神も身体も，他の有限な存在との因果関係の網の目（構造）の中に組み込まれており（水平の因果性），そのような因果関係の総体としての自然の共通の秩序・法則から独立した存在ではない。当然，我々の意志（voluntas）ですらその例外とはなりえない。しかるに，我々が「自由意志」を有していると思い込んでしまうのは，自己の行為や欲望は意識してはいるが，自己を或るものに対して欲望を感じるように決定している諸原因については無知だからである。このように考えると，我々の（受動）感情は，実は我々自身のオリジナルなものではなく，他者の感情が無自覚のうちに感染してくることによって自己の内に生み出された精神と身体の被触発状態であると言える。そして，スピノザはこのような現象を「感情の模倣」と名づけたのである。

汎神論的内在神論に立つスピノザにとっては，様態としての人間は「自然の一部 pars naturae」にすぎず，自然の諸法則を免れる特権的存在ではない（E/III/prae, IV/, Ap7）。スピノザは，人間存在をあくまで「自然の一部」として捉え，人間の感情も自然のうちに必然的に起こる現象の一つとして考えていた。だからこそ，スピノザは，「人間の諸行動を笑わず，歎かず，呪狙もせず，ただ理解することにひたすら努めた」（TP/I/4）と言うのである（cf. E/II/49S, III/Prae）。このように決定論の立場から人間の感情を理解することによって，「我々は人間的諸感情，たとえば愛・憎・怒・嫉妬・名誉心・同情心およびその他の心のさまざまの激情を人間の本性の過誤としてではなく，かえって人間の本性に属する諸性質として観た。あたかも熱・寒・嵐・雷

---

[44] しかしスピノザは，決して人間の「自由」を否定したのではない。『エチカ』では，自然の決定論的構造に対する我々の無知が告発され，事物を神の本性の必然性から生じるものとして「永遠の相の下に sub specie aeternitatis」，認識することの重要性が指摘されている。そこにおける「自由」とは，（外的強制の必然性にではなく）自己の本性の必然性のみに従って行為するということであり，それは理性に従って生きることによって，究極的には「神への知的愛 amor Dei intellectualis」によって実現されるものなのである（E/V/36S）。

その他こうした種類のものが大気の本性に属するように。これらのものは，たとえ不快なものであるとしても，やはり必然的存在であって，一定の諸原因を有しており，我々はこの諸原因を通してそれらのものの本性を理解しようと努める。そして，それらのものを正しく観想することは，我々の感覚に愉快であるような諸物を認識することに劣らず，我々の精神を喜ばせてくれるのである。」（TP/I/4）というようなある種の達観した境地が生じてくる。これは理性的人間（賢者）から受動的人間（無知なる者）に対してなされる「赦し」に通じるのであろうか。

　ネスによると，スピノザは「憎しみ」等のネガティブな感情を批判すると同時に，「行為への断固とした拒絶」と「憎しみ」の間の区別を強調した。例えば，拷問のような恐ろしい「行為への断固とした拒絶」は，行為手段としての拷問と闘う運動へと発展するかもしれないが，拷問する「人を憎む」という結果にはならない。スピノザの考えでは，拷問する人は因果連鎖の中で有害な因果要因に捕まっているだけなのだ。ネスは，このことを理解することによって，「憎しみ」を他の何かに転換するのは理性の役割であると言っている（Naess: 2002, 11）。実際スピノザは，確かにこう述べていた。「自由であると我々の想像（表象）する物に対する愛および憎しみは，原因が等しい場合には，必然的な物に対する愛および憎しみより大でなければならぬ」（E/III/49）。また「人間は自らを自由であると思うがゆえに他の物に対してよりも相互に対してより大なる愛あるいは憎しみを抱き合う」（E/III/49S）と。これは，他者の行動（感情）を決定論の立場で見る時，我々はその他者の行為への憎しみがより少なくなるはずだということである。

　ネスは言う。どんなに悪い運命に捕らえられている人でさえ，ポジティブな感情の能動化を保証してくれる人間本性の最良の部分は失わない。多くの聖者たちが若かりし頃は不運な境遇にあったではないか。スピノザ（とガンジー）の観点からは，ネガティブな感情としての「行為を行った人への軽蔑」とネガティブな判断としての「行為そのものへの軽蔑」は区別されなければならない。ネスによると，このうち，ネガティブな感情からポジティブな感情への「変換」によって取り除かれるのは前者のみである。この視点は

ソーシャルワーカーや聖職者等の職業にとっては極めて大切なものである。結局，スピノザとガンジーの考え方から，我々は「人に対するあなたのネガティブな感情をポジティブな感情へと変化〔変換〕させなさい。あなたの敵の資質の中の善なるものに訴えて……」という根本原理を受取る。ではこの「移行」（変換）の報酬とは何であろうか。それは例えば「喜び」の感情である（Naess：2002, 89-90）。

　結局，ネスの解釈するスピノザによると，他者をそして自分自身を決定論の観点から見る時に，自然とそこには他者に対する「赦し」が生まれるはずということになろう。

　これに対し，カプランは，「全てを客観的に理解することは，全てを許すことではない。なぜその危害が加えられたのかを理解する時，危害はより許されざるものとなるかもしれない」，「スピノザにとっては，非難も許しも無意味なものであった」（Kaplan：1977, 303）と解釈している。

　私の立場は，ネスにもカプランにも，全面的には賛成しないものである。既に本章でも見てきたように，『エチカ』の賢者は「無知なる者」からなされる行為を赦すというよりも，一種の達観した境地からそれを「諦め」たうえで，賢者自らの利益のために，無知なる他者たちが理性の指図に従って生きるように導くという非常に冷徹(クール)な人間のように思えるからだ。

第11章　相克と均衡
──スピノザ政治哲学における国家の自然権と〈安定〉について──

序

　スピノザの政治哲学は，一貫して『エチカ』のコナトゥス理論と感情理論に裏打ちされており，それらの詳細な検討なしには，彼の目指した政治哲学の真意を汲み取り，その核心へと迫ることは非常に困難であると考えられる。

　本章では，スピノザの『政治論』(1677 年) を主な考察の対象とするが，『エチカ』(1675 年) から『政治論』への圧倒的な影響と，後者がいかに多くを前者から負い，前者に大きく基礎づけられているかを示しつつ，常に『エチカ』のコナトゥス理論・感情理論を慎重かつ厳密に踏まえて，彼の形而上学と政治学との極めて密接な関係を確認しつつ展開される。

　本章では，スピノザの政治哲学を，自然権 (jus naturae) という概念を中心的基軸に据えて，国家 (社会状態) の構成や国家と最高権力 (summa potestas) の性質，臣民の自然権と国家の自然権との間の相克と均衡，そして『政治論』において国家の目的とされる「安全と平和」が達成されるためのこの「均衡」の創出の条件などが考察されるが，その際，最も枢要なテーゼとなるのが，〈コナトゥス＝自然権〉という等式である (厳密には，自然権とは，社会という位相において現れた〈限りにおけるコナトゥス conatus quatenus〉である)。

　『エチカ』のコナトゥスは，『神学政治論』と『政治論』の中に自然権として甦る。というよりも〈コナトゥス＝自然権〉は，『エチカ』，『神学政治論』，そして『政治論』と，スピノザの哲学全体を縦断し貫通しているいわば一つの通奏低音のようなものであるのだ。スピノザ独特のコナトゥス理論・自然権理論が，彼独特の政治哲学を形成せしめている。本章は，この〈コナトゥス＝自然権〉に注目することによって，スピノザの政治哲学の独自性を浮き

彫りにすることを試みたものである。

　本章で私が最も主張したいのは，いかなる社会状況，いかなる政治体制であっても，国家がその本来の目的である「安全と平和」を実現させうるには，臣民の力（自然権）と国家の力（自然権）との激しいせめぎあい（相克）に対して，いかにしてバランス（均衡）をもたらせばよいのかという「政治システムの安定」という問題の解明が『政治論』の究極的な目的であったということである。

　このことをスピノザが『政治論』を執筆した当時の具体的な社会状況に即して言えば，フランスのオランダ侵略（1672-74 年），ヤン・デ・ウィットの殺害（1672 年）など，政情不安定で，共和派（貴族派）が盛り返すのか，オラニエ派（ウィレム 3 世）が君主制を樹立しうるかどうかが「理性の問題ではなく力の問題であった」（ゲープハルト：1932, 106-107）時，君主制，貴族制，民主制，そのいずれの国家形態にせよ，「社会変動」に可能な限り影響を受けないで，国家の自然権が安定的に維持されて，国家の存在がよりよく保存されるには，つまりはいかなる国家形態であれ，それができるだけ民主的に運営されて臣民に安全と平和が保証されるには，どのような政治システムを構築すべきかを[1]，『政治論』は人間の普遍的な感情の事実に基づいて極めて現実主義的に解明しようとしたのである。そして，このような『政治論』の「政治的」現実主義の真意を理解するには，その形而上学的基礎である『エチカ』のコナトゥス理論そして感情理論を慎重に参照しながら分析を進める以外ないであろう。

I　〈限りにおけるコナトゥス〉としての自然権

　本章では，スピノザ政治哲学の中心的機軸でありその出発点でもある「自

---

[1]　マトゥロンによると，君主制，貴族制，民主制，いずれの国家形態にせよ「その自己保持〔国家の自然権＝コナトゥス〕を最もよく保証するような諸制度を発見すること」が『政治論』にとっての課題であったのであるが，その「制度」の役割とは，「各々の統治形態に，その体制の性質と両立でき，またその体制の保持を保証し革命を不可能にするような，民主制的（あるいはお望みならば，民主主義の）機能を最大限に導入すること」であった（Matheron：1991b〔邦訳：1995, 197-198〕）。

然権」を,『エチカ』の存在論から救済論までを貫いてその形而上学体系の鍵概念となっている「コナトゥス」を参照にしつつ分析することによって, スピノザ政治哲学を独特のものにしている自然権概念の特徴を明らかにし（I−1①〜⑤）, 併せて「コナトゥス」と「自然権」の関係の厳密な規定を行う（I−2）。

I−1　自然権とコナトゥス

　『エチカ』において「コナトゥス conatus」は存在論的位相においては, 神から「与えられた本質 essentia data」として有限様態としての万物に備わっている自己保存の傾向（努力）である（E/III/6·D, 7·D）。有限様態は, 自己の「現実的本質 essentia actualis」としてのコナトゥスによって神＝自然の無限なる力能を「表現＝展開する」[2]限りにおいてのみ（E/IV/4D）, 神の力能（＝本質＝存在）を享受して初めて現実的に存在し活動することができるのである。有限様態の存在と活動の究極的な原因が神＝自然の無限なる力能に求められているのである。コナトゥスは認識という位相においては「認識能力」として現れ（E/III/37D, 59D, IV/26D）, 感情という位相においては「欲望」として現れる（E/III/9S, 58D, Ad1Ex, IV/18D）。更に倫理という位相においてコナトゥスは,「善悪の判定基準」,「徳の唯一の基礎」としての機能を果たしている（E/IV/8D, 22C）。では,『エチカ』においてこのような重要な位置と機能を担わされていたコナトゥスは,『政治論』の政治（社会）的位相においてはどのように位置付けられているであろうか。『エチカ』のコナトゥス概念を念頭に置きつつ, スピノザ政治哲学における自然権概念の特徴を, 主に『政治論』第2章の叙述を中心に分析する（以下①〜⑤）。

　スピノザは「自然権 jus naturae」を「万物がそれに従って生じる自然の諸法則あるいは諸規則（naturae leges, seu regulae）そのもの, すなわち自然の力能（naturae potentia）そのもの」として定義している（TP/II/4, cf.

2　『エチカ』第3部定理6証明と第4部定理4証明を比較すれば, このコンテクストにおいては,「表現する exprimere」と「展開＝説明する explicare」が同じ意味で用いられているのは一目瞭然である。cf. Deleuze：1968, 12.

TTP/XVI/189)。

①ここから分かるように,スピノザはホッブズのように,自然権と自然法を厳密には区別していない。自然権と自然法は同一のものとして考えられるのだ。ホッブズでは,理性の「戒律 praeceptum」としての自然法が各人を国家へと導き,各人をその良心つまり「内面の法廷において in foro interno」義務づけるが[3],スピノザにあっては自然権がそれに取って代わり,自然権が絶対的な機軸として政治哲学の中に君臨することになる。そしてその自然権は自然の法(則)であり力であるのだ。

②しかし,自然権が自然の諸法 (naturae leges) であるといっても,それは(ホッブズの言う意味での)いわゆる「自然法」とは異なる。スピノザの自然権からは当為性は剥奪され,その法則性・規則性が強調されている。魚が泳ぐのも,大なるものが小なるものを食べるのも最高の自然権によるのだ。各物は法則・規則としての自然権によって「一定の方法で存在し活動するべく本性上 (naturaliter) 決定される」のである (TTP/XVI/189)。

③また,自然権が「自然の力能そのもの」(TP/II/4) であるということ,言い換えれば,自然の諸物が存在し作用する原因が「神の永遠の力能そのもの」に求められている (TP/II/2, 3) ということは,自然権がコナトゥスと同じく,神=自然の力能を「表現=展開している」ということである。しかしこの神の力能は神の権利に等しいから,各自然物は「存在し作用することに対して有している力能に相当するだけの権利を自然から得ている」(TP/II/3) ということになる。スピノザは神における権利と力能の等置から,万物における自然権と力能の同一を導出している。この権利と力能の同一視あるいは力能による権利の定義——このような権利観は実は既に『エチカ』でも提出されている (E/IV/37S1) ——こそが,スピノザ政治哲学の決定的な特徴を生み出している。

それはまず第一に,各人の力の大きさの相違に応じて,<u>各個人間に「自然権の大きさ(度合い gradus)の相違」が存在する</u>ということである。自然権

---

[3] Hobbes, *Leviathan*, Chap. XIV, pp. 117-118, Chap. XV, p. 145

は万人に例外なく内在する普遍的な権利であることには間違いないが，その「大きさ（度合い gradus）」は決して「万人に同じ」といったものではないのである[4]。

　第二に，各人それぞれにおいても，<u>自己の力の増減に応じて，その自然権は大きくなったり小さくなったりするということ</u>である（自然権の増減可能性）（cf. TP/IX/14）。

　第三に，以上のことから，「支配―隷従」関係が力関係の変動に伴って変化しうるということである。<u>力関係が権利関係を逆転させるような状況が可能になっているのである</u>。

　ある個人は他の個人の力に「恐怖 metus」や「希望 spes」を持つ限りにおいて，当の「他者の権利の下にあり」，ある臣民は国家の力に「恐怖」や「希望」を持つ（または国を愛する）限りにおいて当の「国家の権利の下にあり」，ある国家は同盟国の力に「恐怖」または利得の「希望」を持つ限りにおいて当の「他の国家の権利の下にある（その同盟関係からは抜け出せない）」のである（TP/II/9・10, III/8・12・14, TTP/V/62）。けれども，この他者（それが人であれ国家であれ）の「力」に対する「恐怖」なり「希望」なりが無くなるや否や，つまり力関係が変化（逆転）するや否や，その「支配―隷従」関係は解消されるのである。そしてその瞬間にその各々は既に「他者の権利の下にある alterius juris esse」のではなく「自己の権利の下にある sui juris esse」のである（TP/II/10）。

　④スピノザは同時代のホッブズやロックとは違って，自然権を人間だけでなく万物に認めている。『エチカ』でスピノザは，「自己保存のコナトゥス」を万物の「現実的本質」であるとし，そこから，「自然の一部 naturae pars」[5]であるがゆえに他の自然物と全く同様に共通な自然の諸法則に従って

---

[4] 確かにスピノザは国民間の「平等 aequalitas」を重要視しており（TP/VII/20, VIII/11, X/8），国家全体の力能に対しては国民一人一人の力能は全く問題にならないほど小さいから，<u>各国民は平等に評価されるのが正当である</u>と言っているが（TP/IX/4），この言葉は，各人の間に「力能＝自然権の大きさの相違」が存在するという事実を排斥するものではない。たとえば，男女間の「力能＝自然権の大きさの相違」についてスピノザは明言している（TP/XI/4）。本書第5章を参照。

いる人間にも，このコナトゥスを当然の帰結として認めた（E/III/6・7, Ad1Ex, IV/18D）。彼はコナトゥスを万物から人間へと適用したのと同様に，万物に神の永遠の力能がその存在原理として浸透していることの証としての自然権を人間へと適用している（TP/II/2, 3, 4）。

　人間だけでなく万物に自然権があるのだから，自然物（res naturalis）の一つである国家（TP/IV/4）にも，スピノザは当然，自然権を認め，その国家（最高権力）の自然権を「あたかも一つの精神によって導かれるところの多数者＝民衆の力能（multitudinis potentia）によって決定される」（TP/III/2）とした。国家が自然物であるということは，国家が他の自然物と共通の自然の普遍的な法則および規則（TP/IV/4, E/III/Prae）に従属するということである。

　⑤スピノザは人間の自然権を，「それによって人間が活動へと決定され，それによって自己を保存するよう努力しているあらゆる衝動によって定義」（TP/II/5, cf. TTP/XVI/190）している。ここで「衝動 appetitus」とは「欲望 cupiditas」の別名に他ならず（E/III/Ad1Ex），「欲望」とは「自己を保存し活動しようとするコナトゥス」のことである（E/IV/18D, 21D, 59D）から，スピノザは，自然権をコナトゥスによって定義していることになる。

　スピノザは『政治論』第2章第5節から第8節までを使って（実に9回も），「人間が他の全ての個体と同様に，それ自身において在る限り，自己の存在を保存しようと努力している」（TP/II/7）ということを強調している。人間は，どのような欲望（理性から生じる欲望であれ，他の原因から生じる欲望であれ）に導かれていようが，また分別があろうが無かろうが，全く変わりなく，この己の欲望（コナトゥス）によって，神＝自然の力──人間を存在し活動するように仕向ける自然＝神の力能を「表現＝展開している」のである（TP/II/5）。

　スピノザによると，人間には「自由意志」は存在しない（E/I/32, Ap, II/35S, 48, 49S, III/2・S, IV/Prae, TP/II/6, 7, TTP/IV/68, EP/58）。けれども「人間本性の諸法則に従って（secundum humanae naturae leges）存在し，活動する

5　(TP/II/5・8)（TTP/III/32, IV/44, XVI/191）（E/IV/2, 4, 57S, Ap6・7・32）

力（potestas）を持つ限りにおいてのみ」人間は自由である（liber）と言える（TP/II/7, cf. E/I/Def7, EP/58）。それは，人間が自己の本性＝本質[6]としての自然権＝コナトゥス（TP/III/18）によって「絶対的に自由な神の力能」（TP/II/3）を「表現＝展開している」からである。だから人間は，理性によって導かれようが欲望によって導かれようが，分別があろうが無かろうが，自らが努力し行うことを最高の自然権によってなしているのだ。結局，自然権は，有限様態としての人間と神の永遠で絶対的に自由な力をつなぐものとして，つまり，神＝自然と人間のつながりの証として在るのである。

Ｉ－２ 〈限りにおけるコナトゥス conatus quatenus〉 としての自然権

以上①〜⑤で，私はスピノザの自然権概念の特徴をコナトゥスのそれと比較しつつ考察した。その結果，自然権もコナトゥスも，万物の存在原理としての神＝自然の力を「表現＝展開する」ものであり，人間においてはその根源的〈欲望〉であり，人間の本質であるということが明らかになった。確かに，スピノザはコナトゥスによって自然権を定義していた（TP/II/5）。しかし，自然権をコナトゥスによって定義するからといって，厳密に言えば，コナトゥスと自然権は同一ではない。通常，スピノザ哲学におけるコナトゥスは「自己保存のコナトゥス」としてその存在論的な位相が注目されがちであるが，コナトゥスは「認識」，「感情」，「倫理」，「社会」といった現実生活の諸位相においても極めて中心的な位置を占め，重要な機能を有しているのである。コナトゥスは，認識という位相においては「認識能力」として，感情という位相においては「欲望」としてというように，それぞれ現実的な〈活動〉力能として現れるということまでは確認したが（Ｉ－１），今や政治（社会）という位相においては，コナトゥスは「自然権」として現れるということが論証されたのである。

ただし，ここで注意しなければならないのは，『エチカ』にはコナトゥスと〈活動〉力能を同一視しているかに思える箇所がいくつもあるのは確かで

---

[6] 『エチカ』では「本性 natura」と「本質 essentia」は同義である（E/I/Def1, 7D, III/56D, 57D, IV/D8）。

あるが（E/III/54D, 55CD, 57D, IV/4D, etc.），それらは厳密には同一ではないということである。スピノザ哲学におけるコナトゥスには上に示したようないくつかの位相が存在しており，「認識」，「感情」，「倫理」，「社会」といった現実生活の諸位相それぞれにおいて現れた〈限りにおけるコナトゥス conatus quatenus〉としての——つまり神の永遠で無限な力の痕跡としての——活動力能としてのみ，その大きさや増減を具体的に捉えることが可能になるのである（本書第1章II）。

しかし本質的には，コナトゥスと自然権は同じ内容を有しているのであるから，『エチカ』の感情理論の中で最も中心的な位置に在り，全ての感情の基準であり根源であるコナトゥスは（本書第8章I-3），『政治論』や『神学政治論』にも自然権として受け継がれていると言ってもかまわないであろう[7]。

スピノザは『政治論』第3章の終わりで，自分はこの『政治論』を万人に普遍的な「自己保存のコナトゥス conatus sese conservandi」という人間本性の必然性から証明したのであり，このことだけは忘れないで読んで欲しいと読者に注意を促している（TP/III/18）。スピノザのその警告は，個人，臣民そして国家の自然権はそれぞれのコナトゥスによって定義され，この臣民や国家のコナトゥスをいかにしたらうまく安定的に保存し大きくすることができるかが，まさしく『政治論』の主題であるということを決定的に物語っている。レオ・シュトラウスが示しているように，『政治論』におけるスピノザの根本姿勢は，『エチカ』第3部序文から受け継がれ先鋭化された，人間本性のありのままを考察するという現実主義(リアリズム)の姿勢であった（Strauss：1930, 217-222）。「自己保存のコナトゥス」こそが，賢者であろうが愚者であろうが（sive sapiens sive ignarus），理性によって導かれていようが（受動）感情に隷属していようが，万人に内在する普遍的な人間本性＝本質であり

7　工藤喜作は「コナトゥスが転じて政治哲学上の自然権となり」この「コナトゥスの自由な展開は国家において初めてなされる」としている（工藤：1986, 8, 15）。また，桂寿一は，スピノザの自然権はコナトゥスをやや積極化したものであり，更にこれを理性化することでホッブスの自然法的な内容をも説こうとしたと考え，自然権の確保と拡張を国家の究極目的でさえあったとしている（桂：1965, 315, 333）。

（E/III/9, 58D, TP/III/18）．このコナトゥス（自然権）に注目して，それを基準に議論を展開することなしに，スピノザは彼の形而上学と政治哲学を一貫した〈態度〉のもとに研究できなかったと考えられる．

以上を根拠として私は，〈コナトゥス＝自然権〉の安定的維持・増大こそが，『エチカ』から『政治論』までを一貫して流れている一つの（「救済」の）通奏低音的主題であったと考える．

II 国家の自然権へ

II−1 国家形成のプロセス

本節では，『エチカ』のコナトゥスが『政治論』と『神学政治論』の中に「自然権 jus naturae」として受け継がれたというIの結論を受けて，スピノザ独特のコナトゥス理論・自然権理論が，彼の政治哲学の中でどのように機能しているかが考察する．また前述のごとく，『政治論』は『エチカ』の感情理論に大きく依拠して展開されているが，本節では特に，「恐怖 metus」と「希望 spes」という二つの感情に注目して，スピノザ政治哲学における感情理論の役割も併せて検討する．

本章I−1で確認したように，自己の存在を全力の限りを尽くして維持し，保存しようとする人間の努力（コナトゥス）は根源的欲望として，人間の本質である．そして<u>人間は生きている限り，常に己れの活動力能（コナトゥス）を増大させようと努力している</u>（E/III/12, 13, 28, 37D）[8]．しかし，誰も自分独

---

[8] 政治（社会）という位相において自然権として現れた〈限りにおけるコナトゥス〉の「増大可能性（本章I−1③）とその「自己発展性とその必然性」（本書第2章）については，例えば以下の引用を参照．

「各都市の貴族は，<u>人間的欲望〔コナトゥス〕</u>に促されて，都市ならびに元老院における<u>自分の権利〔自然権＝コナトゥス〕</u>を維持しかつできるものならこれを増大することに努めるであろう．」（TP/IX/14）

更にスピノザは，人間的欲望（コナトゥス）のこのようなダイナミズムから「自然＝必然的」に「恐怖による統治よりは恩恵＝親切（beneficium）による統治」が行われるようになる政治システムを構想したのである（TP/IX/14）．なお，各国家は，自らの自然権（コナトゥス）の安定的維持・増大（拡大）を求めて「自然状態」にあるというスピノザの現実主義的（リアリスティック）な国際関係論と，現代の現実主義（リアリズム）国際政治学へのスピノザの影響については，河村 2013b を参照．

りきりでは，自己の存在を維持し保存することはできない。「誰も，孤立していたら，己れを衛り，生活必需品を入手することが可能なだけの力（vis）を持たない」（TP/VI/1）のである。『エチカ』では，ここで，「理性の命令 rationis dictamen」そのものとしてのコナトゥス（E/IV/18S〜37S1）が他者との共同を要請し，〈理性の導きに従って生きる自由な人間たち〉による「自由で自発的な共同態としての国家」（E/IV/66S, 73・D）が成立することによってこの問題は解決される。しかし『エチカ』の現実主義(リアリズム)は，これとは別の国家形成の道を用意していた。それは，このように自己の存在を確実に保存し，コナトゥスをより大きくするには他者との一致・協力が不可欠であることが分かっていても，人間は理性よりも（受動）感情に支配されて相互に対立して生きていることの方が圧倒的に多い（E/IV/4C, 37S2, 58S, Ap13）という現実を直視した上で用意された道である。つまり，そのような〈感情の導きに従って生きる人間たち〉（E/IV/66S）が，それでも自己保存を達成すべくある種の「共同性」を実現せざるをえないというぎりぎりの必要に迫られて，自己の自然権を「譲渡 cedere」して社会を形成し，この社会自身が刑罰の威嚇への「恐怖」によって，各臣民が自然状態（相互敵対状態）へ回帰するのを阻止するという形で生まれる「強制による国家」（E/IV/37S2, cf. 35S, 54S）である。

　『政治論』でとられる国家形成の道は，明らかに後者の「感情から出発して国家に至る道」である（TP/I/7）。人間は，理性よりも（受動）感情に支配されているのが現実であるから（TP/II/5, VI/1, X/6），互いに妬み憎しみあって個々ばらばらに相互敵対的に生きている（TP/II/14, E/IV/32〜34）。スピノザは，このような「自然状態 status naturalis」においては，人間の自然権はむしろ「無きに等しい nullum esse」ものとなっており，人間は「ほとんど自己の権利の下にはありえない vix sui juris esse posse」と言う（TP/II/15）。自然状態においては，各人は勝手気ままに行動しており，善・悪，正・不正，罪，所有権そして刑罰への「恐怖」は存在しない。それらは全て「国家 imperium」[9]において初めて生じるのである（TP/II/18・19・23, TTP/XVI/196, E/IV/37S2）。このような自然状態はホッブズが言ったように，

まさしく「各人の各人に対する戦争」[10]の状態であり，そこにおいては各人の自然権は相殺されてしまうのである。そこでは，各人は迫り来る他者の力に「恐怖」の感情を抱いている (TP/II/14, 15)。本章（Ⅰ-1③）が示したように，ある個人は他の個人の力に「恐怖」を持つ限りにおいては，その「他者の権利の下にある」のだから，戦争状態としての自然状態においては，各人は，自己の権利，自然権を「実質的には」有していないことになる。だからこそ，自然状態においては各人の自然権は「無きに等しい」と言われているのである。

スピノザは，このような悲惨な自然状態をホッブズのように「社会契約」によって脱出しようとはしない。『政治論』は既にその第1章において，人間は野蛮人か文明人かを問わず何らかの国家状態を形成しているとして，国家の原因と基礎を理性の教訓から導き出すことを禁じていたのである (TP/I/7)。『政治論』における国家成立を，法的行為の結果としてではなく多数者＝民衆の情念と力能から自然＝必然的に構成されるプロセスとして捉える解釈は古くから存在していた[11]。しかし，問題はその「自然＝必然性」をいかに説明するかである。つまり，「自然状態」に生きる各人は何故，現状に甘んじないで「自然＝必然的に」国家を形成するよう駆り立てられるかという問題に対する存在論的な説明を与えることである。

「自然権（コナトゥス）の増大可能性」については本章でも既に確認したが（Ⅰ-1③），私は自然権の存在論的基底となっているコナトゥスには，ただたんに自己の存在を最低限度に保存するということに留まらず，自己の存在を脅かすもの全てに抵抗しようとする傾向 (E/III/6D)，常に自己の活動力能（コナトゥス）を増大させようと努力するという傾向 (E/III/12, 13, 28, 37D)[12]という二つの傾向があるということがここでは決定的に重要であると考える。このようなコナトゥス（自然権）の「自己発展性とその必然性」(E/IV/18D,

---

9 『政治論』ではほとんどの場合，「国家」には"imperium"が用いられているが"imperium" "Civitas"は厳密に区別して使用されていないようだ (cf. TP/III/1, 2, 3)。
10 Hobbes, *op. cit.*, Chap. XIII, p. 113.
11 Meinecke：1924, 260.
12 本章の注8を参照。

19)によって，各人は各人の力能の相殺による結果的無力状態たる自然状態から自己の力能の増大つまり自然権の安定的保存（増大）が可能となる状態を「欲し求める velle」(TP/VI/1)ように「自然（本性）＝必然的に」なっているのである。こうして同じ本性を持った二個体の相互結合によって，それぞれが単独の場合よりも二倍の力を持った一個体が形成されるように(E/IV/18S)，人間も一人の時よりも二人の時の方が，そして力を合わせる人数が多くなる程それだけ自然に対し多くの権利を共に有するようになる(TP/II/13)という自然の法則から，各人は「自然＝必然的に」国家を形成するに至るのである。

　今度はこの多数者＝民衆による国家形成のプロセスを，スピノザが国家の原因であり基礎であると宣言していた「感情」(TP/I/7)の側から考察してみよう。

　自然状態に留まる限り発生し続ける「他者の力への恐怖」という感情は，各人に共通のものである。この「共通の恐怖 metus communis」を取り除き，人々に安全を保障してあげることこそが国家の本来の目的であった（TP/I/6, III/6, V/2, TTP/XX/240）。しかし，「他者の力への恐怖」を取り除いてやるということは，取りも直さず，「他者の権利の下にある」状態を「自己の権利の下にある」状態へと戻してやるということ，つまり自然状態においては「無きに等し」かった各人の自然権（コナトゥス）を回復させてあげることになろう。ここでは「(権)力」，「感情」，「権利」の三者が独特の関係を形成している。その構造は，各人は他者の「(権)力」に恐怖または希望の「感情」を抱く限りにおいて，その他者の「権利」の下にある（I-1③）というものであった。しかし何故，恐怖または希望の「感情」から「支配―隷従」関係が発生するのかということに対する「存在論的―感情理論的」分析がなされる必要があろう。

　本書第5章II-2で既に論じたのでここでは詳述はしないが，『エチカ』の感情理論において「不安定な喜び inconstans Laetitia」として定義される「希望」にも，「不安定な悲しみ inconstans Tristitia」として定義される「恐怖」にも（E/III/18S2, Ad12・13），共に各人の「欲望（＝コナトゥス＝活動力

能)」を減少させる感情である「悲しみ」が伴うから（E/III/37D, 57D, IV/47D)，<u>「希望」を抱く者も「恐怖」を感じる者もその限りにおいて自己の（活動）力能を減少させてしまっているということである</u>。よって，「支配―隷従関係」の発生可能性を「存在論的―感情理論的」に分析すれば，ある者は他者を自分の「力」に「恐怖あるいは希望を感じ」させることでその他者の「力（コナトゥス＝自然権）」を減少させ，そのことによって初めてその他者を「自己の権利の下に置く」ことが可能になるということである。だから，「恐怖」あるいは「希望」の感情が引き出せなくなった瞬間に，相手は再び「自己の権利の下に」戻って，「自己の力（コナトゥス＝自然権）」を回復してしまい，この「支配―隷従関係」は終焉するのである（TP/II/10)。逆に「支配―隷従関係」をできるだけ継続させるには，自己の「力」に対する相手の「恐怖」あるいは「希望」を一瞬たりとも絶やさず喚起し続ければよいということになる。「恐怖」や「希望」がスピノザの政治哲学の中で大きな意味を持ってくるのは，このようにそれらが自然権（コナトゥス）と直結した感情であるからだ。

　このようにして自然状態における「各人の各人の力に対する恐怖」を除去し安全を確立することを目的として国家は形成される。まさしく，理性ではなく感情を基礎・原因として国家は形成されるのである（TP/I/7)。「多数者＝民衆（multitudo）が，自然＝本性的に一致してあたかも一つの精神によって導かれることを<u>欲する</u>（naturaliter convenire, & una veluti mente duci <u>velle</u>)」のは，理性の導きからではなく「共通の恐怖」や「共通の希望」といった「共通の感情 affectus communis」からであるのだ（TP/VI/1)。こうして国家は多数者＝民衆の「共通の感情」（「恐怖」や「希望」）によって形成されるのであるが，国家成立後には「恐怖」や「希望」が無くなってしまうというわけではない。人間は，自然状態においても国家（社会状態）においても不変の人間本性の法則（自然権＝コナトゥス）に基づいて行動しているから，いかなる状態の下でも「恐怖」と「希望」に導かれて行動しているのである。違いは，国家（社会状態）においては「万人が同じものに恐怖を抱き，万人にとって同一なるものが安全の原因」（TP/III/3）になるということである。こ

れは，自然状態においては，各人が「共通の恐怖」として，それぞれが感じる「孤独の恐怖」や各人それぞれにとっての或る他者（たち）の力に対する「恐怖」を持っていたのが，国家（社会状態）においては，臣民の全員が「同じもの」——自分たちの国家の力——に「共通の恐怖」を抱くようになるということである（TP/VI/1）。これらは同じ「共通の恐怖」ではあっても，各人の自己保存（自然権の安定的維持）の実現に及ぼす影響ということで言えば天地の開きがあるのである。

　しかし結局，国家（社会状態）形成のそもそもの目的である「各人の各人の力に対する恐怖」の除去とは，（上述の「支配—隷従関係」の「存在論的—感情理論的」分析の結果から）各人を「自己の権利の下に戻してあげること」であり，人々のコナトゥス（自然権）を安全に確保してあげることであるから，スピノザは各人（臣民）の自然権（コナトゥス）の維持と増大をよりよく実現させることを国家の目的としていると考えてよい。また「希望」をかなえてあげるということからは——「不安定な喜び」でしかない「希望」は上述のように各人の力能（コナトゥス）を減少させるから——直接には自然権（コナトゥス）の「安定的」維持や増大は生まれないのは確かであるが，それでも（後述するように）「理性の命令に従って生きる」のが稀な大多数の人々にとっては，「希望」の成就は結果的に社会全体の利益と安全につながるのである。実際，国家のこの目的について『神学政治論』の最終章でスピノザはこう言っている。

　　「国家の究極目的は支配することではなく，また人間を恐怖によって束縛して他者の権利の下に置くことでもなく，反対に<u>各人を恐怖から解放して，各人ができる限り安全に生活できるようにし，つまりは存在と活動に関する各人自身の自然権を自分自身と他者に損害を与えることなしに最高に保持するようにすること</u>である。あえて言う，国家の目的は，人間を理性的存在者から動物あるいは自動機械にすることではなく，むしろ反対に，<u>人間の精神と身体が安全のうちに＝確実に（tuto）その機能を果たし，彼ら自身が自由に理性を使用し，そして彼らが憎しみや怒りや詭計を以って争うことなく，また相互に悪意を抱き合うことのない</u>

ようにすることである。それゆえ，<u>国家の目的は，実に自由（libertas）なのである。</u>」[13]（TTP/XX/240-241）

確かに，『神学政治論』はこれを実現するために，「自由 libertas」を国家の現実的目的として，言論の自由や哲学の自由を圧倒的に支持しており（TTP/XX/241-247），心の自由あるいは強さ（fortitudo）は私人の徳であり国家の徳は「安全 securitas」にこそあるとして国家の目的を「安全と平和」に集中させてより現実主義的(リアリスティック)になっている『政治論』（TP/I/6, V/2）とは，多少の政治哲学上の相違点が在ることも事実だ。たとえば『神学政治論』では，国家を形成する方法として，臣民相互間のいわゆる「社会契約」が用いられているが（TTP/XVI/191），『政治論』では，それが臣民と統治者の間の（あくまで説明的原理としての）「統治契約 governmental contract」に取って代わられているという点（TP/VI/6）[14]や，『神学政治論』では民主政体が「最

---

[13] 現代政治心理学の創始者ラズウェルは，カプランとの共著『権力と社会』（1950年）において，「自由とは，責任の欠如の観点からではなく，逆に責任を想定する観点から定義される（責任の欠如は普通は「放埓」と呼ばれる）。自由は，そこにおいて自己が行為主体であり主役でもあるような責任である。」（Lasswell & Kaplan：1950, 228）というように，責任の観点から自由を定義しながら，ここで重要なのは「権力が剥き出しであるか否かでなく，それによって権力が正当化されるような権威の本性とこのような権威の受け入れられ方である，ということである。単に，権力が『被支配者に同意されて』行使されるところではどこでも，自由が普及すると言うだけでは十分でないだろう。近代の独裁(専制)が明らかにしたのは，問題は，何が同意されるのかとかいかにして同意が獲得されるか次第であるといことである。隷属は，自由を強制的に剥奪することに限定されはしない。隷属化は，内面化された時に，そして同意されるだけでなく自己によって要求される時に（この点の精緻化と政治的適用については，フロムの『自由からの逃走』1941年を見よ），よりずっと根深いものとなる」（Lasswell & Kaplan：1950, 228）と指摘している。そして，自由についてのこのような考え方はホッブズよりもスピノザの自由観に近いとして，上に掲げた『神学政治論』における，国家の目的としての自由を評価する。ラズウェルらによると，「このような（スピノザの）考え方では，各個人が他者を尊重するのに十分なだけの自尊心を持っている場合にのみ，国家に自由が存在する」（Lasswell & Kaplan：1950, 229）。これがラズウェル政治心理学における「民主的パーソナリティ」論（Lasswell：1948）を背景にしていることは言うまでもない。

[14] 「契約」には，『神学政治論』では"pactum"が，『政治論』では"contractus"が用いられている。
　スピノザ政治哲学においては，あらゆる約束（契約）において，約束（契約）の主体は自己の自然権を失いはしない。<u>各人の本質であるコナトゥスが決して他者に譲渡（alienatio）されえないように，このコナトゥスによって規定される（人間あるいは国家の）存在原理としての</u>

も自然的に思われ，自然が各人に許し与えている自由に最も接近している」(TTP/XVI/195) として最高の統治形態とされていたのに対し，『政治論』では，君主制・貴族制・民主制の各政体のそれぞれが，いかにしたら安全を実現でき，臣民の自然権（コナトゥス）をよりよく保存できるかということが問題となり，そのために各々の政体が「民主的に」運営されることが目論まれたという点などである。

しかし，このような相違があるにもかかわらず，『政治論』と『神学政治論』は共に「多数者＝民衆」の感情に基づいて，「恐怖」と「希望」という「共通の感情」から国家の形成過程を説明しており，またそこで用いられる「契約」は，共に「恐怖」と「希望」によってのみその有効性が保証されているということ (TTP/XVI/193, TP/IV/6)，つまりこの両著作が「恐怖」と「希望」という感情を国家形成の原理としたということは，（上述のごとく）スピノザがこの両著作を共に，臣民（民衆）の「自然権（コナトゥス）」の安定的保存・増大ということを目指して書いたということを示しているのである。だから，スピノザは『エチカ』の感情理論におけるコナトゥスから『神学政治論』と『政治論』における自然権へと，常に同一の主題を追求し続けていたと考えられるのである[15]。

ここで，国家形成のプロセスに議論を戻そう。自然状態における「各人の各人の力に対する恐怖」から出発して国家は形成された。自然状態において

　自然権も完全に他者（国家）や他国へ譲渡してしまうことなど不可能なのだ。それどころか，自然状態においては無きに等しかった自然権は，国家においてこそ実効的に機能してくるのである (TP/II/15, III/3, EP/50)。約束や契約や同盟はあくまで個人や国家の自然権をより良く維持し保存するための手段に過ぎない。だから約束や契約や同盟は相手の「力」への「恐怖」や相手の「力」からもたらされる利得への「希望」が継続している間だけ有効性を保障されるのであり，もはや相手（国）の「力」に「恐怖」を感じなくなった者（国家）や，相手（国）との間の約束や契約や同盟からもたらされる利益に疑問を感じ，利得への「希望」を感じなくなった者（国家）は，自然権によって迷うことなく容易に約束や契約や同盟を破ることができる――というよりも破らなければならないということになる (TP/II/12, III/14-17)。これには国王あるいは会議体と多数者＝民衆との間の「統治契約」も例外ではなかった (TP/IV/6)。
15　『神学政治論』（執筆期間1665〜1670年）は，『エチカ』（執筆期間1661年頃〜1675年）の5年前に完成・出版されているが，『神学政治論』の執筆によって『エチカ』の執筆が中断された時，『エチカ』は既にほとんど（3部構成ではあるが）でき上がっていたと言われているから，『エチカ』から『神学政治論』への影響は否めないであろう。

は「無きに等しかった」自然権は,この国家(社会状態)において初めて実効的に機能するようになる(TP/II/15, III/3)。ホッブズのように,各人が自然権を放棄し,それを主権者へ譲渡して「信約 covenant」によって国家が作られるのではない[16]。スピノザにおいては,人間の自然権は,理性によって生きているか受動感情に隷属して生きているかに関係なく,全ての者が常に例外なくそれに従っている不変の「自然の諸法則あるいは規則」によって規定されていたから(TP/II/4, 5),各人の自然権が国家の中において終息するなどということは原理的にありえないのである。このことは,次節の冒頭に挙げるスピノザの書簡からも明確にうかがえよう。

II-2 国家の自然権と臣民の自然権の相克と均衡

スピノザはイエレス宛の書簡の中で自分とホッブズの政治学上の相違をこう書いている。

> 「その相違は以下の点にあります。すなわち,私は自然権を常にそっくりそのまま保存させています。従って私は,どんな都市の政府も権力(potestas)において臣民一人一人(subditus)にまさっている度合いに相当するだけの権利しか臣民たち(subditi)に対して有しえないと考えています。自然状態においては常にこうですから。」(EP/50)

この書簡は1674年,つまり『神学政治論』出版の4年後,『政治論』執筆開始の前年のものである。『神学政治論』においてはまだ,自然権を「譲渡する transferre」ことは「人間であることを止める」程度まではなしえない(TTP/XVII/201)という部分的譲渡に留まっていたのだが,ここではそれが徹底化されて,国家(社会状態)においても臣民の自然権が譲渡されたり放棄されたりして失われることはないと明言されている。これは『政治論』に向かってスピノザが各人の自然権の相互的譲渡による「社会契約」を国家形

---

[16] Hobbes, *op. cit.*, Chap. XIV, pp. 116-121.

成の原理としては背景に退かせていったこと[17]の一つの証言と考えてよいであろう。ただ注目すべきは、ホッブズの政治学との数ある相違のうちで、スピノザ自身が国家状態における各臣民の自然権の存続にその相違を代表させているということである。これは、各臣民の自然権の安定的な維持や保護こそがスピノザ政治哲学の究極目標であったということの彼自身による証言なのである。

そしてこの書簡の後半部分は、そのまま『政治論』に引き継がれている[18]。国家（社会状態）においては「各人は『自分以外の他の人々 reliqui』が全体として彼より強力であればある程、それだけ少ない権利を持つ」(TP/II/16)。これを権利と力を等置するというスピノザ独特の自然権観からたんに力能理論的に解釈してはならない。書簡の後半部分と『政治論』のこの箇所が意味するのは、自然状態においてと全く同様に、あの「恐怖」と「希望」の原理がそっくりそのまま国家の統治原理の中へ引き継がれているということなのである。

各人は他者の「力」に「恐怖」あるいは「希望」を持つ限りにおいてはその「他者の権利の下にある」という『政治論』全体の汎通的原理とも言うべき極めて重要なあの原理（TP/II/10）がここで再び機能する。各人が「自分以外の他の人々 reliqui」より、より少ない権利を持つのは、この「各人」が、自分よりもより強力なその「他の人々」全体の「力」に「恐怖」あるいは（安定的自己保存の保証や利得の）「希望」を感じてしまうからなのだ。「恐怖」と「希望」は共に、各人の「力能＝自然権」を減少させるような感情であったから、「他の人々」全体の「力」に「恐怖」もしくは「希望」を抱いてしまったその段階（瞬間）で、各人はそれだけ自己の「力能＝自然権」が減じられてしまうのである（本章II-1の「支配―隷従」関係の「存在論的―感情理論的」分析）。

17　ただし、このイエレス宛て書簡（1674年）と『政治論』（1677年）の間に完成された『エチカ』（1675年）の国家理論には、「契約」という言葉こそ見当たらないが、各人が自然権を「譲渡する cedere」ことによって国家が設立されるプロセスが描かれている（E/IV/37S2）。『エチカ』における国家形成に関するこの問題については、本書第4章III-2を参照。

18　以下の考察につき、上野:1999 第1章「残りの者」が参考になった。

しかし，これは決して権利の「譲渡 alienatio」を意味しない。人間が自己の本質としての自然権を他者に完全に「譲渡」してしまうということはありえないのである。この「各人」のその「他の人々」に対する力が減じられ，彼等への「行動の自由」が制限されてしまっているというのが事態の正確な把握であろう。これはイエレス宛の書簡でいうなら，各々の臣民が，自分の力よりもより大きい政府の力に「恐怖」あるいは「希望」を抱く限りにおいて，自己の権利＝力能がそれだけ減じられ，この「恐怖」と「希望」の分だけ，政府に対する力の行使（抵抗や反乱等）が制限されるということである。これを政府の側からいうと，政府が己れの力で臣民の一人一人に「恐怖」あるいは「希望」を抱かせ，この「恐怖」あるいは「希望」の（臣民全員分の）総体によって臣民全員分の権利が減ぜられた分だけを臣民の総体に対する政府の権利として，つまり臣民への実効的支配力として有するということなのである。このようにスピノザは，権利関係によって力関係を規定するのではなく，逆に力関係によって権利関係を規定するという独自の論理を展開しているのだが，それはなにより自然権と力能の同一視によって，〈自然権は，そのものの力能の及びうる所まで及ぶ〉（TP/II/4, TTP/XVI/189）とした，スピノザ独特の自然権観の結果であることに改めて留意したい。そしてこれを念頭において国家の自然権（コナトゥス）の考察へ進みたい。

　上述のごとく（本章Ⅰ－１④），スピノザは自然物である国家にも自然権を認め，この国家の自然権を「あたかも一つの精神によって導かれるところの多数者＝民衆の力能（multitudinis potentia, quae una veluti mente ducitur）」によって規定している（TP/III/2）。自然権（コナトゥス）は「神の永遠の力能を表現する」という万物の本質であったから（本章Ⅰ－１⑤），国家は，自己自身のうちにある限り，力の限りを尽くして自己の存在を維持し保存することを努力し，その努力は止むことはないであろう（E/III/8·D, cf. IV/Prae）。しかし一方，国家に生きる臣民（民衆）も国家が成立したからといって人間の本性は変わらないから（TP/III/3），各々の「自然権をそっくりそのまま保存」（EP/50, TP/II/15）しており，自己の自然権（コナトゥス）を維持し増大させようとやはり必死になっている。ここに，多数者＝民衆の力能によって

構成された国家の自然権は，自らがそれによって構成されている当の多数者＝民衆（multitudo）つまり臣民の自然権と対面することになる。では，国家と臣民のこの二つの自然権（コナトゥス）は全く対立することなく存在しえるのであろうか[19]。

---

[19] この問いに（本書の以下の考察とは逆に）或る意味で否と答えているのがカール・シュミットである。シュミットによるスピノザ（の内外分離論）批判は既に見たが（本書第7章注10），彼はスピノザから影響を受けてもいる。シュミットは，『独裁論』（初版1921年）の中で，シェイエスが言う，自らは「組織化されえずして組織するものを見い出す」政治理論について論じつつ，「構成的権力（憲法制定権力）pouvoir constituant」と「構成された権力（憲法によって授与された権力）pouvoir constitué」との「関係の表象は，〔スピノザの〕能産的自然（natura naturans）と所産的自然（natura naturata）との関係の表象において，完全な体系上の類縁を持つ。──中略──まさにそこにおいてこの表象はスピノザの体系が単なる合理主義的体系ではないことを証明しているのである。『構成的権力』論も単なる機械的合理主義としては理解しえない。あらゆる国家的なものの根源力である民衆・国民（Volk, Nation）は，絶えず新たな諸機関を制定する。その権力の，限りなく捉え難い深淵からは，国民がいつであれ打ち破ることができ，かつ国民の権力がその中で決して確定的に限定されてしまうことのない諸形態が，絶えず新たに生まれるのである。国民がどんな好き勝手なことをしようともその意欲の内容は常に憲法の規定の内容と同一の法的価値を持つ。したがって，国民は好き勝手に，立法・司法ないしは単に事実的な行為によって，介入することができる。国民は『強制法』の無制限の，かつ制限されない保有者となり，しかもこれは緊急事例だけに限定される必要さえないのである。国民は決して自己自身を制定せず（konstituiert niemals），常にただ他者を制定する。──中略──国民は諸権利を持ち，なんらの義務も持たない。構成的権力はなにものにも拘束されない」（Schmitt : 1921, 1964, 142-143〔邦訳162-163〕）と述べている。シュミットはこのように法に拘束されない絶対的に自由な民衆の権力として「構成的権力」を捉えている。ネグリ（＆ハート）のマルチチュード（多数者＝民衆）の政治学（彼らの主張も本書のスピノザ解釈とは様々な点で相入れないのだが）は，この「構成的権力」の考えをスピノザとこのシュミットから引き継いでいる（Negri : 1997, 36〔邦訳54〕）。

シュミットは『憲法論』（初版1928年）の中では，より明確に，この「構成的権力」がスピノザ由来のものであると述べている。「シェイエスの多くの表現から察するに，『構成的権力』（憲法制定権力）はあらゆる『構成された権力』（憲法によって授与された権力）との関係において，スピノザの理論による能産的自然と所産的自然に対する形而上学的類推と思われる。すなわちあらゆる形態の尽きざる根源であり，それ自体は，いかなる形体にも捉えられることもなく，永久に新しい形体を生み出し，形体なくしてあらゆる形体を形成するのである」（Schmitt : 1928, 2010, 79-80〔邦訳103〕）。

ただ，シュミットは，この『憲法論』では，「憲法法律 Verfassungsgesetz」とは区別され，それを基礎づける，絶対的概念としての「憲法＝体制 Verfassung」の根底にスピノザの「自己保存のコナトゥス」を見ている。「憲法法律は憲法に基づいて初めて妥当し，憲法を前提している。規範的規律としてのあらゆる法律は，憲法法律も含め，それが妥当するためには，究極において，それに先行し，政治的に実存する力または権威によって下される政治的決定〔構成的権力＝憲法制定権力〕を必要とする。実存するあらゆる政治的統一体の価値およびその

スピノザは、「臣民たちが国家の力能または威嚇（minae）を恐れる限り、あるいは国家状態を愛する限りにおいて、<u>自己の権利の下にはなく、国家の権利の下にある</u>（non sui, sed Civitatis juris esse）」（TP/III/8）と言う。先の「都市の政府」や「自己以外の人々」の力への各人の「恐怖」と「希望」と全く同じことがここでも生じてくる。国家の権利は常に一貫して「恐怖」と「希望」（愛）によって保証されている。スピノザはこの点で徹底している。報酬あるいは威嚇（つまり見返りへの希望や権力の暴力性への恐怖）をもってしても何人にもそれをなさしめることができない行為は全て国家の権利には属しないし、<u>何に対しても「恐怖」も「希望」も持たない人間は、（国家の権利ではなく）「自己の権利の下にある」</u>から国家の敵であり、国家は権利をもって拘留してもよいとまで主張しているのである（TP/III/8）。なぜスピノザはここまで臣民への「恐怖」と「希望」の再生産にこだわるのだろうか。自然状態における「各人の各人の力に対する恐怖」を克服し、各人を「自己の権利の下に」戻してあげることを目指して形成された国家（社会状態）において、再び、「恐怖」と「希望」——それらは共に各人の力能＝自然権を減少させる感情であった——による権利の保障によってしか、国家の自然権（コナトゥス）が維持できないとしたら、いったい民衆にとっての国家の存在の意味とは何なのであろうか。それは、国家の自然権（コナトゥス）と臣民の自然権（コナトゥス）との激しい相克の中で、いかにしたら国家が自己の自然権を十全に発揮して、国家の目的である安全と平和を臣民に保証し確保してやれるのかという問いに対してスピノザが極限的なまでの現実主義（リアリズム）によっ

『存在根拠』は、規範の正当性または有用性にあるのではなく、その実存にあるのである。政治的な力として実存するものは、法学的に見れば実存する価値があるのである。それゆえに『自己保存の権利』は、その他のあらゆる議論の前提である。すなわち、まずその存在を維持せんとするのであり、in suo esse perseverare（スピノザ）、その『存在、完全性、安全および憲法』——あらゆる実存上の諸価値——を守るのである」（Schmitt：1928, 2010, 22〔邦訳40〕）。引用文中の"in suo esse perseverare"は明らかに、『エチカ』第3部のコナトゥス定理「各々のものは、それ自身においてある限り、自己の存在に固執しようと努力する（Unaquaeque res, quantum in se est, <u>in suo esse perseverare</u> conatur）」（E/III/6）から取られたものであるが、本書第9章の複合物体論におけるコナトゥス規定や第7章の政治的"salus"の意味を踏まえると、極めて含蓄に富むものである。

て答えようとした言葉そのものの中に求められなければならないであろう。『エチカ』において，この「恐怖」と「希望」の両感情に対して力能論的，認識論的，倫理的に徹底的に否定的な判断を下し痛烈な批判を浴びせるスピノザが[20]，それでも現実の人間は「理性の命令に従って (ex dictamine rationis) 生きることは稀で」あるから，現実生活においてはこの「恐怖」と「希望」(そして謙遜，後悔，恥辱) であっても害悪を差し引いた上で「むしろ」利益をもたらし，それらの感情なしには (強制による) 最低限度の「共同性」すら実現できないとして，一度却下した「恐怖」と「希望」を次善の社会的 (結合の) 感情として[21]救い上げる時 (E/IV/54S, 58S, V/41S)，この徹底した現実主義(リアリズム)は，そこで同時に語られた「俗衆 (vulgus) は恐れを知らぬ時，恐るべきものである」という (タキトゥスからの) 言葉と共に『政治論』の中でリフレインされることになるのである (TP/VII/27)。

『政治論』の現実主義(リアリズム)は，否定的契機を通過することなく一挙に「恐怖」と「希望」の両感情に対する直接的な肯定を掲げる。そして，民衆 (臣民) だけではなく統治者も同様の受動感情に傾き易いという事実を認めた上で，名誉欲や利欲 (嫉妬心) でさえも，そこを通過してしまえば「結果として必然的に」国家にとっての利益 (安全と安定) となるような「政治システム」を構想したのであった (TP/VII/6, VIII/9, X/6・8, XI/4)[22]。

そして国家にとってのこの「利益 utilitas」とは，結局は臣民の自然権

---

20 (E/III/50S, Ad13Ex, IV/8D, 47・S, 63, Ap16, 25, 31, TTP/Prae)
21 (本書第4章注6，第10章注29と37及び第2附論の注2を参照)
22 スピノザは，多くの人々を理性的に生活させるのは不可能だとしても，「とにかく国家の大きな利益になるような感情によって導かれるようにはさせる〔国家の〕基礎 (fundamenta) を設定しなければならない」として，何よりも大事なのは「富者たちに (もし節約ができないならば) 少なくとも貨殖欲は持つようにさせることである。なぜなら普遍的かつ恒常的であるこの貨殖欲の感情が名誉への欲望 (gloriae cupido) と結びつく場合，多くの人々は自分の財産を正しい方法で増大し，それによって諸栄位を獲得しかつ最大の恥辱を避けることに最大の努力をするだろうことは疑いないからである」(TP/X/6) と主張する。また，「人を徳へ駆る刺戟としては，この最高の栄職〔王の顧問官〕を得ようとする共通の希望以上のものはありえないということである。私の『エチカ』において十分に示したように，我々は全て名誉心 (gloria) によって最も多く導かれるからである」(TP/VII/6) とも述べている。本書第4章注6および第2附論注2も参照。

（コナトゥス）の安定的な維持・保存のことに他ならない。それ程までにスピノザは，人間の本質であり根源的〈欲望〉であるコナトゥス（自然権）を政治という位相において重要視しているのだ。臣民のコナトゥス（自然権）を維持・保存するためには国家が自己のコナトゥス（自然権）を十全に維持していなければならず，そのためには，国家は臣民に「恐怖」を植えつけ続け，「希望」や「尊敬」（祖国愛）を臣民から獲得し続けなければならない。スピノザは，「国家が自己の権利の下にあるためには恐怖と尊敬（reverentia）の原因を維持するように義務付けられるのであって，そうでなければ国家はもはや国家ではなくなる」（TP/IV/4）とまで言っている。

　ここまで見てくると，こういうことに気付かないだろうか。つまり，国家が自己の存在を維持・保存するために己れの力に対する臣民の「恐怖」を（これ程までに）喚起し続けなければならないのは，国家もやはり臣民全体の力に対する「恐怖」を持っているからではなかろうかと。そしてスピノザはそれを認めていた。国家を危険にさらすのは，常に外敵よりも自国の国民であり，善い国民は稀であるから，「国家の全権を任された人間は常に外敵よりも国民（cives）を恐れる」のである（TP/VI/6, cf. TTP/XVII/203-204）。君主国家においても，貴族国家においても，統治者は自国の民衆に恐れを抱く。この「恐怖」は「民衆＝多数者 multitudo」の全体によって行われ支配者と被支配者が完全に一致する統治である「絶対統治 imperium absolutum」に至るまで無くなりはしないのだ（TP/V/7, VIII/3, 4, 5）。

　だが，それまでは臣民全体の自然権（コナトゥス）が，国家（最高権力）の自然権（コナトゥス）を脅かしている。臣民の力と国家（最高権力）の力が互いにしのぎを削っているのだ。だからバリバールが示唆するように，「群衆の恐怖 la crainte des masses」の二重の意味——多数者＝民衆（臣民）が国家の力に抱く「恐怖」（TP/III/8）であると同時に国家が多数者＝民衆（臣民）の力に抱く「恐怖」（TP/III/9）であるということ——を理解し，この二つの「恐怖」のバランスを取り，それを愛や理性などの建設的な諸力に取って代わらせることが政治における最重要課題となるのである（Balibar：1985, 60）。これは臣民への最低限度の支配に限定するならば，臣民の「恐怖」が引き出

せなくなった瞬間に，国家（統治者）の支配権は効力を失ってしまうということである。二つの「恐怖」のバランスが崩れる時，力関係の変動に伴って権利関係も変化し（本章Ⅰ-1），国家（統治者）による支配は無効になってしまうのである。

だからこそ国家が「自己の権利の下にある」ためには，国家（統治者）は臣民が国家に対して抱く「恐怖」と「尊敬」の原因を維持し続け，「尊敬」を失うような行為を慎みまた臣民の「恐怖」が「憤激 indignatio」へと発展しないように細心の注意を払わなければならないのである（TP/Ⅳ/4・5・6, Ⅷ/7）。憤激した臣民（民衆）は，国家（最高権力）にとって最も恐るべき存在となる。彼等は報復のために結集して立ち上がる。自分たちの自然権（コナトゥス）を脅かす国家の最高権力へと立ち向かう。いかなるものも「その存在を奪いうる全てのものに抵抗する（opponi）」というのがコナトゥスの根本的本質であった（E/Ⅲ/6D）。このような抵抗を誘発することで最高権力の権利と力，つまり国家の自然権は激減してしまうのだ（TP/Ⅲ/9）。これは，そもそも国家の自然権が多数者＝民衆の共同の力によって構成されていたことを考えれば火を見るより明らかである。その上，この「憤激」が「感情の模倣」を通して臣民の大部分の間に「伝染」していく――あるいは国境を越えて他国にいる同様な立場の同調しやすい人々にまで「伝染」して外国からの批判も受けることになる可能性を考えると，臣民の「恐怖」を「憤激」へと転化してしまうような命令を下す権利は国家（最高権力）の権利には属さないことになる（TP/Ⅲ/9）。それゆえ，多数者＝民衆と統治者との間の「契約 contractus」（統治契約）は「国の権利 Jus civile」ではなく「戦争の権利 Jus belli」によって保障されている。つまりその「契約」を破ることで臣民たちの「共通の恐怖」が「憤激」に変わってしまって戦争が引き起こされ，それによって国家が解体してしまうという事態を回避するためにのみ統治者は「契約」を守るよう拘束されるのである（TP/Ⅳ/6）。

スピノザにおいては，最高権力（国家）のみが，善・悪，公平・不公平を決定する権利を持ち，法律の作成と解釈の権利を持つのであるから，最高権力（国家）は国法に関しては罪を犯しえない。ただ，もし最高権力（国家）

が罪を犯すことになるとしたら，己れの行為によって自身に対する臣民の「尊敬」を失い，臣民の「恐怖」を「憤激」へと変化させてしまって，それによって社会状態を戦争状態に転落させてしまうことによってのみである（TP/IV/4・5）。最高権力（国家）の罪とは，まさしく自己の自然権（コナトゥス）を自ら犯してしまうことに他ならないのだ。そしてこの国家の自然権（コナトゥス）を守るのに不可欠の「恐怖」と「尊敬」の原則は，戦争の権利によって保障されているから，国法でなく自然法（Jus naturale）に属している。これは既に確認したように（本章Ⅰ-1④），国家とて自然物である限りは，自然の普遍的な諸法則・諸規則の外部には出ることはできないということである。国家は，臣民の「憤激」によって戦争を勃発させてしまい，解体して自己の「自然＝本性 natura」たる自然権（コナトゥス）を破滅させる時，まさしく自然法（Jus naturale）に反しているのである。

ただここで問題なのは，国家のこの自然法違反に対する臣民の側の「抵抗権」をスピノザが承認しているかどうかということである[23]。私は，スピノザは抵抗権を積極的に認めたのではなく，もし最高権力が「公共の福祉」に反したり圧倒的な暴力を臣民にふるって，それが臣民の「恐怖」を「憤激」にならしめる程のものであったら，自然＝必然的に，国家は戦争状態に戻ってしまうという事実を確認した上で，そうならないためには，いかにそれぞれの国制（君主制・貴族制・民主制）は整備されなければならないかという，国家の自然権と臣民の自然権の均衡を維持するための方法あるいは「政治システム」の構想の方にむしろ力点を置いていたと考える。

---

[23] マイヤー＝タッシュは『ホッブズと抵抗権』（1965年）の中で，ホッブズにもスピノザにも抵抗権を認めている。マイヤー＝タッシュは，ホッブズが市民に，その事実的な力の強弱に関係なく自己防衛権を承認しているのに対して，「市民の抵抗権はその抵抗力の及ぶところまで及ぶ」とするスピノザには，ホッブズのような自己防衛権という留保が全くなく，抵抗権の範囲はホッブズよりもスピノザの方が狭いとしている（Mayer-Tasch：1965, 124〔邦訳 246-247〕）。確かに『エチカ』では，いかなるものも「その存在を除去しうるもの全てに対抗する（opponitur）」（E/Ⅲ/6D）という，「自己」に対する「他者」あるいは「外界」からの脅威とそれへの反発という存在論的緊張関係の事実が，「自己保存のコナトゥス」の証明には示されており，それがスピノザ社会哲学における「抵抗権」（TP/Ⅳ/4, 5, 6）の存在論的淵源となっていると考えられる。なお本書第2章の注14も参照。

人間本性が不変的なものである以上，政治における重要な契機としてのこの「恐怖」と「希望」の原理はいかなる状況にあっても消失することはない（TP/III/3, V/2）。この原理は，スピノザが各個人間の自然状態からの国家形成と類比的に，各国家間の自然状態からの同盟関係の形成[24]を語る時にも依然として汎通的原理として機能している（TP/III/11〜16）。しかし，国家が自己の自然権を更により安定的に維持していくためには，「恐怖」だけに頼って抑圧的な支配を行ったり臣民の「恐怖」にデリケートになることだけに全神経を消耗させてしまうのではなく，常に臣民（民衆）の「福祉 salus」に配慮し，その度ごとに臣民の「尊敬」と国家の中にいることで得られる「希望」と，そしてそこから生じる「祖国愛」や「忠誠心」を勝ちとってゆかなければならない。国家の自然権と臣民の自然権との相克は，国家が臣民に安全と平和と「公共の福祉 communis salus」を保障してあげる代わりに，国家自身の自然権（コナトゥス）を臣民にも保障してもらうということによってしか安定的には調停されえないのである（TP/VI/8, VIII/11）。

II-3　恐怖による支配から自由愛と希望による制御へ

　臣民がただ「恐怖」によって抑圧的に支配されて戦争が欠如しているだけの――臣民が無気力に隷従しているだけの――国家は「平和状態」にあるとは言えず，むしろ「荒野 solitudo」に過ぎないとするスピノザは（TP/V/4），支配の析出を「恐怖」だけに頼る国家は最低限度の「共同性」しか実現していない国家であると考えている。スピノザが，政治における最重要課題は国家の存在の「安定」であると考えていたことには間違いないが，「恐怖」のみによって支配する国家がたまたま安全と安定そして永続を達成していたとしても，それで国家の目的を完全に達成しているとは到底言えないであろう（TP/VI/4）。

---

[24]　レオ・シュトラウスの現実主義的(リアリスティック)なスピノザ解釈（本書第4章I-3）の影響を受けつつも，三木清は，『政治論』における（TP/III/16）平和条約の締結諸国家（同盟諸国家）を国際連盟とカントの永久平和論の思想的先駆とみなしてしまっている（三木：1932, 221）が，これはスピノザの現実主義的(リアリスティック)な国際関係論の真意を捉え損なっている（河村：2013b）。

なぜなら，これまでに何度も確認してきたように国家の目的とは，支配することそのものにあるのではなく，政治的「安全」や「安定」を実現することによって，臣民の自然権（コナトゥス）の維持と増大をよりよくより安定的に達成させてあげるということにあるからである（TTP/XX/240-241）。よって最低限度の安全と安定の達成は，そこから国家の本来の目的の達成が目指される極めて重要ではあるが一つの「条件」に過ぎないのである（TP/X/8）。スピノザは，征服された民衆は奴隷的であり，ただ死を回避することに努めて「恐怖」に導かれるが，自由な民衆は「恐怖」よりも「希望」に導かれ生活の向上に努めるとも言っている（TP/V/6）。

しかし，臣民を導く「感情」が「恐怖」から「自由愛」と「希望」に代わったとしても（TP/X/8），それで，最高度の「共同性」（安定性）が実現されるというわけではない。『政治論』の描く国家は，あらゆる理想主義とユートピアを排した後に残るあるがままの人間の現実としての「感情」から出発してはいるが，「理性」というものの役割を完全に却下した上に成り立ち存続されるようなものではなく，そこにおいて「理性」の役割はむしろ積極的に評価されているのである（TP/II/20, 21, III/6, 7, IV/4, V/1, VIII/7）[25]。

ただし，徹底した現実主義(リアリズム)をとる『政治論』は，（受動）感情に対する理性の優位あるいは支配というものによって，国家と政治の目的を達成しようとするのではない。国家の自然権を永続的に維持するためになされることは，国家の生命たる「法 jura」――それは「理性の指図 rationis praescriptum」によって立てられる――を安定的に維持することで，支配者と被支配者の全てが，感情に導かれていようが理性に導かれていようが，自発的にであろうが強制的にであろうが，<u>結果的に</u>（「理性の指図」に従って）「公共の福祉 communis salus」が要求することをなさざるをえないような国家のシステム，

---

[25] 例えばラクロワはこう言っている。「国家の目的とは，戦いと戦争を回避し，同国人の間に平和を確立することである。――中略――国家は強制的なものである。そして国家は諸力の秩序を表している。つまり国家は，感情はそれとは別の或る感情によってでなければ撃退されえないという原理に従って，人間達の間の衝突を防止する。国家は諸受動感情の間に均衡（équilibre）を実現するのである。しかし，この均衡は理性による生活にとっては必要なものであるから，この均衡を欲するのは理性にふさわしいことである」（Lacroix : 1970, 83）。

法に対する理性と共通感情の両方の支持を引き出せるような政治システムを構想することである（TP/I/6, II/21, VI/3, VII/2, X/9）。そういうシステムが確立された時初めて，統治者が名誉欲などの人間的「欲望」の本性に身を任せていても，そこから「結果として必然的に」，「恐怖による統治よりは恩恵＝親切（beneficium）による統治」がなされるようになるのである（TP/IX/14）。

結論——政治的救済・コナトゥス・安定性——

　本書第1章の冒頭で述べたように，私は，スピノザ哲学が究極的に目指したのは「救済 salus」であったと考えている。『エチカ』における「哲学的救済」，『神学政治論』における「宗教的救済」と並んで，『政治論』では「政治的救済」が追求されている。実際，注意深く読むと『政治論』では，国家の目的について述べられた第1章第6節を始めいくつかの重要な箇所において，「政治的救済」という意味での国家の「安全・存亡 salus」や民衆（臣民）の「福祉 salus」，「公共の福祉 communis salus」，「万人共通の福祉 omnis communis salus」という言葉が用いられている（TP/I/6, V/7, VI/, 3·8, VII/3·4·5X/1)。

　私は，スピノザ哲学における「救済」の根底的基礎に「コナトゥス」を見出したが（本書第1章），本章では，政治という位相において現れた〈限りにおけるコナトゥス〉としての自然権をめぐる個人と個人，臣民と国家（あるいは国家間）の「相克と均衡」について論じた。『政治論』の究極的な目的（「政治的救済」）は，「あらゆる政治的関係」の中で必然的に生じてしまうこの「相克」に対して有効なシステムを構想し，それらの政治的諸関係に「均衡」と「安定性 stabilitas」を与えること[26]，つまりは，（臣民であれ国家であれ）<u>あらゆる政治的主体の自然権（コナトゥス）の安定的保存と増大を保障する</u>というものであった。スピノザの「国家の救済と保存 Reipublicae salus, & conservatio」（TP/X/1）という言葉そのものが，本章のこのモチーフに確かな根拠を与えてくれている。

---

[26] 『政治論』全体のモチーフを，このような「安定性と均衡の実現としての救済」として捉える試みは本書第7章II－2でも行っている。

第1附論　ディープエコロジーのスピノザ受容
——A. ネスの場合——

序

　1980年以降アメリカを中心に大きな展開を見せることになるディープエコロジー思想（運動）とスピノザの哲学との密接な関係は意外にも広くは知られていない。しかし，「神即自然 Deus seu Natura」の汎神論を唱えるスピノザ哲学の或る種のアニミズムが，人間中心主義的ではない環境思想を提供してくれるのではないかという予感や，独自のコナトゥス理論に裏打ちされたスピノザの存在論と自然哲学が西欧近代の原子論的，機械論的自然観を超える視点をもたらしてくれるのではなかろうかという期待は，スピノザ哲学の本質を漠然とでも知る者であれば難なく理解できよう。しかし本附論で私が提示したいのは，ディープエコロジーとスピノザ哲学とのより始源的な形而上学的結びつきであり，更に言えば，ディープエコロジー理論の成立と発展には，スピノザ哲学（特にそのコナトゥス理論）からの理論的提供が不可欠であったということの証明である。

　ディープエコロジストにはスピノザ研究者が少なくはない。例えば，ディープエコロジーという言葉を初めて提唱したA. ネスと『エコロジカルセルフ』（1991年）という画期的なディープエコロジーの著作を著したF. マシューズは共にスピノザ研究から出発しており，自己のディープエコロジーの理論的支柱としてスピノザ哲学を持っている[1]。またネスの同志であるG. セッションズも，スピノザの汎神論に西欧の人間中心主義を超える手がかりを求め，スピノザに関するいくつかの論文を書いている。本附論では，この中でも特にネスによるスピノザ哲学の理解と受容の検討を通して，ディープエコロジーについて，ひいては人間と自然とのかかわり方や自然保護のあり

---

[1] スピノザ（特にコナトゥス理論）から大きな影響を受けたこのマシューズの環境哲学については，河村：2002を参照。

方について考えてみたい。

I　ディープエコロジーとは何か――ネスの定義

「ディープエコロジー」とは，1973年のネス（A. Naess：1912-2009）の歴史的な論文「浅いエコロジー運動と深く長期的なエコロジー運動：要旨」において初めて提出された概念である。ネスはこの論文の中で，当時のエコロジー運動は，「浅いものではあるが，現在，かなりの勢力を持っている」運動と，「深くはあるが，影響力に見劣りのする運動」の二つが競合しているとし，前者を「浅いエコロジー Shallow Ecology」，後者を「深いエコロジー Deep Ecology」と呼んだ（Naess：1973a, 3）。ネスによると，「浅いエコロジー運動」とは，「汚染と資源枯渇と戦う」が，あくまでその「中心目標は，先進諸国の人々の健康と豊かさである」ようなものである。これに対してネスは自らが唱える「深いエコロジー」の特徴を以下の7点を挙げることによって示している（森岡：1995を参考に部分的に訳出し説明を加えた）。

(1)「環境における人間 human-in-environment」のイメージを退け，「関係的-全体的フィールド relational, total-field」のイメージを支持する。生物（Organisms）とは生命圏の網の中の結び目であり固有な諸関係のフィールドにおける結び目である。これは，生命を原子論的世界観ではなく，関係主義的世界観によって捉えるということである。

(2)「原則として in principle」の「生命圏平等主義 biospherical egalitarianism」。「原則として」という限定が付くのは，いかなる現実的な実践にも，何らかの殺傷，搾取，抑圧が必然的に伴うことをネスは肯定しているからである。エコロジーのフィールドワーカーにとっては，「生き開花する平等な権利」は「直観的に明晰判明な価値の公理 an intuitively clear and obvious value axiom」である。この権利を人間に限定するのは，人間そのものの生き方の質に悪い影響を及ぼす人間中心主義（anthropocentrism）である。

(3)「多様性（diversity）と共生（symbiosis）の原理」。多様性は，生存の潜在的可能性と，新たな生命様式が出現するチャンスと，生命の様式の豊

かさを増大させる。我々は，込み入った生命の関係性の中で，殺戮，開発，抑圧を目指すのではなく，互いに共存し協力する方向を目指すべきである。ディープエコロジーは，人間の生活様式，文化，職業，経済の多様性を支持する。そして，経済的，文化的，軍事的な侵略支配に対して戦い，アザラシやクジラや（少数）民族・文化の絶滅に反対する。

(4) 「反階級の姿勢」。ディープエコロジーが目指すのは，「無階級の多様性」である。南北問題にもこの姿勢を適用する。

(5) 「汚染と資源枯渇」に対しては戦う。ただ，階級格差（南北間の大きな格差）を無視して，汚染と資源枯渇を一方的に強調することはディープエコロジーの立場ではない。(1)〜(7)全てを同時に顧慮しなければならない。

(6) 「混乱ではなく，複雑性」を評価する。生命体や自然の中に見られる驚くべき高いレベルの複雑性を評価し，それを社会システムのなかにも実現すること。

(7) 「地方の自律と脱中心化」を支持する。地方の自律によってエネルギー消費は減少し汚染も減る。

以上が，ネスが1973年の論文において唱えた「深いエコロジー」の概要である。環境問題を，人間と自然の根源的な繋がりや，生命というものの根源的な考察から「深く」掘り下げて洞察した「深いエコロジー」宣言であり，その後の環境思想と環境保護運動に極めて大きな影響を与えることになった。ただ，このようなディープエコロジーに対しては，その後，いくつかの重要な批判が向けられた。それは，ネスのディープエコロジーは「生命圏平等主義」や「多様性と共生の原理」を主張するが，それなら男女の平等と共生が前提とされるべきだし，また「反階級の姿勢」を強調するのなら，女性に対する性的な抑圧と社会的差別も問題にすべきである。そもそも，自然を支配し搾取することを肯定する近代の哲学と家父長制が今日の地球環境危機をもたらし，同時に男性による女性の支配と抑圧を可能にしてきたのに，ネスのディープエコロジーが「人類」と言う時にイメージしているのは「男性」でしかない，というエコフェミニズムからの批判や，ディープエコロジーはあ

まりに，哲学的，宗教的であり，現実的，社会的な問題解決策を考えてはいないという社会派エコロジーからの批判（森岡：1994, 86-88），更には，ディープエコロジーは，人間中心主義などの西欧近代的思考という敵があって初めて成立しうる「対抗理論」に過ぎないという批判（森岡：1996, 62-63）などである。

II　ネスのディープエコロジーにおけるスピノザ哲学の影響

ディープエコロジー宣言とも言うべき1973年の記念碑的論文は，パンフレット的性格の強い極めて短い論文であるが，スピノザには重要な言及がなされている（Naess：1973a, 8）。そこにおいてネスは，自らの「エコソフィー」[2]の模範をスピノザの『エチカ』の厳密な体系（システム）に求めている。そしてこの厳密な体系化の夢は，1976年にノルウェー語で出版され，1989年に大幅な加筆・修正を施した英語版が出版された主著『エコロジー・共同体・ライフスタイル─エコソフィーの概要─』の中で──その成否は別として──現実のものとなるのである（Naess：1989, 72, 198〔邦訳118, 317〕）。以下では，この1989年の主著をもとに，ネスのディープエコロジーにおけるスピノザ哲学の影響を考察する。

II－1　スピノザの有機論的自然観からネスの「ゲシュタルト的思考」への影響

自然支配と環境破壊の元凶とも言うべき西欧近代の伝統的な原子論的・機械論的自然観，人間中心主義的世界観から離脱し，事物あるいは自然の「関係主義relationalism」的な把握と更には「ゲシュタルト的」把握を獲得する

2　自然科学としての生態学である「エコロジー」と，「エコロジーと哲学に共通した諸問題の研究」であり，大学で行われる「記述的研究」としての「エコフィロソフィー」，そしてこの「エコフィロソフィー」がたんなる理論としてではなく各個人の価値基準や世界観となり，その個人の現実の状況において「決断」を導く場合の「エコソフィー」をネスは区分している。「エコソフィーecosophy」は学問ではなく各個人の姿勢や観点を指す名称である。ネスは，各人それぞれに応じてそれぞれのエコソフィーがあるとし，自らのそれを「エコソフィーT」と名付けている（Naess：1989, 36-37〔邦訳61-62〕）。

ことによって，全生命は，根源的に平等であり，初めから共に繋がりあっているということを自覚し，自然を対象化し，抑圧するのではなく，「大いなる全体」としての自然と「一体化」しつつも，自然のうちにある多様性と共に生きることが，ディープエコロジーの基本思想であるが，このようなディープエコロジーの思想的特徴——特にその自然観，世界観，生命観——の中には，ネスが長年にわたり研究してきたスピノザ哲学からの大きな影響がはっきりと観取できる。注意深く見れば，原子論的・機械論的自然観から「関係主義」的あるいは「ゲシュタルト的」思考への転換を基礎付けるに当たって，ネスがスピノザの有機論的自然観から大きなインスピレーションを受けていることは一目瞭然である（Naess：1989, 10, 39, 63, 82-83, 201〔邦訳 17, 66, 103, 134, 321〕）。

生物を生命圏の網の目の中の結節点として捉えるネスの関係主義的世界観は，『エチカ』第1部の存在論の「水平の因果性」の議論（E/I/28）と重なるし，この「水平の因果性」の議論は，そのまま「生態圏平等主義」における「人間中心主義」批判の議論と繋がっている。スピノザによると，自然の中の人間は「国家の内なる国家 imperium in imperio」ではない（E/III/Prae, TP/II/6）。人間は自然の中でなんら特権的な地位にあるのではなく，他の存在物と全く同じく自然の秩序と法則に従っている。人間は「自然の一部 pars naturae」に過ぎないのである（E/Ⅳ/2, 4, 57S, Ap6・7・32, TP/II/5・8, TTP/III/46, IV/58, XVI/191, EP/30）。だから人間は「自由意志」を持っており，この「自由意志」によって自己の受動感情を支配でき，世界に対して超越的な立場に立てるなどと考えるのは，「無知なる者」の幻想である。なぜなら，人間はその身体も意志（精神）も自己の内外の様々なものとの複雑な因果関係の網の目の中に存在しており，その関係性の中で存在や活動へと決定されるからである。人間や他の生命体は全ての存在物と全く同様に，そのような関係の網の目の中の結節点に過ぎないということである。スピノザのこのような考えをネスは，自らの「関係主義」の立場を説明する中で，「同様に一個の人間は，人間が全体の場の中での関係的な結節点（a relational junction within the total field）であるという意味では，自然の一部（a part of nature）で

ある」(Naess：1989, 56〔邦訳92〕) とそのままパラフレーズしている。

　ただここで注意すべきは，スピノザはこの有限な存在（様態）同士の間の「水平の因果性」を事物の間のたんなる機械論的な因果関係として示してはいないということである。スピノザは機械論的自然観ではなく有機論的自然観を持っていたのである。スピノザのこの有機論的自然観が最も顕著に表れているのは，全自然を一つの「個体 Individuum」として見る『エチカ』第2部の（複合）物体論（E/II/13Lem7・S）と，以下に取り上げる第32書簡である。この書簡においてスピノザは，「自然の各部分がどのようにその全体と調和し（conveniat），またどのように残余の部分と連結する（cohaereat）のか」という問いに対し，「諸物の本性が相互に和合していて（accommodat），それらができる限り相互に一致する（consentient）限り，私はその諸物を或る全体の部分と見なし，これに反して，諸物が相互に調和しない限り——中略——それは部分ではなく，全体と見なされるのである」と答えた上で，血液の例を挙げてそれを説明している。血液中の粒子は，それ自体で見れば一つの「全体」に見えるが，血液中の他の諸粒子との間に本性上の相互の適合と調和が存在する（諸粒子の間に或る一定の割合による運動の相互伝達が存在する）場合，それら諸粒子は「全てが一緒になって simul omnes」，血液という流動的「個体」を構成して，それぞれはこの血液という「全体」の「部分」となる（cf. E/II/13Ax2Def）。しかし今度は，この血液自身も——自己を構成する諸粒子の場合と同じように——自己の外部の諸物体との間に本性上の相互の適合と調和が存在する（或る一定の割合による運動の相互伝達が存在する）場合，それらと共に人間身体という「全体」を構成して自らはその「部分」となる。しかしこの人間身体もまた，自己以外の諸物体との相互作用（水平の因果性）に晒されているから「全体」のままではありえず，見方を変えれば「部分」として現れてくることになる。全ての物体は他の諸物体との「水平の因果性」の中でしか存在しえないから，ここから更に同じようにして進んで，全ての物体は全自然（全宇宙）という一つの「個体 Individuum」を有機的に構成する「部分」であり，その全自然という「全体と調和し，残余の諸物体と連結する」という有機論的自然観が説明されることになる。

スピノザのこのような有機論的自然観は[3]，ネスが事物と自然の「ゲシュタルト的」把握を獲得するのに大きな影響を与えているようだ。ネスは，全ての「物はどのようにして繋がっているのか」ということをゲシュタルト的思考によって考える。ネスは，「全体はその部分の総和以上のものである」というゲシュタルト心理学の標語は，「全体の特性が一つ一つの部分に滲み出ている」ことが述べられていないという点で不十分であるとし，「全体と部分は内的に関係付けられて」おり，「全体は諸部分の中にある」ということが，つまり「全体を，下位の諸々の全体によらずして示されうる或るものとしては捉えられない」ということが把握されなければならないと言う（Naess：1989, 57-59〔邦訳 94-96〕）。

　このような考え方は，それぞれの「個物（諸部分）」とは「神＝自然（全体）」の属性の変状であり，「神＝自然（全体）」の属性を一定の仕方で表現している様態であるというスピノザによる個物の定義（E/I/25C）と共に――ネスの主著の英訳者 D. Rothenberg も指摘するように――先にに見たスピノザの全体と部分についての考え方を彷彿とさせる（Naess：1989, 10〔邦訳 17〕）。実際ネスは，上述のスピノザの第 32 書簡の血液の例えを細胞に置き換えて

3　古代から現代までの西洋の環境思想史（自然哲学の歴史）の流れにおけるスピノザの位置づけについては，河村：2006 を参照。また本章本文では詳述していないが，スピノザの自然観が彼独特のコナトゥスによって力動的な自然観になっていることについては説明が必要であろう。ヘーゲルが，『エンチクロペディー』（1817 年）などで「無世界論 Akosmismus」と批判したスピノザの体系を，生命なき硬直した機械論に陥ることから救い出してそこに力動性を与えているものこそがコナトゥスなのである。
・シェリングは，『人間的自由の本質』（1809 年）において，力動的な自然観によって修正されねばならないスピノザの硬直した哲学は，暖かい愛の息吹によって魂を吹き込まれなければならなかったピグマリオンの彫像のようなものだ，と言っているが，まさにコナトゥスこそが，スピノザの体系に生命と力動性を与えてくれているのである（Schelling：1991, 60-61.）。
・「力動的というバロックのもう一つの本質的特徴が，またスピノザの哲学を性格づけている。―中略―個物の本性を努力〔コナトゥス〕において認める者は，世界を静止的にではなくて，力動的に解したと言うべきである。」（ゲープハルト：1932, 124）。
・「このコナトゥスの原理の重要性は，―中略―それがなければ，物理的世界のあまりに生硬な機械論的あるいは原子論的説明に見えたであろうものを，それが和らげてくれるという事である。」（Hampshire：1951, 1992, 67）。
・「物体は，この属性の様態としてのコナトゥスにおいて据えられることによって，機械的，静的にではなく，力学的，動的に把握されることになった。」（竹内良知：1979, 180）。

そのまま同様の内容を説明しており，スピノザの第32書簡が，ネスのゲシュタルト的自然観に大きな影響を与えていることは間違いないであろう (ibid., p. 79〔邦訳 128-129〕)。

ただネスは，細胞であれ人間であれ，その「環境」の中で，他のものとの密接不可分の相互作用（水平の因果性）を通して初めて存在しているわけだから，「全体（環境）」の中から「部分」として切り離して考えることは原理的に不可能であるという「ゲシュタルト的」自然把握から，「ゲシュタルトは私と私でないものを共に結び付けて一つの全体にする」というディープエコロジー的思考へと進んでいく。ネスによれば，人間は「関係の体系における接合点 a juncture in a relational system」であり，「この関係の体系が，人間を有機的体系として，動物や植物に結び付け，人間という有機体の内外にあると習慣的に言われる生態系（ecosystems）とも結び付けている」(ibid., p. 60, 79〔邦訳 99, 129〕)。そして，このような自己と自然との「繋がり」の（ゲシュタルト的）自覚こそがディープエコロジーの出発点であり，また後に見るようなネスのディープエコロジーの鍵概念である「自己実現」と「一体化」を可能にするのである。

II－2　スピノザの「自然権」理論とネスの「生命圏平等主義」

『エチカ』の存在論には上に見た「水平の因果性」ばかりではなく，有限な存在（様態）と「神あるいは自然」との「垂直の因果性」の議論（E/I/26, 27）も在ることを忘れてはならない。この「垂直の因果性」の議論は，ネスの「生態圏平等主義」で主張される，あらゆる生命に「生き開花する平等な権利 the equal right to live and blossom」を認めるという議論にも繋がっていく。スピノザは，有限な存在（様態）は，有限な世界の中での相互作用（水平の因果性）の中でのみ存在していると考えていたのではない。実は，「水平の因果性」おいて，有限な存在（様態）を存在や活動へと決定する他の有限な存在（様態）は，有限な存在として姿を現した（様態化した）「限りにおける神 Deus quatenus」であるから，この「水平の因果性」は「神あるいは自然 Deus seu Natura」(E/IV/Prae, 4D) の力によって初めて成立してい

るのである（E/I/28D）。このようにしてスピノザは，神の力能が全てのものに浸透していることから，人間や他の生物だけではなく非生命体を含めた万物に「自然権 jus naturae」を認めることになる。この点，「自然権」を人間のみに認めた同時代のホッブズなどとスピノザの間には決定的な相違が存在している。これは現代の環境倫理学のコンテクストで言えば，人間に限定された「自然権 natural rights」だけではなく，自然を構成している各要素の権利もしくは自然全体の権利としての「自然の権利 the rights of nature」を認めていこうというナッシュの「自然権から自然の権利へ」という倫理の進化あるいは権利概念の拡大の過程の思想の先取りとも考えられる（Nash：1989, 4-8）。

Ⅱ－3 「生命圏平等主義」と「人間中心主義」との緊張関係

　スピノザの場合は，「自然権」を有限な存在（様態）によって表現あるいは展開（説明）された「限りにおける神＝自然」の力能と考え，あらゆる有限な存在（様態）は，この「表現あるいは展開」によってのみ存在し活動することが可能になると考えているので，非生命体としての物質にも権利（自然権）を認めることになる（E/Ⅲ/6・D, 7・D, TP/Ⅱ/2-5）。これに対し，ネスの「生命圏平等主義」は，あくまで生命ある存在の間での平等と権利の確認と保証の問題であり（Naess：1989, 164-171〔邦訳 260-272〕），たとえネス自身が，「生命」は「河川（流域）・景観・文化・生態系・『生きている地球』のごとく生物学者が無生物に分類するものをも指している」（ibid., p. 29〔邦訳 51〕）と言ったとしても，厳密には，例えば石には「生き開花する平等な権利」は認められず「生命圏平等主義」の外に置かれることになる。これは「生命中心主義」あるいは「生命至上主義」とでも言うべきものである。ネスの「生命圏平等主義」は，スピノザとは異なり自然に存在するもの全てに「権利」を認めているわけではないのである。もちろん，両者には「権利」概念の捉え方の根本的な相違があり，非生命体にまで自然権を認めるスピノザの方が環境思想的にラディカルであるとは一概には言えない。

　スピノザは，各個物，各個人間において力能（として現れた〈限りにおける

コナトゥス））にアプリオリな大きさの相違を認めており、この点が環境思想的には問題となってくる。デカルトのような動物や植物に感覚の存在を認めないという立場（動物機械論）をを批判して、スピノザが、神＝自然の絶対に無限なる力能の各個物における例外なき浸透について、「全ての個体は度合い（gradus）の差こそあれ精神を有している（霊化されている animata sunt）」と述べることで（E/II/13S）、「度合い（大きさ）のアプリオリな相違」を前提に（E/I/Ap, IV/Prae）、存在するもの全てに例外なくコナトゥスを認めた時、そこには「平等」と同時に「差異」が持ち込まれ、たとえその「差異」が価値的、倫理的コノテーションを全く持っていなかったとしても、いや持っていなかったからこそ、善悪を超えた弱肉強食の冷厳なる自然法則が「自然主義的に」認められることになる。そもそも自然権の具体的内容を説明してスピノザは、大なるものが小なるものを食べるのは最高の自然権によってであると述べていた（TTP/XVI/189）。こうして、スピノザは人間と動物の関係についてこう述べている。

　　「動物の屠殺を禁じるあの掟が健全な理性よりはむしろ虚妄な迷信と女性的同情とに基づいていることが明らかである。我々の利益を求める理性は、人間たちと結合するようにこそ教えはするが、動物あるいは人間本性とその本性を異にするものと結合するようには教えはしない。むしろ、理性は、動物が我々に対して有するのと同じ権利を我々が動物に対して有することを教える。無論、各自の権利は各自の徳ないし力能（potentia）によって定義されるのだから、人間は、動物が人間に対して有する権利よりはるかに大なる権利を動物に対して有するのである。しかし私は、動物が感覚を有する（sentire）ことを否定するのではない。ただ、そのため、我々の利益を計ったり、動物を意のままに利用したり、我々に最も都合がいいように動物を取り扱ったりすることは許されない、ということを否定するのである。実に動物は、自然＝本性上、我々と一致しないし、また動物の感情は人間の感情と自然＝本性上、異なるからである。」（E/IV/37S1）

　権利を力能（コナトゥス）によって定義し、その力能（コナトゥス）のアプ

リオリな大きさの相違を認めた時，スピノザは——自らが感覚や感情の存在を認める動物を（E/III/57S），自己の利益追求のための手段として，特別の配慮もなく完全に自由に利用してよいとするわけだから——或る意味でデカルトよりも残虐な動物に対する態度を受入れることを正当化することになる。スピノザの「倫理」は我々と本性を同じくするものにのみ通用するものである。同じ人間の間でさえ，「賢者」と「無知なる者」との間には対等な倫理的関係は成立しないのである（E/IV/70・D・S）。よってスピノザが人間のみでなく動物（や植物や更には非生命体）にまで自然権を認めたからといってそこには何ら政治的（法的），道徳的含意はない[4]。万物が例外なく神＝自然の力能を表現することによって存在していること，つまり例外なく自然権（コナトゥス）を有しているというのは，存在論的なレベルでの条件の「平等」に過ぎない。このレベルに限定して考えれば，一見「人間非中心主義」的なスピノザも，各人，各個物のコナトゥスが現実的活動力能として展開される場としての様々なレベル（例えば認識論的レベルや政治的レベル）で考えれば，結果的に「人間中心主義」的立場に立っているということは明らかである。超越的な善悪の観念を拒否して，自然的事実としてのコナトゥスによって倫理を基礎付けるスピノザは，「結果としての人間中心主義」を当為としてではなく，自然的事実として承認してしまうのである。

　この点，ネスの「生命圏平等主義」も，実は完全な「人間非中心主義」ではない。ネスの「生命圏平等主義」が，「他の生物に不必要な苦痛を与えてはならない！」という規範を重要視しつつも，人間の「生存に関わる必要 vital needs」を他の生命の「生存に関わる必要」に優先させているのは明らかである（Naess：1989, 29, 170-171〔邦訳50, 271-272〕）。

---

[4]　実際，スピノザは自然権あるいは権利を「力能」（コナトゥス）によって定義しているから（E/IV/37S1, TP/II/4），「力能」（コナトゥス）のアプリオリな大小，アポステリオリな増減によって人間を含めた各自然物の「自然権」はそれぞれその都度決定されることになる。そしてここから，各人，各自然物の間における自然権の大きさ（度合い）の相違とその増減が存在することになる。このような独特の自然権理論に基づいてスピノザは，動物どころか女性や奴隷にすら政治的権利を与えてはいない（本書第5章参照）。

「平等の権利という言葉によって定義された生命圏平等主義の原理は，これまで時々誤解され，人間の必要は人間以外のものたちの必要に対して決して優先されるべきではないということを意味していると受取られた。しかしこのような意図は全くない。実際問題として私達は，例えば私達により近いものに対しより大きな責務を負う。これは，義務には時として人間以外のものの殺生や傷害が含まれることを意味している。」(Naess：1989, 170〔邦訳271〕)

　結局ネスの「生命圏平等主義」は，スピノザの汎神論的自然権論のように万物に「(生き開花する) 権利」を認めているわけではないし，生命あるもの全てにはその権利を認めているとしても，そこにおける「平等主義」には，このように最初からディープエコロジー自身が攻撃の対象とする人間中心主義的要素が潜んでいるのだ。よって「一見して明らかなとおり，人間が他の生物を殺さなければ生きてゆけない現実と生命圏平等主義とは，どうしても矛盾するからである。ディープエコロジーが厳格な平等主義にこだわるかぎり，それはディープエコロジーのアキレス腱となって残存するであろう。しかしその平等主義を (ネスのように) ゆるめるとするならば，逆にディープエコロジー的発想のインパクトを弱めることにつながりかねない」(森岡：1996, 48) という批判も当然出てくることになる。

　ネスにおけるこの「生命圏平等主義」と「人間中心主義」との緊張関係は，彼の「自然保護」についての考え方にも顕著に出ている。環境倫理学では，パスモアの『自然に対する人間の責任』(1974年) 以降，「保全」と「保存」を区別して考えるようになった。「保全 conservation」とは，人間の利益のための「人間中心主義」的な自然保護であり，「保存 preservation」とは，自然それ自体に価値を認め，人間の利益を度外視した上での「人間非中心主義」的な自然保護である。ネスはどちらであろうか。ネスは，一方で「……動物，植物，景観そして原生自然環境保全地域に，人間の有益性や利益とは無関係に価値を認めるのは，哲学的に正当な手続きである。価値をことごとく人類 (mankind) に関係付けるのは，哲学的には支持できない一種の人間中心主義である」という人間中心主義批判を行いつつも，すぐさま続けて

「成熟するにつれ，生命の豊かさと多様性をそれ自身のために保護しようとする人間としての必要（*human* need）が高まるというのが人間の本性であろう。従って，狭い観点で無用であるものも，広い意味で有用なもの（useful），つまり人間の必要を満たすものかもしれない。自然をそれ自体のために保護すること（protecion of nature for *its own sake*）は，その良い例であろう」と述べている（Naess：1989, 177〔邦訳282-283〕）。

人間の利益から独立した「内在的価値 intrinsic value」を自然に認めつつ（ibid., p. 29〔邦訳50〕），「自然をそれ自体のために保護する」というわけであるから，その限りではネスは明らかに「保存」派である。ただしその「保存」の動機が，「人間にとって有益で必要を満たすから」と言われると，対立するはずの「保存」と「保全」が混乱して同時に使われているように思える。しかしネスは，（自己利益を追及する）人間の本性と自然保護というその調停が極めて困難な2つのものを，人間の本性（自己利益）の成熟度を問題にすることで上手く調停している。つまり，「保全」派の言う人間の利益とは「将来の消費」（に備えること）に過ぎなかったが（パスモア：1974〔邦訳123〕），ネスは，同じく自己の利益を追求し続けるという人間の普遍的本性に従いながらも，その本性が成熟した者（自然との「一体化」を達成した者）にとっての利益（必要）は，「自然をそれ自体のために保護する」ことに質的に変化（成熟）しているはずだとすることで，或る意味で人間のエゴイズムを肯定しつつも，その質的に転換された「エゴイズム」によってこそ自然保護が必然的に可能になると説明しているのである。これは「自己保存のコナトゥス」という人間の普遍的本性から出発し，あくまでこのコナトゥスによって倫理を基礎付け，説明しようとしたスピノザを髣髴とさせる姿勢ではあるが，そもそもの「保存」と「保全」の議論からすれば，理想主義的で非現実的な話である。現実的には，たとえ成熟し，自然との一体化をした後であっても，人間非中心主義的自然保護の担い手は人間であり，その人間非中心主義的自然保護は人間の自己満足のためになされるわけだから，生命圏平等主義と人間中心主義との緊張関係は完全に克服されたわけではない。

III ネスのコナトゥス解釈——「自己実現」と「一体化」——

「自己実現」と「一体化」はネスのディープエコロジーの中心にある鍵概念である。これらの概念を形成する際に，ネスがどのようにスピノザ哲学を取り入れていったかを以下に考察する。「自己実現 Self-realization」とは，ネスのディープエコロジーにおいては，究極の目的，最高の規範として考えられている。ネスは自らのディープエコロジー（エコソフィーT）の体系化に際しては，「自己実現」という言葉が「完全性」に近いものを示すと述べているが（Naess：1989, 84〔邦訳 136〕），この「完全性」はスピノザから借りてこられたものである。ネスは，「喜び」によって精神はより大きな「完全性」へと移行するということが述べられた『エチカ』第3部定理11備考を指示しながら，「人間の本性についてのスピノザ主義の教えは，完全性の増大と喜びは一緒になって一つの全体性に，つまりこの増大と喜びが内的に関連付けられた一つのゲシュタルトになると主張しているようである。感覚としての喜びは一つの抽象でしかないし，<u>完全性は人間本性の最深部にあるものの展開に過ぎない</u>」と語っている（Naess：1989, 83〔邦訳 134〕）。しかしこの「完全性は人間本性の最深部にあるものの展開である」というのはどういう意味であろうか。スピノザは「人間本性の典型への接近」を「活動力能として現れた〈限りにおけるコナトゥス〉の増大」，「より小さな完全性からより大きな完全性への移行」と同義に考えていた（E/IV/Prae）。ネスはこのようなスピノザの「完全性」についての考え方から，完全性の実現を自己の「潜在性（潜在能力）」の実現として捉え，更にそこに「潜在性（potentialities）の実現の増加，つまりより多くの潜在性が実現される可能性の増大を積極的に評価する」スピノザの汎神論的内在神論（Naess：1989, 201〔邦訳 321-322〕）を考え併せることで，全ての生命に「生き開花する平等な権利」が備わっているという「生命圏平等主義」を導き出したのである。

このようにしてネスは，「自己実現」の権利を，全ての生命に備わる「自己に固有の潜在能力を展開する権利」として捉えるのであるが（ibid., p. 164-167〔邦訳 261-266〕），その際，この「自己実現 Self-realisation」あるいは

「自己展開 Self-unfolding」という用語は，生物が本来的に持つ「拡張と変容の原動力」を説明せずに「防衛的受動性」の印象が強い伝統的な「自己保存 self-preservation」の努力という用語では置き換えられるものではないとして，「自己実現」あるいは「自己展開」の出自を，ただ生き続けるというのではなく，自分自身の存在の仕方（いかに生きるか）に固執することとしてのスピノザの「自己の存在に固執すること perseverare in suo esse」つまり，「自己保存のコナトゥス」に求めている（ibid., p. 166〔邦訳264〕）。

　コナトゥスそのものに「質」や増減を認めることには私は否定的である。しかしスピノザは，人間の存在と活動の根拠は，自己の現実的本質（コナトゥス）によって「神あるいは自然」の無限なる力能を「展開すること explicare」にあるとし（E/IV/4D, TP/II/5），現実生活において諸々の「活動力能」として現れた「限りにおけるコナトゥス conatus quatenus」の増減を上述のように「完全性」と「人間本性の典型への接近」とに関連付けて考えているわけであるから，スピノザ独特のこのコナトゥスから「自己実現」あるいは「自己展開」の思想を導き出したネスの手続きは妥当なものである。であれば，「神＝自然」の無限なる力能を「展開＝表現する」ものとしてのコナトゥスが，決してたんなる個人主義的，利己主義的次元においては捉えられないように，この「潜在能力の実現」あるいは「生き開花する平等な権利」としての「自己実現」も，決して利己主義的（*ego*istic），個人主義的な性格のものではないことになる。ネスは注意深く，「自我 ego」，「自己 self」，「自己 Self」（深遠にして包括的なエコロジカルな自己）の三つを区別し（Naess: 1989, 84-85, 175〔邦訳137，279〕），自らのディープエコロジー（エコソフィーT）が究極の目標とする「自己実現 Self-realization」に3番目の自己（Self）を用いている。この「自己 Self」をネスは，哲学史上の「絶対者」や「アートマン」として知られた概念であると言っているが，そこにスピノザの「実体＝神＝自然」を連想することは難くない。この大きな「自己 Self」の中で自分の「自己 self」を他の「自己」と共に成熟させていくことがネスの言う「自己実現」なのである。「自己実現 Self-realization」の「大文字 S が示唆しているのは，自己（self）の拡大と深化が無限に続くならば，諸々の自己

は，同じもの——これがいかなるものであれ——を実現することによって自分自身を実現するであろうということである」(ibid., p. 195〔邦訳312〕)。

このようにして，「自己実現」は，個々の自我が，それぞれ単独で行うような自己中心的な自我の個別的満足を意味しない。だが，この「自己実現」はたんなる利己主義の否定でもない。「自己実現」を通すと，人間は自己の利益を求めつつも他者や全体の利益を求めることになる。「本当に人が自分自身を拡大し，他の人々や生物種，自然そのものをも包み込むならば，利他主義など必要なくなる。より大きな世界が我々自身の利害の一部となるからである」(ibid., p. 9〔邦訳15〕)。そこでは「利己主義と利他主義の対立」は消失してしまうのである（関：1996, 34）。

この「自己実現」は，「一体化 identification」と不可分のものであり，「達成される自己実現が高いほど，他のものたちとの一体化はより広く深く」なるから，「その更なる高まりは他のものたちの自己実現に一層依存するようになる」(Naess: 1989, 197〔邦訳316〕)。高いレベルの自己実現を達成し，自己が拡張したものにとっては，自分たちが求める最善が「他の存在にとっての最善にもなっている」のである。そこにおいては，「自分自身のものである，自分自身のものではないという区別が」事実上姿を消す (ibid., p. 175〔邦訳279〕)。ここでは自己利益は他者利益と不可分である——というよりも同一のものになっているはずである。よって，自己実現と一体化においてこのレベルまで達したものは，「他のものたちの自己実現を援助する」ようになるのである (ibid., p. 198〔邦訳317〕)。

高いレベルの自己実現を達成した者は，他のものとのより深く広い「一体化」を得，他のものたちの自己実現をも促すようになるという，ネスのこの議論は，『エチカ』第4部の「理性人による他者教育（啓蒙）」の議論を思い起こさせる。そこにおいてスピノザが言うには，受動感情への隷属を脱して理性に従って生きる人間同士は，本性上，常に必然的に相互に「一致する」(E/IV/35)。そしてこの理性人は「自己のために求める善を自己以外の人々のためにも欲する」ようになり，他者も理性に従って生きるように必然的に努力するのである (E/IV/37・D, Ap9)。ただし，本書が第10章で考察したよ

うに，スピノザはこの理性人の「利他的行為」の証明に成功しているとは言い難い。つまり『エチカ』の理性人は，まだ感情的に不安定さを秘めており，受動感情（感情の模倣）に引きずられて，なかなか達観した（見返りを期待しない）利他的行為を成しえないし，受動感情（感情の模倣）を辛うじて克服した場合でも，或る意味で打算的で怜悧な倫理的行為に終始するのであった。

スピノザでは，理性的認識から更に直観知のレベルにまで認識能力（として現れた〈限りにおけるコナトゥス〉）が向上した者は，「神への知的愛 amor Dei intellectualis」を実践することになるが，スピノザによれば，「神への知的愛」とは神自身の自己愛の一部であり（E/V/36），その神とは全「自然」のことであったから，それは，有限様態としての人間と神＝自然との存在論的な始源的「一体化」（繋がり）の認識論的な（再）確認と自覚を意味している。そもそも全自然との「一体化」というディープエコロジーの発想自体が，スピノザの『知性改善論』冒頭で，それを他者たちと共に享受することが最高善であると述べられた「精神と全自然との合一の認識」（TIE/8）と重なり合うということは自明である。

ここまで見ただけでもネスの「一体化」は，スピノザからの影響が色濃いということが分かるのだが，ネス自身が，「諸個人はその成熟度が増大するにつれて，一層互いに適合（一致）できるようになるという仮定に基礎を置いている人々もいる。エコソフィー T は，スピノザの『エチカ』の中に素晴らしい展開が見られる，このような思想を強い拠り所にする。スピノザの『自己保存』（あるいはむしろ自己への固執）の思想は，他の人たちと喜びと悲しみを分かち合うことなしでは，あるいはより根本的には，幼児の狭い自我から全ての人間を含む自己という包括的な構造へと発展することなしには，十分に展開できない。ディープエコロジー運動は，それ以前の初期の多くの運動と同じく，更に一歩進んで，諸個人とあらゆる種類の生命との深い一体化の発展までをも求めている」（Naess：1989, 85〔邦訳 137-138〕）と述べる時，ネスの言う「一体化」の理論的源泉は，「自己実現」の場合と同じく，スピノザの「コナトゥス」にあったということが白日の下に晒されることになる。スピノザの「コナトゥス」は利己主義的なものに過ぎないから，そのコナ

トゥスによって基礎付けられた『エチカ』の倫理は利己主義的で個人主義的なものであるとする皮相的なコナトゥス解釈も根強く存在する中で，ネスのこの解釈は，「コナトゥスの社会的機能」（本書第1章Ⅳ-2，第8章Ⅲ-2）をも正確に理解した妥当なものであろう。

　ただこの引用箇所には，スピノザの「コナトゥス」からは，生命をもった有限な他者たちとの「一体化」が生まれるということしか，つまり「水平レベルの一体化（繋がり）」しか示されていない。しかし実は，「コナトゥス」によってこそ，有限様態としての人間は無限なる「神＝自然」と繋がってもいるのである。スピノザによれば，人間をも含めた有限様態としての個物の本質は存在を含まない。個物は（神から）「与えられた本質」である自らの「コナトゥス」によって「神＝自然」の無限なる力能（＝本質＝存在）を「表現あるいは展開」する限りにおいてしか存在し活動することはできない（E/Ⅰ/D1, 7D, 11, 24, Ⅲ/7D, Ⅳ/4D）。これは「神＝自然」と個物（人間）の始源的な「繋がり」（「垂直レベルの一体化」）を表している（E/Ⅰ/24-28D）。スピノザは，人間が「自然の一部 pars naturae」であることの証明を，人間の力能が，「神あるいは自然」の無限なる力能の――コナトゥスによって表現（展開）された――一部分に過ぎないということから証明しているのである（E/Ⅳ/4D）。こうしてコナトゥスこそが，有限様態としての人間と他の諸有限様態との「繋がり」の根拠であり，かつ無限なる「神＝自然」との「繋がり」の根拠でもあるのだ（本書第1章Ⅰを参照）。そして実は，ネスの言う「一体化」もこの水平と垂直の二つのレベルの「繋がり」を示すものである。ネスの「一体化」によって示されるのは，全てのものの「相互連結性 interconnectedness」の強調と，「断片 fragments」としての自我を超えて「全体」と一体化する自己となることである。

　「私達は自我以上のものであり，断片ではない。少しも小さくて無力でなんかない。より大いなる全体と一体化することによって，私達はこの全体の創造と維持に参加する。それによって私達は共にその偉大さに与る。充足の新たな次元が開示される。自我は私達の一体化の過程の広がりと深さに応じて，ますます偉大な

次元を有する自己へと発展する。」(Naess, 1989, 173-174〔邦訳 276-277〕)

　しかし，このような「より大いなる全体との一体化」によって，我々の「個別性」が解消されてしまうということはないのであろうか。ネスは，「一体化」において「個別性 individuality」が失われてしまうことはないと言う (ibid., p. 165, 173, 198〔邦訳 262，275，317-318〕)。確かに，ネスの「一体化」と「自己実現」は，スピノザのコナトゥスから導出されたものであり，このコナトゥスこそが――ヘーゲルの「無世界論」という批判に反して――人間も含めた個物の個別性をも保証しているから，「一体化」において「個別性」は維持されると理論上は考えられよう。しかし上述のように，「一体化」においては，他者と私の利益の境界線が消失してしまう以上，相手がこの私には「一体化」できないような無限の彼方にある絶対的な他者であればこそ生まれる，他者への一方的な自己犠牲的な無限責任というような厳しく深い倫理（レヴィナス）は，存在の余地がなくなるであろう。スピノザの場合と同じく，そこからは「自己犠牲」という考えは出てこない。つまり，「一体化」（の自覚）を成し遂げた後であれば，自己利益は他者利益でもあり，わざわざ自己利益の否定などする必要はなくなるというわけだ。実際ネスは，「自己 (Self) に繋がる自己 (self) を広げ深めるためには，自我 (ego) を無視したり，抑圧したりする必要もない」，「必要なのは自己を発展（展開）させること (develop our Self) である」(ibid., p. 86〔邦訳 139〕) とも言っている。スピノザの場合も，彼の「自己保存のコナトゥス」によって基礎付けられた倫理が利己主義に陥らないことの――あるいは利己主義と利他主義の対立を超えていることの――説明として，保存されるべきその「自己」が，実は「神＝自然」の変状であり，「神＝自然」の力能を表現する様態にほかならないから，人間は「自己」の利益を求めつつも実は「神＝自然の力能を展開させている」に過ぎないのである，という説明をよく聞く。しかしいずれの場合も，「自己 (Self) あるいは神の力能を展開させること」が現実にどう我々に把握されるかが明らかでなければ，たんなる現状「肯定」主義と変わらなくなってしまい，いかなる悪事も「否定」できなくなるであろう。

ただし，環境破壊や公害などは，人々の利害が渦巻いて作り出されてしまっている問題であり，激しい憎悪と厳しい糾弾という「負の」感情が当事者を支配してしまう。その「感情の模倣」の循環に取り込まれてしまっていては，真の意味での和解も救済も訪れないのだとしたら，ネスのディープエコロジーのように，否定的な感情からではなく，肯定的な感情から出発するということがエコロジカルな精神にもたらす効果は，環境思想において極めて興味深いものとなる。ただやはり，この「肯定的な」感情の先にある「一体化」が達成されたかどうかの確認は誰がどのようにして行うのだろうか。また，現実に自他の利益が一致し，求めるものが同一になるということは可能なのか。仮に，それが完全には可能ではないのに，「一体化」による自他の利益の一致を既存の事実とした上で社会を運営するなら，ファシズム的な実体の暗黒が口を開けて待っているのではないだろうか。ネスの，「エコソフィーのものの見方は，自分自身の自己が，もはや個人的な自我や有機体によっては十分に境界付けられなくなるほどの深い一体化を通じて発達する。人は自らが生命全体の純粋な一部分（a genuine part）であると経験する」（ibid., p. 174〔邦訳 277〕）という言葉を聞く時，「一体化」と個別性あるいは多様性との両立を甘く考えて，「多様性における統一性 unity in diversity」（ibid., p. 198〔邦訳 317〕）を主張してはいないかという疑問と同時に，ファナティックな宗教的体験との異同についても説明を求めたくなる。確かにスピノザの「神への知的愛」の思想からも神秘主義的な要素は完全には払拭できない。しかし，スピノザの場合は，独自の認識理論と感情理論の積み上げの上に倫理学が構築されたため，自然や動物との現実的な関係の仕方については，極めて理性的で冷静な分析がなされることになる。

　「自然の中で我々は人間の他に，そのものの精神を楽しみうるような，また，そのものと友情あるいはその他の種類の交際を結びうるような，いかなる個物も知らない。ゆえに我々の利益（utilitas）を顧慮すれば，人間以外に自然に存するものを全て保存する（conservare）ことは必要でない。むしろそれらをその様々な用途＝利益（usus）に応じて保存したり，破壊したり，あるいはあらゆる方法で

これを我々の用途＝利益に順応させたりするように我々の利益への顧慮は教えるのである。」（E/Ⅳ/Ap26）

もちろん，ここに見られる「保存する」という言葉を現代的に「自然保護」の意味に捉えてはいけない。しかし本附論Ⅱ－3でも見たように，スピノザは，それが原生林であれ希少動物であれ，自然という「他者」それ自身のために，あるいは自然という「他者」それ自身の価値ゆえに「自然」を守るということは認めないであろう。そして仮に，個々の植物や動物を人間による被害や虐待から守る場合にも，それらが人間によって傷つけられ搾取されていることに，「憐憫」や「同情」を抱いて救いの手を差し伸べるのだとすれば，それは人間以外の存在物にまで拡大適応されてしまった「感情の模倣」の結果生まれた行為であり，克服されるべき受動感情からなされる行為に過ぎないと考えるであろう（E/Ⅲ/27S, Ad18EX, Ⅳ/50, 68S）。「感情の模倣」は，認識論的には誤謬の唯一の原因となる「想像知 imaginatio」に支えられているから，そこを起点としては，相手が人間であれ動物であれ，そのものの感情や状況を的確に理解した上での適切な援助を行うことが決してできない。例えば，「我々は偽りの涙に容易に欺かれる」からである（E/Ⅱ/41, Ⅲ/27, Ⅳ/50S）。

ところで，スピノザ的に言えば，ネスの「一体化」は「感情の模倣」を克服していない受動感情（想像知）のレベルでの出来事なのであろうか。それとも「直観知」レベルなのか。ネス自身は，例えば「『自己 Self』へと私達を推し進める直観」（Naess：1989, 200〔邦訳 321〕）というように，「一体化」を直観によるものとして考えているようである。しかし実際は，昆虫や動物や山との「一体化」に伴う感情を語る箇所や（ibid., p. 171-172, 198〔邦訳 273-274, 318〕），「〔ディープエコロジーの〕もう一つの規範は，成熟した人間は，他の生命体が喜びを経験すれば喜びを経験し，他の生命体が悲しみを経験すれば，同じように悲しみを経験するということです。私たちの兄弟や犬や猫が悲しいと思う時に自分も悲しいと思うのはもちろん，生物，それに風景が破壊されれば，私たちは深く悲しむのです」（Naess：1982, 184〔邦訳

121〕）という箇所からは，一見すると直観というよりもスピノザの言う「感情の模倣」の要素が見て取れるように思える。だが果たしてそうであろうか。

Ⅳ 「おのずからの経験」と「おのずからの一体化」

ネスの「一体化（同一視）identification」は，スピノザ的に言えば，「感情の模倣」を克服していない受動感情のレベルでの出来事なのだろうか。ネスはスピノザの存在論（自然観）の大きな影響を受けつつも，その認識論や感情理論からは何も吸収していないのであろうか。しかし実際は，ネスは自覚的にスピノザ感情理論の不備を批判し，或る種の受動感情をエコロジカルに評価したのであった[5]。

では，どのようにして「一体化」は起こるのであろうか。ネスによると，「自己実現が進むとは，自己（セルフ）が広がり，また深みを増すこと」である。そして「成熟すると共に，他のものとの一体化（同一視）が不可避のプロセスとして生じるから，自己（セルフ）は拡大し深化する。こうして我々は『他のものの中に自分を見る』」ようになるのだ（Naess：1987, 14）。

そして「一体化」された存在もまた「生き開花する平等な権利」としての「自己実現」を有しているから（「生命圏平等主義」），「自分が一体化した他の

---

[5] ネスは晩年の『生きることの哲学―より深い世界における理性と感情―』（原著1998年，英訳2002年）において，スピノザの感情理論を高く評価し自らの理論に取り入れながらも，それを批判的に乗り越えようとしている。スピノザが考えたように，受動感情を能動感情に変換することは，感情生活の成熟のプロセスにとって大きな重要性を持ってはいる。だが，そのような成熟のプロセスにおいて受動感情（ネガティブな感情）が有する意義とは何なのだろうかとネスは自問する。例えばネスは，スピノザは，抑圧感，不安，不幸感等の受動感情（ネガティブな感情）がついてまわる挫折などの苦しい体験が人生を深く成熟させることへの考察を省略してしまっているが，「ネガティブな感情〔受動感情〕からポジティブな感情〔能動感情〕への移行もしくは転換が成し遂げられることで，前者の複雑な機能が否定されるようなことがあってはならないし，この移行が威厳ある人生の枠組みにおいて必要不可欠なものであると見なされてはならない」（Naess：2002, 79）と述べている。このようにネスは，我々の「人生」の中において，受動感情にも一定の意義や価値を見出している。しかし，それはあくまで「内在的価値 intrinsic value」ではなく，「使用価値 instrumental value」もしくは「機能的価値」に過ぎない。ネスによると，スピノザの弱点は，いくつかの受動感情については，その「使用価値」を一応は認めてはいるが（本書第4章Ⅲ−2や第11章Ⅱ−2などで見た「恐怖」「希望」「謙虚」などの「次善の社会的結合の感情」など），この問題を更に突っ込んで検討しなかったことである（Naess：1973b, 256；2002, 80）。

ものの自己実現が妨げられると自分自身の自己実現も妨げられてしまう。それゆえ我々の自己愛は，『自ら生き，他者も生かす』という原則に従って，他のものの自己実現を助けることによってこの妨害と戦う」(Naess：1987, 14) ということになる。このような「自己」の深化と成熟（自己実現）は，自己否定を一切伴わない自己肯定と自己の本質（潜在能力）の展開によって達成される[6]（スピノザのコナトゥス論の影響）。

この「一体化（同一視）」は，主体としての自己（セルフ）が，客観的対象としての自然（生命）に，一方的に自らを「同一化する identify」というような行為ではない。自己（セルフ）によって対象化され，認識される前から，そもそも自己（セルフ）と自然（全生命）は密接不可分に繋がり合っており（「相互連結性 interconnectedness」），それぞれの自己（セルフ）は全ての生命を包含している。この「始源的な繋がり」を「悟る realize」という行為こそが「自己実現 self-realization」であるがゆえに，それは「一体化（同一視）」を不可避に伴うのだ（スピノザの有機論的自然観と「神への知的愛」の影響）(ibid., p. 25)。

例えば我々は，昆虫の死闘を前にして，科学者としてはそれを「観察」するが，成熟した人間としては，そこにおいて，ある意味，自分自身の死を「おのずから経験 spontaneously experience」し，闘いや痛みや死に関わる感情を感じるのである。もちろん，このような「おのずからの一体化 spontaneous identification」は，我々が愛する人の痛みに感応する時に最も明白

6　この「一体化」と「自己実現」による成熟論の倫理学的帰結は，「極めて未熟なものではあるが避け難いゼロ地点でもある利己的行為（ego-trip）から始めて，自己（セルフ）を深め広げるという観点」を進めていくと，「利己主義 egoism」と「利他主義 altruism」の対立は徐々に解消されていくということである。狭隘な「自己 self」概念に基づく「利己 ego」主義は「利他主義」と対立・矛盾するかもしれないが，拡大し深化した「自己（セルフ）」概念に基づく「自己愛 self-love」は「利他主義」と対立するものではなくなっている。そこでは，「自己」を肯定することはそのまま他者を肯定することになる。

次にそのエコロジカルな帰結とは，「自分が自然を愛していることを示すために，非利己的に自らの利益を捨てたり犠牲にしたりさえしていると人々が感じるなら，そのような環境倫理は，長い目で見て自然保護の基礎としては覚束ないであろう」が，「一体化（同一視）を経れば，純粋な自己愛，つまり拡大し深化した自己の愛からであっても，自然保護によって自らの利益が守られると思うようになるかもしれない」(Naess：1987, 17, 25) というものである。わかりやすく表現すると，「（自分自身の一部である）この場所が破壊されるならば，私の中の何かが殺される」(Naess：1987, 20) ということである。

になる。しかし我々は、その痛みを「観察」し、それについて熟考することによって、その痛みがひどいものであると判断を下すのではない。そのような（科学的な）「観察」が前提としているのは、主観と客体（対象）の二元論である。つまり、まず最初に主体としての自己があり、この自己が対象としての自然（生命）を「観察」するという事態である。しかし、ネスの言う「おのずからの経験」や「おのずからの一体化」は、そのような主客二元論を前提とはしない。それらが「おのずから」である所以は、無傷で無媒介な自己が最初に前提としてあり、そのような自己が、対象としての自然（生命）に、作為的・能動的に自己を「一体化（同一視）」するのではないということである。つまり、自己によって認識され対象化される以前から、自己と自然（生命）は密接不可分に繋がりあっている。このような主観と客体に分かれる前の「実在性 reality」（実在的統一場としての自然）の方から「おのずと」経験が生まれてくるということである[7]（Naess：1985, 73-74）。

　人間主観の側から自然を客体化（対象化）することにより、自然を操作可能で支配可能な対象としてしまうような近代の主客二元論を批判して唱えられるネスの「おのずからの経験」というこの「実在性＝現実性 reality」の経験の仕方は、単に存在論的または認識論的な次元に留まるようなものではない。ネスによれば、自然を破壊するような人と保全主義者との違いは、「倫理」の違いではなく「存在論」の違い、つまり「実在性」（自然）をどう経験するかの違いである。例えば森林の開発論者と保全主義者がいたとする。ネスはこう言っている。「もし開発論者が〔森の〕全体を見ることができたら、彼の倫理は変わるであろう。森は単なる木の集まりであるという考えを持つ限り、彼に森を熱心に守らせる方法はない。保全主義者は主観的な感情に動かされているという開発論者の非難は、実在性についての彼の見方に強く根ざしているのだ」と。ネスによると「環境問題における人々の倫理は、

---

[7] 主客二元論を拒絶するこのような「おのずからの経験」はウィリアム・ジェームズや西田幾多郎の「純粋経験」を想起させるであろう。ネス自身は、ジェームズと現象学にも同様のものの見方があるとほのめかしているが、スピノザの影響が強いネスの「実在性」についての考え方も補って考えるべきである（Naess：1989, 32, 63, 65-66〔邦訳 56, 104, 107-108〕、河村：2003b, 70）

彼らが実在性をどう見るかということにほとんど基づいている」。よって，「倫理から存在論へと進み，そして倫理に戻ってくるということ」がディープエコロジーでは重要になってくるのである（Naess：1989, 66-67〔邦訳109〕）。

　しかし，ここに言われる「倫理」とは環境保護を「当為」として考えるようなそれではない。ネスによると，自然環境保護には，（心の「傾向性」を排除したうえで，道徳法則に従って）「義務に基づいて aus Pflicht」なされるような道徳行為（カント）は必要ない。現実には，それは人々の心に強制や抑圧として働いてしまうのである。必要なのは，「自己」の潜在的能力を肯定的に展開させることとしての「自己実現」，つまり「自己」の深化と成熟である。人々の「道徳心にではなく，心の傾向性に働きかけること」によって，「生命の豊かさや多様性，手つかずの自然景観に対する感性が磨かれて，喜びの源が限りなく多様に拡がっていくこと」こそが必要なのである。であるから，環境保護運動の活性化のために，学問的には，「環境倫理学に対する環境存在論と『環境実在論＝現実主義 environmental realism』の優越性」が認められるべきであり，こうしてエコロジカルな「自己」が「現実＝実在性」を深く経験して成熟・深化していくことになれば[8]，人間の行動は「厳格な環境倫理の規範に，自然＝本性的にきれいに従っていく」であろう（Naess：1987, 26；1989, 85-86〔邦訳138-139〕）。

　ネスのこのような考え方は確かにオプティミズムであるだろう。しかし，それは同時に「深化した現実＝実在主義」でもあった。ガンジーのような「生きることの技法」の達人は，絶望的で深刻な大問題と対峙している時でさえ，常にユーモアと微笑みを絶やさなかったことをネスは強調してやまない（Naess：1987, 27；2002, 18, 168, 169, 172, 180）。

---

[8]　ネスは余り理論的に説明してないが，彼のように，喜びや価値を，単に主観の側での出来事としてではなく，対象（客観）と切り離して考えられない事態，あるいはそれ自体が対象の一部となって共に一つの実在的統一場（自然）を形作っている事態として捉えるような思考法（主客二元論の止揚）は（河村：2003b, 70），例えば自然の「内在的本質価値」を形而上学的に証明するのに寄与できるはずだ。ネス自身は，このような「対象重視の価値理論」は「環境の中で快活になることを，『単に主観的な』何かとして退ける傾向があるテクノクラート」を批判するのに有効であると考えている（Naess：1973b, 254）。

結論

　ネスのディープエコロジーは，スピノザと同じく「自己保存のコナトゥス」から出発しながらも，感情理論においては全く異なるアプローチを取るため，両者は存在論的には極めて近しい自然観に立ちながらも，到達点は正反対になってしまう。「多くの人は死にものぐるいの争いを目にした時に，この感覚を獲得してきました。例えば，ハエや蚊のような非常に小さな動物が命がけで戦うのを目にした時です。動物が苦しむのを見ると，普段は同一視〔一体化〕しない生命体と自分を同一視〔一体化〕することがあります。こうした状況から，私たちは，より成熟した見方を発展させる機会を得るのです」(Naess：1982, 186〔邦訳123〕) と言うネスに対し，スピノザは，蜘蛛を戦わせて気晴らしをし，ハエを蜘蛛の巣に投げ込んで，それらが戦うのを楽しみ，笑い出すことさえあったという[9]。

　スピノザの場合，絶対無限の力を持ち全てを産出する「能産的自然」としての神への全的肯定と絶対的信頼が，17世紀という時代背景とも重なって，人間が，全自然を地球を壊滅的なまでに汚染し破壊し尽くしてしまうなどということは，あるいは逆に人間もその一部分に過ぎない全自然（＝神）の状態を，人間自身の力で全的に改善することができるなどということは全く考えられていなかった。そこには明るいオプティミズムが存在した。『エチカ』が目指す「賢者」にとっては，未来への「恐怖」と「希望」，他者への「同情」と「憐憫」は克服されるべき不要な感情である。そして賢者とは，死については思考せず生についてのみ思考するような自由な人間でもあった(E/IV/67, V/38・S, 39S)。『エチカ』の「理性の導きに従って生きる」賢者にとっては，傷つけられ，搾取される自然や動物に対する同情や憐憫から生まれるそれらに対する保護の感情，そして未来世代の環境のための配慮や責任

---

[9] この有名な逸話については，リュカス/コレルス『スピノザの生涯と精神』(邦訳：1996, 113) による。ちなみに，アウグスティヌスは，「蜘蛛がその網に飛び込むハエにからみつく」ような自然界の現象に我々が快楽を感じることを自覚しつつ，そのような現象に気を取られ，夢中になることで，神への祈りは妨げられ乱されてしまうと自ら戒めている（『神の国』1-35-57）。

といったものは問題にはならないのではなかろうか[10]。未来の不確かな危機への「恐怖」や不安をあおり，「希望」をちらつかせることによって，現在の生の全的な肯定や喜びの享受を，脅かし，我々自身の力能の十全なる発現をこっそりと搾取していくような人々や態度への徹底した告発がスピノザにはあった（E/Ⅲ/50S, Ⅳ/47·S, TTP/Prae）。そういう意味では，現代の環境「保護」思想とスピノザ哲学は相性がいいとは言えない。しかし，本附論で見てきたように，ディープエコロジーの視線でスピノザ哲学を捉え返す時，そこには自然と人間の関係の仕方を考える上での豊富な示唆が，その基礎となる原理的な哲学的問題と共に存在していた。そこには確かに矛盾や限界が存在するかもしれないが，それは現代のディープエコロジーや環境倫理学がまさに自らの問題として抱えこんでいる問題でもあり，スピノザから引き継いで考えてゆかなければならない問題である。

　また，本附論は第10章で考察した「利他的行為の可能性」の問題に対す

---

[10] 確かにスピノザは，「未来あるいは過去の物の表象像，言いかえれば現在のことは度外視して未来あるいは過去の時に関連させて観想する物の表象像は，その他の事情が等しければ，現在の物の表象像よりも弱い。したがって未来あるいは過去の物に対する感情は，その他の事情が等しければ，現在の物に対する感情よりも弱い」（E/Ⅳ/9C）と言っている。しかし一方では，「精神は，理性の指図に従って物を考える限り，観念が未来あるいは過去の物に関しようとも現在の物に関しようとも同様の触発を受ける」（E/Ⅳ/62）とも「もし我々が物の持続について妥当な認識を有し，物の存在の時を理性によって決定しうるとしたら，我々は未来の物を現在の物と同一の感情で観想したであろう。そして精神は未来のものとして考える善を現在の善と同様に欲求したであろう。したがってまた精神はより小なる現在の善をより大なる未来の善のために必ずや断念し，また現在において善であるが未来の悪の原因となるような物を決して欲求しなかったであろう」（E/Ⅳ/62S）とも述べている。

　あるいは最高の認識である直観知のレベルまで達した賢者はどうであろうか。例えばラクロワはこう言っている。「真の永遠性――それは《現実存在の無限の享受・享楽 jouissance》である――は，時間とは何も関係ない。不死性（immortalité）の概念は，持続，歴史的現実存在の継続，それゆえ想起とイメージを含んでいる。しかし，記憶と想像知は，永遠の光のただ中では存続できないであろう。つまり，すべてが現在である＝現前している（présent）ときに，思い出すことは何もなく，想像することも何もないのである。『精神は知性によって理解する事柄を想起する事柄と同等に感じる』（E/Ⅴ/23S）。意識の完全性そのものが，記憶や想像知の不完全性を取り除くのである。永遠の現在＝現前（un éternel présent）を生きる者にとっては，もはや過去も未来もなく，もはや持続もない。賢者は永遠性についての認識にまで向上する。つまり，そこで意識＝自覚すること（prendre conscience）を達成し，永遠に享受・享楽 jouir する」（Lacroix：1970, 95）。『エチカ』の賢者が「世代間倫理」についてどう考えるか。これは難しい問題である。

るネスのディープエコロジーからのチャレンジという意味もあった。一体化と自己実現がすすみ「成熟」の度合いを増した「自己」は，利己主義と利他主義の対立を超えているというネスの理論は，認識論的に見れば，スピノザの「神への知的愛」を達成した賢者の倫理的行為を予感させた。しかし，この問題については，『エチカ』第5部の詳細な研究を踏まえて改めて論じ直すしかないと思う。

第2附論　認識と道徳
―――コールバーグとスピノザを手がかりに―――

「生そのものは本質的に，他者や弱者をわがものにすること，侵害すること，圧倒することであり，抑圧・冷酷であり，自らの形式を押しつけることであり，併合することであり，少なくとも穏やかに見ても搾取である。」

ニーチェ『善悪の彼方へ』

「自分の愛するものや自分の憎むものを人々に是認させようとするこのコナトゥスは，実は名誉欲である。このようにして，各人は生来，他の人々を自分の意向に従って生きるようにしたがるということが分かるのである。ところで，このことを全ての人が等しく欲する故に，全ての人が等しくお互いに障害になり，また全ての人が全ての人から賞賛されよう愛されようと欲するが故に，全ての人が相互に憎み合うことになるのだ。」　　　スピノザ『エチカ』（E/Ⅲ/31S）

序

　17世紀にその独特の幾何学的方法によって『エチカ』を記し，神と自然を同じに論じて無神論の誹りを受け，死後も長らく暗い闇に葬り去られていたバルーフ・スピノザと，20世紀の後半にピアジェの発達心理学の大きな影響の下で，独自のインタヴュー調査から得られた実証データを基に，道徳性（道徳的判断）の発達段階の普遍的構造を明らかにしたローレンス・コールバーグ（1927-1987）をここに邂逅させ，「臨床」というアスペクトに向けて接続するという試みは，無謀としか言いようがないかもしれない。著者自身もそのような大それた試みへの野心などというものはこれきりもない。
　しかし，スピノザ哲学を通して，社会化や利他的行為の可能性，そして共同体からの排除の問題などを考えてきた立場から（本書第3章，第5章，第6章，第10章等），コールバーグの著作を読むときに，この二人の思想には，意外にも多くのそして重要な共通点があるのではないかと考える。そこで，

「スピノザとコールバーグの思想の比較研究」の一歩手前で、私自身が現在，関心を持っている問題を二人の思想家を通して見てみることで、それにより「心理学的な」輪郭を与える可能性を探ることを本附論の目標としたいのである。このような事情から，本附論では，同一の主題について，必ずしもこの二人の思想の比較ないし接続によるアプローチを取りはしない。ただ問題意識として二人の思想家に共通するであろう事柄を取り上げて，それに私自身の考察を加えて、こと足れりとしたい。

本附論の構成については、まずIにおいて、コールバーグの道徳性発達の理論を簡単に素描する。続くIIでは，認識能力の発達と道徳的・社会的発達の関係をコールバーグとスピノザを比較して考察し、更に利他的行為と社会化 (socialization) という二つの問題を，主に「模倣」という現象に注目して考察する。本附論のこのような趣旨から，特に，複雑に発展していったコールバーグ理論のかなりの単純化や、ギリガンによるコールバーグ批判などの重要な問題の省略といったことがなされるであろうが，それはまた著者自身の力量不足によるものでもある。

I　コールバーグの道徳性発達の理論

I-1　コールバーグ理論の発展と変遷

コールバーグは、1955年以来、道徳的判断の発達について、一貫して多角的で実証的な心理学的研究を行ない，また、そこで得られた独自の道徳的判断の発達段階の理論をもとに、学校や刑務所での自らの理論の実践に努めてきた。コールバーグはピアジェの発達心理学の極めて大きな影響の下に、人間の道徳的発達を、「認知発達的アプローチ (cognitive-developmental approach)」によって、アメリカを始めとしてトルコ，メキシコ，台湾など50を超える地域で調査研究し、道徳的発達には、国、文化、社会的階層や性差を超えた六つの普遍的な発達段階（本附論末の資料1）があることを発見した。

コールバーグ理論は、以上のような心理学的基礎や広範囲に及び、また、その後も長期間にわたって続けられた追跡調査によって極めて実証的で首尾

一貫性を維持しつつも、ロールズやヘアーやハーバーマスといった哲学者達との対話を通じて、常に開かれた理論として改善が加えられていった。このような理論的発展の過程において、コールバーグ理論は極めて複雑な変化を遂げていったと言ってもよかろう。例えば、ソフトな段階とハードな段階の区別、形式と内容の区別、下位段階 A と B の区別がなされるようになったり、ソフトな仮説的段階としての第 7 段階（宗教的段階）の設定がなされたかと思えば、ある時期までは第 6 段階とみなされていた人々が測定法の改訂に伴い、第 5 段階から第 3 段階の間で定義し直されるようになり、第六段階は少数の哲学的エリート（裁判官や道徳哲学者）を除いては経験的には明確に確認することができないとされるようになった。

しかしながら、コールバーグは決してこの第 6 段階を理論として放棄してしまったのではなく、第 6 段階は理念上の到達点として依然として保持され、コールバーグの晩年に至るまでその再考と深化が図られていたのである。そこで本附論では、彼の「道徳的判断の最高段階の道徳的適切さに対する主張」（Kohlberg：1973.）という論文を以下に概観することによって、コールバーグの道徳性発達の理論の基本構造と、道徳的な発達段階の——ソフトな仮説的段階としての第 7 段階を除けば——最高の段階である第 6 段階の道徳的な適切さと、その基準を素描してみる。

Ⅰ-2　心理学的理論の概観

コールバーグはまず、この第 6 段階は、道徳的判断を人格の尊重の原理や正義（justice）の原理によって規定されるような義務という考え方に集中させるという、カントと同様の主張を持っていると主張している。しかし、コールバーグの道徳性についての心理学的理論は多くをピアジェに負っている。ピアジェによると、論理的思考と道徳性は共に段階的に発達し、各々の段階は形式的に見るならば、その前の段階よりもより安定した均衡状態にある一つの構造をなしている。つまり、各々の新たな（論理的あるいは道徳的）段階は、それよりも前の諸構造を——それらをより安定した広範囲の均衡（equilibrium）を表すように変形させて——含んでいるような一つの新たな構造

なのである。このより均衡した道徳構造によって，道徳的問題や葛藤が，より安定しより一貫した仕方で解決できるようになるのである。よって新しい道徳的構造（段階）には，新しい論理的構造（段階）が前提（必要）になる。これは，子供が次の一段階上の道徳的段階へと発達するには，その道徳的段階に必要な論理的思考（認知能力）を身につけていなければならないということである。しかし，この一段階上の認知能力を持っていても，その子供は必ずしも一段階上の道徳的判断が出来るわけではない。認知能力は，必要条件であっても十分条件ではないのである。このようにしてコールバーグは，心理学と道徳哲学の「同型説 isomorphism」を唱えている。

Ⅰ－3　道徳理論と自然的構造

　コールバーグの言う「道徳哲学的な適切さ（adequacy）」という考えは，道徳理論は「段階（stages）」と呼ばれる自然的構造から引き出されるという考え方に由来する。この場合に，「構造」が「自然的」であるのは，構造が生得的であるという意味ではない。「構造」が進行中の道徳的経験の継続的な結果としてあり，特定の教えや道徳理論から引き出されるのではないという意味で「自然的」なのである。だから，自然権や社会契約といった考え方は，慣習的道徳の限界について反省しさえすれば，様々な文化的，教育的境遇に置かれた哲学者ではない者でも持つことが可能な考え方なのである。

　コールバーグは道徳哲学者達に対して道徳的ディレンマを用いたインタヴュー調査を行って，それらの哲学者が正式に表明している道徳理論は，それらの哲学者自身の「自然的」な道徳段階の構造のある部分を精密に仕立て上げたものであるということを明らかにした。この調査から得られたデータによって，段階とは一群の道徳理論を生み出す自然的構造のことであるということが確証された。新たな段階へ道徳的思考が進むということは，それに対応した自然的構造を表現できるようになることなのである。コールバーグのこの論文の目的は，ロールズのような様々な理論の基礎をなしている第6段階の自然的構造を描き出すこと，そして道徳的構造の適切さは，道徳的選択をするために用いられる仮説が適切かどうかという観点から判断されなけ

ればならないということを示すことである。

Ⅰ-4　第6段階における分化と統合

　道徳的な「適切さ」の形式的基準は、「分化 differentiation」と「統合 integration」である。子供の権利と義務に対する考え方は、六つの発達段階に応じてより分化され、統合されながら発達していく。従って、それぞれの段階が最も良く統合されているのは第6段階であり、第6段階においてのみ、権利と義務が完全に相関的（correlative）になっている。これを示すため、コールバーグは、有名なハインツディレンマ（本附論末の資料2）を用いて哲学者達1～3に対して実験を行っている。

　〈哲学者1〉は、妻のために薬を盗むのは間違ってはいなかったが、ハインツ（夫）にとって義務の要請を超えているとする。
　〈哲学者2〉は、妻のために（夫婦の契約によって）盗む義務があるばかりでなく、それが親友であっても（「互恵性」から）盗むべきであるとする。しかし、見知らぬ人のために盗むのであれば、それは正当な行為ではあっても、そうする義務はないとする。
　〈哲学者3〉は、生命の価値はそれが誰れであるかとは独立であるから、妻のためであろうと友人や知人のためであろうと（それが誰であろうと）、その人のために盗む義務があるとする。

　〈哲学者1〉と〈哲学者2〉は、共に第5段階（社会契約的、規則功利主義的な立場）にあると考えられる。この二人の哲学者の立場からは、権利と義務を相関的なものにするのは困難であり、全ての人（生命を救うことができる人と救われる立場の人）が同意できる普遍的な道徳性を生み出すことはできない。第六段階にある〈哲学者3〉にとってのみ、権利と義務は相関的になっており、この意味で分化と統合が他の二人の哲学者より進んでいるのである。この理性的な道徳的行為主体としての〈哲学者3〉は、決して自己犠牲的な聖人などではなく（そこにおいては権利と義務は相関的にはならないのである）、他

人も義務としてそれを行ってくれることを，あるいはそれに対して自らが権利を持っていることを理性的に要求する準備ができていることをのみ，自らもそれを義務として行うのである。結果としてみると，第6段階の道徳的判断のみが他人の権利によって指令される義務としての行為をそうでない行為から「分化」できるのである。

I－5　第6段階における普遍化可能性と可逆性

　コールバーグによると，カント以来，形式主義者達は，合理的な道徳的判断は，可逆的で，首尾一貫しており，普遍化可能でなければならないと主張してきた。これらの条件は，各々のより低い段階よりも各々のより高い段階においてよりよく満たされ，第6段階の道徳的判断においてのみ完全に満たされる。第6段階の道徳的判断は，これらの条件を完全に満たしたとき，究極的に均衡化されるのである。発達理論にとって，道徳的判断のこれらの条件を満たすことは，完全に論理的な思考の均衡化とパラレルである。ピアジェによると論理の根本原理は，「可逆性 reversibility」である。これは，A＋BがB＋Aと同じことであり，更にA＋B＝Cという演算がC－B＝Aという演算によって可逆である（reversible）というような数学的思考に顕著に現れるものである。

　これを道徳的思考に置き換えてみたらどうなるであろうか。I－4で見た第6段階の道徳的判断に特徴的であった，「権利と義務が相関的である」ということは，ある人が権利から義務へと移りそしてまた，それを変化させたり歪曲したりすることなしに権利へと戻って来れるということを意味しているのである。道徳的判断の「可逆性」とは，究極的には，道徳的決定の公正さ（fairness）という基準によって意味されるものである。これは，権利や義務を他者の立場に立って考え，その際に均衡のとれた妥当な判断ができるということである。

　「普遍化可能性 universalizability」と一貫性は，行為の指令の「可逆性」によって完全に達成される。「可逆性」は，決定を行うときは他人の立場に立って考えなさいというスローガンから出発し，「普遍化可能性」は，みん

ながそうしたらどうなるか，みんながこの選択原理を用いたらどうなるかというスローガンから出発する。「可逆性は」，ディレンマを解決する際に「普遍化可能性」よりも有効ではあるが，この「普遍化可能性」を含んでいる。そして，この「可逆性」の概念は，ある人が自らの役割やアイデンティティーについては全く知らされていないという「無知のヴェール veil of ignorance)」の下にいる「原初状態 original position」における，合理的な選択としての正義（justice）であるロールズの正義の概念が正しいということを示しているのである。

こうして，第6段階の「可逆性」という考え方が，ロールズの「原初状態」の理解を助けてくれる。第6段階における「可逆性」を先のハインツディレンマに当てはめてみるとこうなる。つまり，ハインツは，薬屋が妻の立場に立ちうるか，そしてその時でも今までと同じ主張を維持できるのかということを，また妻が，薬屋の立場だったらどうかということを考えなければならないということである。そしてその結果として，妻の要求に基づいて薬を盗むことは，ハインツにとって公正となるのだ。このように，可逆的な道徳的決定が達成されるプロセスをコールバーグは「理想的役割取得 ideal role taking」と呼んでいる。「理想的役割取得」とは，まず自分自身を各々の人々の立場において想像し，そこでなされうる全ての要求を考慮してみる。次に，この状況で自分がどの人物か分からない個人を想像し，彼が先の要求をまだ支持するかどうかを考えてみる。そして最後に，この状況の中での可逆的な要求に一致するように行為するということである。これは，ロールズの「無知のヴェール」と大変似たものである。

ここで再びハインツのジレンマに戻って，ある人がどの役（妻，夫，薬屋）を割り当てられるかが全く分からないという「無知のヴェール」の下で決定を行うということを想像してみよう。合理的な解決は，明らかに薬を盗むということになる。そうするのが，どの役をも引き受ける可能性がある個人にとっては，最小の損失（あるいは最大の利益）となるからである。ここから生じる結果（薬を盗むという決定）は，「理想的役割取得」あるいは「道徳的椅子取りゲーム moral musical chairs」によって得られる結果と等しいもので

ある。以上のように，自然的構造としての第6段階の考え方が示すのは，「理想的役割取得」は，人格への尊重と平等としての正義という態度によって究極的に要求される決定手続きであるということである。従って，「理想的役割取得」によって得られた決定は，義務を権利に対して相関的なものとする。だから，「理想的役割取得」によって我々は，決定的な結論に到達するのである。そして，このようにして達成された決定は，その関係当事者全員の視点から見て「正しい（right）」という意味で「均衡」しているのである。

II 認識的発達と道徳的・社会的発達の関係と「模倣」

II-1 認識と発達

今度はスピノザ哲学（『エチカ』）に目を転じ，認識能力と道徳的・社会的発達の関係を考察してみる。スピノザは人間の認識を(1)想像知，(2)理性的認識，(3)直観知の3種に分類している（E/II/40S2）。(1)想像知は，誤謬の唯一の原因であり，「精神の受動」である。(2)理性的認識と(3)直観知は共に，必然的に真であり，「精神の能動」である（E/II/40S2, 41・D, III/Def1・2, P1・3）。精神の最高のコナトゥスと最高の喜び，最高の満足，人間の最高完全性，至福は全てこの「直観知」による神の認識から生じる（E/II/49S, IV/Ap4, V/25, 27・D）。「直観知」は，「理性による認識」よりもはるかに優れており有力である（E/V/36S）。この「直観知」は「理性的認識」からは生じることはできるが，「想像知」からは生じることはできない（E/V/28）。以上から，精神の受動でしかない「想像知」を克服して，精神の能動である「理性（による認識）」を経て更に高次かつ最高の認識である「直観知」へと至る過程は，明らかに認識能力が段階的に向上していく過程である。確かに，スピノザの認識論に，コールバーグのような「発達」という概念は明白な形では見られない。しかし，スピノザにも認識能力の三つの「段階」が存在することは確認できるのである。ただコールバーグの場合には，認識能力（論理的思考力）と道徳的判断力が段階的に発達していくのは，より高い「均衡」へと向かっていくという必然的な精神の運動であった。ではスピノザには，認識能力の

段階的向上に必然性が存在するのだろうか。スピノザは，「認識すること(intelligere)」を精神のコナトゥスとして捉えていた（E/Ⅳ/26D, Ⅴ/Prae, 20S）。本来，スピノザにおけるコナトゥス（conatus）とは，人間も含めた有限様態が，神の無限の力をそれによって表現することで存在し，活動する駆動力のようなものである（E/Ⅲ/6・D, 7・D）。神の無限の力は，コナトゥスによって表現（展開）されることによって，初めて人間自身の能力となるのである（E/Ⅳ/4D）。コナトゥスは，有限なるもののうちに無限なるものを浸透させていると言ってもよいであろう。このようにして有限なるもののうちに浸透してくる無限なるもの（無限で完全なる神の力）は，有限なるものの側で拒みさえしなければ，必然的に有限なるもののうちにより多くを占めるようになり，それはその無限性ゆえに留まることを知らないであろう。これを人間の認識能力という視点から捉えてみよう。人間におけるコナトゥスは，たんに自己の存在を保存するということに留まるものではない。人間は，自己のコナトゥス（＝活動力能＝欲望）を増大させ，「喜び」をもたらすものを，つまり「善」を，できる限り増大させようと努力する（conatur）のである（E/Ⅲ/12, 28, 37D, 39S）。ここで，精神にとっては，「真に認識に役立つもの」のみが「善」であるから（E/Ⅳ/27），人間精神は自己の認識に真に役立つものをできる限り増大させようと努力する（conatur）ということが帰結される。これは，精神自身の，あるいは精神の「コナトゥスの自己発展性とその必然性」（本書第2章参照）を意味してはいないだろうか。初めは，ただ「認識すること」として与えられた精神のコナトゥスが，このコナトゥス自身つまり認識能力を増大させようと努力し，認識に役立つものを増大させようと努力するようになるのである。このような認識能力の自己発展性とその必然性を保証しているのは，コナトゥスが絶対に無限なる実体としての神の力を有限なるもののうちに表現するという事実である。そして，こう考えるとスピノザにおいても，コールバーグ同様に人間の認識能力の段階的向上にはある種の必然性があると言えるのである。

Ⅱ-2　認識的発達と道徳的・社会的発達の関係

　Ⅰ-2やⅠ-5で見たように，コールバーグの道徳性発達の理論においては，道徳的発達は，論理的思考と共に発達した。新しい（より高次の）道徳的段階に移行するには，それに対応した認知能力が必要とされたのである。それが道徳という位相において意味するのは，自分のことしか考えられないような未熟な段階から，自分だけでなく他者の立場をも考慮して道徳的判断ができるようになる段階へと発達するには，その道徳的判断が可能となるような認識能力を獲得していなければならないということである。しかし，このような道徳的発達は——本附論末に資料1として掲げたコールバーグの6つの「道徳的諸段階の定義」からも明白なように——「社会化 socialization」という意味での発達をも含意しているのである。よって，道徳的発達と社会的発達は共に，（論理的思考力という意味での）認識能力に依存し，それと共に発達するということになる。この社会化は，たとえば『道徳的発達の心理学』（1984年）の中の「段階と連続——社会化への認知発達的アプローチ——」という論文においては，「模倣 imitation」との関連で捉えられている。このように，社会化と道徳的発達の中心に認識能力と「模倣」を据えて理解しようという態度において，コールバーグはスピノザと出会うことになる。

　ただしコールバーグは，『道徳的発達の哲学』の「道徳的発達，宗教的思考，第7段階の問題」という論文においては，自らの道徳性の発達段階の第7段階，つまり宗教的段階を構想する際に，スピノザの汎神論的世界観を高く評価し，第七段階における「宇宙的もしくは無限のパースペクティヴ」の達成をもたらす新たな洞察としてのスピノザ哲学についてこう語っている。「スピノザの考えでは，この「全自然と精神の合一」の経験は，自然を自然の諸法（natural laws）が組織化された一つの体系(システム)であると考え，自らも含めた自然のどの部分もみなそのような全体の部分であると考える<u>認知能力(cognitive ability)</u>から<u>生まれる</u>のである」（Kohlberg：1981, 371）（下線による強調は河村による）。このように，コールバーグは，道徳（倫理）や社会といった位相においてのみならず，宗教という位相においても人間の「認知能力」というものに非常に大きな役割を与えているということに注目したい。ここ

第2附論　認識と道徳　375

でのコールバーグとスピノザの遭遇は，あくまで宗教的な位相におけるそれであるが，人間の「認識能力」に重きを置き，そこから人間の具体的な諸活動を説明するという傾向を両者が共有する限りにおいては，これから見るような，道徳（倫理）や社会といった位相においても，二人の極めて近しい姿が確認できるであろう。

　2-Ⅰで見たスピノザの三つの認識能力には，それぞれに対応した道徳的態度（段階）と社会的態度（段階）がある。ここでは，「受動（passio）から能動（actio）への移行」という『エチカ』全体を貫通していると言っても過言でない一つのモティヴェーションに照準を合わせる必要がある。以下の議論はすでに本書第8章で論じたので詳述はしないが，「受動から能動への移行」という運動は，認識という位相においては「想像知から理性的認識（そして直観知）への移行」として，感情という位相においては「受動感情から能動感情への移行」として，倫理という位相においては「利己的態度（名誉欲）から利他的態度（道義心）への移行」による「より大きな完全性への移行」（人間本性の典型への接近）として，社会という位相においては「相互対立から相互一致（共同体の形成）への移行」として行われ，しかも各々の位相における各々の「移行」は対応関係（平行関係）にあるということである。その際，認識の位相における「想像知から理性的認識への移行」が達成されて初めて，「利他的態度」や「相互の一致」が可能になると言っても誤りではないが，認識の位相におけるこの移行が他の諸位相における移行の原因であると考えてしまいそうになる誘惑からは断固として身を引かなければならない。それは，『エチカ』全体を「心身平行論」が支配しているからである。そもそも『エチカ』において「感情」は，ある出来事が身体と精神の両方に同時相即的に現れたものであった（E/Ⅲ/Def3）。ここで心身平行論の立場では，精神と身体のどちらかが他方に対して優位に立ったり，他方の原因となることは絶対に禁じられていたから（E/Ⅲ/2, 28D），感情という位相における「受動感情から能動感情への移行」は，精神のコナトゥスとしての認識能力が「受動でしかない想像知を克服して能動である理性的認識へと移行（向上）する」ことによって引き起こされるのでは決してないのである。これと

同様に，実質的には受動感情の克服を意味している倫理という位相や社会という位相における上述の「移行」も，認識の位相による「移行」をその原因として持つということはありえないのである。あくまでこれら諸位相における「受動から能動への移行」は，対応——というよりも平行関係にあると解すべきなのである。この点，実は厳密に見ればコールバーグも，認識的発達（認識能力の向上）を道徳的発達の原因とは考えていなかった。コールバーグは，ピアジェも自分も，「認知が感情や行動を決定すると考える立場ではなく，認知の発達と感情の発達とは，共通の構造的基盤を持っていると考える立場」（強調はコールバーグによる）に立っていると宣言し，「道徳的判断における年齢発達の傾向は，認知発達の構造的基盤と平行的な，形式-構造的な基盤を持っている」（「認知-感情平行論」）と述べている（Kohlberg：1984, 62-63）のである。認識能力の発達（向上）と道徳的あるいは社会的発達（向上）の間に—そこにおける認識能力の発達の重要性は認めつつも—「平行関係」を主張するという点で，コールバーグとスピノザは見事に一致している。

Ⅱ-3 利他的行為と社会化の契機としての「模倣」

上述のようにスピノザは，倫理という位相における「受動から能動への移行」を，「利己的態度（名誉欲）から利他的態度（道義心）への移行」として考えている（E/Ⅳ/37S1, Ap25, Ⅴ/4S）。ここで，「名誉欲 ambitio」と「道義心 pietas」とは，「人々の気に入ることなし，気に入らぬことを控える欲望」である「礼譲」（E/Ⅲ/Ad43）が，受動において現れたものと能動において現れたものであり，「名誉欲」は憎しみ合いや不和を生む利己的な欲望であり，「道義心」は友好を生み出し国家の基礎となる利他的な欲望である（E/Ⅳ/37S1, Ap25）。つまり，「名誉欲から道義心への移行」は，そのまま「相互対立から相互一致」という社会の位相での「受動から能動への移行」を表しているのである。従ってこの「名誉欲」を脱して「道義心」を身につけるようになるということは，『エチカ』第4部で目指される最重要課題であると言ってもよい。そして，それは「感情の模倣（imitatio affectuum）」を克服することによって初めて可能になるのである。では，この「感情の模倣」とは，

どのようなものであろうか。これについては本書第3章，第6章，第10章の各章で論じたので詳述はしないが，「利他的」に見えるような行為であっても，結局は行為者自身の欲望を満たすために，他者を利用しているに過ぎないといったことがある。自分ならこうされれば喜ぶであろうというような行為を，それをされれば相手も喜ぶであろうとこちらが「想像する」ような行為にすり替え，そのような行為を実際相手に行って，その結果生じる（必ずしも実際のものと一致しない）想像上の相手の喜びを「模倣して」，この善行をなした自分を喜ぶということである（E/Ⅲ/30）。このような「感情の模倣」を介して行われる擬似的な利他的行為（自己充足型の利他的行為）から得られるような喜びを満たし続けるためには，模倣すべき相手の感情（喜び）が常に必要になってくる。困っている（とこちらから想像する）相手，助けや優しさなどを求めている（とこちらから想像する）ような相手が必要になるのである。しかし，このような「感情の模倣」に介在された行為は，結局は，利己主義のバリエーションに過ぎないのである。自分では，「相手のため」と思って（想像して），利他的な行為を行った気になっていても，逆に，その行為から「喜び」を引き出し，相手に「依存」しているのはこちらの方なのである。このように，自分が「想像した」相手の感情を「模倣」することによってなされる擬似的な利他的行為に留まっていればまだよいのであるが，「感情の模倣」は，自分の感情を他者に「模倣させる」という欲望を生み出す。これが「名誉欲」である（E/Ⅲ/31・C・S）。愛や憎しみなどの自己の感情を他者に無理矢理に「模倣させ」て，他の人々が自己の分身のごとくに生きるように欲するが，全ての人が等しくそれを欲するがゆえに，この「名誉欲」からは憎しみ合いや争いが生じてしまうのである。このような擬似的利他的行為と「名誉欲」を可能にしているのが，「感情の模倣」である。だから，「名誉欲」を脱して「道義心」を身につけ，友好的に，協力し合って生きるようになるためには，言い換えれば，各人が「利他的」[1]に振る舞えるようになり，国家の下で自由に生きることができるほどに（高次のレベルで）

---

1 より厳密に言うならば，この場合の「利他的」行為は，「擬似的な（＝自己充足型の）利他的」行為である（本書第10章参照）。

「社会化」される過程においては，「感情の模倣」は必然的に乗り越えられなければならないものなのである（E/Ⅳ/68S）。上述のように，この「模倣」を支えているのは「想像知」であるから，認識論的には「想像知」を脱して「理性による認識」にまで進むということが「感情の模倣」を克服することにとっては前提となろう。

　一方，「道徳的（発達の）諸段階は，社会的領域における（発達の）諸段階のあらゆる基準に合致する」（Kohlberg：1984, 62）というコールバーグ自身の言葉が如実に物語っているように，コールバーグの道徳性の発達理論において示される道徳的な発達も社会的な発達（社会化）を含意していた。そしてコールバーグは，この社会的発達，つまり「社会化」の過程において「模倣」が果たす役割を極めて高く評価した。スピノザにおいては，「感情の模倣」は，利他的行為と社会化を可能にするために，ただ克服されるべき一つの契機として存在していたに過ぎないが[2]，コールバーグでは，「模倣」は克服されるべきもの，否定すべきものとしてよりはむしろ子供の成長のある一定の期間内に必ず通過し，それを通して子供が，社会の一員として生活するのに必要なことを，（ある意味で）自ら主体的に学習し身につけていく積極的な契機として捉えられている。

　更にスピノザの場合は，同じ「模倣」でも，それはあくまで「感情の模倣」であり，たとえそれが想像知に支えられているとはいえ，人間の認識活動の一環というよりはむしろ，第一義的には本人の意志には関係なしに，他者から伝染させられる感情として考えられている。これに対してコールバー

---

[2] ここにいう「利他的行為と社会化」には「より高次のレベルでの」という限定をつけておきたい。というのも，その心が「感情の模倣」にさえ従わないような人々には，「より低次のレベル」での「利他的行為と社会化」の実現すら不可能であるとも言えるからである。「感情の模倣」から生まれる擬似的利他的行為であっても，利他的行為であることに変わりはないから，他者の利益に無関心なエゴイズムよりはまだましであるし，最高権力への「恐怖」や「希望」が「感情の模倣」により国民の間に広がることによる「服従」の発生であっても，無政府状態よりはまだましなのである。「感情の模倣」とそこから生まれる（名誉欲などの）受動感情を「社会化」の原動力となる契機として積極的に捉えるのがマトゥロンやネグリである（Matheron：1986, 108-110），Negri：1982, 242-245〔邦訳 344-347〕，本書第4章注6および第10章注19も参照）。

グは,「模倣はその初期の形態も含めて,全て,認知的なものである」(Kohlberg：1984, 112) と言い,年齢発達的な認知構造の変化によって模倣過程が進行すると考え,ピアジェの「模倣」の(発達の)5段階説を評価しているのである。一方スピノザも,確かに小児が成長するにつれ,「模倣」は減少するということをほのめかしてはいるが (E/Ⅲ/32S),コールバーグにとっては,この同じ「発達に伴う模倣性」の減少が,「モデリング過程が消えてしまったことを示しているのではなく,「良い子」概念に反映されているような規範的モデルへの,より構造化された同一視にモデリング過程が変換されていったことを示している」と解釈されるのである (Kohlberg：1984, 118)。もちろん,コールバーグにおいても,社会化あるいは道徳的発達の過程において,「模倣」が貢献できるのは,「慣習的レベル_{コンヴェンショナル}」までであり,自律し,原理化されている「脱慣習的レベル_{ポストコンヴェンショナル}」つまり,第5,6段階では,「模倣」はその役目を終え,克服されていることであろう。いずれにしても,スピノザとコールバーグの二人に共通なのは,社会化と道徳的発達(向上)のある段階で「模倣」が一定の役割——それが良いものであれ悪いものであれ——を果たし,そして,より一層の発達(向上)に伴って,克服されていくということである。

結論

本附論は,コールバーグの道徳性発達の理論とスピノザの倫理学説を,認識,道徳,社会といった位相での「発達」もしくは「向上」を中心に考察し,併せて,両思想家における「模倣」の問題を「利他的行為」や「社会化」との関係で考察した。そこにおいては,かなりの単純化を行いはしたものの,両思想家の相違ばかりではなく意外な共通点をも探り出せたのではと思う。

コールバーグによって第7段階にあると考えられていたスピノザは,本附論Ⅰ-4のハインツのディレンマに対して,どのような解答の仕方をし,コールバーグはその道徳的判断に対していかなるコメントをしたであろうか。これはそう簡単には答えられない問題であり,今後の課題として引き受けさせていただきたい。

〔資料１〕道徳的諸段階の定義（Kohlberg：1973. から一部省略して訳出）
Ⅰ 前慣習的レベル

第１段階 罰と服従への志向——物理的な結果が行為の善悪を決定し，結果の持つ人間的な意味や価値は無視される。罰を避け，力のある者に対して盲目的に服従することはそれ自体価値のあることとされる。しかし，罰や権威によって支えられて背後に存在している道徳的秩序を尊重することによって，それらが価値づけられるのではない（その場合は第四段階である）。

第２段階 道徳主義的な相対主義志向——正しい行為とは，自分自身の欲求や場合によっては他人の欲求を道具的に満たす行為である。人間関係は取引の場での関係のように見られている。公平，互恵性，平等な配分という要素は在るが，それらは常に物理的でプラグマティックに解釈される。互恵性は，「あなたが私の背中をかいてくれるなら，私もあなたの背中をかいてあげる（魚心あれば水心）」といったものであり，忠誠，感謝，公正といった事柄ではない。

Ⅱ 慣習的レベル

第３段階 対人的同調，あるいは「よいこ」志向——善い行いとは，他者を喜ばせたり助けたりする行いであり，他者から承認される行いである。何が多数派の行いか，何が「自然な」行いかということに関しては，ステレオタイプのイメージに自分を強く同調させる。行いは，しばしばその意図によって判断される。「彼は善いことを意図している」ということが，まず重要なことになる。「善良であること」によって承認を受ける。

第４段階 「法と秩序」への志向——権威や固定された規則，そして社会秩序を維持しようとする志向がある。正しい行いとは，義務を果たすこと，権威への尊敬を示すこと，所与の社会秩序をそれ自身のために維持することである。

Ⅲ 脱慣習的，自律的，原理化されたレベル

第５段階 社会契約的な法律尊重への志向——一般に功利主義的な色合いを帯びている。正しい行為とは，一般的な個人の権威や，社会全体によって批判的に吟味され一致した基準によって定められる傾向にある。私的な価値

観や見解は相対的なものであるということを明確に意識し，それに対応して合意に達するための手続き上の規則を強調する。合法的に民主的に一致したことを別にすれば，権利は，私的な「価値観」と「見解」に関することがらである。結果的には「法的な観点」が強調されるが，社会的利益についての合理的な考察によって法を変える可能性も強調される（第4段階の「法と秩序」の考えのように法を固定化するのではない）。法の領域を離れれば，自由な同意と契約が，義務に拘束力を与える要素である。この考え方はアメリカ合衆国の政府および憲法における「公式の」道徳性である。

第6段階　普遍的な倫理的原理への志向——正しさは，論理的包括性，普遍性，一貫性に訴えて自分自身で選択した「倫理的原理」に一致する良心の決定によって定義される。それらの倫理的原理は，抽象的，倫理的であり（黄金律，定言命法），十戒のような具体的な道徳規則ではない。それらは，「正義」，人間の「権利」の「相互性」と「平等性」，「個々の人格」としての人間の尊厳に対する尊重という普遍的な原理である。

〔資料2〕「ハインツディレンマ」（Kohlberg：1973, 638 を訳出）

　ヨーロッパで，一人の女性が非常に重い病気で死にかけていた。その病気は，特殊な癌であった。彼女を救うかもしれないと医者が考えている薬が一つあった。それは，ラジウムの一種であり，薬屋は自分がその薬を製造するのに要した費用の十倍の代金を請求していた。病気の女性の夫であるハインツは，すべての知人のところにお金を借りに行ったが，その値段の約半分のお金しか集まらなかった。彼は，この薬屋に，妻が死にかけていることを話し，もっと安く売ってくれないか，さもなければ後払いにしてくれないかと頼んだ。しかし，薬屋は「駄目だ，私がその薬を発見したのだし，それで金儲けをするつもりなんだ」と言った。そこでハインツは絶望的になって，妻のために薬を盗みにこの男の店に押し入った。

あとがき

　本書は，2001年12月に大阪大学大学院文学研究科に提出され，2002年9月17日に博士（文学）の学位を授与された，課程博士学位論文「スピノザの社会哲学―コナトゥスから救済へ，あるいはコナトゥスの彼方へ―」に大幅な加筆・修正を施したものである。各章の初出は以下の通りである。

第1章　コナトゥスから救済へ
　　　―スピノザにおける救済の根底的基礎としてのコナトゥスについて―
　　　（「コナトゥスから救済へ―スピノザにおける救済の根底的基礎としてのコナトゥスについて―」大阪大学文学会『待兼山論叢』第31号，1997年）

第2章　保存と増大
　　　―『エチカ』におけるコナトゥスの自己発展性とその必然性について―
　　　（「保存と増大―『エチカ』におけるコナトゥスの自己発展性とその必然性について―」大阪大学文学部哲学講座『メタフュシカ』第35号，2004年）

第3章　スピノザにおけるコナトゥスと倫理
　　　（「スピノザにおけるコナトゥスと倫理」，関西倫理学会『倫理学研究』第29集，1999年）

第4章　スピノザ社会哲学における国家成立の問題
　　　―『エチカ』と『政治論』の連続と不連続―
　　　（「スピノザ社会哲学における国家成立の問題―『エチカ』と『政治論』の連続と不連続―」政治哲学研究会『政治哲学』第2号，2005年）

第5章　力能と排除
　　　―『政治論』における女性と奴隷をめぐる問題について―

（「力能と排除—スピノザ政治哲学における女性と奴隷をめぐる問題について—」大阪大学文学部哲学講座『メタフュシカ』第 29 号，1998 年）

第 6 章　コナトゥスの彼方へ
　　　　—レヴィナスのスピノザ批判に対して／のために—
（「コナトゥスをめぐる二つの倫理学—レヴィナスのスピノザ批判に対して」奈良県立医科大学一般教育紀要『HUMANITAS』第 25 号，2000 年）

第 7 章　スピノザにおける三つの救済について
　　　　—安定性と均衡の実現という観点から—
（「スピノザにおける三つの救済について—安定性と均衡の実現という観点から—」奈良県立医科大学一般教育紀要『HUMANITAS』第 28 号，2003 年）

第 8 章　感情から社会へ—『エチカ』における感情と社会について—
（「コナトゥスから社会へ—『エチカ』における感情と社会について—」平成 9 年度科学研究補助金基盤研究（B）（2）研究成果報告書『感情の解釈学的研究』（代表：山形頼洋），1998 年）

第 9 章　存在論的，社会哲学的位相における"communicatio"の役割
（「スピノザ哲学におけるコミュニケーションの問題について—"communicatio"の存在論的，社会哲学的位相—」平成 12 年度科学研究補助金基盤研究（C）（2）研究成果報告書『コミュニケーションの存在論』（代表：里見軍之），2001 年）

第 10 章　模倣と利他—スピノザ『エチカ』に利他的行為は存在するのか—
（「模倣と利他—スピノザ『エチカ』に利他的行為は存在するのか—」『関西大学法学論集』第 62 巻 4 - 5 合弁号，2013 年）

第 11 章　相克と均衡
　　　　—スピノザ政治哲学における国家の自然権と〈安定〉について—
（「相克と均衡—スピノザ政治哲学における国家の自然権と〈安定〉について—」平成 11 年度科学研究補助金基盤研究（C）（2）研究成果報

告書『社会変動とエートスの関係』(代表：神野慧一郎)，2000年)
第1附論　ディープエコロジーのスピノザ受容— A. ネスの場合—
　　　　(「ディープエコロジーのスピノザ受容— A. ネスの場合—」奈良県立医科大学一般教育紀要『HUMANITAS』第26号，2001年)
第2附論　認識と道徳—コールバーグとスピノザを手がかりに—
　　　　(「認識と道徳—コールバーグとスピノザを手がかりに—」大阪大学大学院文学研究科臨床哲学(倫理学)研究室『臨床哲学』創刊号，1999年)

　本書の元となった研究の一部は，私個人が受けた文部科学省科学研究費補助金(特別研究員奨励費)による研究成果である。採択課題：「スピノザ哲学における救済の問題—その思想史的研究—」(1996〜1998年度)および採択課題：「スピノザ社会哲学の諸問題—コナトゥス・他者・コミュニケーション—」(1999〜2001年度)。また，本書の執筆過程で，関西大学重点領域研究助成，研究課題：「近代フランス知識人の社会への関与と責任」(代表：土倉莞爾関西大学教授，2010〜2011年度)の研究費を頂き研究を進めることができた。ここに感謝の意を表したい。

　※本書は一貫してスピノザの倫理学と政治学の特徴を「現実主義的(リアリスティック)」なものとして描いてきた。だが「現実主義的(リアリスティック)」であるとはどういうことであろうか。私がなぜか繰り返し読んでしまうスピノザについての短い文章がある。それは，花田清輝が戦中に書き継ぎ1946年に出版した『復興期の精神』の中の「ブリダンの驢馬──スピノザ」という文章である。その中で花田は，「スピノザの『倫理学〔エチカ〕』は，アムステルダム美術館にあるレンブラントの『解剖図』に似ており，その現実把握の態度は，一見，すこぶる冷静ではあるが，うちにひそめられている真理への熱情には殆んど偏執狂的(モノマニヤック)なものがあり，切り取られた頭蓋を手にもち，科学そのものの化身ででもあるかのように，凝然と，喰いいるようなするどい視線を，露出した生まなましい脳髄にむかってそそいでいる画中の一人物の姿には，笑わず，嘆かず，呪詛

もせず，たひたすら理解しようとつとめた哲学者の風貌を思わせるものがある。レンブラントにとっての光は，スピノザにとっての真理であり……」と書いている。ここで花田はレンブラントと重ね合わせながらスピノザの現実主義(リアリズム)を讃えているのではない。「『現実的な』あまりにも『現実的な』」スピノザの思想の奥底にぬくぬくと横たわるブルジョワ性を嗅ぎつけ，『解剖図』のなかでのさばっている肉体は，実は「すでに精神を喪失している肉体」にすぎず，「つめたい観察によってとらえられる現実のすがたは，実は観察者のあたたかい現実の，裏返しにされたすがたである」と批判しているのである。そして花田は『エチカ』第2部（E/II/49S）に出てくる「ブリダンの驢馬」に託したスピノザの主張（人間には自由意志がないから，飢えと渇き，ならびに自分から等距離に置かれた食物と飲料の間で平衡状態にある人間は，どちらも選べず死んでしまうという）についてこう述べている「私の解釈に苦しむ点は，意志の自由については疑いをいだくにいたったスピノザが，『ブリダンの驢馬』の仮定の正当さについては，どうして一生涯，露ほども疑ってみようとはしなかったかということだ。実際，驢馬をそういう生の可能性の状態においてみるがいい。一瞬の躊躇もなく，かれは猛然と水をのみ，秣を食うであろう。或いは秣を食い，水をのむであろう。私は確信する。断じてかれは立ち往生することはないであろう，餓死することはないであろう」（講談社文芸文庫より引用）。

　本書を熟読してもらえば一目瞭然のことであるが，私はスピノザを，例えばネグリのように「転覆」や「革命」の哲学として捉えていないし，ドゥルーズのように「喜び」と「自己肯定」の哲学に収まるようなものとして捉えてもいない。

　スピノザが目指したのは確かに「救済 salus」であり，それは哲学的「救済」，政治的「救済」，宗教的「救済」の三つに及ぶ。しかし，それらの「救済」は，個人の（内面の）場合であれ，国家（政治システム）の場合であれ，「安定性や均衡」と結びついて初めて達成されるものである（本書第7章）。そして，この「安定性や均衡」へと，つまりは「救済」へと至るための「方

法」の提示こそがスピノザの課題であったと言える。この観点からすれば，スピノザは「政治」に関して，決して急激な「変化」や革命などを望むべくはずがない。スピノザが『政治論』で行ったのは，君主制，貴族制，民主制，そのいずれの国家形態にせよ，社会変動に可能な限り影響を受けないで，国家の自然権が安定的に維持されて，国家の存在がよりよく保存されるには，つまりはいかなる国家形態であれ，それができるだけ民主的に運営されて臣民に安全と平和が保証されるには，どのような政治システムを構築すべきかを，人間の普遍的な感情の事実に基づいて極めて現実主義的(リアリスティック)に解明しようとすることであった（本書第 11 章序）。

　また本書の立場からすれば，マトゥロンやそれに影響を受けたネグリは，人間の（受動）感情や「感情の模倣」の社会的（社会化の）機能，想像知(イマギナチオ)の構成的な力を過大評価しすぎではないか，ということになる。ネグリは，集団心理学におけるル・ボンやフロイトの伝統に反して，多数者(マルチチュード)＝民衆の自律性や群知性を評価し，それに期待もする。しかし，スピノザの「現実主義(リアリズム)」では，多数者(マルチチュード)＝民衆の（受動）感情の移ろいやすさ，「感情の模倣」を通したその増幅と振幅を怜悧(クール)に見つめた上で，それらを統御して国家に安定性と均衡をもたらすシステム，受動感情ですらそこを通過してしまえば，結果的には「理性」と同じような役割を政治の中で果たしてしまう巧妙なシステムが考案されたと見なすのが妥当ではなかろうか（本書第 4 章結論）。本書でも不十分ながらこのようなアンチテーゼを出したつもりだが，ドゥルーズやマトゥロンそしてネグリについてもっと詳しく研究してから，もう一度この問題については挑戦してみたい。

　今後の課題としては，『エチカ』の存在論や認識論についてもっと厳密で突っ込んだ研究を積み重ね，「感情の模倣」のメカニズムについても更に深く追求する必要があると痛感している。そして，当初，本書に収める予定であった，フロイトとスピノザの関係についての論文や現実主義(リアリズム)国際政治学へのスピノザの影響についての論文も近々刊行される予定であり，これらも含めたより充実した続編の完成を目指して精進するつもりである。

※本書の執筆過程で，多くの先生がたにお世話になった（以下，氏名は全て五十音順）。まず，本書の原型となった課程博士論文を，大阪大学大学院文学研究科で審査して頂いた中岡成文先生，山形頼洋先生（故人），鷲田清一先生，それから同じく大阪大学で，スピノザに関する卒業論文と修士論文の主査をして頂いた塚崎智先生にお礼を申し上げたい。また著者が学部生，院生，そして日本学術振興会の特別研究員として研究室に所属していた期間，助手として務めておられた霜田求先生と本間直樹先生には，研究に関する全般的なことから研究者としての心得など何から何まで教わった気がする。ここに感謝の意を表したい。

大阪大学文学部倫理学（現臨床哲学）研究室関係では，石崎嘉彦先生，樫則章先生，河井徳治先生，木村倫幸先生，阪本恭子先生，田中朋弘先生，谷口文章先生，柘植尚則先生，徳永哲也先生，豊田剛先生，森田美芽先生には，著者の長い非常勤講師生活の中で，論文や翻訳の発表の場を与えて頂いたり，講義を任せて頂いたり，研究上の貴重なアドバイスを頂いた。改めてお礼を申し上げたい。

前任校の大阪産業大学人間環境学部関係では本当に多くの先生がたにお世話になったが，特に浅井伸一先生，北野雄士先生，手島勲矢先生には，研究会や個人的なお付き合いの中で，文学，芸術，日本思想，宗教学などに関して，様々な知的刺戟を与え続けてくださっていることに感謝する。

現在の勤務校である関西大学法学部関係では，初めて，スピノザについて私に教えて下さった恩師，高尾正男先生（故人），学部時代からの恩師であり，かつ政治心理学を研究し講じる機会を与えて下った土倉莞爾先生と若田恭二先生にまず感謝を申し上げたい。土倉先生と若田先生は，関西大学出版部に本書の出版を御推薦して下さったことにも厚くお礼申し上げたい。また私の所属する政治学パートの諸先生がた，池田慎太郎先生，大津留（北川）智恵子先生，寺島俊穂先生，廣川嘉裕先生，森本哲郎先生，山野博史先生，山本慶介先生には日頃より格別のご厚情を賜っている。政治学パートの同僚の石橋章市朗先生と坂本治也先生は年下でありながら私の政治学の「先生」でもある。日頃の教えに感謝を申し上げたい。

最後に，私も主催者の一人である小さな研究会で，毎回，厳しくも有益な御指摘をして下さる捧堅二先生にも感謝の気持ちをお伝えしたい。

　本書は，関西大学法学部の山野博史教授に出版委員会で出版の趣旨を御説明して頂き，その結果として関西大学出版部から出版を認められた。心よりお礼を申し上げたい。関西大学出版部の藤原有和氏には，本書の出版申請時から全てにわたりお世話になった。初めての単著執筆ということもあり，本書の執筆過程で，藤原氏をはじめ多くの方々に多大なるご迷惑をおかけしてしまった。関係各位に改めてお詫びを申し上げさせて頂きたい。

2013年2月19日

河村　厚

〈文献表〉

〔外国語文献〕

Adorno, T. W., 1970, 1996, *Jargon der Eigentlichkeit*, Suhrkamp Verlag：『本来性という隠語』，笠原賢介訳，未来社，1992.

―― 1970, 1996, *Negative Dialektik*, Suhrkamp Verlag：『否定弁証法』，木田元・徳永恂・渡辺祐邦・三島憲一・須田朗・宮武昭訳，作品社，1996.

Alain, E. C., 1986, *Spinoza*, Gallimard.

Allison, H. E., 1987, *Benedict de Spinoza : An Introduction*, Yale University Press

Alquié, F., 1981, *Le rationalisme de Spinoza*, Paris, PUF.

Arendt, H., 1951, *Elemente und Ursprünge totaler Herrschaft*, Piper.

―― 1958, *The Human Condition*, Chicago University Press.

―― 1968, 2006, *Between Past and Future: Eight Exercises in Political Thought*, Enlarged Edition, Penguin Books：『過去と未来の間―政治思想への8試論』，引田隆也・齊藤純一訳，みすず書房，1994.

Barbone, S., 2002, "What Counts as an Individual for Spinoza?", in:*Spinoza Metaphysical Themes*, ed. by Koistinen, O. & Biro, J., Oxford University Press.

Balibar, E., 1985, "Spinoza, l'anti-Orwell La crainte des masses", in : *La crainte des masses : Politique et philosophie avant et après Marx*, 1997, Galilée.

―― 1998, *Spinoza and Politics*, translated by Peter Snowdon, Verso.

Bennett, J., 1984, *A Study of Spinoza's Ethics*, Hackett Publishing Company.

Benhabib, S., 1992, *Situating the Self*, polity Press.

Bidney, D., 1962, *The Psychology and Ethics of Spinoza*, Russell & Russell.

Cazayus, P. 2000. *Pouvoir et liberté en politique : Actualité de Spinoza*, P. Mardaga.

Deleuze, G., 1962, *Nietzsche et la philosophie*, P. U. F.

―― 1968, *Spinoza et le problème de l'expression*, Minuit.

―― 1981, *Spinoza philosophie pratique*, Minuit：『スピノザ-実践の哲学』，鈴木雅大訳，平凡社，1994.

Deutsch, M. & Kinnvall, C., 2002, "What is Political Psychology?", In ; Monroe, K. R. (ed.), *Political Psychology*, Lawrence Erlbaum Associates, 2002.

Freud, S., 1920, *Jenseits des Lustprinzips*, Gesammelte Werke (Bd. 13), Fischer

Taschenbuch Verlag, 1999：中山元訳,「快感原則の彼岸」,所収 竹田青嗣編『自我論集』, ちくま学芸文庫, 1996.

―― 1921, *Massenpsychologie und Ich-Analyse*, Gesammelte Werke（Bd.13）:「集団心理学と自我分析」藤野寛訳, フロイト全集第17巻, 岩波書店, 2006.

Freudenthal, J., 1899, *Die Lebensgeschichte Spinozas*, Leipzig.

―― 1904, *Spinoza. Sein Leben und seine Lehre*, Frommanns Verlag.

Garrett, D., 1996, "Spinoza's ehical theory", in : *The Cambridge Companion to Spinoza*, ed. D. Garrett, Cambridge University Press.

Gebhardt, C., 1921, *Spinoza und der Platonismus*, in Chronicon Spinozanum, Haag.

Gueroult, M., 1968, *Spinoza* Ⅰ, Olms.

―― 1974, *Spinoza* Ⅱ, Olms.

Hampshire, S., 1951, *Spinoza*, Reprinted in Penguin Books（1992）.

Harris, E. E., 1973, *Salvation from Despair*, Nijhoff.

Hegel, G. W. F., 1817, 1970, *Enzyklopädie der philsophishen Wissenschaften I*, Suhrkamp Verlag.

―― 1971, *Vorlesungen über die Geschichte der Philosophie* Ⅲ, Suhrkamp Verlag.

Henrich, D., 1982, 1993, *Selbstverhältnisse : Gedanken und Auslegungen zu den Grundlagen der klassischen deutschen Philosophie*, Reclam.

Hobbes, T., 1651, 1997, *Leviathan*, English Works Vol. 3（PartsI-II）, ed. by W. Molesworth, Routledge/Thoemmes Press.

Hobbes, T., 1655, 1961, De Corpore, Opera Latina vol. 1, ed. by W. Molesworth, Scientia.

Horkheimer, M. & Adorno, T. W., 1995, *Dialektik der Aufklärung*, Fischer Taschenbuch Verlag：『啓蒙の弁証法』, 徳永恂訳, 岩波書店, 1990.

Iacoboni, M., 2008, *Mirroring People The New Science of How We Connect with Others*：『ミラーニューロンの発見―「物まね細胞」が明かす驚きの脳科学―』塩原通緒訳, 早川新書, 2009.

Jaspers, K., 1957, *Die Grossen Philosophen Erster Band*, R. Piper & Co Verlag.

Joachim, H. H., 1901, *A Study of the Ethics of Spinoza*, Oxford.

Kant, I., 1785, *Grundlegung zur Metaphysik der Sitten*, PHB（1994）:『道徳形而上学原論』, 篠田英雄訳, 岩波文庫, 1995.

Kaplan, A., 1977, "Spinoza and Freud." Journal of American Aeademic Psychoanlysis5.

Kohlberg, L., 1973, "The Claim to Moral Adequacy of a Highest Stage of Moral Judgment", *The Journal of Philosophy, Vol. LXX, n. 18.*

―― 1981, *The Philosophy of Moral Development*（*Essays on Moral Development*,

Vol. 1), Haper & Row.
―― 1984, *The Psychology of Moral Development* (*Essays on Moral Development, Vol. 2*), Haper & Row.

Lacroix, J., 1970, *Spinoza et le problème du salut*, Presses Universitaires de France.

Lasswell, H. D., 1948, 2009, *Power and Personality*, Transaction Publishers：『権力と人間』，永井陽之助訳，東京創元社，1954.

Lasswell, H. D. & Kaplan, A., 1950, 1965, *Power and Society: A Framework for Political Inquiry*, Yale University Press.

Lévinas, E., 1936, 1998, *De l'évasion*, Fata Morgana：『レヴィナス・コレクション』所収，合田正人編訳，ちくま学芸文庫，1999.
―― 1949, 1967, 1994, *En découvrant l'existence avec Husserl et Heidegger*, 2ed., Vrin：『実存の発見 フッサールとハイデッガーと共に』，佐藤真理人・小川昌宏・三谷嗣・河合孝昭訳，法政大学出版局，1996.
―― 1961, 1994, *Totalité et Iinfini*, Kluwer Academic：『全体性と無限』，合田正人訳，国文社，1989.
―― 1963, 1997, *Difficile liberté*, Albin Michel，『困難な自由』，内田樹訳，国文社，1985.
―― 1972, *Humanisme de l'autre homme*, Fata Morgana：『他者のユマニスム』，小林康夫訳，風の薔薇社，1990.
―― 1974, 1996, *Autrement qu'être ou au-delà de l'essence*, Klumer Academic：『存在の彼方へ』，合田正人訳，講談社学術文庫，1999.
―― 1976, 1994, *Noms propres*, Fata Morgana, 1987：『固有名』，合田正人訳，みすず書房.
―― 1982, *De Dieu qui vient à l'idée*, Vrin：『観念に到来する神について』，内田樹訳，国文社，1997.
―― 1982, 1992, *Éthique et Infini*, Fayard：『倫理と無限』，原田佳彦訳，朝日出版社，1985.
―― 1982, *L'au-delà du verset*, Minuit：『聖句の彼方』，合田正人訳，法政大学出版局，1996.
―― 1988, *A l'heure des nations*, Minuit：『諸国民の時に』，合田正人訳，法政大学出版局，1993.
―― 1991, *Entre nous*, Grasset：『われわれのあいだで』，合田正人，谷口博史訳，法政大学出版局，1993.
―― 1993, *Dieu, la mort et le temps*, Grasset：『神・死・時間』，合田正人訳，法政大

学出版局,1994.
―― 1994, *Les imprévus de l'histoire*, Fata Morgana:『歴史の不測』, 合田正人・谷口博史訳, 法政大学出版局, 1997.
Lin, M., 2004, "Spinoza's Metaphysics of Desire: The Demonstration of IIIP6", in: *Archiv für Geschichte der Philosophie*, 86Band, Walter de Gruyter.
Macherey P., 1979, *Hegel ou Spinoza*, Paris, Maspero-La D couverte,
―― 1997, *Introduction à l'Ehique de Spinoza La quatrième partie la condition humaine*, puf.
Malka, S., 1984, *Lire Levinas*, Cerf:『レヴィナスを読む』, 内田樹訳, 国文社, 1996.
Matheron, A., 1969, 1988, *Individu et communauté chez Spinoza*, Minuit.
―― 1986, *Anthropologie et politique au XVIIe siecle*, Paris, Vrin.
―― 1991a, "Ethique et Politique chez Spinoza" (Remarques sur le role du scolie 2 de la prop. 37 dans la partie Ⅳ de l'Ethique), Symposium: Spinoza and the political, November 9, 1991 at Seikei University:「スピノザにおける〈倫理〉と〈政治〉―『エチカ』第4部, 定理37備考2の役割について(その1)」, 鈴木雅大訳, スピノザ協会会報第7号, 1992, 同(その2), 鈴木雅大・桜井直文訳, スピノザ協会会報第8号, 1993.
―― 1991b, "Démocratie et démocratisme chez Spinoza", Symposium: Spinoza and the political, November 11, 1991 at Doshisha University:「スピノザにおける民主制と民主主義」, 水嶋一憲訳,『現代思想』1995年11月号.
Mayer-Tasch, P. C., 1965, *Thomas Hobbes und das Widerstandsrecht*, J. C. B. Mohr/Tübingen:『ホッブズと抵抗権』, 三吉敏博・初宿正典訳, 木鐸社, 1976.
McShea, R. J., 1968, *The Political Philosophy of Spinoza*, Columbia University Press.
Meinecke, F., 1924, 1960, *Die Idee der Staatsräson in der neueren Geschichte*, Oldenbourg.
Misrahi, R., 1990. 1993. *Spinoza: Ethique*, 2e éd., Presses universitaires de France.
―― 1997 *,L'être et la joie: Perspectives synthétiques sur le Spinozisme*, encre marine.
Monroe, K. R., 1996, *The Heart of Altruism: Perceptions of a Common Humanity*, Princeton Univ Press.
Moreau, J., 1971, 4ed. 1991, *Spinoza et le spinozisme*, Presses Universitaires de France.
Moreau, P. F., 2003, 2006, *Spinoza et le spinozisme*, Presses Universitaires de France:『スピノザ入門』(文庫クセジュ), 松田克進・樋口善郎訳, 白水社, 2008.
Naess, A., 1973a, "The Shallow and the Deep, Long-Range Ecology movement: A Summary", in: *The Deep Ecology Movement: An Introductory Anthology*, ed. by

Alan Drengson & Yuichi Inoue, North Atlantic Books, 1995.

―― 1973b, "The Place of Joy in a World of Fact", in：*Deep Ecology for the Twenty-First Century*, ed. by George Sessions, Shambhala, 1995.

―― 1982, "Simple in Means, Rich in Ends", in：*Environmental Philosophy：From Animal Rights to Radical Ecology*, general editor, M. E. Zimmerman, Prentice-Hall, Inc., 1993：鈴木美幸訳、「手段は質素に、目標は豊かに」、所収 環境思想の系譜第3巻 小原秀雄監『環境思想の多様な展開』、東海大学出版会、1995.

―― 1985, "Intrinsic Value：Will the Defenders of Nature Please Rise", in：*Wisdom in the Open Air：the Norwegian Roots of Deep Ecology*, ed. by Peter Reed and David Rothenberg, University of Minnesota Press, 1993.

――, 1987, "Self-Realization：An Ecological Approach to Being in the World", in：*The Deep Ecology Movement*, ed. by A. Drengson & Y. Inoue, 1995.

――, 1989, 1992, *Ecology, Community and Lifestyle：Outline of an Ecosophy*, translated and revised by David Rothenberg, Cambridge University Press Press：『ディープ・エコロジーとは何か――エコロジー・共同体・ライフスタイル――』、斎藤直輔・開龍美訳、文化書房博文社、1997.

――, 2002, *Life's Philosophy：Reason and Feeling in a Deeper World*, translated by Roland Huntford, the University of Georgia Press.

Nash, R. F., 1989, *The Rights of Nature：A History of Environmental Ethics*, The University of Wisconsin Press.

Ndayizigiye, T., 1997, *Réexamen éthique des drois de l'homme sous l'éclairage de la pensée de l'Emmenuel Levinas*, Peter Lang.

Negri, A., 1982, *L'anomalie sauvage：puissance et pouvoir chez Spinoza：traduit de l'italien par François Matheron*, Presses universitaires de France：『野生のアノマリー スピノザにおける力能と権力』、杉村昌昭・信友建志訳、作品社、2008.

―― 1985, "Reliqua Desiderantur：Congettura per una definizione del concetto di democrazia nell'ultimo Spinoza", in：*Studia Spinozana* vol. 1（1985）：「以下ヲ欠クースピノザ最晩年の民主制政体概念の定義を推察する」、小林満・丹生谷貴志訳、『現代思想』1987年9月号.

―― 1994, "Démocratie et éternité", in：*Spinoza：Puissance et ontology*. Sous la direction de M. R. D'Allonnes et De H. Rizk, Éditions Kimé.

―― 1997, *Le pouvoir constituant：Essai sur les alternatives de la modernité*, PUF：『構成的権力――近代のオルタナティブ』、杉村昌昭・斉藤悦則訳、松籟社、1999.

Nietzsche, F., 1887, 1984, *Zur Genealogie der Moral*, Insel Verlag.

Picht, G., 1980, *Hier und jetzt*, vol. 1, Klett-Cotta.

Poirié, F., 1996, *Emmanuel Lévinas*, Actes Sud：『暴力と聖性―レヴィナスは語る―』，内田樹訳，国文社，1991.

Rawls, J., 1971, 1994, *A Theory of Justice*, Harvard University Press：『正議論』，矢島欽次監訳，紀伊國屋書店，1999.

Rey, J.-F., 1993, "Lévinas et Spinoza", in：*Spinoza au XXe siècle*, sous la direction de Olivier Bloch, Presses Universitaires de France.

Rizzolatti, G., & Sinigaglia, C., 2008, *Mirrors in the Brain-How Our Minds Share Actions and Emotions*, translated by Frances Anderson, Oxford University Press：『ミラーニューロン』，柴田裕之訳，茂木健一郎監修，紀伊國屋書店，2009.

Robinson, L., 1928, *Kommentar zu Spinozas Ethik*, Felix Meiner.

Rocca, M. D., 1996, Spinoza's metaphysical psychology", in *The Cambridge Companion to Spinoza*, ed. D.Garrett, Cambridge University Press.

Schelling, F. W. J., 1809, 1991,, *Über das Wesen der menschlichen Freiheit*, Einleitung und Anmerkungen von Horst Fuhrmans, Philipp Reclam jun. Stuttgart.

Schérer, R., 1993, *Zeus Hospitalier – Éloge de l'hospitalité*, Armand Colin：『歓待のユートピア―歓待神礼讃』，安川慶治訳，現代企画室，1996.

―― 1998,『ノマドのユートピア―2002年を待ちながら』，杉村昌昭訳，松籟社.

Schmitt, C., 1921, 1964（3. Auflage）, *Die Diktatur*, siebente Auflage, Duncker & Humblot：『独裁――近代主権論の起源からプロレタリア階級闘争まで』，田中浩・原田武雄訳，未来社，1991.

――, 1928, 2010（10. Auflage）, *Verfassungslehre*, Duncker & Humblot：『憲法論』，阿部照哉・村上義弘，みすず書房，1974.

―― 1938, 2012, *Leviathan in der Staatslehre Thomas Hobbes*, Klett-Cotta：『リヴァイアサン――近代国家の生成と挫折』，長尾龍一訳，福村出版，1972.

Schrijvers, M., 1999, "The *Conatus* and the Mutual Relationship Between Active and Passive Affects in Spinoza", in：*Desire and Affect：Spinoza as Psychologist*, ed. by Yovel, Y., Little Room Press.

Strauss, L., 1930, 1981, *Die Religionskritik Spinozas als Grundlage seiner Bibelwissenschaft*, Olms.

Walther, M. A., 1971, *Metaphysik als Anti-Theologie*, Felix Meiner.

Wernham, A. G., 1958, *Benedict de Spinoza：The Political Works*, Oxford University Press.

Wolfson, H. A., 1934, 1983, *The Philosophy of Spinoza*, vol. II, Harvard University Press.

Yovel, Y., 1989, *Spinoza and Other Heretics* (vol. 1 & vol. 2), Princeton University Press:『スピノザ異端の系譜』, 小岸昭・E. ヨリッセン・細見和之訳, 人文書院, 1998.

Zac, S., 1964, "Etat et Nature chez Spinoza" in : *Philosophie, Théologie, Politique, dans l'oeuvre de Spinoza*, Vrin, 1979.

〔日本語文献〕

石沢要, 1977, 『スピノザ研究』, 創文社.

井上達夫, 1986, 『共生の作法――会話としての正義』, 創文社.

上野修, 1995, 「二つの『あたかも』――スピノザ『政治論』のために」, 工藤喜作, 桜井直文編『スピノザと政治的なもの』所収, 平凡社.

――1999, 『精神の眼は論証そのもの デカルト, ホッブズ, スピノザ』, 学樹書院.

――2005, 『スピノザの世界 神あるいは自然』, 講談社.

桂寿一, 1965, 『スピノザの哲学』, 東京大学出版局.

河井徳治, 1994, 『スピノザ哲学論攷』, 創文社.

河村厚, 1997, 「コナトゥスから救済へ――スピノザにおける救済の根底的基礎としてのコナトゥスについて――」, 『待兼山論叢』31号, 大阪大学文学会.

――1998a, 「コナトゥスから社会へ――『エチカ』における感情と社会について――」, 平成9年度科学研究補助金・基盤研究（B）（2）研究成果報告書『感情の解釈学的研究』（代表 山形頼洋）.

――1998b, 「力能と排除――スピノザ政治哲学における女性と奴隷をめぐる問題について――」, 『メタフュシカ』第29号, 大阪大学文学部哲学講座.

――1999a, 「スピノザにおけるコナトゥスと倫理」, 『倫理学研究』第29号, 関西倫理学会.

――1999b, 「認識と道徳――コールバーグとスピノザを手がかりに――」, 『臨床哲学』創刊号, 大阪大学文学部哲学講座.

――2000a, 「コナトゥスをめぐる二つの倫理学――レヴィナスのスピノザ批判に対して――」, 『Humanitas』第25号, 奈良県立医科大学.

――2000b, 「相克と均衡――スピノザ政治哲学における国家の自然権と〈安定〉について――」, 平成11年度科学研究補助金・基盤研究（C）（2）研究成果報告書『社会変動とエートスの関係』（代表 神野慧一郎）.

――2001a, 「スピノザ哲学におけるコミュニケーションの問題について――"communicatio"の存在論的, 社会哲学的位相――」, 平成12年度科学研究補助金基盤研究（C）（2）研究成果報告書『コミュニケーションの存在論』（代表：里見軍之）.

―― 2001b,「ディープエコロジーのスピノザ受容― A. ネスの場合―」,『Humanitas』第 26 号, 奈良県立医科大学.

―― 2002,「F. マシューズの環境哲学―コナトゥス解釈を中心に―」『Humanitas』第 27 号, 奈良県立医科大学.

―― 2003a,「スピノザにおける三つの救済について―安定性と均衡の実現という観点から―」『Humanitas』第 28 号, 奈良県立医科大学.

―― 2003b,「ディープエコロジーにおける感情の深化と保存について」大阪大学大学院文学研究科臨床哲学（倫理学）研究室『臨床哲学』第 5 号.

―― 2004a,「ディープエコロジーにおける自然の内在的価値」『近畿大学豊岡短期大学論集』第 1 号.

―― 2004b,「保存と増大―『エチカ』におけるコナトゥスの自己発展性とその必然性について―」『メタフュシカ』第 35 号.

―― 2005,「スピノザ社会哲学における国家成立の問題―『エチカ』と『政治論』の連続と不連続―」政治哲学研究会『政治哲学』第 2 号.

―― 2006,「人間と自然」, 柘植尚則編『西洋哲学史入門―6 つの主題』所収, 梓出版社.

―― 2008a,「帝国とナショナリズム」, 石崎嘉彦他『グローバル世界と倫理』（シリーズ「人間論の 21 世紀的課題」, 第 9 巻）所収, ナカニシヤ出版.

―― 2008b,「平等あるいはフェミニズムの試練」, 石崎嘉彦他『グローバル世界と倫理』（シリーズ「人間論の 21 世紀的課題」, 第 9 巻）所収, ナカニシヤ出版.

―― 2013a,「模倣と利他―スピノザ『エチカ』に利他的行為は存在するのか―」『関西大学法学論集』第 62 巻 4-5 合併号.

―― 2013b,「スピノザと現実主義(リアリズム)国際政治学」季報『唯物論研究』刊行会, 季報『唯物論研究』第 123 号.

木島泰三, 2003,「スピノザの人間論における『目的』概念の適正な定位―『エチカ』第 3 部定理 12 と定理 28 の検討」,『スピノザーナ：スピノザ協会年報』第 4 号, スピノザ協会, 2003.

工藤喜作, 1972,『スピノザ哲学研究』, 東海大学出版会.

―― 1980,『スピノザ』, 清水書院.

―― 1985,「自然から社会へ（ホッブズとスピノザの場合）」,『筑波大学哲学・思想論集』第 11 号.

工藤喜作, 桜井直文編, 1995,『スピノザと政治的なもの』, 平凡社.

合田正人, 1996a,「門法のプリズム―スピノザとレヴィナスへ向けて」,『批評空間』II-8, 太田出版.

―― 1996b,「白い曠野―レヴィナスとスピノザ」,『現代思想』1996-11月号臨時増刊,青土社.
子安増生・大平英樹編, 2011,『ミラーニューロンと〈心の理論〉』,新曜社.
清水禮子, 1978,『破門の哲学　スピノザの生涯と思想』,みすず書房.
―― 1990,「精神の逞しさ,あるいは転換の勇気（B. de スピノザ）」,坂部恵・加藤尚武編『命題コレクション哲学』所収,筑摩書房.
須藤訓任, 1994,「ミメーシスとロゴス―スピノザからの問題提起―」,『岩波講座現代思想』第14巻所収,岩波書店.
竹内良知, 1979,『スピノザの方法について』,第三文明社.
――, 1992,『西田哲学の「行為的直観」』,農山漁村文化協会.
田辺元, 1932,「個体的本質の弁証論」,三木清編『スピノザとヘーゲル』所収,岩波書店.
田辺元, 1964,『田辺元全集』第13巻,筑摩書房.
南原一博, 2000,『ハイデッガーの迷宮　20世紀の政治思想1』(2000),中央大学出版部.
開龍美, 1996,「ディープ・エコロジー」,所収　中村友太郎他編『環境倫理―「いのち」と「まじわり」を求めて―』,北樹出版, 1996.
フェルドマン・O, 2006,『政治心理学』,ミネルヴァ書房.
三木清, 1932,「スピノザにおける人間と国家」,三木清編『スピノザとヘーゲル』,岩波書店.
森岡正博, 1994,『生命観を問いなおす―エコロジーから脳死まで』,ちくま新書.
―― 1995,「ディープ・エコロジーと自然観の変革」,所収　環境思想の系譜第3巻　小原秀雄監『環境思想の多様な展開』,東海大学出版会, 1995.
―― 1996,「ディープエコロジーの環境哲学―その意義と限界―」,所収　講座文明と環境第14巻伊東俊太郎編『環境倫理と環境教育』,朝倉書店, 1996.

〔邦訳文献〕
カール・ゲープハルト, 1932,『スピノザ概説』,豊川昇訳,創元社, 1948.
ニーチェ, F. W., 1980,『書簡集1』(ニーチェ全集15),塚越敏訳,理想社.
パスモア, J., 1998,『自然に対する人間の責任』,間瀬啓允訳,岩波書店.
リュカス/コレルス, 1996,『スピノザの生涯と精神』,渡辺義雄訳,学樹書院.

人名索引

あ行

アウグスティヌス　Augustinus, A　188, 362
アッピューン　Appuhn, C　121
アドルノ　Adorno, T　118, 129, 131, 132, 134-136, 187, 262
アラン　Alain, E　82
アリストテレス　Aristoteles　110, 114
アリソン　Allison, H　24, 31, 65, 270
アルキエ　Alquié, F　72, 200, 208, 302
アーレント　Arendt, H　112-115, 121, 249
イアコボーニ　Iacoboni, M　261
イエレス　Jelles, J　325-327
石沢要　8, 150
井上達夫　288
ヴァルター　Walther, M　33, 34, 68, 244
ウィレム3世　Willem Ⅲ　310
上野修　76, 296, 326
ウォルフソン　Wolfson, H　50, 188-190, 198
オフェル・フェルドマン　Feldman, O　xiii

か行

カザユス　Cazayus, P　204
桂寿一　316
カプラン　Kaplan, A　297, 308, 323
河井徳治　5, 7, 8
ガリレオ　Galileo, G　35
ガレット　Garrett, D
ガンジー　Gandhi, M　307, 308, 361
カント　Kant, I　103, 156, 173, 281, 334, 361, 367, 370
木島泰三　30
ギリガン　Gilligan, C　366
キケロ　Cicero　188
キリスト　Christus　200
工藤喜作　58, 149, 316
グロティウス　Grotius, H　61
ゲープハルト　Gebhardt, C　121, 189, 310, 343
ゲルー　Gueroult, M　9, 43, 78, 79, 99, 146, 150
合田正人　126, 158, 166, 167

さ行

コールバーク　Kohlberg, L　156, 215, 365-376, 378, 379
サウル・レヴィ・モルテイラ　Saul Levi Morteira　189, 190
ザック　Zac, S　116
シェイエス　Sieyes, E　328
ジェームズ　James, W　360
シェリング　Schelling, F　343
シェレール　Schérer, R　150
清水禮子　247-251, 255
シュトラウス　Strauss, L　62, 63, 72, 80, 120, 316, 334
シュミット　Schmitt, C　202, 203, 328, 329
シュリファーズ　Schrijvers, M　35, 36, 72
ジョアキム　Joachim, H　229
ショーペンハウアー　Schopenhauer, A　262
須藤訓任　284, 285
ソクラテス　Sokrates　297

た行

ダイズィジィーエ　Ndayizigiye, T　124, 177, 183-185
タキトゥス　Tacitus, C　296, 330
竹内良知　5, 7, 343
田辺元　8, 193, 194
タルド　Tarde, J　261
ダンテ　Dante, A　188
デカルト　Descartes, R　3, 4, 146, 188, 189, 221, 223, 225, 230, 231, 238, 240, 297, 346, 347
ディオゲネス・ラエルティウス　Diogenes Laertius　188
ドストエフスキー　Dostoevsky, F　155, 163
トマス・アクゥイナス　Thomas Aquinas　188
ドゥルーズ　Deleuze, G　5, 6, 9, 11, 17, 27, 33, 34, 43, 104, 110, 113-115, 151, 240, 254, 262, 268, 270, 271, 278, 279, 299, 300, 311
ドゥンス・スコトゥス　Duns Scotus, J　188

な行

ナッシュ　Nash, R　345
南原一博　83
西田幾多郎　360
ニーチェ　Nietzsche, F　115, 128, 151, 193
ネグリ　Negri, A　67, 68, 121, 304, 328, 378
ネグリ＆ハート　Negri, A. & Hardt, M　328
ネス　Naess, A　266, 307, 308, 337-345, 347-358, 360-362, 364

は行

ハイデガー　Heidegger, M　124, 127, 187
ハーバーマス　Habermas, J　367
ハリス　Harris, E　14, 198, 237
バリバール　Balibar, E　117, 118, 248-251, 255, 256, 331
バルボーン　Barbone, S　78, 89-97
パルメニデス　Parmenides　133, 145
ハンプシャー　Hampshire, S　73, 74, 343
ピアジェ　Piaget, J　215, 365-367, 370, 376, 379
ビドニー　Bidney, D　54, 183
ピヒト　Picht, G　165
フェヒナー　Fechner, G　213, 281
フッサール　Husserl, E　173
プラトン　Platon　xiii, 261, 294
フロイデンタール　Freudenthal, J　60, 189
フロイト　Freud, S　xiii, 193, 213, 261, 281, 297
ヘーゲル　Hegel, G　39, 103, 111, 125, 133, 134, 145, 156, 190, 191, 193, 297, 343, 355
ベネット　Bennett, J　22-26
ベンハビブ　Benhabib, S　156-160
ヘンリッヒ　Henrich, D　37
ホッブズ　Hobbes, T　31, 61, 115, 135, 141, 142, 156, 188, 189, 202, 203, 214, 243, 312, 313, 319, 325, 326, 333, 345
ホルクハイマー　Horkheimer, M　118, 131, 132

ま行

マイネッケ　Meinecke, F　83, 84, 86, 319
マイヤータッシュ　Mayer-Tasch, P　333
マキアヴェリ　Machiavelli　60, 62
マシューズ　Matthews, F　337
マシュレ　Macherey, P　7, 85, 280
マックシャー　McShea, R　89, 108, 118, 121
マトゥロン　Matheron, A　67, 70, 73, 74, 81, 85, 86, 89, 90, 114, 116-118, 310, 378
マルカ　Malka, S　123, 128, 132
三木清　334
ミズライ　Misrahi, R　81, 211
森岡正博　340, 348
J. モロー　Moreau, J　146
P. モロー　Moreau, P. F.　280
モンロー　Monroe, K　261

や行

ヤスパース　Jaspers, K　83
ヤン・デ・ウィット　Jan de Witt　58, 295, 310
ヨーヴェル　Yovel, Y　146, 297

ら行

ラクロワ　Lacroix, J　16, 18, 197, 207, 213, 239, 262, 335, 363
ラズウェル　Lasswell, H　xiii, 323
リゾラッティ＆シニガリア　Rizzolatti, G., & Sinigaglia, C　261
リュカス＆コレルス　Colerus, J & Lucas, J. M.　295, 362
リン　Lin, M　26
ルソー　Rousseau, J　214
ル・ボン　Le Bon, G　261
レイ　Rey, J　124, 126-128, 135, 139-143, 265
レヴィナス　Lévinas, E　19, 123-129, 131-145, 150-168, 170-173, 176-178, 182-194, 215, 262, 265, 266, 271, 296, 355
ロッカ　Rocca, M. D.　178-182, 275, 282
ロビンソン　Robinson, L　4, 105
ロールズ　Rawls, J　156-160, 367, 368, 371

わ行

ワーナム　Wernham, A　121, 205

事項索引

あ行

愛　12, 14, 18, 48, 52, 68, 73, 80, 81, 137, 143, 182, 193, 209, 212, 221, 249, 276, 287, 288, 293, 296, 297, 306, 307, 377
　　神への知的——　184, 185, 195, 209, 213, 232, 239, 241, 297, 304, 306, , 353, 356, 359, 364
　　祖国——　331, 334
安全　94, 122, 198, 201, 202, 204-206, 323, 330, 334-336
安定（性）　122, 197-199, 201, 203-205, 209, 212-216, 281, 301, 330, 331, 334-336
一体化（同一化）　261, 303, 344, 349, 350, 352-359, 362
　　おのずからの——　358-360
因果性
　　構造的——　175
　　垂直の——　32, 146, 148, 150, 175, 183, 262, 302, 344
　　水平の——　21, 22, 32, 146-150, 165, 175, 183, 254, 257, 262, 272, 300, 302, 303, 305, 306, 341, 342, 344
運動
　　——と静止の割合（比）　5, 24, 96, 98, 147, 212, 213, 252-254
　　環境保護——　339, 361
　　（ディープ）エコロジー——　337, 338, 353
　　倫理的——　130
エコロジー，エコロジカル　338, 340, 356, 358, 359
　　ディープ——　266, 337-341, 344, 348, 350, 351, 353, 356, 357, 361-364
永遠　35, 302
　　——の相の下に　193, 197, 213, 239, 304, 306
オラニエ派　58, 311

か行

顔　124, 129, 131, 137, 140, 141, 143, 157, 159, 161-164, 166-168, 176, 177, 194, 271
活動力能　本書全体に頻出
悲しみ　11, 29, 30, 33, 35, 46, 49, 106, 107, 128, 169, 171, 179, 180, 197, 209, 221, 222, 224, 226-230, 233, 234, 239, 268, 271, 274, 275, 300, 320, 321
神　3-6, 11, 15, 19, 21-23, 26, 27, 31-36, 40-44, 48, 52, 53, 60, 65, 66, 110, 133, 146, 167, 190, 193, 194, 200, 207, 223, 225, 249, 269, 270, 292, 300, 315, 354, 355, 373
　　——への知的愛⇒愛
限りにおける神　7, 8, 22, 27, 32, 43, 149-151, 175, 176, 212, 304, 345
神即自然（Deus seu Natura）　9, 223, 337, 344
感情　本書全体に頻出
　　感情の（治）療法　197, 215, 231, 238-240, 286
　　——の模倣　xiii, 39, 48-55, 67, 68, 72, 80, 85, 116, 153, 165, 169-183, 192, 211, 214, 230, 259, 261-263, 267, 271-285, 287-290, 295, 301, 305, 306, 332, 353, 356-358, 376-378
　　基礎的三——　12, 46, 106, 171, 209, 210, 221, 228, 274
　　共通（の）——　67, 74, 75, 77, 84, 87, 321, 324
　　次善の社会的（結合の）——　71, 259, 296, 330, 358
　　受動——，能動——　12-14, 29, 37, 47, 51-53, 57, 59, 61, 69-75, 77, 79, 82, 84, 85, 87, 88, 101, 118, 153, 168, 177, 178, 183, 185, 202, 209, 210, 219, 233-239, 241, 244, 245, 256, 259, 263, 267, 270, 272, 276, 277, 280, 284-286, 288-291, 295, 296, 300, 301, 316, 318, 325, 330, 335, 341, 352, 353, 357, 358, 375, 376
完全性　8, 12, 13, 15-18, 24, 34, 46-48, 69, 97, 209, 210, 216, 221, 225-230, 233, 237, 300, 302, 350, 351
観念　97, 126, 220
傷つきやすさ（可傷性，vulnerabilité）　152-156, 163, 164, 171, 176, 177, 183, 184
貴族制　310, 324, 333
希望　71, 106-108, 111, 112, 199, 259, 290, 296, 313, 317, 320-322, 324, 326, 327, 329-331, 334, 335, 358, 362, 363, 378
義務　331, 369, 370, 372
　　——に基づいて　281, 361

事項索引

キリスト教　265, 302
救済（salus）　3, 7-9, 16, 19, 57-59, 80, 122, 145, 168, 177, 185, 186, 197-199, 203-209, 211-214, 216, 219, 232, 239, 285, 301, 302, 317, 336
　公共の——　84, 206, 334-336
　国民の——　203, 204, 206
　民衆＝多数者の——　206
教育　80, 189, 215, 251, 259, 264, 276, 293, 294, 296, 298, 352
共感　169, 171, 173, 261
共通概念　37, 174, 232, 236, 256, 278, 285
共同（性）　18, 48, 53, 57, 69, 71, 81-83, 85, 86, 101, 255, 256, 259, 277, 318, 330, 334, 335
　強制的——　82, 284
　自発的——　69, 82, 101, 178, 255, 277, 284
共同態（体）　16, 53, 57, 67, 69, 70, 72, 73, 75-83, 87, 96, 100, 101, 219, 220, 236-238, 241, 242, 244, 249, 291, 318, 375
恐怖　67, 71, 72, 106-108, 111, 112, 199, 259, 280, 290, 296, 313, 317-322, 324, 326, 327, 329-336, 358, 362, 363, 378
均衡（状態）　94, 197, 198, 201, 203-206, 212-216, 281, 333, 335, 336, 367, 368, 370, 372
君主制　310, 324, 333
契約　323, 324, 326, 332
　社会——　74, 78, 85, 140-142, 319, 323, 325, 368, 369, 380
　統治——　323, 324, 332
ゲシュタルト　341, 343, 344, 350
決定論　240, 298, 305, 306, 308
現実主義（リアリズム）　16, 54, 60-64, 66, 67, 70, 72, 74, 77, 83, 87, 95, 96, 120, 121, 132, 141, 143, 205, 265, 288, 291, 310, 316-318, 323, 330, 334, 335, 361
賢者　37, 66, 70, 73, 75, 79-83, 88, 182-185, 199, 207-209, 263, 270, 292, 301, 302, 304, 307, 308, 316, 347, 362, 363
憲法　328, 329, 381
権利　15, 77, 108, 109, 127, 136, 137, 320, 332, 345-347, 369, 370, 372
　「自己の——の下にある sui juris esse」　77, 83, 105, 106, 109, 206, 313, 320, 329, 331, 332
　「国家の——の下にある Civitatis juris esse」　77, 108, 313, 329
　「他者の——の下にある alterius juris esse」　105, 106, 117, 319, 320
権力
　構成的——　328

最高——　86, 94, 96, 122, 202-204, 206, 214, 290, 309, 314, 331-333
恒常性　152, 214, 280, 281
心
　——の（最高の、真の）平安 animi acquiescentia　168, 199, 208, 211, 301, 302
　——の動揺 animi fluctuatio　168, 199, 208, 211, 212, 215, 239, 295, 302
個体　89-91, 93, 254, 342, 346
国家　本書全体に頻出
　——（の）形成　xiv, 18, 38, 67, 68, 70, 71, 73-75, 87, 205, 280, 317, 318, 320, 324-326
　——の内なる国家 imperium in imperio　28, 59, 65, 341
　——の自然権　82, 83, 85-87, 94, 118, 142, 206, 309, 310, 316, 317, 324, 325, 327-329, 332-335
　——の安全・安寧（Reipublicae salus）　203-205, 336
　君主——　103, 331
　貴族——　103, 119, 331
　民主——　103, 109, 119
コナトゥス　本書全体に頻出
　——自己発展性とその必然性（必然的自己発展性）　14, 21, 23, 24, 28, 36-38, 67-69, 71, 75, 79, 80, 84, 186, 213, 230, 236, 262, 263, 266, 267, 270, 271, 274, 275, 277, 281, 298, 300, 319, 373
　——の社会的機能　18, 19, 68, 148, 220, 241, 244, 245, 255, 354
　——の倫理的機能　18, 47, 229, 242, 264
　限りにおける——　10, 11, 13, 15, 16, 19, 28, 30, 36, 38, 40, 44, 80, 81, 110, 111, 135, 186, 209, 210, 219, 222-224, 226, 266, 268, 269, 271, 300, 302, 309, 316, 317, 345, 350, 351, 353
コミュニケーション　148, 247-250, 252, 255, 256, 297

さ行

死　125, 138, 144, 193, 194, 198, 253, 335, 359, 362, 363
　安楽——　254
自己犠牲　54, 182, 183, 266, 275, 294, 355, 369
自己実現　344, 350-353, 355, 358, 359, 361
自己保存　本書全体に頻出
自己満足（Acquiescentia in se ipso）　211, 212,

事項索引 403

215, 264, 281, 287, 298, 301, 349
自然　7, 15, 43, 44, 59, 60, 62-67, 75, 116, 127, 132, 223, 353, 357, 360
　　──権　3, 4, 14, 15, 28, 38, 65-68, 72, 75, 77, 78, 81-83, 85-87, 90, 93-96, 104, 105, 111, 114, 118, 122, 126, 127, 140-142, 206, 219, 236, 243, 244, 265, 309-336, 345-347, 368
　　──状態　45, 68, 72, 75, 236, 237, 317-322, 324-326, 334
　　──法　83, 141, 312, 316, 332, 333
　　──保護　348, 349, 357, 359
　　──の共通の秩序（法則）　9, 240, 306, 313, 314
　　所産的──　328
　　能産的──　328, 362
システム
　　政治──　84, 85, 87, 142, 143, 330, 333, 336
自然観　343
　　機械論的──　337, 340-342
　　ゲシュタルト的──　344
　　有機論的──　341-343, 359
実在（性）　8, 34, 225, 299, 300, 360, 361
実体　5-9, 40, 41, 43, 44, 190, 223, 225
支配　67, 85, 86, 90, 106, 108, 110, 111, 114, 131, 213, 290, 313, 341
社会　28, 40, 47, 57, 58, 71, 72, 92, 126, 135, 184, 219, 243-245, 251, 268, 315, 316, 333
　　──化　xiii, xiv, 38, 67, 68, 72, 148, 242, 244, 290, 365, 366, 374, 378, 379
自由　45, 52, 69, 70, 75, 79, 80, 82, 83, 85, 112, 113, 197, 198, 201, 204, 306, 307, 335
　　──意志　9, 63, 161, 165, 170, 175, 207, 240, 277, 304-306, 314, 341
宗教　3, 61, 72, 124, 178, 197-200, 202, 203, 293, 336, 340, 356, 367, 374, 375
女性　第5章全体に頻出。他は 156, 339, 346, 347
『神学政治論』　3, 57, 80, 89, 189, 197, 198-200, 202, 204-206, 208, 219, 248, 250, 265, 309, 316, 317, 322-325, 336
心身並行論　221, 225, 226, 230, 231, 240, 253
身体　29, 30, 41, 45, 76, 78, 79, 105, 148, 220, 222, 225, 226, 230, 233, 242, 243, 249, 253, 258, 305, 306, 375
心理学　xiii, 215, 261, 323, 343, 365-368, 374
正義　124, 125, 141, 143
政治　5, 28, 57-59, 61, 64, 87, 88, 117, 143, 214, 333

政治学　15, 16, 68, 255
『政治論』　3, 38, 58-62, 64, 71, 73-78, 83-87, 89, 93-95, 101, 103, 105, 109, 116, 143, 190, 197, 198, 204-206, 219, 248, 250, 265, 281, 288, 309-311, 314, 316-319, 323-326, 330, 335, 336
精神　本書全体に頻出
精神分析　xiii, 297
責任　124, 137, 138, 140, 143, 151, 161-167
善　14, 16, 18, 36, 38, 39, 44-49, 51, 52, 54, 68, 127, 143, 180, 210, 234, 235, 248, 251, 253, 268, 270, 287, 293, 332, 352, 373
　　共通（の）──　53, 214, 259, 279
　　最高──　48, 53, 259, 276, 288, 303, 353
戦争　127, 128, 131, 133, 135, 136, 143, 177, 178, 214, 332, 335
　　──の権利　332, 333
全体
　　──主義　112, 131, 132
　　──性　125, 127, 133, 134
　　──との一体化　341, 354
　　部分と──　341, 344
想像知（imaginatio）　13, 14, 18, 44, 47, 51, 53, 107, 119, 120, 170, 174, 200, 211, 215, 216, 232, 237, 238, 241, 256, 278, 284, 285, 298, 357, 363, 372, 375, 378
属性　4, 5, 149, 151, 167, 225
尊敬　331-334

た行

他者　49-54, 69, 70, 106, 108, 109, 127, 130, 136, 137, 140, 151-153, 155-157, 159, 160, 163, 168-174, 180, 191, 192, 194, 210, 215, 236, 244, 249, 265, 307, 308, 357
多数者（群衆，民衆, multitudo）　74-77, 81, 83, 85-87, 94, 96, 97, 101, 122, 142, 206, 314, 319-321, 324, 327, 328, 331, 332
「正しく行いて自ら楽しむ」bene agere & laetari　211, 263, 281, 295, 298, 301
多様（性）　81, 119, 131, 338, 339, 356, 361
『短論文』　3, 189, 190, 248-251
『知性改善論』　3, 248, 250, 251, 259, 353
直観知　10, 13, 14, 37, 151, 168, 169, 185, 193, 194, 200, 211-213, 232, 237, 239, 284, 298, 301, 302, 304, 357, 363, 372, 375
抵抗　31-33, 165, 238, 242, 319, 327, 332
　　──権　333
転移　68, 171, 297

伝達（communicatio） 250-254, 257-259
道義心 pietas 47, 53, 55, 211, 235, 276, 277, 280, 281, 284, 286, 287, 289-291, 293, 294, 300, 301, 375-377
同情（心） 169-171, 173, 211, 214, 281, 295, 357, 362
道徳（性） 39, 60, 251, 261, 369, 374, 375, 378
　──的確実性（certitude moralis） 201
動物 17, 24, 123, 126, 137, 139, 188, 322, 344, 346-348, 356, 357, 362
　社会的──（animal sociale） 71
徳 14, 47, 48, 52, 54, 65, 118, 127, 134, 180, 192, 211, 214, 242, 263-265, 270, 282, 289, 311, 330
奴隷　第5章全体に頻出。他に 79, 80, 183, 335, 347

な行

内在（性） 8, 9, 16, 37, 46, 75, 105, 142, 149, 195, 222, 271, 313, 316
　──神論 150, 306, 350
　──的価値 349, 358
憎しみ（憎む） 18, 52, 53, 68, 182, 221, 235, 276, 293, 296, 297, 306, 307, 377
妬み 71, 117, 211, 278, 280, 289, 318
人間 3, 5-7, 9-12, 14-19, 21, 27, 29-33, 36, 37, 39-48, 55, 57, 59-61, 63-76, 79, 80, 82-84, 91, 92, 119, 124, 127, 190, 212, 253, 263, 267, 270, 272, 277, 295
　──中心主義, ──非中心主義 337, 341, 345, 347-349
　「自然の一部」としての── 9, 28, 60, 65, 306, 313, 341

は行

排除 30, 80, 103, 106, 107, 109, 111, 115-119, 121, 128, 158, 267, 365
発達　第2附論全体に頻出。他は 356
破門 189, 247, 248
汎神論 9, 40, 190, 306, 337, 348, 350, 374
平等 113, 313, 346-348, 372
フェミニズム 121, 339
服従 86, 106, 167, 201, 378
物体 60, 99, 100, 220, 223, 229, 252, 342
　複合── 78, 79, 96-101, 212, 213, 252-254, 257, 258, 303, 329, 342
憤激 203, 331-333

平衡（状態） 214, 215
平和 72, 94, 198, 214, 310, 323, 334, 335
不平等 113, 157
本質 4-6, 8, 10, 16-18, 26, 28, 31-35, 37, 40-44, 65-67, 71, 75, 77, 78, 90, 193, 224, 243, 265, 267, 299, 300, 315, 331
　現実的── 26, 27, 33-35, 40, 42, 43, 46, 104, 110, 111, 114, 222, 223, 235, 243, 300, 311, 351

ま行

民主主義（デモクラシー） 58, 143, 310
民主制 119, 304, 310, 324, 333
無限 5, 7, 8, 11, 19, 27, 31-36, 40, 41, 43, 44, 65, 305, 351, 354, 355, 373
無知なる者 9, 16, 28, 37, 66, 75, 80-83, 87, 182, 183, 185, 186, 200, 207-210, 270, 291-293, 295, 296, 307, 308, 341, 347
迷信 72, 107, 198, 199
名誉欲 ambitio 47, 52-55, 67, 72, 179, 211, 235, 274-277, 280, 284, 286, 287, 289-291, 294, 299, 300, 330, 335, 336, 375-377
目的論（的） 60
模倣 49-52, 168, 169, 179, 182, 183, 261, 366, 374, 377-379
　感情の──⇒感情

や行

疚しさ 127-130, 143
　──の欠如 126, 127, 129-131, 138, 143
様態 4-8, 11, 23, 28, 31, 33, 41, 43-45, 79, 146, 149, 150, 186, 190, 225, 252, 306, 342, 344, 345
　直接無限── 5, 7
　間接無限── 5, 7
　有限── 3, 5-9, 11, 19, 21, 22, 26, 27, 31, 32, 34, 36, 39-44, 65, 110, 133, 146-151, 168, 175, 181, 190, 216, 219, 223, 224, 240, 253, 254, 262, 267, 269, 300, 305, 311, 315, 353, 354, 373
ユートピア 60, 63, 64, 120, 128, 335
欲望 11-13, 18, 28, 29, 38, 45, 46, 52-54, 65-68, 74, 75, 105-107, 111, 141, 171, 181, 188, 197, 209, 219, 221-226, 228-230, 233-235, 243, 245, 266, 274, 276, 286, 287, 306, 311, 314, 315, 320, 330, 336, 373
喜び 11, 13, 14, 29, 30, 35, 38, 46, 47, 49-51, 67,

事項索引　405

68, 106, 107, 111, 171, 179, 180, 182, 186, 197, 199, 209, 221, 222, 224, 226-230, 233, 234, 239, 268, 270, 271, 274, 285, 297, 300, 308, 320, 350, 373, 377

ら行

利益
　自己（自身の）—— 14, 18, 37, 47, 48, 52, 54, 75, 141, 144, 192, 242, 264-266, 282, 283, 288, 291, 292, 296, 302-304, 347, 349, 352, 355
　自己（自身）の真の—— 144, 291, 292
　共通（共同）の—— 53, 84, 242, 279, 288
　他者（の）—— 303, 304
理性（知）13-15, 37, 47, 48, 51-55, 59, 61, 66, 69-75, 77-79, 82-88, 107, 153, 169, 174, 180, 184, 193, 211, 232, 234-238, 241, 242, 263, 270, 276-282, 285, 335, 336, 372
　——の指図（rationis praescriptum）77, 84, 85, 276, 293-295, 298, 307, 335, 363
　——の命令（rationis dictamen）18, 52, 69, 70, 75, 76, 78, 83, 144, 148, 184, 208, 234, 236, 237, 241-244, 278, 279, 284, 290, 291, 318, 322, 330

利己主義（エゴイズム）36, 37, 51, 54, 124, 127, 237, 288, 292, 352, 354, 359, 364, 377
利己（主義）的 19, 48, 51, 53, 54, 93, 150, 182, 186, 235, 262, 351, 353, 359, 375, 376
利他主義 15, 54, 190, 191, 192, 237, 261, 288, 352, 359, 364
利他（主義）的 18, 39, 47-51, 53-55, 69, 72, 74, 167, 178-183, 186, 190-192, 211, 235, 263, 265, 273, 275, 277, 285, 292, 304, 353, 363, 365, 366, 375-379
倫理（学）5, 12, 14-19, 21, 36, 38-41, 44, 46-48, 54, 55, 57, 58, 124, 126, 128, 134-136, 138-141, 143, 150, 152, 154, 155, 166, 182-186, 211, 219, 235, 245, 255, 266, 268, 270, 315, 316, 347, 361
　環境—— 345, 348, 359, 361, 363
隷属 9, 13, 29, 37, 51, 71, 74, 79, 82, 84, 85, 101, 109, 113, 118, 168, 178, 183, 185, 202, 210, 214, 219, 235-238, 241, 244, 245, 263, 264, 267, 270, 272, 277, 280, 291, 295, 325, 352
レモンストラント派 58
憐憫 72, 170, 179, 180, 184, 211, 263, 274-276, 278-280, 286, 289, 290, 292, 357, 362

■著者紹介

河村　厚（かわむら・こう）
　1968年　熊本県生まれ
　1991年　関西大学法学部政治学科卒業
　1994年　大阪大学文学部哲学科卒業
　1999年　大阪大学大学院文学研究科哲学・哲学史専攻博士後期課程単位修得退学
（1996年から2002年まで日本学術振興会特別研究員DC１，PD）
　1999年から2006年まで関西大学法学部他非常勤講師
　2006年４月から2009年３月まで大阪産業大学人間環境学部准教授
　2009年４月から関西大学法学部准教授
　　専攻は　政治心理学　博士（文学）

著訳書
『グローバル世界と倫理』〔共著〕（ナカニシヤ出版、2008年）
岩波講座　哲学　第４巻『知識/情報の哲学』〔共著〕（岩波書店、2008年）
『西洋哲学史入門 ―６つの主題―』〔共著〕（梓出版社、2006年）
レオ・シュトラウス『リベラリズム―古代と近代―』〔共訳〕（ナカニシヤ出版、2006年）など

存在・感情・政治　―スピノザへの政治心理学的接近―

平成25年３月31日　発行

著　者　　河　村　　厚

発行所　　関　西　大　学　出　版　部
　　　　　〒564-8680　大阪府吹田市山手町3-3-35
　　　　　電話06(6368)1121　FAX06(6389)5162

印刷所　　亜　細　亜　印　刷　㈱
　　　　　〒380-0804　長野市三輪荒屋1154

©2013　Koo KAWAMURA　　　　　　　　　　Printed in Japan

ISBN978-4-87354-556-1　C3010　　　　　　落丁・乱丁はお取替えします。